碳金融理论与实务

TANJINRONG LILUN YU SHIWU

主　编　万光彩　张　超

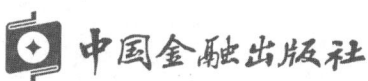

中国金融出版社

责任编辑：王　君
责任校对：李俊英
责任印制：陈晓川

图书在版编目（CIP）数据

碳金融理论与实务／万光彩，张超主编． -- 北京：中国金融出版社，2025.3.
-- （21世纪高等学校金融学系列教材）． -- ISBN 978 - 7 - 5220 - 2652 - 7

Ⅰ．F832.2；X511

中国国家版本馆 CIP 数据核字第 2024SV0561 号

碳金融理论与实务
TANJINRONG LILUN YU SHIWU

出版
发行　　中国金融出版社

社址　　北京市丰台区益泽路 2 号
市场开发部　　（010）66024766，63805472，63439533（传真）
网 上 书 店　www.cfph.cn
　　　　　　　（010）66024766，63372837（传真）
读者服务部　　（010）66070833，62568380
邮编　100071
经销　　新华书店
印刷　　河北松源印刷有限公司
尺寸　　185 毫米×260 毫米
印张　　20.25
字数　　452 千
版次　　2025 年 3 月第 1 版
印次　　2025 年 3 月第 1 次印刷
定价　　59.00 元
ISBN 978 - 7 - 5220 - 2652 - 7
如出现印装错误本社负责调换　　联系电话（010）63263947

前　言

　　人类社会活动对地球生态环境的破坏日益严重，气候变化与人类生存发展已然成为世界范围内的重要议题，减少温室气体的排放以应对气候变暖成为世界范围内的共识。中国作为负责任的大国，积极承担国际义务，承诺在 2030 年前实现碳达峰、2060 年前实现碳中和。"双碳"目标的宏伟愿景，将引发一场广泛而深刻的系统性变革，其中金融体系的深刻变化体现为碳金融的蓬勃发展。

　　根据世界银行的定义，碳金融是指服务于旨在减少温室气体排放的各种金融制度安排和金融交易活动，主要包括碳排放权及其衍生品的交易和投资、减排项目开发的投融资以及其他相关的金融活动。中国的碳金融体系虽处于起步阶段，但正在稳步推进并取得一定的成效。中国于 2011 年起在北京、上海、天津、重庆、湖北、广东、深圳、福建等 8 个省市开展碳排放权交易试点，并于 2017 年在全国范围内启动电力行业碳交易市场，在碳交易市场建设中积累了丰富的经验。此外，为了保障中国经济的低碳转型，碳债券、碳基金等金融产品也在不断发展。在"双碳"目标的远景规划以及对"两山"理念的深刻践行下，中国碳金融体系的发展将充满机遇与挑战。

　　基于现实基础与国家发展需求，我们在中国金融出版社的帮助下推出本书，希望作为国内碳金融领域教科书的开篇之作，起到抛砖引玉的作用。首先，本书在全面介绍碳中和目标内涵及实现路径的背景下，重点对碳排放权交易市场以及由此衍生出的碳金融市场进行详细阐述。其次，以此为切入点，本书系统地介绍各类碳金融产品及其相关衍生金融产品的发展演化、市场结构、实践案例。再次，为了深入剖析碳金融的运行机制，本书分别从碳金融的产品定价、资产管理以及风险控制展开分析和探讨。最后，本书对碳金融的创新及发展进行了展望。本书具有以下四个特点。

　　第一，选题具有前沿性，紧扣中国经济发展的重要议题。为了应对气候变化这一全球共同的重大挑战，中国站在中华民族永续发展和人类命运共同体构建的高点，明确了自身的国际义务和碳达峰、碳中和时间表。绿色低碳作为中国当下经济社会转型的关键目标以及未来的中长期发展路径，将对中国经济结构及金融体系产生深远的影响。立足于当下国情，探讨并梳理碳交易市场、碳金融的理论与实践，将有助于推动前沿学科建设，培养紧跟新时代发展趋势的优秀人才。

　　第二，聚焦"双碳"金融人才培养，推动跨学科交叉专业建设。碳中和事业的推进是一场全面的变革，对经管学科提出了全新的课题，传统理论框架和研究范式也将发生深刻的变化。本书将围绕碳中和的重大布局，融合经济、管理、环境、能源等多领域学科，从碳金融的视角提炼实践经验并总结相关理论，以期推动学科融合，培养复合型高素质人才。

第三，完善理论框架，构建科学的碳金融体系。在碳中和进程下，传统金融理论体系受到了颠覆和挑战。相应地，《碳金融理论与实务》教材需要融合创新，完善结构框架。本书各章节将采用逐步推进、逐层深入的方法，在对碳排放及碳排放交易市场的现状和发展趋势进行全面介绍的基础上，深入剖析碳排放权交易机制的形成、相关金融市场的发展演化、衍生金融产品的结构设计及在风险管理中的应用，并由此对未来中国碳金融的发展提出构想。

第四，理论与实践并重，涵盖多元能力维度的综合人才培养。通过结合理论与技术实践的综合教学，本书可以帮助读者深入理解相关原理，牢固掌握相关知识，明晰碳交易市场与金融之间融合关系，帮助读者构建完善的知识体系并培育基础的实务能力。在碳中和的宏伟愿景和新时代社会需求下，本书希望通过理论传授和实践训练，培养适应新时代社会主义建设的综合性人才。

总体而言，《碳金融理论与实务》作为研究中国碳金融领域的一个切入点，试图构建一个较为完整的理论框架体系，为今后相关教学及研究活动的开展提供参考借鉴。因此，本书不仅适合作为高校经管学科本科生的相关课程教材，而且可供国内金融领域的从业人员、相关研究人员作为研究参考资料。

本书由万光彩、张超主编，各章节编写工作分别由吴鑫育、李波、周弘、韩扬、陈若愚、周肖肖、金声甜、彭庆宇、张晶、李振声等完成。本书在写作过程中得到中国金融出版社的大力帮助，再次深表感谢。此外，在初稿完成后，安徽财经大学金融学院的程子怡、张凯、李浩萱、窦成翔四位研究生对书稿进行了细致的校对，在此也表示感谢。

万光彩

2024 年 12 月

目 录

第一章

碳中和概述

全球气候变化不仅是当今人类面临的重大挑战之一，同时也是未来人类将要面临的巨大风险之一，严重威胁着人类的生存和可持续发展。各国政府提出碳中和目标以应对气候变化，降低气候变化的风险与影响。本章概要探讨了碳中和的关键内容，旨在回答以下五个问题：（1）什么是碳中和？（2）为什么要实现碳中和？（3）各国的碳中和目标是怎样的？（4）如何实现碳中和？（5）实现碳中和对社会经济有哪些影响？

第一节　碳中和的概念、背景和意义

碳中和作为当今世界最重要的环境政策和经济议题之一，已经引起了全球范围内的广泛讨论和行动。本节将简要探讨碳中和的概念、历史背景和重要性。

一、碳中和的概念

工业革命以来的人类活动大大加剧了矿物燃料的消耗量，加速了地层深部有机碳的释放，改变了地球碳循环的闭环路径，引发了全球气候变化的连锁反应，威胁到人类社会的可持续发展。根据联合国政府间气候变化专门委员会（Intergovernmental Panel on Climate Change，IPCC）的第六次评估报告，相较于 1850—1990 年，人类活动在 2010—2019 年引发的全球温升为 $0.8℃ \sim 1.3℃$，由此引发的陆地降雨增加、海洋含盐度变化、冰川融化、海平面上升等问题层出不穷。减少人类活动所产生的碳排放以缓解全球气候变化逐渐成为全人类的共识，碳中和（Carbon Neutral）概念应运而生。

碳中和是指在特定时间内（一般指一年），特定对象（可以是全球、国家、区域、企业、个人、产品、活动等）"排放的碳"（包含能源生产与消费、土地利用等排放）与"吸收的碳"（包含自然碳汇、人工碳汇等）相抵消，达到正负相抵状态。

碳中和里的碳主要指二氧化碳（CO_2），因此碳中和一般被认为是二氧化碳的排放与吸收中和。除二氧化碳外，其他温室气体（如甲烷等）在特定时间内排放与吸收相抵的概念，则被称为温室气体中和或者净零排放（net - zero emission）。在碳中和、温室气体中和的基础上，IPCC 还进一步提出了气候中性（Climate Neutral）概念，即当一个组织的活动在特定时间内对气候系统没有产生区域或局部净影响时，就是气候中性。

实现碳中和可以从两方面展开：一是减少碳源，可减少二氧化碳的排放，通常通过提高能源效率、采用清洁能源（如太阳能和风能等）、改善工艺过程以及推广绿色交通等方式来实现。二是增加碳汇，可增加二氧化碳的吸收，通过植树造林、土壤碳贮存、碳捕集、利用与封存（CCUS）技术等方法来实现。

碳中和的目标是使大气二氧化碳浓度不再增加。许多国家、企业和组织都在制定碳中和目标和计划，以应对全球气候变化。

碳中和和碳达峰（Carbon Peak）是两个与气候行动相关的重要概念，它们在减缓气候变化方面有一定联系，但也有明显的区别。

碳达峰是指一个国家、地区、企业或实体在某一特定时间点之前，其温室气体排放量达到峰值，即排放量不再增加，之后开始逐渐减少。碳达峰的目标是限制温室气体排放的增长，为减少排放创造条件，并逐步实现碳中和。

碳达峰和碳中和的联系：（1）共同目标：碳达峰和碳中和都是为了减少温室气体排放，减缓气候变化，控制全球气温上升。（2）时间关联：碳达峰通常是碳中和的先决条件之一。在达峰之后，温室气体排放开始逐渐减少，以实现碳中和的目标。（3）战略关联：实现碳达峰通常需要采取一系列减排措施，例如，提高能源效率、使用清洁能源、改进工艺流程等，这些措施也是实现碳中和的一部分。

碳达峰和碳中和的区别：（1）时间范围不同：碳达峰强调减缓排放的增长，通常是一个中期目标，而碳中和则更侧重于长期目标，要在未来特定的时间点实现净零排放。（2）目标不同：碳达峰的目标是限制排放的增长，而碳中和的目标是实现碳排放与碳吸收之间的平衡，是更为雄心勃勃的目标。（3）策略侧重不同：碳达峰通常更强调减排策略，而碳中和还包括增加碳汇策略。（4）约束力不同：碳中和比碳达峰更具约束力。相对而言，碳达峰更容易实现，因为可以将峰值设得较高，然后逐渐下降。然而，若加入碳中和，尤其是设定有时间节点的碳中和目标，就不能采用这样的策略，因为这会导致碳中和的成本变得异常高。为了应对气候变化的挑战，碳中和更有制约力，也更具深远意义。

综上所述，碳达峰和碳中和是气候行动中的两个不同但相关的概念，它们一起构成了实现可持续低碳未来的重要战略。碳达峰是一种数量上的变化，而碳中和则代表质的飞跃。然而，这两者并非孤立存在。事实上，碳达峰是实现碳中和的前提条件，碳达峰的时间和峰值将直接影响碳中和目标能否如期达成。

碳中和与气候中和是两个相关但不同的气候目标，这是因为"气候中和是从对气候系统的影响出发，而净零排放则是从排放角度进行定义，零排放与零影响之间并不等同"。首先，温室气体的净零排放并非等同于气候的净影响为零。尽管温室气体排放是人类活动对气候变化的主要贡献源，但并非唯一贡献源。城市化、植被改变以及破坏等其他人类活动也会改变地表反照率，对气候系统产生影响。其次，实现气候中和并不必然要求温室气体净排放为零。对于像甲烷（CH_4）等寿命较短的温室气体而言，研究表明，它们保持稳定的排放并不会导致新的气候影响，因此，气候中和只需要确保这些短寿命温室气体的排放稳定，而非降至零。最后，在核算温室气体净零排放时，必须采用一些衡量不同温室气体增温潜力的指标，对非二氧化碳温室气体进行转换和综合考虑。不同的指标会显著影响温室气体净零排放的核算结果。

尽管碳中和的概念在最近两年越来越为人熟知，但在现代科学技术体系中碳中和并不是一个成熟的学科。作为一个涉及自然、工程、社会等不同学科的复杂系统，目前对碳中和的研究大致可以划分为三个范畴：（1）研究碳排放与气候变化之间的定性定量关系以及气候变化对生态环境的影响（碳中和与自然科学）；（2）研究包括交通出行、建筑用能、工业生产等人类活动引发碳排放的科学机理与减排技术（碳中和与工程科学）；（3）研究碳排放对经济发展的影响如何量化，以及如何考虑公平与效率、内部与外部、现在与未来的关系等关键政策问题（碳中和与社会科学）。基于以上分类不难看出，碳中和概念有两大重要特点：一是时空尺度跨度大，从原子分子层面的物质能量转化到地球海洋层面的碳循环，都与碳中和息息相关，也都在实现碳中和的路径分析中必不可少；二是自然科学、工程科学与社会科学交叉，定量方法与定性方法都发挥重要作用。以上两大特点决定了碳中和作为交叉科学的复杂性和特殊性，也凸显了以碳中和为切入点构建新型综合知识体系的重要性。

二、碳中和的背景

扩展阅读

《京都议定书》是《联合国气候变化框架公约》的补充条款，是 1997 年 12 月在日本京都签订的国际条约，其目标是"将大气中的温室气体含量稳定在一个适当的水平，以保证生态系统的平滑适应、食物的安全生产和经济的可持续发展"。其核心内容包括：（1）减排目标：协议规定了 37 个工业化国家和转型经济体以及欧盟在 2008—2012 年将六种温室气体的总排放量平均减少 5%（以 1990 年为基准）。（2）国家义务：只对发达国家有约束力，并根据"共同但有区别的责任和各自能力"原则，要求发达国家承担更多责任，而发展中国家无减排义务，但可通过合作项目受益。（3）市场机制：引入了三大市场机制——国际碳排放交易（IET）、联合履行机制（JI）和清洁发展机制（CDM），以促进低成本减排。（4）履约与监督：建立了监督和合规制度，确保各国履行减排承诺，并在未达目标时采取相应惩罚措施。《京都议定书》是第一个具有法律约束力的温室气体减排协议，奠定了国际合作应对气候变化的基础。

碳中和的提出与科学研究的进展和人们对气候变化的日益关注密切相关。以下是碳中和提出的关键背景。

（1）气候变化科学的发展。自 20 世纪末以来，科学家们积累的大量证据表明，人类活动特别是燃烧化石燃料和森林砍伐，导致大气中温室气体（如二氧化碳和甲烷）增加，从而引发了全球气温上升和气候变化。这一认识为采取行动来减少温室气体排放提供了科学依据。

（2）国际气候协定的签订。1992 年，《联合国气候变化框架公约》在里约地球峰会上签署，奠定了全球应对气候变化的基础。协定的终极目标是将大气温室气体浓度维持在一个稳定的水平，在该水平上人类活动对气候系统的危险干扰不会发生。随后，1997 年的《京都议定书》和 2015 年的《巴黎协定》进一步明确了减排和碳中和的必要性。①《巴黎协定》将全球气候治理的最终目标明确为：把全球平均气温升幅控制在工业化前水平以上低于 2℃之内，并努力将气温升幅限制在工业化前水平以上 1.5℃之内。

（3）碳中和作为应对气候变化战略的必要性。碳中和逐渐成为应对气候变化的必要战略。这是因为将全球升温控制在特定的水平之内需要全球范围内净温室气体的排放大致下降到零，即在温室气体的排放和吸收之间达到平衡。碳中和为实现这一目标提供了一种途径。

（4）科技和政策的推动。科技的进步和政策的制定推动了碳中和的发展。新的能源技术，如太阳能和风能，使清洁能源更具竞争力，减少了对化石燃料的依赖。各国政府和国际组织制定了一系列政策，如碳定价机制、能效标准和气候目标，以鼓励碳中和措施的采用。

（5）企业和社会的参与。越来越多的企业和社会组织参与到碳中和行动中。企业制定碳中和承诺，采取减排措施。同时，社会对气候变化问题的关注不断增加，促使政府、企业和个人采取更多的碳中和举措。

三、碳中和的意义

（1）修复人类赖以生存的家园。碳中和行动是对人类群体社会发展模式的自我调整，同时也是对地球生物圈演变过程进行有序人为干预的体现；是人类社会共同努力以重新构建全球环境治理体系，塑造自然与生命共同体的实践探索；是人类社会齐心协力来管理地球系统物质循环模式和过程的重大地球生态工程。

（2）应对全球气候变化。碳中和是应对全球气候变化的关键战略之一。通过减少温室气体排放和增加温室气体的移除或抵消，碳中和有助于降低大气中温室气体浓度，减缓全球气温上升，减少气候变化的影响，包括极端天气事件、海平面上升和生态系统破坏。

（3）推动可持续发展。碳中和促进了可持续发展的实现。它鼓励采用清洁能源、提高能源和资源效率，推动环保技术的发展，从而促进经济绿色增长、减少环境污染和改善公共健康。

（4）保护和恢复生态系统。碳中和通常包括一系列生态系统保护和恢复的措施，如植树造林和湿地保护。这有助于保护生物多样性，维护生态系统的健康，并提供更优质

---

① 2015 年底的《巴黎协定》中并没有提出碳中和或气候中和的目标，但其第四条提出要在 21 世纪下半叶，在人为源的温室气体排放与汇的清除量之间取得平衡，这一目标对应于净零排放。

的生态服务。

（5）促进国际合作。碳中和是国际气候合作的一部分。通过实施碳中和措施，国际社会可以更好地合作，共同应对全球气候挑战。

（6）减少经济风险。对企业和国家来说，采取碳中和措施可以减少与气候变化相关的经济和金融风险。通过减少碳排放，企业可以更好地适应未来的气候政策和法规，并降低资产的潜在贬值风险。

（7）提高市场竞争力。随着人们对全球气候变化的关注不断增加，越来越多的消费者和投资者对碳中和企业表示好感，因此采取碳中和措施可以提高企业的市场竞争力。

总之，实现碳中和的意义在于为减缓气候变化、推动可持续发展、保护生态系统和促进国际合作提供有效的策略和工具。它不仅有助于保护地球的未来，还可以为企业和国家带来经济利益和社会利益。

第二节　实现碳中和的动机

气候可以定义为描述大气、海洋和淡水系统（包括冰）状态的联合概率分布。这些系统中的每一个都是非常高维的。人类活动产生的温室气体，特别是二氧化碳、甲烷和氧化亚氮，在大气中累积，增强了地球的温室效应，加速了以气温上升为显著特征的全球气候变化。气候变化给人类社会带来各种不利影响。碳中和的主要动机在于减少这些温室气体的排放，以降低全球气温上升的速度和幅度，减少气候变化对人类社会的风险与影响。

一、碳排放对气候的影响

几千年来，人类一直在对自然系统进行大规模的改造。石器时代的狩猎技术导致了大型哺乳动物的灭绝；农业革命把森林变成了农田；对矿物的开采雕刻了地球的表面；水坝和水库现在控制着几乎所有河流的流量；合成肥料现在充斥着氮循环。但在这些转变中，全球碳循环的重组和随之而来的气候变化在其规模、复杂性和经济意义上脱颖而出。从本质上讲，所有曾经活过的人类都以自己的微小方式为重塑这个行星尺度的系统作出了贡献。多年的森林砍伐可能给大气增加了数千亿吨的碳。在工业时代，每一个由燃煤或天然气发电厂照亮的家庭，每一列石油动力火车、飞机和机动车都导致了大气中二氧化碳的净积累。

这些二氧化碳排放物，连同其他温室气体①，扭曲了地球的能量平衡。在稳态下，照射到地球表面的阳光被吸收，然后以等量的热量形式（技术上是红外光）重新辐射到

---

① 温室气体是指大气中能吸收地面反射的长波辐射，并重新发射辐射的一些气体。它们的作用是使地球表面变得更暖，类似于温室截留太阳辐射，并加热温室内空气的作用。这种温室气体使地球变得更温暖的影响称为"温室效应"。水汽、二氧化碳、氧化亚氮、氟利昂、甲烷等是地球大气中主要的温室气体。

太空中。大气中温室气体的积累阻止了一部分这种再辐射，将能量重新引导回地球表面：大气二氧化碳浓度每增加1%会产生约27万亿瓦特（每平方米0.05瓦特），相当于每2.3秒在地球表面散布一颗广岛规模的原子弹能量。

二氧化碳是最主要的温室气体，主要来源于化石燃料燃烧（如煤、石油和天然气）和土地利用变化，后者最典型的是砍伐森林后土壤中的碳被氧化成二氧化碳并释放到大气中。当前全球每年排放约400亿吨二氧化碳，其中的86%来自化石燃料燃烧，14%由土地利用变化造成。自然界也有多种过程可向大气中释放二氧化碳，比如火山喷发、煤炭的地下自燃等。但应该指出的是，近一个多世纪以来，自然界的碳排放比之于人为碳排放，对大气二氧化碳浓度变化的影响几乎可以忽略不计。人类活动导致大气二氧化碳的浓度在过去两个世纪中急剧上升，使大气的温室效应增强，进而导致地球温度上升。[①] 大气二氧化碳浓度从工业革命前的280ppm上升到2020年的413ppm，为过去80万年以来最高，驱动了全球变暖。

碳排放导致的全球气候变化主要包括以下几个方面。

（1）全球变暖。碳排放导致大气温室气体浓度上升，加强了温室效应，使地球温度升高。变暖是气候变化的显著特征。当前全球升温速度约为每10年0.2℃。根据IPCC第5次评估报告，过去近130年地球年平均表面温度升高了约0.85℃，而1983年至2012年则是过去1400年当中最温暖的30年。根据世界气象组织在2021年发布的气候声明，2020年的全球平均气温比工业化前高出约1.2℃，而2011年至2020年则成为人类有气候记录以来最温暖的10年。1961—2015年中国地表年平均气温呈显著上升趋势，年平均气温升温速率为每10年0.32℃，超过全球同期升温速率的2倍。预估到2030年中国年平均气温变化速率达到每10年0.48℃，上升趋势更加明显。需要指出的是，气候变暖呈现波动式上升，且气候变暖存在明显的地区和季节差异。全球气候变化是人类活动和自然因素共同作用的结果，人类活动是造成近百年全球气候持续变暖的主因。

（2）冰川融化和海平面上升。全球气温升高引发了内陆地区冰川退缩、雪线上升。在南极，冰川逐步融化，冰架面临坍塌的风险；而北极的冰帽正在持续融化，北冰洋上漂浮的成年厚冰块也在不断消融。这些因素，再加上海水受热膨胀，导致海平面持续上升。2011—2020年，全球平均海洋表面温度升高了0.88℃。北极海冰面积的平均值达到了1850年以来的最低水平，而夏季北极海冰的面积则至少是过去1000年里的最小值。自1950年以来，全球几乎同步的冰川退缩现象在过去2000年中是绝无仅有的。预计2050年之前北极至少会有一次在夏季最低点达到实际无冰的状态。南极海冰范围在2022年达到了有记录以来的最低水平或第二低水平。全球平均海平面上升速率持续增大，1993年以来全球平均海平面上升速率为每年3.55毫米。2022年中国沿海海平面预计较常年高90毫米，为1980年以来最高。许多科学家预测，到2100年，全球海平面最高将

---

① 温室气体排放引起的辐射强迫并不立即转化为地表升温，部分原因是深海需要数个世纪才能升温，并通过与表层海洋的热交换减缓了总体升温。然而，建模实验表明，由于行星升温和二氧化碳自然从大气中去除的时间尺度相对，与辐射二氧化碳排放相关的大多数升温在数十年内发生，并持续千年。因此，今天经历的气候变化是最近排放和过去几个世纪的化石燃料燃烧以及过去几千年的森林砍伐累积排放的结果。

会上涨 88 厘米。

（3）极端天气发生频率和强度增加。极端天气事件指一些在特定地区和时间的罕见天气事件，这些极端天气事件包括极端干旱、洪涝、低温暴雪、热带气旋、暴雨、高温热浪和林火等。极端天气事件的发生与全球变暖紧密相关，同时也是气候变化的体现之一。在全球气候变暖的总体趋势下，大气环流的特征和要素发生了变化，引发了复杂的大气—海洋—陆地三者之间的相互作用。大气水分循环加速，气候变化的幅度增大，不稳定因素增多，导致这些小概率但影响大的天气事件发生的机会增加。2022 年全球经历了多起极端天气事件，包括但不限于巴西的强降雨、美国西部的严重干旱、巴基斯坦的洪涝以及欧洲的高温。中国同样受到各种极端天气事件的影响，成为受天气灾害影响最为严重的国家之一。1961—2015 年中国平均高温日数（日最高气温不低于 35℃）增长了 28.4%，暴雨日数（日降水量不低于 50 毫米）增长了 8.2%，21 世纪以来，登陆中国热带气旋的强度明显增加。2022 年，中国经历了有记录以来最为广泛和持久的高温热浪，该热浪自 6 月中旬一直持续到 8 月底。中国南方地区从 2022 年 6 月 13 日开始的高温热浪是自 1961 年有气象观测记录以来最为强烈的一次。40℃ 以上的高温发生频率和持续时间也创下了历史新高。2022 年因高温引发的干旱时间长、影响范围广，导致湖泊和河流水位急剧下降，一些甚至干涸和断流。

（4）生态系统发生改变。气候变化及极端天气事件对森林、草地、湿地和荒漠等类型生态系统的地理分布、物候、结构和功能、服务、野生动物以及灾害和脆弱性均产生了可明显观测到的影响，并可能造成生物多样性损失、生境栖息地退化甚至丧失、生态平衡破裂等危害。中国东北多年冻土区伴随着气温的显著升高和降水量减少，植被覆盖显著下降；北方农牧交错带植被净初级生产力下降；而新疆、青藏地区净初级生产力则呈增长趋势。气候变化对生态系统的影响还包括：树种分布变化、林线上升，物候期变化，生产力和碳吸收增加，林火和病虫害加剧等。气候变化对海洋生态系统也有重大影响。海平面上升导致红树林等滨海湿地面积减少，生态环境和生物多样性受损。1950—2002 年，中国红树林面积减少了 73%。海洋变暖影响海洋生物物候特征、地理分布、物种组成和生命过程的关键节点变异。海洋热浪已造成珊瑚白化，死亡率上升，珊瑚覆盖度明显下降。近几十年来，中国近岸珊瑚面积减少了 80%，影响生态系统健康。海洋变暖使鱼类等物种正在向高纬度海区迁移，近海底栖息动物分布有显著变化，引起外来物种入侵，影响生态系统。未来有害赤潮、大型藻类、水母灾害等可能会频发，环境面临珊瑚礁等典型生态系统的持续退化，红树林等滨海湿地生境丧失等风险，海洋和海岸带生态系统服务功能继续弱化。

二、气候变化对人类社会的影响

全球气候变化是人类面临的主要环境问题之一。近一个世纪以来，气候变化已对全球的自然生态和社会经济产生深远而重要的影响。未来气候变化的潜在影响同样是长期而巨大的，对有些地区而言，许多影响是负面的或不利的。

气候变化对人类社会的主要不利影响有以下几方面。

（1）气候灾难增多增强。气候变化导致极端天气事件频率和强度增加，这些事件对人类和自然系统都会带来灾难性影响，如生命和财产损失、地方性生态系统崩溃等。世界气象组织的报告称，过去半个世纪气候灾害已导致超200万人死亡，经济损失高达4.3万亿美元。气候灾难带来的财产损失包括房屋倒塌、农作物歉收、基础设施损坏等，需要大量的资源用于修复和重建。

（2）海平面上升。气候变化导致全球海平面上升，这将引发一系列棘手的问题。例如，在沿海地区，可能出现洪水泛滥，海岸线遭到侵蚀，内河遭受海水侵袭，以及沿海湿地和岛屿可能会受到洪水的威胁。一些低海拔的沿海城市和村落会面临潜在的淹没危险。海水侵蚀还可能导致灌溉用地下水变咸，土壤发生盐渍化，灌溉井设备报废，从而影响农田产量。海平面长期持续上升将会逐渐淹没中国沿海经济发达地区。

（3）生态系统服务的减少。气候变化可能导致生态系统的退化和生态环境的恶化，从而减少生态系统所能提供的各种服务，如水源、土壤肥力、森林资源、渔业资源等。这将给相关产业带来经济损失。

（4）粮食减产。气温是农业生产关键的外部因素之一。全球升温预示着累积的温度将增加，生长季将延长，这无疑对提高农作物产量有着积极影响。然而，温度的上升和干旱的加剧带来供水短缺问题。此外，气候变化加大农田土壤退化，使灾害增强、病虫害影响加重。气候变暖可造成长时间持续的土壤干旱，由此会进一步降低土壤肥力，带动土壤盐分向上移动，引起地表植被退化，易出现或加重土壤盐渍化，加剧土地荒漠化。气候变暖和极端天气事件的增加在一定程度上改变了农田病虫的环境，向着有利于病虫害爆发的方向发展。这些变化又会使作物减产。科学家预测，就地区而言，位于低纬度的大部分国家，农作物的产量将减少；位于高纬度的国家，农作物产量有可能增加。由于不少发展中国家位于低纬度地区，因此气候变化的这种区域差异性，可能会使发展中国家所面临的问题更为严峻。全球气候变化导致玉米和小麦平均减产率约为每10年分别下降1.2%和1.9%。1980年至2008年气候变化总体趋势导致中国的小麦、玉米和大豆产量分别降低了1.27%、1.73%和0.41%，水稻产量增长了0.56%。未来，在升温2℃和1.5℃情形下玉米减产平均幅度分别为11.5%和3.7%。

（5）水资源空间变化。由于降水时空变化的空间异质性，水资源在时空上的分布呈现不均，洪涝和干旱频繁发生，其中一些地区的水资源匮乏可能进一步加剧。总体而言，中国西部地区降水量呈明显增加趋势，而华北、东北大部分地区降水量则出现减少，而南方地区的降水量则略有增加。降水分布的空间变化导致水资源分布的空间变化，直接影响人们的生产生活。

（6）能源需求变化。由于气候变化，人们对能源的需求发生巨大变化，北方地区冬季显著变暖，导致采暖的日数减少；而夏季的高温则对空调技术、建筑物结构以及隔热水平提出了新的要求。

（7）健康威胁。气候变化通过温度、湿度、气压、日照时长等因素的变化影响自然系统中传染病的病原体、宿主和疾病传播媒介，以及人体系统中的呼吸系统、免疫系统、循环系统和消化系统等，从而对人体造成间接性健康损害。气候变化还可以通过高温热浪、寒潮、暴雨洪涝和干旱等极端气候和天气事件直接对人体造成危险性暴露伤害：如高温热浪可直接引起人体热痉挛、热衰竭和热射病的发生甚至死亡，也可间接引起如心肌梗死、脑卒中、缺血性心脏病、高血压、呼吸困难等循环系统和呼吸系统的严重疾病。据世界卫生组织估计，在 2030 年至 2050 年，每年因气候变化将导致 25 万人额外死亡。其中 3.8 万人死于老年人热暴露，4.8 万人死于腹泻，6 万人死于疟疾，还有 9.5 万名儿童患营养不良疾病。

（8）建筑业受损。气候变化将促使暴雨等极端天气出现的频率和强度增加，从而直接威胁建筑工程的施工进度和安全水平，也对建筑物的安全性、适用性和耐久性提出了新的要求。

（9）旅游业收入减少。气候变化会引发环境景观与生物物种多样性的调整，毁坏当地的自然特色和人文旅游资源，从而影响旅游业的发展。同时，气候变化导致极端天气会致使地区交通停滞甚至瘫痪，气温和湿度等在短期发生骤变会影响旅游人数和逗留时间，从而影响旅游业的收益。

（10）影响重大工程。气候变化对若干气候敏感性极高的重大工程具有重要影响。在中国，这些气候敏感的重大工程包括沿海核电工程、三峡工程、南水北调工程、山地灾害防护工程、寒区公路铁路工程、沙漠化防治与水土保持工程、内陆河流域综合治理工程等。气候变化对中国重大工程的运营产生了显著的影响，在评估到的工程中，气候变化对生态工程以正面影响为主，对水利工程、青藏铁路和海洋工程则负面影响较大。

（11）社会不稳定。气候变化可能引发资源争夺、人口迁徙和社会冲突加剧，进而威胁社会秩序稳定。

（12）产出损失。气候变化可能带来重大的产出损失。Matthew 等（2021）的研究表明，在没有减缓政策的情况下，全球平均气温每年持续上升 0.04℃，到 2100 年，世界实际人均 GDP 将下降 7% 以上；如果各国遵守《巴黎协定》的目标，从而将每年的气温上升限制在 0.01℃，损失将大幅减少到 1% 左右。

中国地处东亚季风区，是世界上气候变化最为脆弱的地区之一，气候变化深刻地影响经济社会的可持续发展。气候变化对中国的不同领域与区域产生不同程度的影响，总体上利弊共存，弊大于利。气候变化对各国的不利影响是相似的，已在上面论述过。气候变化直接影响对中国有利的方面包括：（1）气候变化使农业热量资源增加，作物生长季延长，多熟作物种植边界北移，作物种类多样化；（2）部分高寒地区热量增加，作物生长期延长，如青藏河谷和东北地区，使种植品种、范围都明显增加；（3）西北地区降水增加，气候由暖干化向暖湿化发展，青藏高原、内蒙古等部分地区植被覆盖度得到显著改善，有利于遏制荒漠化趋势；（4）短期温度上升可能使作物产量有所增加；（5）冰川融水增加，使塔河等流域径流量增加，有利于西北干旱区绿洲农业的发展；（6）中国森林生物量碳库累计增加；（7）气候变暖会增加对空调、冷饮、啤酒等部分工业产品的需求，促进其扩大生产规模。

气候变化对中国脆弱区的影响：（1）青藏高原区。青藏高原气候暖湿化趋势明显，致使水循环速率加强、植被覆盖度上升，净初级生产力增加，农田面积扩大，但同时也带来了灾害风险增强、冻土退化、冰川和积雪减少、沙漠化面积扩大等负面影响。（2）北方农牧交错带。北方农牧交错带气候变化总体呈暖干化趋势，增温远快于中国和全球陆地的平均水平，导致气候界线整体向东南移动。（3）黄土高原区。黄土高原暖干化趋势明显，区域年平均气温显著升高，增温速率高于全球和中国平均水平。受气候变化影响，黄土高原干旱区面积扩大，半干旱和半湿润区南移，洪涝灾害风险加剧；陆地水储量显著下降，植被有所恢复，水土流失减少。

三、人类应对气候变化的途径

气候变化是一个持续的过程，其影响可以长期存在并可能对地球系统产生持久的影响。人类可以通过采取积极的行动来缓解和逆转一些气候变化的影响。但是，某些气候变化的影响是不可逆转的。例如，已经发生的冰川融化、海平面上升等现象，将会持续对环境和人类社会产生长期影响。此外，一些气候系统的正反馈机制可能导致自我加剧的变化，使逆转气候变化变得更加困难。

人类应对气候变化的途径主要为减缓和适应。减缓是指通过经济、技术、生物等各种政策、措施和手段，控制温室气体的排放、增加温室气体汇。适应是自然或人类系统在实际或预期的气候变化刺激下作出的一种调整反应，这种调整能够使气候变化的不利影响得到减缓或能够充分利用气候变化带来的各种有利条件。

全球现阶段应对气候变化，以减缓途径为主，适应途径为辅。《巴黎协定》确定的温控目标是"把全球平均气温升幅控制在工业化前水平以上低于2℃之内，并努力将气温升幅限制在工业化前水平以上1.5℃之内"。碳中和通过控制二氧化碳浓度实现温控目标，是人类减缓气候变化的主要策略。

联合国政府间气候变化专门委员会发布的《全球温控1.5℃特别报告》指出，实现1.5℃温控目标有望规避气候变化对人类社会和自然生态系统造成不可逆的负面影响。为达到这一愿景，各国需共同努力，力争在2030年实现全球净人为二氧化碳排放量比2010年减少约45%，并在2050年左右达到碳中和。

第三节　各国的碳中和承诺

全球范围的碳中和需要各国的共同努力和深入的国际合作。本节首先回顾了全球气候治理的概况，之后介绍了主要国家的碳中和承诺，最后特别关注中国的碳中和目标。

一、全球气候治理

全球气候治理是指包括国家与非国家行为体在内的各种国际社会行为体通过协调与合作的方式，从次国家层面到全球层面多层次共同应对气候变化，最终将大气中温室气体的浓度稳定在防止气候系统受到危险的人为干扰的水平上的过程，其核心是通过全球范围内多元、多层次的合作及共同治理以减缓和消除气候变化对人类的威胁。

全球气候治理的历程溯源于1972年的联合国人类环境会议。全球气候治理大致经历了建立、发展、停滞与新发展四个阶段。

（1）建立阶段，从1979年第一届日内瓦世界气候变化大会到1997年《京都议定书》签订。气候问题成为世界性的重要议题，该阶段签订了全球气候治理的框架性文件《联合国气候变化框架公约》，同时在"共同但有区别的责任"原则下签订了《京都议定书》，运用联合国力量引导并强制各国采取减排行动。

（2）发展阶段，从《京都议定书》通过到哥本哈根世界气候大会举行。该阶段各国分歧严重导致全球气候治理的谈判进程缓慢，《巴厘岛路线图》确定了未来谈判的"双轨路径"。

（3）停滞阶段，从哥本哈根世界气候大会一直持续到《巴黎协定》达成前。自下而上的国家自主贡献方案出现使各国谈判出现转机，并根据当时的谈判进程与实际情况制定了《京都议定书》多哈修正案。

（4）新发展阶段。基于国家自主贡献自下而上的减排目标设定方式的出现，带来了各国减排积极性的提高，各国陆续出台减排方案和实施路径，同时发达国家对发展中国家的资金援助也得以逐渐落实，全球性的碳交易市场机制也在孕育中。

纵观全球气候治理的历史进程，全球气候治理呈现出以下一些基本特点。

（1）全球气候治理的目标不断清晰和明确。《联合国气候变化框架公约》提出的全球气候治理的最终目标：将大气中温室气体的浓度稳定在防止气候系统受到危险的人为干扰的水平上。《巴黎协定》将全球气候治理的最终目标进一步明确为：把全球平均气温升幅控制在工业化前水平以上低于2℃之内，并努力将气温升幅限制在工业化前水平以上1.5℃之内。

（2）全球气候治理中的减排目标分摊模式发生变化。《京都议定书》采用的是以自上而下为主的减排目标分摊模式，而《巴黎协定》采用的是以自下而上为主的国家自主贡献模式。

（3）全球气候治理结构不断发展，形成了多层多元且具有较强韧性的全球气候治理体系。该体系以《联合国气候变化框架公约》及《京都议定书》和《巴黎协定》为核心，包括国家行为体、次国家行为体和非国家行为体在内的全球多元多层治理体系和网络。

（4）全球气候治理中科学和政策之间的互动日益紧密。1990年以来，IPCC已发布6份气候变化评估报告，对国际气候谈判进程产生了显著而积极的影响。与此同时，国际气候谈判也在引导IPCC科学评估的方向。绿色技术的蓬勃发展显著降低了减排成本，直接促进了国际气候谈判的推进；而国际气候谈判的成果又为绿色技术的创新发展提供了更进一步的推动。

虽然气候治理国际合作已取得丰硕成果，但当前仍面临诸多挑战：（1）基于自下而上的国家自主贡献方案无法满足控制全球温度上升1.5℃的需要，发达国家与发展中国家就弥合减排差距的责任承担上仍然存在分歧，发达国家承担历史责任意愿较低，发展中国家减排则会影响本国工业化推进与经济发展。（2）发达国家承诺每年向发展中国家支付 1 000 亿美元的援助资金无法满足发展中国家气候治理的需要，且兑现力度有限。
（3）各国在国际减排规划、机制设计、方案落实中较难达成一致，导致具体减排行动中
的国际合作存在困难。以碳排放权定价与交易市场机制无法达成一致为代表的一系列分
歧，导致无法形成全球性的碳市场；各国减缓与适应气候变化的方案不统一，导致气候
减缓与适应行动中资金调动、资源分配和责任划分粗放；各国碳中和行动的时间表与路
径图不一致，致使国际合作困难。

二、主要国家的碳中和承诺

截至 2022 年 7 月，世界上已有超过 140 个国家和地区提出碳中和的气候治理目标，
大部分计划在 2050 年左右实现碳中和。截至 2022 年 4 月，全球已有 45 个国家和地区出
台碳中和相关立法或政策文件。表 1－1 展示了世界主要国家和地区"双碳"目标的时
间和任务量。

表 1－1　　　　　世界主要国家和地区"双碳"目标的时间和任务量

国家和地区	碳达峰年份	达峰时二氧化碳排放量 （单位：亿吨）	达峰时人均 GDP （单位：万美元）	碳中和目标年份	碳达峰到 碳中和的间隔
欧盟	1979	39.91	1.75	2050	71 年
英国	1973	7.29	2.18	2050	77 年
法国	1973	5.19	2.00	2050	77 年
美国	2007	58.92	5.43	2050	43 年
日本	2008	12.97	3.36	2050	42 年

由表 1－1 可知，世界主要国家和地区均已实现碳达峰，达峰时人均 GDP 较高，碳
达峰到碳中和的间隔较长。欧盟、英国和法国从碳达峰到碳中和的间隔可达 70 多年。
美国和日本从碳达峰到碳中和的间隔也有 40 多年。

三、中国的碳中和

中国作为世界上最大的发展中国家与世界第二大经济体，一直在全球气候治理中扮
演积极角色。2020 年 9 月 22 日，在第 75 届联合国大会一般性辩论上，中国向全世界宣
布将提高国家自主贡献力度，采取更加有力的政策和措施，二氧化碳排放力争于 2030 年
前达到峰值、努力争取 2060 年前实现碳中和（又称"双碳"目标）。中国的碳中和承诺
彰显了中国构建人类命运共同体的大国责任与担当，体现了中国在应对气候变化问题上
的决心和雄心，对全球气候行动起到重要推动作用。

中国目前的二氧化碳年排放总量在全球占据首位。2019 年，中国的二氧化碳排放达
到了 101.7 亿吨，大约占全球当年排放总量的 28%。若扣除土地利用变化的碳吸收量
（6.5 亿吨），中国的净年二氧化碳排放量为 95.2 亿吨，而人均年排放量则为 7.32 吨，
高于全球平均水平（4.76 吨）。然而，1959 年至 2019 年，中国的人均累计二氧化碳排
放量为 175.5 吨，明显低于欧美、日本等发达国家和地区，甚至低于全球的平均水平，

仅为美国人均累计二氧化碳排放量的 15%。

预计 2030 年碳达峰时期中国年均二氧化碳排放量可能在 120 亿吨左右。一个富有启发性的中国碳中和方案是，经过调整能源结构和提升能源效率，每年直接削减排放 90 亿吨，力争在 2060 年前将排放量降至每年 30 亿吨左右。对于这部分人为排放，首要的是充分利用陆地和海洋生态系统碳汇，每年吸收 20 亿 ~ 25 亿吨。随后，采用碳捕集、利用和封存技术，每年封存 5 亿 ~ 10 亿吨，以实现人为碳排放与自然和人为碳吸收的碳收支平衡。

为实现碳中和目标，中国单位 GDP 的二氧化碳排放需快速下降。目前，中国单位 GDP 的二氧化碳排放水平较高（2020 年约为 0.77 吨/千美元）。根据魏一鸣等（2022）提出的碳中和路径，预计中国单位 GDP 的二氧化碳排放将在 2040—2050 年降至与主要发达国家当前水平相匹敌；到 2060 年，中国单位 GDP 的二氧化碳排放仅相当于 2020 年的 2% 左右。这将推动整个社会步入低碳发展模式，要实现这一目标，2020—2060 年单位 GDP 的二氧化碳排放年均下降速度需保持在 9% 以上。

中国碳达峰时人均 GDP 只有约 1.68 万美元。由碳达峰到碳中和，中国不仅面临巨量的脱碳任务，还面临沉重的经济发展任务。而碳达峰到碳中和的间隔只有 30 ~ 35 年，相比于世界其他主要国家和地区，时间更加紧迫，任务更加艰巨。

在中国首次向全世界作出明确的碳中和承诺后，在 2020 年 12 月全球气候雄心峰会、2020 年 12 月中央经济工作会议、2021 年 1 月世界经济论坛等多次会议上强调推进可再生能源装机量、非化石能源消费占比、碳排放权交易市场建设、能源双控制度建设等碳中和规划，倡导世界各国应通过坚持践行多边主义，改善产业结构、能源结构，倡导低碳生活方式等多方面推进碳中和。在 2021 年 11 月 1 日的《联合国气候变化框架公约》第二十六次缔约方大会世界领导人峰会上，中国发布《2030 年前碳达峰行动方案》，承诺将陆续发布能源、工业、建筑、交通等重点领域和煤炭、电力、钢铁、水泥等重点行业的实施方案，出台科技、碳汇、财税、金融等保障措施，形成碳达峰、碳中和"1 + N"政策体系，明确时间表和路线图。2022 年 1 月，中共中央政治局第三十六次集体学习的讲话中明确提出实现"双碳"目标需处理好发展和减排的关系、整体和局部的关系、长远目标和短期目标的关系、政府和市场的关系，坚持全国统筹、节约优先、双轮驱动、内外畅通、防范风险的原则，更好地发挥中国的制度优势、资源条件、技术潜力、市场活力，加快形成节约资源和保护环境的产业结构、生产方式、生活方式、空间格局。2022 年 10 月，党的二十大报告明确指出，积极稳妥推进碳达峰碳中和，实现碳达峰碳中和是一场广泛而深刻的经济社会系统性变革；发展绿色低碳产业，倡导绿色消费，推动形成绿色低碳的生产方式和生活方式，碳排放达峰后稳中有降。至此，中国对碳中和目标的构想逐渐从概念走向措施、从抽象走向具体。

中国提出碳中和目标具有三个层面的重要意义。

（1）在科学层面上，作为全球最大的温室气体排放国，中国宣布碳中和为全球范围内实现 2050 年前后达到净零排放提供了信心，为全球温升控制的实现奠定了基石，是解决人类社会气候问题与可持续发展的重要支柱。

（2）在政治层面上，虽然中国是目前世界碳排放总量最多的国家，但从历史来看，中国人均碳排放小于全球平均水平，更远小于美国、英国和法国的人均碳排放。从人均能耗来看，中国人均能耗低于世界上大部分发达国家，仅在2010年左右达到世界平均水平。基于这些事实，中国宣布2060年实现碳中和体现了主动承担国际责任的大国担当。在第75届联合国大会宣布碳中和承诺后，中国对全球气候治理的积极性受到了国际社会的高度赞扬。中国的碳中和承诺有助于提升其在国际气候谈判中的地位和信誉。在全球气候治理中，中国可以发挥重要作用，与其他国家合作，推动全球气候行动的协调和加速。

（3）在经济层面上，推动碳中和，通过可再生能源开发、碳排放权交易、工艺流程低碳流再造等能为经济发展带来新的增长点，帮助中国在可持续产业增长路径上实现对西方发达国家的换道超车。实现碳中和将推动中国朝着更为环保和资源高效的经济模式迈进，鼓励可持续生产和消费，提高资源利用效率，增加中国产品在国际市场上的竞争力。这是中国宣布碳中和的经济意义。

尽管中国作出碳中和承诺具有多重意义，但当前的能源结构、碳排放水平决定了实现碳中和困难重重。中国实现碳中和面临着一些困难和挑战，包括以下几个方面。

（1）高度依赖煤炭。以煤为主的能源体系是中国当前的基本能源国情，决定了实现碳中和任务的艰巨性。中国当前二氧化碳年排放量在100亿吨左右，约为全球总排放量的四分之一。这样较大数量的排放主要由中国的能源消费总量和能源消费结构决定。中国当前的能源消费总量每年约为50亿吨标准煤，其中煤炭、石油和天然气三者共占据了近85%，而其他非碳能源的占比则略高于15%。在这三类化石能源中，碳排放因子最高的煤炭占比接近70%。中国的能源消费结构中，煤炭占比之高在全球主要国家中独树一帜。在中国每年近100亿吨二氧化碳排放中煤炭贡献了76%，石油贡献了近20%。中国在朝着碳中和目标迈进的道路上，能源结构调整可能不是简单地从煤炭过渡到石油和天然气，而是直接从煤炭转向可再生能源。为了实现碳中和，中国需要将非化石能源比例从当前的15%提高到80%，实现能源结构的彻底逆转，使清洁能源成为主体。为实现碳中和，减少煤炭的使用，转向清洁能源是必要的，但这涉及产业和能源结构调整，可能对就业和经济产生不利影响。

（2）经济增长压力。中国面临着维持经济增长和减少碳排放之间平衡的巨大压力。中国近70%的二氧化碳排放源自工业部门，这一比例较欧美发达国家要高得多，这与中国制造业份额高、"世界工厂"的地位密切相关。传统工业部门的发展仍然与碳排放密切相关，因此如何在实现碳中和的同时而不损害经济增长是一个艰巨的挑战。实现碳中和与发展经济之间不存在不可调和的矛盾。一方面，要清醒地认识到在当前的产业结构与技术格局下，中国经济发展需要一定量的碳排放，不能忽略经济发展的现实要求盲目追求快速实现碳中和；另一方面，要充分利用碳中和目标倒逼中国高碳经济向低碳经济的转变，由资源驱动型向创新驱动型转变，推动碳中和观念和责任感深入人心，以经济发展方式转变作为国内经济高质量增长与实现碳中和的主要动力。

（3）区域发展不平衡。中国各地区的碳排放情况差异很大。一些发达沿海城市已经采取了大量减排措施，但内陆和落后地区可能缺乏资源和技术支持，实现碳中和的难度更大。

（4）碳排放还处于增长阶段。中国经济社会还处于快速发展阶段，城镇化、基础设施建设、人民生活水平提升等方面的需求空间巨大。中国的二氧化碳排放无论是总量还是人均都会继续增长。

（5）碳达峰与碳中和间隔短。中国从碳达峰到碳中和仅有大约30年的时间，相对于发达国家而言，这一时间段被显著缩短。美国、法国、英国在人均碳排放量方面，在20世纪70年代就已达到峰值，从碳达峰到2050年碳中和，其间有着长达80年的调整时间。

同时，中国实现碳中和具有一些优势和机会。

（1）政治承诺。中国政府已明确提出碳中和目标，并将其纳入国家发展规划中。中国政府的坚定承诺为实施碳中和提供了稳定的政治支持。中国的体制优势将在碳中和历程中发挥重大作用，因为碳中和涉及大量的国家规划、产业政策、金融财税政策等内容，需要真正下好全国一盘棋。

（2）超大市场规模推动。中国是全球最大的市场之一，这为清洁能源和低碳技术的大规模应用提供了机会，降低了新技术的成本，并推动了市场竞争。

（3）可再生能源潜力。中国拥有丰富的可再生能源资源，包括太阳能、风能、水能和生物能源。中国西部有大量的风、光资源，尤其是西部的荒漠、戈壁地区，是建设光伏电站的理想场所，光伏电站建设还可改善当地的生态环境；东部有大面积平缓的大陆架，可以为海上风电建设提供大量场所。中国可再生能源资源十分丰富，但当前开发利用程度较低，未来仍有广阔的开发空间。充足的可再生能源资源为实现碳中和提供了物质基础。

（4）绿色技术创新。中国光伏发电技术在世界上已是"一骑绝尘"，风力发电技术处在国际第一方阵，核电技术也跨入世界先进行列，建水电站的水平更是无出其右者。除了清洁能源生产技术的创新外，中国还在积极推动其他绿色技术创新，包括碳捕集、碳利用和碳封存技术，氢能源、新能源汽车等。这些技术的发展有望在碳中和过程中发挥关键作用。

（5）生态增汇潜力巨大。中国的森林多处于幼年阶段，且尚有许多适宜进行造林的土地。另外，草地、湿地以及农田土壤的碳含量大多处于未饱和状态，因此生态系统在固碳方面具有巨大的潜力。

（6）多重目标同时实现。中国实现碳中和目标的过程，也是空气污染物排放大大减少的过程，这意味着中国将彻底解决大气污染问题。此外，碳中和也意味着中国将实现能源独立，进口油气将大为减少。能源独立从某种程度上还会为粮食安全提供助力。碳中和是改变社会经济发展模式，从根本上遏制生态环境恶化，促进"减污—脱碳"科技进步，催生新型低碳经济的倒逼机制。碳中和还是驱动中国生态文明建设，治理国土空间环境，建设富饶、美丽和健康的现代化强国的新引擎。

第四节　碳中和的实现路径

碳中和不仅是一项伟大的愿景，也是一项需要细致计划和协同行动的复杂任务。本节我们将讨论如何将愿景转化为切实可行的行动。

一、碳中和的技术要求

从碳中和的定义不难看出，减少碳源和增加碳汇是实现碳中和的两个着力点。从减少碳源出发，碳中和主要涉及能源效率提高、能源结构转型两大方向；从增加碳汇角度出发，碳中和主要涉及人工增汇、生态增汇两大方向（见图 1-1）。下面，我们将从四个方向分别论述碳中和的技术要求。

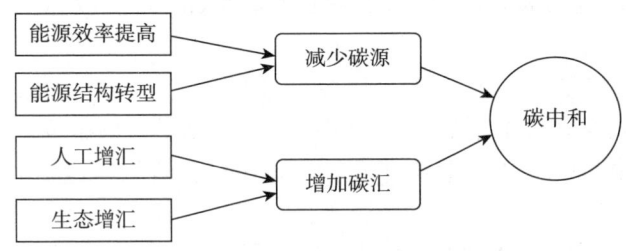

图 1-1　碳中和的技术要求

（一）能源效率提高

一个经济体的二氧化碳排放量由它的 GDP 总量和单位 GDP 的二氧化碳排放量即碳强度共同决定。降低一个经济体的二氧化碳排放量需要从降低它的碳强度入手。而一个经济体的碳强度由单位 GDP 能耗即能源强度、化石能源在能源消费中的占比、化石能源的结构和化石能源的碳排放系数共同决定。提高能源效率是从降低能源强度入手降低碳强度。能源结构调整是从化石能源在能源消费中的占比入手降低碳强度。

提高能源效率主要是指通过技术改进和节能措施，提高制造业、建筑业、交通运输业和服务业的能源利用效率，减少能源浪费。根据现有研究估算，目前各应用领域的能源利用效率仍存在相当大的提升潜力。比如，在交通运输行业，能效仍有望提高50%，而工业部门的潜在能效提升幅度为10%~20%。

制造业可通过以下措施提高能源效率：（1）升级生产设备，采用高能效设备；（2）定期审查生产流程，进行能源审计，及时发现能源浪费并采取措施进行流程优化；（3）使用发光二极管（LED）照明和自动照明控制系统以降低能源消耗；（4）提高员工节能意识，鼓励他们采取节能措施。

建筑业可通过以下措施提高能源效率：（1）LED 照明、高效暖通空调系统和节能家电；（2）使用高效隔热材料和双层窗户来减少暖通空调系统的负担；（3）使用智能控制系统来监测和调整建筑内部的能源使用；（4）在建筑物上安装太阳能发电系统以提高电力自给度；（5）改进水资源管理，降低水加热和冷却的能源消耗。

交通运输业可通过以下措施提高能源效率：（1）车辆升级，采用更节能的车辆，如混动汽车、电动汽车或氢能汽车；（2）优化路线规划和车辆维护，减少空驶和不必要的油耗；（3）提高公共交通系统的效率，鼓励人们使用公共交通工具；（4）采用智能信号控制和智能交通管理系统来减少交通拥堵。

服务业可通过以下措施提高能源效率：（1）利用虚拟会议和远程办公，减少员工的通勤和商务差旅，从而降低能源消耗；（2）选择能源效率高的办公设备；（3）使用能源管理系统来实时监控和控制能源使用。

电力行业可通过以下措施提高能源效率：（1）升级电厂和发电设备，以提高电力生产的效率；（2）建立智能电网，能够实时监测和管理电力分配，以优化电力使用；（3）提高电力输送效率；（4）采用负荷管理策略，通过优化用电时段来平衡电力需求。

2010—2021 年，中国单位 GDP 能耗下降了 48.25%，明显快于全球平均降速。然而，截至 2021 年，中国的单位 GDP 能耗仍然较全球平均水平高出 43.6%，是欧盟的2.5 倍，显示出在节能降碳方面仍有巨大的潜力。

（二）能源结构转型

能源结构转型是指通过增加清洁能源在能源消费中的比例，减少对传统化石燃料的依赖。清洁能源的碳排放系数要小于化石能源，因此能源结构转型旨在降低单位能源的碳排放量。在未来的能源结构中，占较大比例的清洁能源都将以电力形式产出，因此碳中和进程要求加快能源消费电气化过程。电气化是指消费侧主要能源载体由煤油气等能源品类转变为电力。

清洁能源目前主要包括水电、核电、风电、光伏和生物质能。未来，风电、光伏将是很多国家清洁能源的主要增长力量。虽然技术创新和规模效应将使风电、光伏的发电成本进一步下降，但由于风电、光伏的不确定性、不稳定性及不连续性，其消纳并网以及有效调配是未来能源系统的发展瓶颈，也将催生大量成本。首先，风电、光伏的不确定性将对电网造成冲击，影响无功电压和暂态稳定性，大幅度提高用电成本。电力电子设备的强非线性、脆弱性使发生故障时易引起连锁反应。因此，风电、光伏的大量并网将影响整体电网的安全性和稳定性，对电网的供需平衡及频率稳定与系统整体安全稳定性都可能造成威胁。其次，由于风电、光伏资源分布的地域不均衡、不集中，往往具有需求和供给在地理位置上相分离的明显特征，跨区域长距离输送将成为制约新能源大规模消纳的另一阻碍。最后，风电、光伏的灵活性较差，不同于火力发电可以根据需求灵活进行调峰调频，风电、光伏发电受时间段和天气影响，例如，晚上是用电高峰，但此时光伏发电却不能出力。此外，风电、光伏的大比例并网将导致电网调频调峰的难度加大，对系统的灵活性提出了更高的要求，也提高了对储能设施配比需求。原来电力系统的运行模式是"源随荷动"的方式，根据用电端的预测对发电端进行协调控制，并通过滚动调节的方法保证系统的平衡。随着风电、光伏规模的扩大，发电侧和消费侧的可控性和可测性均大幅下降，原有方式难以满足电网安全稳定运行的需求。

配合风电、光伏大规模发展和高比例接入，储能、数字化和智能电网都将成为未来能源系统稳定运行的必要手段。能源领域的数字化将大数据和云计算等数字技术应用于能源生产和消费的全过程，传统电网则转变为配备了包含数字技术等新技术在内的新型电网，通过新兴技术与传统电网的结合实现电网的智能化。未来需要通过电网数字化和智能化保障大比例风电、光伏并网情况下的电力供给稳定。

当前重型、长途运输和大功率工程机械的大规模电气化仍受技术水平制约，因此为减少化石能源消费，需要发展氢能作为燃料。氢燃料的制取、储存、运输均比传统化石燃料的成本高，因此需要在合理产业布局下，完善氢能技术路线配套的基础设施。

受限于特殊的资源禀赋条件，中国在长期发展过程中形成了以煤炭为主的能源消费结构。虽然2011—2021年，煤炭在一次能源消费结构中占比以平均每年约1%的速度下降，但由于截至2021年煤炭消费占比依然很高（56.6%），短中期内煤炭作为主体能源的地位依然无法撼动（林伯强，2022）。

中国清洁能源中比重最大的水电受到剩余水能潜力的限制，难以大幅增长。核电具有稳定和清洁高效的特点，但由于中国人口分布密集，核电的安全问题和选址布局的局限性使其产能的"天花板"较低。生物质能占比微小，难以形成对清洁能源真正有意义的结构性贡献。因此，风电和光伏将是清洁能源的主要增长力量。按政府规划的2060年非化石能源占能源总量的80%，如果水电比例保持稳定（8%），核电占比上升到4%，保守估计风电和光伏的占比将达到65%以上，而2019年风电和光伏在能源系统中所占比例仅为5.2%。未来，中国将逐渐依赖风力和太阳能作为主要的发电和能源来源。西部地区的风力和太阳能资源，以及沿海大陆架上的风力资源将成为主要支柱，而分布在各地特别是农村地区的分散式光热资源则是有效的补充。

碳中和目标将促使终端电气化进程不断推进。根据魏一鸣等（2022）的估计，中国实现碳中和，2060年终端电气化需达到77%以上（2022年约为27%）。分部门来看，2060年，建筑部门电气化率需达到90%（2022年约为40%），工业部门需达到73%（2022年约为30%），交通部门需达到84%（2022年约为5%）。

（三）人工增汇

碳汇是指能够吸收和储存大气中二氧化碳的自然或人工系统，以减缓全球气候变化。碳汇对减缓全球气候变化具有关键性的作用，因为它们有助于从大气中移除二氧化碳，将其储存在陆地和海洋生态系统中，减少大气中的温室气体浓度。

人工增汇主要涉及碳捕集、利用和封存（CCUS）技术。CCUS是指将二氧化碳从工业过程、能源利用或大气中分离出来，直接加以利用或注入地层以实现二氧化碳永久封存的过程。

CCUS包括以下三个主要组成部分。

（1）碳捕集（Carbon Capture），是指将二氧化碳从工业生产、能源利用或大气中分离出来的过程，主要分为燃烧前捕集、燃烧后捕集、富氧捕集和化学链捕集。

（2）碳利用（Carbon Utilization），是指通过工程技术手段将捕集的二氧化碳实现资源化利用的过程。根据工程技术手段的不同，可分为矿化利用、化学利用、生物利用和地质利用等。碳利用可以赋予二氧化碳经济价值，从而推动技术的商业推广。

（3）碳封存（Carbon Storage），是指将二氧化碳注入深部地质储层、海洋或通过生物固碳、矿化等手段实现二氧化碳与大气长期隔绝的过程。碳封存的目的是确保捕集的二氧化碳不会重新进入大气并引起温室效应。地下储存通常需要具备良好的地质特征，以确保二氧化碳长期稳定封存在地下。

全球目前有 CCUS 项目 65 个，其中 26 个处于运行状态，2 个暂停，37 个处于建设和规划阶段。CCUS 全年捕集埋存的二氧化碳量达 0.4 亿吨，其中 77.8% 用于二氧化碳驱油，提高石油和天然气采收率，剩下的主要是地质埋存。除二氧化碳驱油外，其他 CCUS 技术的利用情景，如钢铁冶炼加碳捕集和封存、生物质能加碳捕集和封存、空气直接捕获二氧化碳、二氧化碳加氢生产甲醇和烯烃等化工品，目前尚未开展大规模示范，其市场竞争力有待进一步论证。

相较国外，中国的 CCUS 技术起步较晚。经评估，中国地质封存潜力为 1.21 万亿 ~ 4.13 万亿吨。目前，中国已投运或规划中的 CCUS 项目有 40 多个，捕集能力为 300 万吨，累计注入封存量超 200 万吨。从技术环节来看，捕集类、化工与生物利用类、地质利用与封存类示范项目的占比分别为 39%、24%、37%。CCUS 技术目前存在成本较高等多方面因素，现阶段开展的项目规模普遍较小。

在未来，CCUS 技术将成为解决水泥、钢铁等难以减排行业碳排放问题的重要利器，是人类确保达成碳中和目标的保底技术。因此，提高 CCUS 技术的经济可行性变得尤为关键。

（四）生态增汇

人类向大气中排放的碳并未全部留在大气中。1850—2020 年，人为碳排放量的 59% 被陆地和海洋吸收，其中海洋吸收 26%，陆地吸收 33%。陆地和海洋生态系统是天然的碳汇。

陆地碳汇是指地球上的陆地生态系统（如森林、湿地、草地等）通过吸收大气中的二氧化碳，将其储存在植物、湿地和土壤中，以减少大气中的温室气体浓度，从而有助于减缓气候变化的过程。陆地碳汇在全球碳循环中扮演着重要角色，对维持地球的碳平衡和气候稳定至关重要。气候变化会对陆地碳汇产生影响。例如，气温上升和干旱可能导致植被受损，减少了其吸收二氧化碳的能力。土地利用变化，如森林砍伐和土地开发，可以释放储存在植被和土壤中的碳。

陆地生态系统尽管类型多样，但在固碳中起主要作用的还是森林生态系统，这是因为森林中的各种树木都有很长的生长期，在树木适龄期内，固碳作用可持续进行；当树木进入成熟期，固碳能力就会减弱，但人们可以通过砍伐—再造林的方式继续保持正向固碳作用，而砍伐的木材可以做成家具等产品，不至于把多年来固定的碳快速返还给大气。因此，陆地生态系统固碳的重心在森林生态系统，森林的管理一是保育，二是扩大面积。

通过森林保护、植树造林、退耕还林、湿地保护和恢复、减少土地利用变化、可持续土地管理等方式可以提高陆地碳汇。在增加陆地碳汇的同时，这些措施还能带来生态环境改善的协同效益，有助于推动可持续发展。

陆地生态系统的固碳增汇功能是推进中国碳中和目标实现的重要路径，也是目前最为经济有效的手段之一。2060年中国陆地生态系统能够较有把握地产生20亿~30亿吨生态碳汇，理想状态能够达到30亿~45亿吨碳汇，而目前中国生态系统消纳能力只有10亿~15亿吨。大气二氧化碳浓度升高对植被的施肥效应、植树造林、退耕还林是中国陆地生态系统增汇的主要驱动因素。尽管现阶段中国陆地生态系统在实现碳中和目标中扮演着重要的碳汇角色，但其碳汇效应有限，从长期角度看，随着大气二氧化碳浓度升高和森林林龄增加会逐渐趋零。基于此，陆地生态系统碳汇功能的重要意义在于为工业减排争取充足的时间，加快推动技术进步和能源脱碳转型才是实现中国碳中和目标的根本有效途径。

海洋是地表系统最大的碳储库。海洋总碳储量约为大气的50倍、陆地的20倍。海洋固碳主要通过溶解度泵、生物泵、碳酸盐泵三种渠道实现。溶解度泵是指高纬度海洋区在冷空气和强风的作用下，表层海水快速降温，二氧化碳溶解度增大，海洋通过海—气交换从大气吸收大量二氧化碳；随着深层水的形成，高密海水携带吸收的二氧化碳下沉进入大洋热盐环流，脱离海—气交换层，从而实现对大气二氧化碳的封存。生物泵始于海洋真光层，浮游植物通过光合作用将无机碳转化为有机碳，其中，颗粒有机碳通过沉降等过程输送至深海，而溶解有机碳则向下扩散或随着深层水的形成进入深海，但在输送过程中部分有机碳会被再矿化成溶解无机碳释放到周围水体中。海水碳酸盐沉淀形成的同时会释放二氧化碳，而碳酸盐溶解会从大气吸收二氧化碳。因此，储存于海底沉积物中的大量碳酸盐，其沉积与溶解可长期调节大气二氧化碳浓度。

可通过生物和化学途径实现海洋增汇。生物途径包括营养加富、人工上升流和下降流、海藻养殖和生态系统修复。化学途径包括增加海水咸度和电化学方法。

在关键性、颠覆性能源技术还没有取得突破之前，通过人为生态工程建设，巩固和提升陆地和海洋生态系统碳汇功能，是最行之有效、最绿色、最经济、最具规模的技术途径，是实现碳中和目标的"压舱石"及社会经济发展的"稳定器"。

二、实现碳中和的政策工具

在各国实现碳中和的进程中，政府应当发挥主导作用。首先，由于碳排放行为涉及负外部性，碳减排或固碳增汇行为涉及正外部性，单靠市场难以将外部性行为推向社会最优水平。外部性理论认为需要通过政府征税和补贴实现外部效应的内部化。其次，虽然环境库兹涅茨曲线表明经济发展与碳排放之间会呈现出倒U形关系，但如果需要在一个确定的时间点实现碳中和，则只有政府主导才有可能按时实现。同时，由于政府直接干预的局限性和执行效率问题，碳中和进程需要在政府主导下尽可能通过市场化手段减少碳排放，提高转型效率并降低转型成本。政府主导和市场支持将是碳中和进程的基本特征。

要充分调动政府和市场两个轮子驱动碳中和的推进。政府在碳中和工作中起到主导作用的同时，要避免将碳中和运动化，避免出现"一刀切""齐步走""层层加码"等现象。政府应在认清市场机制的基础上尊重市场规律，以市场为主体，采用科学评价、循序渐进的方式推进碳中和。

为实现碳中和，政府可以借助的政策工具主要有建立碳交易市场、电价市场化改革、补贴绿色技术创新、发展绿色金融等。这些政策工具通过激励企业和家庭作出减排和增汇行为帮助碳中和目标的如期实现（见图1－2）。在碳中和的实现过程中，碳价格和碳交易是政府与市场强有力的结合点，也是维系政府与市场联系的重要纽带。

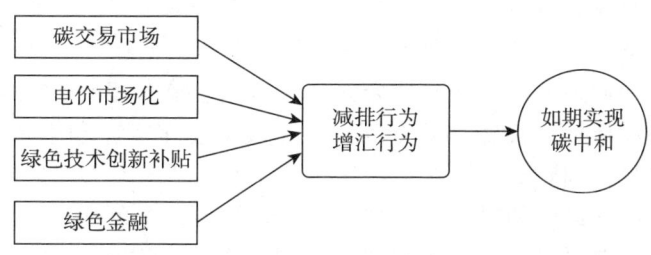

图1－2　实现碳中和的政策工具

相比于风电、光伏，化石能源在利用成本上具有优势，但是碳排放系数也更高。为实现碳中和，需要清洁能源尤其是风电、光伏成为主体能源。这需要改变化石能源在利用成本上的优势。政府可以对风电、光伏等清洁能源开发利用进行补贴，但补贴将使政府财政面临巨大的压力。碳交易市场可以增加化石能源利用成本，使终端产品价格反映低碳转型成本，同时不给政府带来财政负担。碳交易机制设计是否完善，在很大程度上影响了碳价格，进而影响碳排放效率。[①] 有效的碳交易市场将可以为碳定价，其影响取决于碳交易成本的大小以及成本是否顺畅向下游产业转移。

电价市场化改革可以让电价真实反映电力市场供需和碳中和成本，使减排成本顺利传导。如果电价无法体现减排成本，碳成本就不能向外部有效传导，则达不到建立碳市场的初衷。因此，协调完善碳交易机制及有效的电价改革，才可能有效发挥市场价格信号的减排指引功能。电价市场化改革让所有用电企业和个人直面碳中和成本，使他们在决策时考虑自己行为对碳排放进而对气候变化的影响。

中国全国性的碳市场在2021年7月正式开始交易，首批涵盖发电行业的关键排放单位达到了2 162家，该市场一跃成为全球规模最大的碳市场。由于电力供应以煤电为主，2019年电力碳排放约占全国碳排放总量的47.4%，因而碳市场交易的有效运行将具有重要的减排意义。中国碳交易市场需要扩大和完善，但当前更迫切的是深化电力市场改革，让电价真正体现市场供需和减排成本。碳定价后发电企业面临很大成本压力，需要将碳成本通过终端电价向用电侧传导，实现碳交易的设计目标。在碳市场与电力市场交互影响的基础上，可以形成电价与碳价的良性互动。

政府补贴绿色技术创新，降低绿色技术的创新成本，鼓励企业进行清洁能源、能源

---

① 碳税也可以实现碳定价。碳税既可以增加化石能源利用的成本，也给政府带来额外收入。碳定价除了可以增加化石能源利用的成本进而抑制化石能源的使用外，还可以激励企业或个人采取更多的减碳和固碳增汇行为，因为这些行为减少的碳可以带来直接的经济收益。碳定价将成为碳中和背景下企业和个人行为的指挥棒。

效率和 CCUS 等领域的技术创新，通过创新突破加速碳中和的实现。根据国际能源署的研究，目前的成熟技术有望满足 90% 的碳达峰目标下减排需求，但是这些技术仅能够满足 50% 的碳中和目标下的减排要求，显然还不足以有力支持碳中和目标的全面实现。实现碳中和目标还有很大的绿色技术缺口。一方面，绿色技术创新兼顾环保和创新从而表现出"双重正外部性"；另一方面，绿色技术创新往往具有资金投入大、失败风险大的特点。因此，市场自发的绿色技术创新数量不足，无法满足实现碳中和目标的要求。政府补贴绿色技术创新，可以诱发企业进行更多的绿色技术创新。

发展绿色金融，通过引导私人与社会资金流向绿色技术和清洁能源领域，促进绿色经济的发展和碳中和目标的实现。2016 年，中国人民银行等七部门发布《关于构建绿色金融体系的指导意见》，将绿色金融定义为"指为支持环境改善、应对气候变化和资源节约高效利用的经济活动，即对环保、节能、清洁能源、绿色交通、绿色建筑等领域的项目投融资、项目运营、风险管理等提供的金融服务"。当前，国际社会在应对气候变化以及促进经济社会的可持续发展方面，面临着巨大的资金缺口，因此，绿色金融被寄予更大的责任和更广泛的期望。绿色金融支持碳中和目标实现以下三大功能：（1）资源配置功能，即绿色金融将为碳中和目标的实现提供资金支持。实现碳中和目标所需的巨额资金缺口，仅依靠政府力量难以弥补，需要引导社会和私人资金投入绿色低碳领域。此外，绿色金融的发展有助于约束资金流向高碳和高能耗等具有污染性的产业。（2）风险管理功能，即绿色金融能够有效降低气候环境风险带来的影响。绿色金融的应用有助于引导市场主体理性、客观地将环境气候风险纳入管理范畴。通过研究开发环境风险度量工具，能够识别并量化该类风险，在做好风险防范的同时引导主体采取规避风险的积极手段。通过推动信息披露，有效促进投融资方深化对气候相关风险的认知和重视程度，在倒逼企业注重自身转型布局的同时为金融机构提供投融资风险判断的实施依据。（3）市场定价功能，即绿色金融能够引导形成合理的市场定价。目前，环境效益与气候风险尚未内生化，部分金融机构现阶段只能对绿色企业、绿色项目进行识别并发放统一的利率优惠，未能有效反映绿色资产真实内部价值。而绿色金融尤其是其中的碳金融则为合理的市场定价提供了有力借鉴。基于碳交易所形成的碳配额抵/质押等金融手段进一步拓展碳资产的金融属性，成为企业融资的新渠道。此外，绿色金融还可以通过支持绿色技术创新促进经济的绿色发展。中国碳中和目标的实现将催生百万亿级的巨额投资，这涉及可再生能源、数字化节能、高端制造、储能等多个领域。绿色金融在中国有十分广阔的发展前景。

长期以来，很多国家的环境保护主要依赖行政命令型政策工具。行政命令型政策工具的好处在于比较直观、简单，便于在现有的行政体系里贯彻执行，在需要时可以比较灵活地给经济发展留"政策空间"。但是，以行政命令为主的规制体系很难避免执行过程中的"一刀切"和"运动式执法"现象。这些做法忽视了不同污染者之间的异质性，对减排手段的规定也不灵活，导致目标在实现过程中社会成本过高，执行效果必然会大打折扣，可持续性较差。随着市场经济的发展，市场在资源配置中的决定性作用越来越凸显，以市场为基础的环境保护政策应运而生。市场机制更能实现社会成本与环境收益之间的平衡。实施经济政策并不是完全脱离政府体制。政策的制定和实施仍然非常依赖政府。比如，在碳交易政策中，排放基准的制定和排放量的核算都依赖政府的信息收集和验证能力。

中国预计在30年内完成从碳达峰到碳中和的转变，这一时间区间相对于大多数西方发达国家较为紧凑，因而在技术、经济、社会等多个层面面临更为巨大的挑战。中国在绿色低碳转型过程中需要处理好各种关系，有效应对转型过程中可能伴生的经济、金融以及社会风险，避免过度反应，安全降碳。为实现碳中和目标下各行业的平稳转型，中国需要先立后破，积极防范可能伴生的转型风险，确保安全降碳。

在实现碳中和目标的过程中，最重要的就是要处理好节能减排与经济发展之间的关系。中国能源消费结构和产业结构的状况，决定了在相当长的一段时期内，经济增长依然需要依赖相当数量的能源消耗与碳排放。由于低碳技术研发遵循渐进式增长的规律，各企业实现设备的低碳化、电气化改造需要较长的时间跨度，所以，从某种程度上看，维系经济增长和促进节能减排二者在现阶段依然存在较大的冲突。因此在实际工作中，既不能为经济增长完全忽略环境目标，也不能为环境目标"一刀切"地人为梗阻经济增长，要把握好节能降碳和经济增长的节奏，利用科技进步与体制机制创新等手段尽可能平滑"双碳"目标实现过程中的经济增长，使节能降碳的步伐总体上与节能降碳的技术水平以及经济发展状况相适应。

中国实现碳中和目标的路径并不是先验的、定制的、一成不变的，它应随着技术发展和社会需求而动态调整、不断优化迭代，应该倡导采用国家战略引导下的具有韧性和适应性的系统解决方案。

第五节 碳中和的社会经济影响

实现碳中和目标是一项宏大而复杂的系统工程，是一场广泛而深刻的社会变革，对经济社会的各个方面都将产生深刻影响。本节详细阐述碳中和过程中可能产生的经济、社会及其他方面的影响。

一、碳中和的经济影响

（一）碳中和对经济增长的影响

碳中和可能在短期内对经济增长产生一定的负面影响。实施碳中和政策通常需要企业投资于更清洁的生产技术和设备，或者购买碳排放配额。这些额外的成本可能会导致企业生产成本上升。碳中和带来的能源价格上升也会对企业的盈利能力产生负面影响。碳中和会导致产业结构调整，高碳行业和低碳或清洁行业此消彼长，这需要一段时期的调整适应。在政策实施初期，企业可能面临不确定性，因为它们需要适应新的环保法规和市场条件。这种不确定性可能会影响投资决策，导致一些企业推迟投资或扩张计划。因此，在短期内，碳中和可能导致经济增长在一定程度上放缓。

　　然而，从长期来看，碳中和可能对经济增长产生积极影响。首先，实现碳中和需要绿色技术的发展和创新，包括可再生能源技术，能源储存技术，节能技术，清洁交通和碳捕集、利用和封存（CCUS）技术等。这些新兴产业在长期内可能成为经济增长新的引擎，创造就业机会并推动经济发展。

　　其次，通过减少对化石燃料的依赖，碳中和政策可能有助于稳定能源价格，减少对全球能源市场波动的敏感性，为经济增长提供更加稳定的环境。

　　最后，碳中和有助于减少气候变化带来的气候风险，减少这些风险可以降低经济的脆弱性，支持长期的经济增长。

　　总之，碳中和对经济增长的影响是一个复杂的问题。在短期内，碳中和可能对经济产生一定的负面影响，但从长期来看，碳中和可能通过刺激创新和技术变革、稳定能源价格以及减少气候风险等方面对经济增长产生积极影响。

　　（二）碳中和对不同行业的影响

　　碳中和对能源行业的影响：能源行业是碳排放的主要来源之一。实现碳中和对能源行业意味着减少化石燃料的使用，增加清洁能源的使用比例，提高能源效率。这会导致石油、煤炭等化石燃料的产量和需求下降，同时清洁能源行业也会迎来极大的发展机会。

　　碳中和对交通运输业的影响：交通运输业是另一个重要的碳排放行业。碳中和要求推广新能源汽车和清洁能源的使用，鼓励公共交通等。这会给新能源汽车制造商、公共交通运营商等带来新的商机，同时对传统燃油汽车产业产生负面影响。

　　碳中和对农业的影响：农业碳排放主要来自氮肥使用和动物饲养。碳中和要求采用更环保的农业实践、增加森林覆盖率、转变土地用途，以减少温室气体排放并改善土壤碳储存。

　　碳中和对制造业的影响：制造业的碳中和主要涉及减少生产过程中的碳排放，为此制造业需要对现有设备和流程进行更新和改进。同时，碳中和会给制造业带来新的技术和产品机会，如碳捕集、利用和封存设备，碳中和材料等。

　　碳中和对服务业的影响：服务业的碳中和主要涉及减少写字楼和商场的能源消耗，推广清洁能源的使用，提高能源效率等。这涉及建筑节能改造、绿色建筑设计、智能能源管理等。同时，碳中和还会给服务业带来新的绿色服务需求，如碳中和咨询、碳抵消项目管理等。

　　碳中和对金融业的影响：碳中和要求金融部门开发一系列碳金融产品，这为金融机构开辟了新的业务领域。碳中和政策会增加对绿色投资的需求，鼓励更多的资本流向绿色基础设施建设。

　　（三）碳中和对产业结构的影响

　　产业结构是指一个国家和地区或经济体中各个产业部门的相对规模和比重。它反映了经济中不同产业部门的发展程度、贡献度以及产业之间的相互关系。实现碳中和对产业结构有着显著影响。为了实现碳中和，需要减少高碳排放的产业，扩大低碳排放的产业，从而改变产业结构。具体来说，实现碳中和可能会导致以下几方面的产业结构变化：（1）高碳产业面临压力。高碳产业，如传统煤炭、石油化工、钢铁、水泥等，需要进行技术改造和转型，投入更多资源来减少碳排放，这会增加这些行业的成本和负担，降低其竞争力。（2）低碳产业迎来发展机遇。低碳产业，特别是可再生能源、清洁能源、新能源汽车等，将得到充分的支持和鼓励。这些产业的发展将创造新的就业机会。（3）促进产业结构转型升级。为实现碳中和，需要加大对低碳技术和清洁技术的研发和应用。这将推动产业结构向技术密集型、知识密集型的方向转变，促进产业结构的转型升级和创新能力的提升。（4）重塑产业价值链。实现碳中和需要整个产业价值链的协同作用和配合，包括原材料供应、生产制造、物流运输、销售与服务等环节。通过优化产业结构，改善产业价值链的各个环节，可以提高碳减排的效率和效果。（5）消费模式和需求结构调整。碳中和目标的实现需要人们改变消费习惯，减少高碳产品的消费，转向环境友好、低碳足迹的产品。这将对各行业的需求结构和市场格局产生影响，促使企业进行业务调整和产品创新。

二、碳中和的社会影响

（一）碳中和对就业的影响

一方面，碳中和会降低特定行业的就业机会。碳中和要求减少对传统的化石燃料的依赖。这会影响传统能源行业的就业，如煤矿工人和石油工人会面临岗位减少或转岗。对此，政府需要采取措施来提供转岗培训和就业机会，以确保这些工人能够向新兴行业平稳过渡。

另一方面，碳中和可以带来新的就业机会。碳中和需要大规模改造和升级现有的能源系统、交通系统和建筑物等基础设施，这将刺激绿色技术和清洁能源行业的发展，创造新的就业机会。例如，太阳能和风能行业的拓展将需要更多的工程师、技术工人和安装人员等。此外，为了实现碳中和的目标，需要投资于技术创新和研发，以开发更高效、更环保的能源技术。这将创造更多研究和开发的工作岗位。

碳中和对就业的影响因国家和地区而异，取决于其资源禀赋、发展阶段和产业结构。碳中和对特定经济体就业的净影响还有待研究。

（二）碳中和对不平等的影响

实现碳中和需要谨慎评估其对不平等的影响。实现碳中和可能会对低收入人群和社会弱势群体产生不利影响，因为他们可能承受更高的减碳成本或失去与传统产业有关的工作。政府需要采取措施，确保碳中和过程不会加剧不平等。

碳中和对国内不平等的影响可以从以下几个方面考察：（1）地区不平等。碳中和可能导致地区不平等的加剧。落后地区减碳压力往往更大，这会阻碍它们在收入水平上追赶发达地区的速度，从而加剧地区之间的不平等。政府可以提供资金支持和技术转让，帮助那些受碳中和影响较大的地区实施转型。（2）就业不平等。碳中和需要减少传统的高碳行业的规模，这会导致传统行业的工人失去就业机会。同时，与碳中和相关的新兴产业会出现新的就业机会。但新的就业机会可能需要不同的技能，从而给工人转行带来困难。政府需要提供失业救济和技能培训，帮助转行工人渡过困难期。（3）消费不平等。碳中和可能导致贫困人口生活水平下降，因为碳中和可能会导致能源价格上升，而能源消费支出在贫困人口整体支出中占比较大。政府可以通过碳定价返还机制，确保那些负担较重的人群得到必要补偿。

此外，碳中和可能会加剧国际不平等，因为不同国家和地区的发展水平、资源禀赋和碳排放水平存在巨大差异。国际社会可以通过国际合作和扶助、技术合作和转让、国际统一碳市场等多方面的努力来减缓碳中和可能带来的国际不平等加剧。

碳中和对不平等的影响也可以从消费端和收入端分别考察。

对消费端的影响是家庭购买的商品和服务价格变化对购买力或福祉的影响。碳定价（碳税或碳交易）会改变家庭购买的商品和服务的相对价格。碳密集程度更高的商品和服务通常会相对于其他商品和服务的价格上升幅度更高。这会使政策影响在不同家庭中的分布体现为：相对依赖这些商品的家庭将比不那么依赖这些商品的家庭实际购买力降低得更多，从而福祉减少得更多。

对收入端的影响是政策导致的家庭劳动收入、资本收入和转移性收入的变化所产生的购买力或福祉的变化。碳定价通常会对税后工资、资本回报和转移收入产生正面或负面影响。不同家庭对这些不同形式收入的依赖度不同，对收入端的影响在不同家庭中的分布由此产生。

对消费端的影响通常是递减的，即对高收入家庭的影响比对低收入家庭的影响小，因为低收入家庭对碳密集程度更高的商品和服务的相对依赖程度比高收入家庭更高。对收入端的影响通常是递进的，即对高收入家庭的影响比对低收入家庭的影响大，因为高收入家庭的资本收入占其总收入的比重比低收入家庭大，而碳密集行业往往也是资产密集的行业，这些行业受损更严重。研究认为，对收入端的递进影响可以抵消对消费端的递减影响，总体影响呈现为递进。

（三）碳中和对不同世代的影响

碳中和对不同世代的影响是不同的。对于当前世代来说，碳中和是应对气候变化的关键措施之一。减少温室气体排放，特别是二氧化碳，可以减缓气候变化的速度和程度，减少灾难性的天气事件发生的频率和损失。然而，对于当前世代来说，碳中和也会带来一些挑战和成本。研发和推广新的技术和转变现有的经济模式可能需要大量的资金和时间。此外，一些碳中和的方法可能存在风险和不确定性，需要进行更多的研究和实验。当前世代是碳中和成本的主要承担者。

碳中和通过减缓气候变化的速度和程度可以为未来世代提供一个更可持续、更稳定的气候环境，通过改善空气质量为未来世代创造更健康的生活环境。未来世代是碳中和的主要受益者。

三、碳中和的其他方面影响

（一）碳中和对创新的影响

碳中和对创新的影响可以从以下几个方面考察：（1）技术创新。实现碳中和需要大力推动绿色技术的研发与应用，从而促进技术创新。这些技术包括清洁能源（如太阳能、风能、生物质能、核能），电动汽车，能源储存，碳捕集、利用和封存，充电基础设施，智能交通管理，建筑节能，智能电网，智能家居等。（2）企业创新。碳中和对企业来说既是一种挑战，也是一种机遇。企业需要通过优化生产流程来降低能源消耗、减少碳排放，并将碳中和的要求融入产品设计、生产流程和供应链管理中。这种创新可以促使企业改进内部管理、提高生产效率，并提高企业的竞争力。（3）制度创新。实现碳中和需要建立完善的政策法规和市场机制。政府需要推动碳定价、碳交易等制度创新，为碳中和提供政策支持和市场化激励，从而推动企业和社会各方面参与碳中和行动。（4）金融创新。碳中和政策促进了碳市场和碳金融工具的发展。这包括碳交易市场、碳税、碳融资机制等。这些金融工具的出现为企业和投资者提供了激励，以减少碳排放并投资于低碳项目。（5）跨界创新。实现碳中和需要各行业和领域之间的合作与协同创新。这种合作将促进不同领域之间的知识交流和技术转移，推动跨界创新。

（二）碳中和对国际关系的影响

碳中和已经成为国际社会应对气候变化的主要策略，它将对国际关系产生广泛而深远的影响：（1）国际合作。碳中和需要国际合作，因为气候变化是全球性问题。各国需要共同努力，制定全球性的碳中和目标，并分享减排技术、经验和资源。这促使国际社会更加密切地协作。（2）贸易关系。一些国家已实施碳关税，以确保进口商品的碳排放不会破坏它们的碳中和努力。这可能导致国际贸易关系的调整，同时也可能激发贸易摩擦。（3）发展援助。发达国家正在提供资金支持，帮助发展中国家实现碳中和目标。这可以促进国际发展援助的重新定位，以更好地应对气候变化挑战。（4）地缘政治。碳中和也可能影响国际地缘政治，如气候难民问题可能导致国际紧张局势。（5）技术合作和知识共享。实现碳中和需要广泛的国际技术合作。此外，实现碳中和需要各国共享关于减排和适应气候变化的知识和最佳实践。总之，碳中和已经成为国际关系中一个重要的议题，塑造着全球气候政策、经贸关系和地缘政治。国际社会必须共同努力，实现碳中和目标，以应对气候变化，确保未来世代的可持续生活。

（三）碳中和对能源的影响

碳中和对能源安全、能源价格水平和波动性、能源供给稳定性以及能源结构都会产生重要影响：（1）能源安全。碳中和将导致能源供给的多样化。减少对化石燃料的依赖，采用更多清洁能源，有助于减少能源供应受到地缘政治和供应链问题的影响，提高能源安全。（2）能源价格水平和波动性。碳中和会增加对清洁能源的需求，导致清洁能源价格上升。同时，碳中和会减少对传统能源的需求，从而抑制传统能源的价格上涨。能源价格可能会更加稳定，因为清洁能源的成本相对较为稳定，而不受化石燃料价格波动的影响。（3）能源结构。碳中和会促使能源结构的转型。清洁能源的比重增加，对化石燃料的依赖减少。（4）能源供给稳定性。碳中和会引起能源供给结构的转型，从传统能源向清洁能源的转变，会对能源供应的稳定性产生一定的不利影响。然而，随着技术的进步和能源系统的转型，重点加强能源存储、智能电网等方面的技术可以提高能源供给的稳定性。

（四）碳中和对生态环境和公众健康的影响

碳中和对生态环境和公众健康有着深远的影响，这些影响通常是积极的，因为碳中和的主要目标之一是减少温室气体排放，应对气候变化。以下是碳中和对生态环境和公众健康的主要影响：（1）减少气候变化风险。碳中和有助于减少温室气体排放，尤其是二氧化碳的排放，从而减缓全球气候变化的速度和程度。（2）保护生态系统。温室气体的增加和由此导致的全球变暖对生态系统造成了严重的影响，包括海洋酸化、冰川融化、海平面上升和生物多样性损失。碳中和有助于减少这些影响，保护生态系统和物种多样性。（3）改善空气质量。碳中和伴随着减少对化石燃料尤其是燃煤的依赖，这可以降低大气中有害污染物［如二氧化硫、氮氧化物、细颗粒物（$PM_{2.5}$）］的排放，改善城市空气质量。（4）减少公众健康风险。碳中和通过减缓气候变化可以降低极端气温、极端天气带来的安全风险。碳中和通过改善空气质量，从而减少呼吸系统疾病、心血管疾病和其他健康问题的发生率。此外，碳中和通过鼓励绿色出行方式，也可以促进公众的身体健康。（5）提高未来世代的生活质量。缓解气候变化对于未来世代的生活质量至关重要。通过碳中和，可以为下一代提供更稳定、更可持续的地球环境，减少他们面临的气候风险。

📖 本章小结

关键词：碳中和　碳达峰　《京都议定书》　《巴黎协定》　温室气体　温室效应　全球气候变化　全球变暖　全球气候治理　"双碳"目标　清洁能源　碳捕集、利用和封存（CCUS）技术　陆地碳汇　绿色金融

1. 碳中和是指在特定时间内（一般指一年），特定对象（可以是全球、国家、区域、企业、个人、产品、活动等）"排放的碳"（包含能源生产与消费、土地利用等排放）与"吸收的碳"（包含自然碳汇、人工碳汇等）相抵消，达到正负相抵状态。

2. 人类活动产生的温室气体，特别是二氧化碳、甲烷和氧化亚氮，在大气中累积，增强了地球的温室效应，加速了以气温上升为显著特征的全球气候变化。气候变化给人类社会带来各种不利影响。碳中和的主要动机在于减少这些温室气体的排放，以降低全球气温上升的速度和幅度，减少气候变化对人类社会的风险与影响。

3. 碳排放导致的全球气候变化主要包括以下几个方面：全球变暖，冰川融化和海平面上升，极端天气频率和强度增加，生态系统发生改变。

4. 气候变化对人类社会的主要不利影响有：气候灾难增多增强，海平面上升，生态系统服务的减少，粮食减产，水资源空间变化，能源需求变化，健康威胁，建筑业受损，旅游业收入减少，影响重大工程，社会不稳定，产出损失。

5. 全球现阶段应对气候变化，以减缓为主、适应为辅。《巴黎协定》确定的温控目标是"把全球平均气温升幅控制在工业化前水平以上低于2℃之内，并努力将气温升幅限制在工业化前水平以上1.5℃之内"。碳中和通过控制大气二氧化碳浓度实现温控目标，是人类减缓气候变化的主要策略。

6. 2020年9月22日，在第75届联合国大会一般性辩论上，中国向全世界宣布将提

高国家自主贡献力度，采取更加有力的政策和措施，力争在2030前年实现碳达峰、2060年前实现碳中和。

7. 减少碳源和增加碳汇是实现碳中和的两个着力点。从减少碳源出发，碳中和主要涉及能源效率提高、能源结构调整两大方向；从增加碳汇出发，碳中和主要涉及人工增汇、生态增汇两大方向。

8. 为实现碳中和，政府可以借助的政策工具主要有建立碳交易市场、电价市场化改革、补贴绿色技术创新、发展绿色金融等。这些政策工具通过激励企业和家庭作出减排和增汇行为帮助碳中和目标的如期实现。在碳中和的实现过程中，碳价格和碳交易是政府与市场强有力的结合点，也是维系政府与市场联系的重要纽带。

复习思考题

1. 什么是碳中和？
2. 目前国际上对碳中和的研究可划分为哪三个范畴？
3. 人类实现碳中和的动机是什么？
4. 碳排放导致的全球气候变化主要体现在哪些方面？
5. 人类应对气候变化的途径有哪些？
6. 中国的"双碳"目标是指什么？
7. 实现碳中和的技术要求有哪些？
8. 实现碳中和的政策工具主要有哪些？

第二章

碳金融市场

碳金融是随着碳市场的兴起而发展起来的一种金融活动，碳排放权交易构成了金融资本与基于绿色技术的实体经济之间的连接，碳排放权交易机制的建立是碳市场的重要规则，也是其形成和发展的基础。碳金融市场具有价格发现和价格稳定、风险管理和风险转移、降低社会减排成本等功能。碳金融市场包括碳信贷市场、碳债券市场、碳基金市场、碳远期市场、碳期货市场和碳期权市场。中国碳金融市场在发展背景下不断创新，先进的案例不断涌现，未来发展趋势也值得关注。本章内容首先介绍了碳排放交易的概念、理论基础以及中国碳市场的现状等，在此基础上对碳金融概念及其与碳金融市场的关系，以及碳金融市场的功能进行说明。其次，详细介绍了碳信贷市场、碳债券市场、碳基金市场、碳远期市场、碳期货市场和碳期权市场的概念、特点、功能和发展情况。最后，探讨了中国碳金融市场的发展背景、创新案例和发展趋势。

第一节　碳市场

一、碳市场概述

（一）碳市场概述

碳市场即碳排放权交易市场，是指一种通过交易二氧化碳排放权进行减排的市场机制。这种市场机制通过将温室气体的排放总量及相应的排放限额，以二氧化碳排放权进行分配和交易，促进企业和个人减少温室气体排放，从而达到全球减少气候变化的目标。碳市场包括两种机制，即碳排放交易和清洁发展机制。碳排放交易是指各个行业和地区内，都必须按照限额减少碳排放，如果有剩余产额，则可以在市场上进行交易。而清洁发展机制则是指发达国家向发展中国家提供经济支持，以帮助他们实现减排的承诺。目前碳市场已经成为全球环境政策和经济政策中的重要组成部分。

碳市场的供给方也就是可用于交易的碳排放权的提供者，包括项目开发商、减排成本较低的排放实体、国际金融组织、碳基金、各大银行等金融机构、咨询机构、技术开发转让商等。需求方则是指可用于交易的碳排放权的需求者，主要有履约买家，包括减排成本较高的排放实体；自愿买家，包括出于企业社会责任或准备履约进行碳交易的企业、政府、非政府组织、个人。碳市场的定价机制主要指对温室气体排放以吨二氧化碳当量为单位给予明确定价的机制。目前全球主要存在的五种碳定价机制为碳税、碳排放交易系统、碳信用机制、基于结果的气候金融、内部碳定价。此外，金融机构进入碳市场后，也担当了中介的角色，包括经纪商、交易所和交易平台、银行、保险公司、对冲基金等一系列金融机构。

（二）碳排放权交易系统

碳排放权交易系统（Emissions Trading System，ETS）是最主要的碳定价政策工具之一（此外还包括碳税和减排机制），是一种直接的碳定价工具。ETS 对一个或多个行业的排放总量设定上限，并发放不超过排放总量水平、可用于交易的配额，每个配额通常对应于一吨的排放量。其运行机理便是基于市场机制对具有稀缺性的大气环境容量资源进行高效分配。ETS 系统内被管制的企业，应按照它们的真实排放水平，缴纳相应的配额。在履行责任之后还剩余的配额，被管制的实体有权将这些部分卖掉赚取利润，或者为将来所用而储存起来；在限额不足的约束下，可能还会利用国际和国内排放控制机构的限额，或者利用其他区域排放控制机构的限额来弥补差额。

ETS 有两个基本目标：其一，充分发挥市场在大气环境容量资源分配中的决定性作用，利用边际成本效应降低减排成本，从而实现高效减排目标；其二，作为一种促进国家履行承诺、规避国际责任、推动全球气候治理的国际协调机制，它是推动全球气候变化治理的关键。此外，政策制定者还可以根据政策的优先等级，通过 ETS 来支持境内的其他环境、经济和社会目标。从广义上来说，ETS 的目标还包括推动可持续发展、促进低成本减排、提升创新和竞争能力、提供协同效益及提高收入等。

由德国国际合作机构、国际碳行动伙伴组织和世界银行联合发布的《碳排放权交易实践手册：设计与实施》中将 ETS 的设计与实施分为四个部分。

（1）准备和参与：在实施 ETS 之前，准备非常重要，首先要了解碳定价策略选项，以及它在相应司法管辖区内气候政策组合中可能发挥的作用。其次是利益相关方参与，包括与政府、企业以及各类社会组织等利益相关主体的沟通及其能力建设。在 ETS 的设计和运行过程中，应保持各类利益相关主体的持续参与。在 ETS 评估中考虑利益相关主体的意见和建议将有助于不断完善 ETS。

（2）创建市场：首先政策制定者要决定 ETS 的覆盖行业以及监管点的位置；接下来，还要决定设定排放总量的类型和力度，包括起始和后续变化。这些决定将在很大程度上影响配额的分配方式。

（3）运行市场：成功的碳市场需要适当的规则以实现对配额的高效管理，并鼓励参与市场的行为。其中采用"碳价或配额供应调整措施"（PSAMs）可以提高市场的功能性，帮助 ETS 更好地抵御冲击。同时 ETS 还需要建立强有力的履约和执法机制，以防止不履约行为的发生。

（4）合作和扩大：扩大碳定价的激励范围具有降低减排成本等诸多益处。因此，政策制定者应考虑抵消机制的使用或与其他 ETS 连接（在有或无限制的情况下，一个辖区内的 ETS 允许其受管控实体使用另一司法管辖区发放的配额完成履约，或允许一个辖区发放的配额在另一个辖区的 ETS 中用于履约）的可行性（见表 2 – 1）。即便有良好的初始设计，一个 ETS 也需要随着时间不断调整，以持续推进其根本减排目标的实现，因此，需要对 ETS 进行持续的评估和改进，以便其坚实地朝着预期的方向发展。

表 2 – 1 抵消机制与 ETS 的连接性

来源	无抵消机制	有抵消机制	
	（百万吨二氧化碳当量）	交易前（百万吨二氧化碳当量）	交易后（百万吨二氧化碳当量）
覆盖排放	100	100	110
减排机制内的未覆盖排放	200（在抵消机制之前，这些类别之间没有区别）	20	10
其他未覆盖排放		180	180
总排放量	300	300	300

二、碳排放交易的理论基础

（一）外部性理论

1. 外部性概念和类型

外部性概念起源于英国经济学家马歇尔（Alfred Marshall）于 1890 年发表的著作《经济学原理》中提到的"外部经济"概念，"外部经济"概念为外部性理论奠定了基础。而后，同为剑桥学派的英国著名经济学家庇古（Arthur Cecil Pigou）在其 1920 年发表的《福利经济学》中，首次用现代经济学的方法，从福利经济学角度系统地研究了外部性问题，在马歇尔的基础上对外部性做了进一步解释，将其区分为"外部经济"与"外部不经济"两个重要组成部分，将外部性问题的研究从外部因素对企业的影响效果转向企业或居民对其他企业或居民的影响效果。外部性的概念并没有一个统一的解释。一般认为，外部性是指某一经济单位的经济活动对其他经济单位所施加的非市场性影响。

外部性可能是正面的，也可能是负面的。正外部性是指一种经济行为给他人造成了积极影响，使他人增加了收益或减少了成本，经济活动中较为常见的正外部性之一便是技术创新的正外部性。同样地，负外部性则是指一种经济行为造成了经济主体的效益损失或成本增加。最典型的负外部性则是人类经济活动中产生的环境负外部性，部分主体的经济活动造成的环境破坏，造成了更多人的社会福利损失，这些不自动进入生产者的私人成本，其产品价格只补偿私人成本而无法弥补全部的社会成本，偏离了帕累托最优效率配置。

2. 碳排放的外部性

碳排放的外部性是指全球经济体在实现工业化的进程中排放了大量的温室气体使大气中温室气体浓度过高，引发温室效应，导致全球气温上升。全球变暖、极端天气、冰川融化、物种灭绝等，对人类的生存以及生态系统和生物多样性都产生了深远的影响。然而主要排放主体却并未对全球气候问题和环境破坏等埋单或仅承担了部分责任，产生了负外部性影响。其中，发达国家在高速工业化的过程中已经向全球环境排放过多温室气体，即已经将负外部性带给了非发达经济体。此外，发达国家对于本国境内实施相对严格的管理措施，其相关高能耗、高污染企业会将生产活动转移到管理措施较为宽松的非发达国家以避免较高的排污、减污成本，从而将负外部性再转嫁。

将外部性产生以及相关的责任承担问题延伸到国际之间的全球变暖问题，即发达国家累积的排放量大而且减排的能力强，发展中国家累积的排放量小且发展压力大、减排能力较弱，也就意味着各国在全球减排中的责任是有区别的。起初人们对于碳排放这一外部性采取的治理措施仅仅是"倡导"和"呼吁"，之后尽管《京都议定书》设定了具有约束性的减排目标，其效果却不尽如人意。平衡的大气环境（低于大气环境对二氧化碳排放的最高容量），以及人为控制二氧化碳排放所采取的一系列行动（使用清洁能源、植树造林等），前者会被人们滥用，从而造成"公地悲剧"，而后者作为"公共物品"则会使人们所承担的私人成本小于应承担的公允成本，出现"搭便车"现象。综上所述，碳排放的外部性问题涉及许多方面，需要发展更有效的经济与行政手段加以解决。

（二）产权理论

1. 产权交易理论

从科斯的角度，外部性问题的核心其实是产权问题。针对负外部性问题，经济学家庇古（Arthur Cecil Pigou）和科斯（Ronald H. Coase）对于外部性内化提出了截然不同的方案。庇古的补偿原则是通过第三方规制即国家征收边际社会成本高于边际私人成本额度的税，即为"庇古税"。庇古强调用税收手段来消除外部效应，而科斯认为产权界定才是解决外部性的先决条件。科斯于 1960 年撰写的《社会成本问题》一书中首先将"交易费用"这一概念引入大众视野，然后将产权不清作为产生外部性的重要原因，产权的清晰界定是进行产权交易的必要前提，为产权交易理论奠定了理论基础。

产权交易是指产权的四项基本权能，即所有权、使用权、处分权和收益权，这四项基本权能既可作为整体在不同主体之间转让，也可选择其中几项权能进行任意组合流转交易。产权的可交易性和可流动性是其发挥作用的基础。产权初始界定后，产权能否交易和流动以及交易费用的大小，对资源配置具有重要意义。在市场经济中，通过产权的自由和公平交易，可以实现社会资源的优化配置，而这种交易必须是一种市场行为，而非政府行为。产权的调整只有在产权调整所花费的成本小于预期收益时才会发生。

1966 年斯蒂格勒（George Joseph Stigler）在其《价格理论》一书中首先把科斯上述思想表达为"科斯定理"。科斯第一定理：如果交易费用为零，那么产权无论怎样界定，市场机制都会自动使资源配置达到最优。科斯认为有必要知道损害方是否对引起的损失负责，因为没有这种权利的初始界定，就不存在权利转让和重新组合的市场交易。但这是一种假想的理想状态，在现实世界中，交易费用为零的假设是不存在的。因此，科斯第二定理提出，若交易成本为正，初始产权不论怎样界定都会对资源配置产生影响，不同的产权界定将会导致不同的资源配置效率。而科斯第三定理在对之前定理进行完善的同时指明，清晰而明确的产权界定有助于降低交易成本，改进效率。由此可见，在私有产权条件下，资源配置过程中存在外部效应，这种外在性的放大在于产权无法界定或界定得不清楚，对无法界定的产权领域，最好由公共组织或国家来承担组织经济的任务，或直接提供产品和劳务。

2. 碳排放权交易

产权理论不仅是制度经济学的基础而且指明了除运用碳税外，另一种有效解决碳减排问题的经济手段。产权清晰界定是科斯定理解决外部性问题的前提。针对碳排放的外部性问题，首先应该界定碳排放权。1968 年美国经济学家戴尔斯（Dales）在其《污染、财产与价格：一篇有关政策制定和经济学的论文》中，首次提出了排放权交易（Emis-sions – Trading Program）的设计，界定了排放权的概念，即权利人在符合法律规定的条件下向环境排放污染物的权利。如果这项权利获许在特定条件下进行交易，便成为可交易的排放权（Tradable Permits）。Montgomery（1972）进一步对这一问题进行了深入的研究，用严格的理论模型解释了用市场化方式有效解决各种污染产生的负外部性成本的问题，增强了用产权措施解决污染问题的影响力。在上述理论指导下，随着 2005 年《京都议定书》的签署实施，碳排放权界定及交易完成了从理论到实践的转变，全球范围内的排放权交易即碳金融市场逐渐形成。

总而言之，按照科斯产权理论，碳排放权基于排污权交易理论已成为一种特殊商品，而碳排放交易就是把碳排放权这种特殊商品采用市场机制进行管理的一种污染治理的经济手段。从本质上说，它是一种基于产权的交易，其产生、发展以及应用都以产权交易理论为根本，着重通过外部性的内部化来解决公共资源的成本收益不对称问题。尽管产权理论为碳排放交易提供了理论基础，但碳排放权不同于其他产权，且不同区域的基础条件、对碳减排的认知和责任承担差异等决定了各地碳市场建设的差异化。进一步完善碳排放权交易机制、形成合理稳定的碳交易价格、建设统一的碳排放权交易大市场还需要世界各国（地区）政府及其他经济主体的共同参与和持续努力。

（三）均衡价格理论

相对合理稳定的碳交易价格是保持碳市场活力、保障碳市场有效运行的前提。均衡价格理论由古典学派创始人马歇尔在《经济学原理》中提出采用单个市场、两种商品的局部均衡分析方法，把成本论与效用论进行衔接，即把均衡价格归于供给与需求共同作用的结果，供给一方受生产成本的制约，需求一方受边际效用最大化原则支配。马歇尔认为，"生产成本"原理和"最后效用"原理无疑是支配一切的那个供求规律的组成部分；每个原理都可以被比做一把剪刀的一叶刀片。马歇尔的理论体系由需求论、供给论、价格论和分配论构成，其中价格论是支点，需求论和供给论是支点的两端，而分配论是价格论的发展。

在马歇尔的均衡理论里，价值和价格是等同的，他把经济要素之间的价值关系转变为均衡的函数关系，因而各类价值，包括成本价值、劳动价值、效用价值、主观价值等，在他的均衡支点上，只是一种均等的比例关系——价格。马歇尔用其均衡价格观去构建其分配论，他认为土地、劳动、资本和企业经营等经济要素都可看作商品，因而和其他商品一样有需求价格和供给价格，这两种价格的均衡价格就是各种要素的收入份额，即其分配应所得的份额。

在现实中，供给量与需求量此消彼长的状态不停地发生着改变，直至供给量与需求量相等，市场上出现均衡价格。因此，碳排放权作为一种商品在交易市场中也受到均衡价格理论的指导，碳排放权的供求因素在众多影响其价格走向的因素中占据核心位置。在碳排放权交易过程中，该理论可作为碳排放权交易价格的重要指导，引导交易双方根据自身减排技术、生产成本等方面衡量碳排放权的长期均衡价格进而作出科学决策。

碳排放权进一步衍生为具有投资价值和流动性的金融资产，它的金融属性已日益凸显，并将成为继石油等大宗商品之后的又一新金融资产。它在成熟的期货交易所中以期货及期权交易为主，也受金融市场中价格理论的指导。期货市场有两大功能：价格发现和套期保值。在碳排放权期货市场中，各种碳排放权商品的期货合约都有很多买家和卖家。买家与卖家之间以公开喊价、讨价还价的形式进行交易，通过激烈的竞争形成的某一成交价格，就是当时的"供求平衡的价格"。它综合反映了大多数买家和卖家对当时及以后某一时间段内某种碳排放权商品价格的观点，也反映了当时该种碳排放权商品的供求情况。此外，期权的定价方法以权证定价理论的经典模型 B—S 模型与二项期权定价模型为主，期权价格代表未来一种选择权的权利金，是购买期权权利所需支付的费用或出售期权而获得报酬的金额，因此由买卖双方在交易所内通过竞价的方式达成交易，且借助定价模型可预测出碳排放权期权的价格。

三、中国碳市场的发展历程和特点

（一）中国碳市场发展历程

尽管中国碳市场起步相对较晚，经过政府和其他经济主体的努力，我国碳市场整体发展良好，总体上可以分为三个阶段：地方试点启动阶段、全国统一碳市场准备及启动阶段、全国统一碳市场发展逐步成熟阶段。

第一阶段（2011—2013 年）：地方试点启动阶段。2011 年 10 月，国家发展改革委发布了《关于开展碳排放权交易试点工作的通知》，标志着我国正式启动碳排放权交易试点。2013 年 6 月，我国首个碳排放权试点市场在深圳成立，其覆盖范围最广，包括建筑、交通、工业、燃气等行业。随后相继成立北京、天津、上海、重庆、广东、湖北、深圳试点区，一共形成 7 个第一批碳试点市场。后续福建成为国内第 8 个碳市场交易试点。对于配额方式，北京、天津、上海、重庆以及湖北主要采用的是大宗分配的方法，即根据企业历史排放数据和行业减排目标，由政府免费分配排放权。而广东和深圳在此基础上，还引入了拍卖机制，部分排放权通过拍卖方式分配。目前试点区域均能够有序且有效运行，继续为全国碳市场的技术创新和政策制度的创新起领航作用。

扩展阅读　　　　　　　中国地方碳市场

　　八个地方试点市场的运行是中国建设全国碳市场过程中能力和知识积累的关键一步。2011年国家发展改革委发布了建立碳交易试点的通知，旨在落实"十二五"规划中逐步建立全国碳市场的要求，推进市场机制，实现中国2020年低成本控制温室气体排放的目标。地方市场涉及的地区包括北京市、上海市、天津市、重庆市、湖北省、广东省、深圳市和福建省。这些地区的总人口约为3亿人。第一个地方碳市场（深圳市）于2013年6月启动，最后一个（福建省）于2016年12月启动。

　　考虑到地理位置、排放规模、行业覆盖等因素，我国地方碳市场设定在不同区域，主要分布在人口密集、工业发达、碳减排的重点区域。各个地方碳市场的主要区别在于：①配额分配方法各不相同，有基于历史排放的免费分配，如在重庆和深圳；有基于基准法的免费分配，如在湖北和上海；也有一定程度的配额拍卖，如在广东。②覆盖范围也各不相同，除了所有地方碳市场都覆盖了电力和工业部门外，一些地方碳市场还覆盖了民航（上海、广东、北京和福建）、建筑（上海和北京）和公共交通（深圳和北京）等领域。③各市场的交易活跃度和体量各不相同，其中，2023年福建试点成交均价最低，总成交量在八个试点中最高，约为2 619.89万吨。广东试点成交金额最高，约为7.28亿元，成交量低于福建、湖北试点。上海碳市场2023年成交量及成交金额均低于其他地方碳市场。地方试点碳市场为全国碳市场发展提供先行先试的经验借鉴，同时，地方试点碳市场更符合本地排放特征，是全国碳市场的有益补充。此外，地方碳市场活跃度相对较高，对推进地方能源转型和绿色低碳产业发展均有积极促进作用。截至2023年12月29日，全国碳市场碳排放配额累计成交量为4.42亿吨，累计成交额为249.19亿元，每日综合价格收盘价在41.46~81.67元/吨。

　　第二阶段（2014—2019年）：全国统一碳市场准备及启动阶段。2013年，党的十八届三中全会明确建设全国碳市场成为全面深化改革的重要任务之一。2014年12月，《碳排放权交易管理暂行办法》的发布从制度层面明晰了全国碳市场建设的总体框架。2015年9月，首次确认将于2017年开启全国统一碳市场交易体系。2017年12月，《全国碳排放权交易市场建设方案（发电行业）》的发布，标志着全国统一碳市场建设拉开帷幕。2018年，碳市场建设的具体技术性操作开始成为主要建设任务，如数据报送、注册登记等系统建设工作加速跟进。2019年，随着相关基础工作的完成，以发电行业配额交易为主的全国统一碳市场进入重要的模拟、运行阶段。

　　第三阶段（2020年至今）：全国统一碳市场发展逐步成熟阶段。2020年全国碳市场建设进入深化完善阶段。经过近3年的准备与模拟运行，以电力行业为对象的全国强制性碳排放权交易市场（以下简称全国碳市场）于2021年7月正式上线，覆盖2 162家发电行业重点排放单位共计约45亿吨的二氧化碳排放量，这对我国"双碳"目标的实现具有重大的现实意义，也是全球规模最大的强制性碳市场。除发电行业外，后续将逐步扩大行业覆盖范围，如钢铁、石化、化工、航空等重点行业。随着时间的推移，全国碳市场的交易产品和方式进一步丰富，规模不断扩大，一度使我国碳市场成为全球覆盖温室气体排放量规模最大的市场。截至 2024 年 7 月 18 日，全国碳市场碳排放配额累计成交已超过 4.65 亿吨，累计成交金额近 270 亿元。显示出市场运行平稳且活力显著提升的良好态势。2023 年，全国碳市场碳排放配额（China Emission Allowance，CEA）年度成交量达到 2.12 亿吨，较 2022 年增长 3 倍，年度成交额为 144.44 亿元，日均成交量达到 87.58 万吨。

随着中国经济的不断发展，中国已然是全球最大的温室气体排放国。为了应对气候变化，大力发展碳市场，中国政府制定了一系列减排目标和措施，其中典型的气候行动工具之一便是中国认证排放减量（China Certified Emission Reduction，CCER）。CCER 的基本含义是，经过中国政府认证的温室气体排放减量项目所获得的排放减量，每减少一吨二氧化碳相当的温室气体排放，可以获得一个 CCER。

CCER 的主要功能是推动中国的低碳发展和碳市场建设。通过实施 CCER 项目，企业可以获得排放减量，并通过销售 CCER 获得经济收益。这对于降低企业的减排成本、激励企业采取减排措施、推动低碳技术的研发和应用都具有重要意义。CCER 的产生和交易过程是在严格的监管体系下进行的。首先，申请 CCER 的项目需要符合一定的准入条件，包括项目类型、排放量等。其次，项目需要经过审核、验证和注册，才能获得 CCER。最后，CCER 可以在碳市场上进行交易。这一过程旨在确保 CCER 的质量，防止"虚假减排"。

然而，CCER 也存在一些问题和挑战。首先，CCER 的市场化运作需要一个公正、公平、透明的市场环境。然而，如何建立和维护这样一个市场环境，是一个重要的课题。其次，CCER 的使用和交易需要一套完备的法律法规和技术标准，但目前这些法律法规和标准仍在完善中。最后，如何提高 CCER 的认知度和接受度，也是一个需要解决的问题。通过完善相关制度、提高市场运作效率、提升公众认知度，CCER 有望在推动中国低碳发展、实现碳中和目标等方面发挥更大的作用。

（二）中国碳市场特点

1. 重点排放单位地区分布差异较大

《2019—2020 年全国碳排放权交易配额总量设定与分配实施方案（发电行业）》规定纳入 2019—2020 年全国碳市场的重点排放单位为 2013—2019 年任一年排放达到 2.6 万吨二氧化碳当量（综合能源消费量约 1 万吨标准煤）的发电企业（含其他行业自备电厂）。首批纳入全国碳排放配额管理的是发电行业，纳入重点排放单位共计 2 225 家，二氧化碳排放总量约为 40 亿吨/年，这些企业碳排放量超过 45 亿吨二氧化碳，其地区分布如图 2-1 所示。山东覆盖重点排放单位数量最多，共 338 家；海南覆盖重点排放单位数量最少，共 7 家。山东和江苏覆盖的重点排放单位均超过 200 家，而甘肃、北京、青海和海南等地覆盖的重点排放单位却不足 20 家。重点排放单位在地区间的分布差异较大。当前全国碳市场已运行 3 年，纳入重点排放单位 2 257 家，年覆盖二氧化碳排放量约 51

亿吨，占全国二氧化碳排放的40%以上，成为全球覆盖温室气体排放量最大的市场，还需继续优化碳市场结构，助力更广泛的绿色转型。

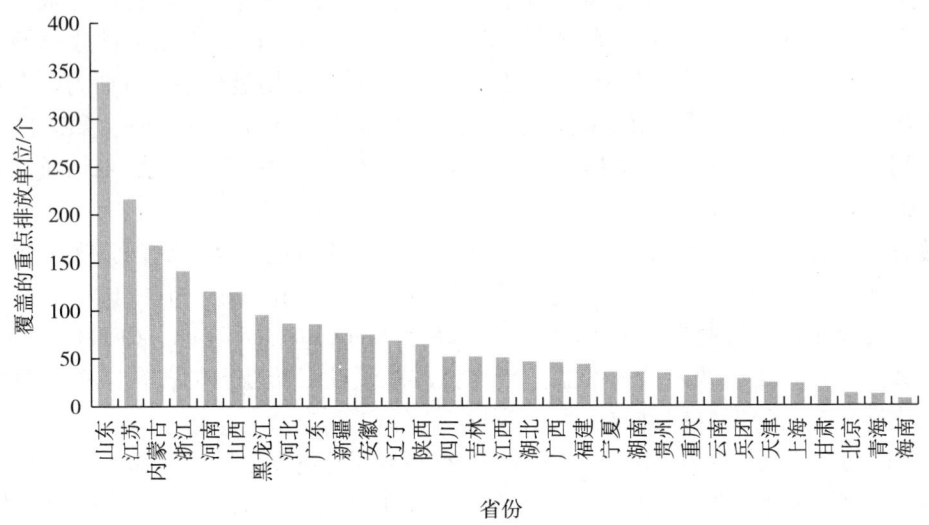

图2-1　全国碳市场覆盖重点排放单位分布情况

2. 缺乏相关知识体系和相关专业人才

目前中国涉及碳交易和碳融资的金融机构相对较少，较少的金融机构能够提供完善的金融产品和专业的中介服务。信息不对称导致中国企业在国际碳交易市场的议价能力较弱，碳排放权交易市场机制的作用难以发挥。由于合同期限较长、销售合同涉及国外客户、手续复杂等原因，清洁发展机制项目需要专业中介机构的支持。然而，中国在这一领域起步相对较晚，业内人士还没有完全掌握碳融资的交易方式和操作流程。专业人才的缺乏间接影响了中国碳金融市场的发展。

3. 首次履约表现较好，未履约处罚力度有待增强

全国碳市场第一个履约周期为2021年1月1日至12月31日。截至2021年12月31日，全国碳市场自启动线上交易以来，累计运行114个交易日。按履约量计，全国碳市场的第一个履约周期的履约完成率为99.5%，履约情况整体较好。在第一个履约周期内，全国碳市场仍有0.5%核定应履约量未完成履约。根据《碳排放权交易管理办法（试行）》的规定，重点排放单位未按时足额清缴碳排放配额的，由其生产经营场所所在地设区的市级以上地方生态环境主管部门责令限期改正，处2万元以上3万元以下的罚款，逾期未改正的，对欠缴部分，由重点排放单位生产经营场所所在地的省级生态环境主管部门等量核减其下一年度碳排放配额。总体上来看，这些处罚对于企业来讲还是比较轻微的，为了更加有效地激励企业按时履约，保障碳减排的过程公平应进一步加大未履约处罚力度，推动碳减排的统一性。

4. 相关政策、法规和法律体系有待进一步完善

欧洲碳排放交易体系的成功得益于其交易体系的设计和相关强制性法律法规的约

束。但是我国碳市场政策法规还有待进一步完善，加之碳金融交易缺乏足够的法律支持和政策保障，这严重阻碍了中国碳金融市场的发展。国务院印发实施《碳排放权交易管理暂行条例》，生态环境部出台《碳排放权交易管理办法（试行）》和碳排放权登记、交易、结算三项管理规则，碳排放核算报告和核查指南、配额分配方案等文件，共同形成了较为完备的碳排放权交易制度体系。然而，碳市场不断扩大发展，碳市场与碳金融市场越来越密切，随着碳金融市场的发展，碳金融产品种类不断创新、增加，碳金融规模不断扩大、碳金融结构越来越复杂等，相应的政策、法律法规体系则需要进一步完善，特别是在金融监管方面，完善碳市场和碳金融市场的政策体系和法律法规建设迫在眉睫。

第二节　碳金融市场

一、碳金融

（一）碳金融的概念

碳金融是指随着碳市场的兴起而发展起来的一种金融活动，其内涵随着碳市场的发展不断扩大。碳交易市场的参与主体和金融服务手段的增加，促进了碳金融概念的扩容。狭义上的碳金融主要指与碳排放权交易相关的金融行为，包括二氧化碳等温室气体减排和提供绿色信贷等活动。与之相对的是广义的碳金融，它指的是围绕低碳经济和绿色发展开展的各种金融支持行为。碳金融的发展对减缓全球气候变化具有重要意义，通过碳交易内部化和货币化降低企业减排的外部环境影响，影响能源和工业企业的碳减排成本，从而推动企业减排进程和控制总体碳减排量。碳金融是实现碳市场的重要工具，通过为可购买温室气体排放权的项目提供资源，支持碳市场的运作和发展。

（二）碳金融与碳金融市场

碳金融市场是碳金融的核心组成部分，提供了各种金融工具和机制，用于碳排放权的交易、碳资产的融资、碳项目的投融资等。在碳金融市场中，可以进行碳期货、碳衍生品、碳证券化等交易，以及提供碳投资项目的融资和咨询服务。

碳金融市场的发展受到碳政策、碳定价机制、碳交易流动性等因素的影响。通过碳金融市场，参与者可以进行碳资产的评估和定价、碳交易的合理定价以及碳风险管理和风险转移。碳金融市场发挥着价格发现、价格稳定、风险管理和降低社会减排成本等功能。

碳金融和碳金融市场相辅相成，彼此之间相互促进和支持。碳金融为碳金融市场提供了参与者和资金的需求，推动了碳金融市场的发展和创新。碳金融市场则提供了碳金融活动的实际运作平台，为碳金融提供了交易和融资的机会。两者互相依赖，共同推动了低碳经济的发展和气候变化的应对。

二、碳金融市场的功能

（一）价格发现和价格稳定功能

碳金融市场在进行碳资产评估、碳排放成本测算和抵押贷款利率等方面发挥着价格发现的作用。金融机构为企业或个人提供碳投资项目时，通过发出价格信号来指导碳交易的合理定价。此外，在碳价格受到自然和人为因素影响时，碳金融市场通过金融机构或政府的引导资金进行市场交易，以维持碳价格的稳定。碳金融市场的规模和发展成熟度决定了它在保证碳价格合理性和稳定性方面的重要作用。

（二）风险管理和风险转移功能

碳金融市场在碳价格受到不利因素影响时，提供了各种融资手段来管理风险。碳期货、碳远期和碳期权等碳金融衍生产品具备避险功能，通过交易合约锁定和管理风险。创新的碳金融风险管理工具，如碳交易信用保险、碳交易政策风险保险和碳资产证券化等，通过保险证券化等金融工具实现风险转移，为碳交易的长期发展和碳资产的管理提供了有益参考。此外，碳金融市场还提供丰富的碳融资工具和交易策略，让市场参与者能够进行风险管理和转移。

（三）降低社会减排成本

碳金融市场的运作机制将碳配额作为一种可交易的无形资产，通过市场机制逐步将社会减排成本转移至企业内部，实现整个社会减排成本的最小化。标准化的产品和交易过程提高了碳交易的活力，吸引金融机构和中介机构参与其中，为市场主体提供创新的产品和服务，促进碳交易市场的发展，降低履约成本。碳金融市场的信息优势使全球碳交易在价值链上实现了分工，通过专业化和精益化的运作降低交易成本，提高交易效率。

第三节　碳金融产品

一、基础碳金融产品

（一）碳信贷

碳信贷在绿色信贷的基础上进一步专注于低碳领域，将碳减排的动机转交给商业银行，形成对碳排放交易机制公共管制的补充。碳信贷是绿色信贷的一种具体实践，主要关注温室气体减排。碳信贷是商业银行等金融机构为减少全球温室气体排放，向碳减排企业或其他减排项目的相关方提供贷款。碳减排可以分为《京都议定书》体系内和体系外的减排，对于体系内的减排，碳信贷主要是对 CDM 项目进行贷款，而对于体系外的减排，碳信贷则是针对非 CDM 项目。通过碳信贷的实施，可以促进企业采用低碳技术和经营方式，减少温室气体的排放。

表 2 – 2 碳信贷与绿色信贷的区别

项目	碳信贷	绿色信贷
操作工具	向低碳企业提供贷款支持其实现减排目标	对高污染企业项目进行贷款额度限制，对环境友好型企业的研发、投产提供优惠贷款的金融手段，主要工具是贷款利率
信贷内容	内容主要来源于《京都议定书》中规定的三大机制：清洁发展机制、联合履约机制、国际排放交易机制	环境风险评估、可持续金融和企业社会责任
执行对象	主要集中于新能源、林业、有机农业等部门	涉及高耗能、高污染的企业和项目
交易主体	商业银行对特定低碳企业的贷款支持，主要是拥有 CDM 项目的企业	金融机构对企业的贷款扶持或限制

（二）碳债券

碳债券是指政府、银行或企业为筹集低碳经济项目资金面向投资者发行的，并承诺在一定时期后支付本息现金流或碳资产的债券凭证。作为基本的债券融资市场，碳债券市场在整个碳金融市场体系乃至社会经济当中占有重要的地位。第一，特定融资和投资功能。碳债券的本质是直接债务融资工具，具有使资金从资金盈余者流向资金稀缺者，为资金不足者筹集资金的功能。第二，资金流向导向功能。通过碳债券市场，资金得以向优势企业聚集，有利于资源的优化配置，降低资金使用的总体风险。第三，促进产业政策调控功能。碳债券与国债不同，国债能够作为政府公开市场业务的载体，直接通过减少或增加货币供应量，来缓解经济过热或经济萧条的情况。碳债券的产生受益于国家政策性指引和鼓励，且有针对性地面向低碳产业或低碳项目。

（三）碳基金

碳基金是指由政府、金融机构、企业或个人投资设立的专门基金，致力于在全球范围内购买碳信用或投资于温室气体减排项目，经过一段时期后给予投资者碳信用或现金回报，以帮助改善全球气候变暖。广义碳基金应该是指与应对气候变化相关的专门资金，国际上通常指进行"清洁发展机制"下温室气体排放权交易的专用资金。国务院在《关于印发 2030 年前碳达峰行动方案的通知》中明确提到要研究设立国家低碳转型基金，支持传统产业和资源富集地区绿色转型。除社会资本设立的碳基金外，很多重点控排企业也开始研究设立集团内部的双碳基金。例如，在 2014 年 11 月，华能集团就与诺安基金共同发布了全国首只监管部门备案的"诺安资管—创赢 1 号碳排放专项资产管理计划"基金。集团的碳基金不仅可以用来管理集团的碳资产，还可以通过碳资产的交易增强履约的能力和取得更高的收益，进而给重点排放行业的相关产业升级改造提供资金支持，也能提高企业的减排动力。

二、衍生碳金融产品

（一）碳远期

碳远期合约在本质上与一般远期合约相同，特殊的是交易的基础资产为碳单位。碳远期合约是基础资产为碳额度或碳排放权的一种特殊的远期合约。以碳远期合约为基础而进行的交易就是碳远期交易。碳远期交易源于碳金融市场上的投资者对自己所持有的碳资产保值或避险的需求。碳交易市场上碳排放权的价格不仅受供求因素的影响，而且还受能源市场波动、政治事件、极端气候的影响，价格波动剧烈。为了规避价格波动可能带来损失的风险，投资者需要一种能为碳排放权保值避险的工具，于是碳远期交易应运而生，碳排放权或碳信用便成为远期交易的标的资产，形成了碳远期合约。

（二）碳期货

碳期货是以碳排放权或碳信用为标的资产的碳金融衍生产品，其价值依赖于碳现货的价值与特性。碳期货的交易双方按事先约定的未来特定的交易时间、地点和价格，交割一定数量碳资产。交易者可以利用碳期货做与碳现货市场"方向相反，数量相等"的反向操作进行套期保值，对冲碳现货市场价格波动的风险。

（三）碳期权

碳期权指在某一确定的时期内按事先约定的价格买进或卖出某一碳期货合约的权利。与传统的期权合约不同，现存的碳期权实际上是碳期货期权，即在碳期货基础上产生的一种碳金融衍生品。碳期权交易是一种买卖碳期权合约权利的交易。碳期权的买方在支付权利金后便取得履行或不履行买卖期权合约的选择权，而不必承担义务；碳期权的卖方在收取买方的期权金之后，在期权合约规定的特定时间内，只要期权买方要求执行期权，卖方必须按照事先确定的执行价格向买方买进或卖出一定数量的碳期货合约。卖出期权合约的一方称为期权卖方，卖出期权未平仓者称为期权空头；买入期权合约的一方称为期权买方，买入期权未平仓者称为期权多头。

第四节　中国碳金融市场的现状与创新

一、中国碳金融市场的发展背景

全国统一的碳排放权交易市场的落地，标志着我国促进碳金融市场发展的工作已由前期试点转为全面市场机制控制和推进的阶段，由于我国碳金融市场发展时间短，在参与主体和交易工具上都存在较大提升空间，因此我国在政策和市场层面不断创新突破，优化全国碳金融市场活动环境，从而更好地推动绿色低碳转型以及落实国际减排承诺。

从政策来看，自各省市实行试点以来，我国对碳金融市场的政策支持不断增加，在《关于进一步促进资本市场健康发展的若干意见》（"新国九条"）及《关于构建绿色金融体系的指导意见》的基础上又出台了多个相关文件，推动碳金融的创新探索。

从市场来看，我国各区域碳金融市场在试点期间就出现碳金融产品不丰富、交易流动性弱以及缺少风险对冲手段等弊端，因此当下在碳金融市场以及碳金融产品方面的实践，对我国未来建立完善的碳金融体系具有重要参考价值。

二、中国碳金融市场的创新案例

（一）北京绿色交易所碳交易中心

为了帮助中国企业提升碳资产管理水平，更好地参与碳市场交易，北京绿色交易所碳交易中心面向控排企业提供碳资产开发管理咨询服务，同时联合金融投资机构研发推出系列碳金融产品（主要包括碳配额场外期权交易、碳配额场外掉期交易、碳配额质押融资、碳配额回购融资、中碳指数），帮助企业依托碳资产拓宽融资渠道，为其参与碳市场交易提供风险管理工具，同时为碳市场交易各方不断创造流动性。

（二）上海环境能源交易所

上海环境能源交易所是经上海市人民政府批准设立的全国首家环境能源类交易平台，于 2008 年 8 月 5 日正式揭牌成立。上海环境能源交易所始终以"创新环境能源交易机制，打造环保服务产业链"为理念，积极探索节能减排与环境领域的权益交易，业务涵盖碳排放权交易、中国核证自愿减排量交易、碳排放远期产品交易、碳金融和碳咨询服务等。

（三）国内其他碳金融市场

2022 年 3 月，海南国际碳排放权交易中心（以下简称海碳中心）获批设立。2022 年 3 月 18 日，海南省地方金融监督管理局组织召开海碳中心筹建推进会，海碳中心将通过海洋碳汇（蓝碳）产品的市场化交易，推动海南的蓝碳方法学成为国际公认标准，并为各类碳金融产品提供有力的资本市场基础支撑平台。海碳中心是我国率先提出面向国际定位的碳排放权交易中心，这是它与北京、上海等地的区域碳排放权交易试点以及全国碳排放权交易市场的差异。

三、中国碳金融市场的发展趋势

整体来看，随着全国统一的碳排放交易市场落地运转，地方试点碳市场的试点企业将逐步被纳入全国市场，但地方试点碳市场不会完全被取代，而是将作为地方碳排放企业的代表并采取先试先行的政策与全国市场共存，互为补充，形成中国特色的碳金融市场；局部来看，全国碳交易将在政策、机制、覆盖行业、产品工具、交易主体和全球连接等方面不断创新探索，建成全国统一的碳交易市场体系，从而加强我国在国际碳定价的核心话语权，发挥我国在国际应对气候变化领域的引导作用。

综观中国碳金融市场的创新探索，更多的是求稳前提下进行的浅尝辄止式的探索，且大多尝试年份都比较久远。其原因可能是碳金融市场初步成立，还需要更加全面的政策进行引导和推动，方能促进交易主体与产品进行更深入的尝试，结合地方以及欧盟碳金融市场发展的相关创新案例，中国碳金融市场的创新探索应注重"开源"和"节流"两个方向："开源"是指通过开发、推出相关新的政策、机制等途径探索中国碳金融市场发展的特色路径；"节流"是指通过税收等间接手段激发自驱力，驱动各方参与碳金融市场，提升流动性。

📖本章小结

关键词： 碳排放配额交易制度　科斯产权理论　负外部性　碳金融　碳金融市场　碳基金　碳远期合约　碳期权合约

1. 碳排放权交易的理论基础：科斯定理强调通过明确产权和允许产权交易，可以实现资源的有效配置和外部性的内部化。在碳排放权交易中，这一理论被用于建立碳排放权市场，通过交易碳排放配额来激励企业减少排放，实现环境效益和经济效益的双赢。

2. 中国碳排放权交易市场的发展现状与挑战：重点排放单位地区分布差异较大，缺乏相关知识体系和相关专业人才，相关政策、法规和法律不健全等。

3. 碳金融市场是实现碳中和目标的关键工具：通过提供价格发现、风险管理和资金支持等功能，碳金融市场可以有效地推动碳减排项目的实施，促进低碳经济的发展。

4. 碳金融市场包含多种金融工具：包括碳信贷、碳债券、碳远期、碳期货和碳期权等，这些工具可以满足不同参与者的需求，并为碳市场提供多样化的交易和投资机会。

5. 碳金融市场的参与主体日益多元化：从最初的以政府和大型企业为主，逐渐扩展到金融机构、中介机构、个人投资者等，不同参与主体的加入为碳市场注入了活力。

6. 碳金融市场的发展与碳交易机制密切相关：碳排放权交易体系的建立和完善为碳金融市场提供了基础，而碳金融市场的创新也反过来推动了碳交易机制的改进和发展。

7. 中国碳金融市场正处于快速发展阶段：在政策支持和市场需求的双重驱动下，中国碳金融市场不断涌现新的案例和创新模式，例如北京绿色交易所和上海环境能源交易所的探索。

✍复习思考题

1. 试简要说明碳金融市场的作用。
2. 试简要说明绿色信贷和碳信贷有什么关系。
3. 试简要说明碳期权如何帮助企业进行风险管理。
4. 试论述碳期权市场对碳市场发展的重要性及其面临的挑战。
5. 试论述你对中国碳金融市场未来发展的看法。

第三章

基础碳金融产品

碳金融产品是建立在碳排放权交易的基础上，服务于减少温室气体或者增加碳汇能力的商业活动，以碳配额和碳信用等碳排放权益为媒介或标的的资金融通活动载体。以下是一些常见的基础碳金融产品。碳信贷（Carbon Credit）：又称碳信用额度，是一种与碳排放和减排相关的信贷形式，广义上为碳排放和减排项目及技术改造提供资金支持，狭义上通过商业银行的资金支持推动企业实现温室气体减排的目标。碳债券（Carbon Bonds）：政府、企业或金融机构募集资金专项用于具有碳减排效益的绿色项目的债务融资工具。它通过资金流向和市场机制的引导来推动低碳经济的发展，减少温室气体排放，促进可持续发展，并为投资者提供一种与环境目标一致的投资选择，更加注重环境和社会影响。碳基金（Carbon Funds）：由政府、企业、个人或金融机构投资设立的专门基金。碳基金狭义上被称为一种投资方式，通过自主碳减排或者股权投资来获取碳信用或者现金收益，广义上是与低碳经济相关的投资，目的是获取收益、推动低碳经济的发展，其投资主体多为国际组织、各国政府等。

这些基础碳金融产品对我们的社会和环境产生了广泛而深远的影响。它们通过提供资金支持，致力于全球减排，促进低碳经济发展，对环境保护与气候控制都产生了积极的影响。

第一节　碳信贷

一、碳信贷概述

（一）碳信贷的定义

碳信贷，又称碳信用额度，是一种与碳排放和减排相关的信贷形式。广义上的碳信贷是以支持低碳经济发展、节能减排、环保活动或者项目作为对象，为碳排放和减排项目和技术改造提供资金支持；狭义的碳信贷则专指银行为拥有清洁发展机制项目的低碳企业主动提供贷款帮助，通过商业银行的资金支持推动企业实现温室气体减排的目标。碳信贷是绿色信贷概念的进一步细化，其在商业银行绿色信贷制度的基础上融入了低碳的概念，属于在更具体层面上实行减排的金融创新产品，也是国际上绿色信贷最重要的形式之一。碳信贷目前已经得到国家行政审批，以政府投资、社会投资、再融资支持方式为主。碳信贷是在国家碳市场支持下，通过引入社会和金融资源，扶持绿色发展而设立的一种全新金融服务，致力于建立一种利润驱动的绿色金融支持系统。碳信贷主要是支持减少碳排放而发展的项目，来帮助城市公司和企业减少污染、减少碳排放，打破传统的能源结构，以实现更科学的经济社会发展。而绿色信贷所包含内容比较广泛，它支持在环境、资源可持续利用、绿色产品、能源节约、可再生能源领域发展的一系列绿色金融活动，以帮助经济与环境协同发展。

表 3 – 1　　　　　　　　　　　　　　碳信贷与绿色信贷的区别

特征	碳信贷	绿色信贷
目标	减少碳排放和气候变化的影响	促进环境可持续性和保护自然资源
定义	针对碳排放和气候相关项目的融资	支持环保和社会责任项目的融资
信贷内容	清洁发展机制、联合履约机制、国际排放交易机制	环境风险评估、可持续金融和企业社会责任
金融产品	碳抵消、碳信用、气候债券等	绿色债券、可持续贷款等
交易主体	商业银行对特定低碳企业的贷款支持，主要是拥有CDM 项目的企业	金融机构对企业的贷款扶持或限制

　　碳信贷是一项重要的金融工具，它的起源与应对气候变化和温室气体排放问题密切相关。这一金融机制的根本理念可以追溯到联合国气候变化框架公约（UNFCCC）的确立。UNFCCC 的目标是应对全球气候问题，而碳信贷作为其中一个重要方面，在1997 年的《京都议定书》中首次得以确立。《京都议定书》引入了一种弹性机制，即"京都机制"，其中包括碳信贷。这一机制的一部分是清洁发展机制，允许发达国家在发展中国家进行减排项目，并将减排量转化为碳信贷。这一举措不仅使发达国家能够满足其减排义务，同时也支持了发展中国家的可持续发展。随着时间的推移，碳信贷市场在全球范围内得到了扩展，不仅有发达国家采用了碳信贷机制，越来越多的发展中国家和地区也开始建立类似的碳市场。碳信贷的起源和发展历程反映了全球气候政策演进的重要方向，为金融工具在应对气候挑战和推动可持续发展方面的关键作用奠定了坚实基础。

　　（二）碳信贷的特征

　　1. 市场导向性显著

　　碳信贷不仅是一种环境政策工具，更是一种基于市场机制的经济概念，通过经济激励和市场竞争来推动减排行动和可持续发展。碳信贷市场通过经济激励机制鼓励企业和个人采取减排措施。企业需要购买碳排放权或减排资产来弥补其碳排放量，这使碳排放成为一项具体的成本。这一成本被纳入业务经营考量中，推动了企业更加关注减排和能源效率，以降低碳成本，提高竞争力。具体而言，碳信贷市场定价碳排放以每吨二氧化碳当量的价格进行交易。这种定价机制使碳排放具有了实际的经济价值，企业需要考虑这一成本的影响。这促使企业更注重减排和资源效率，从而减少碳成本。企业不断追求更有效的减排解决方案，以降低碳成本，这种竞争性的创新推动了清洁技术和低碳解决方案的发展，有助于改善环保和资源效率。

2. 行业集中度高

碳信贷市场内参与者数量相对有限，主要包括企业、金融机构、政府和国际组织，这些参与者在碳信贷市场中扮演关键角色。企业需要购买碳排放权或减排资产以遵守减排要求。金融机构提供融资和风险管理服务，政府和国际组织则制定政策和监管市场。此外，碳信贷市场的规模相对有限，通常只覆盖某些特定行业和地区。例如，欧洲排放交易体系（EUETS）是全球最大的碳市场之一，但仅涵盖了欧洲境内的排放。这种有限的市场规模可能导致市场和价格波动，因为相对较小规模的交易和市场干预都可能引起价格的剧烈波动。

3. 资金投放定向化

碳信贷市场的募集资金和投向机制在应对气候变化和推动可持续发展方面发挥着重要作用。企业和政府可以在碳市场上销售碳排放权，这是对其排放的许可证。其他企业需要购买这些排放权，以满足法定的减排目标。销售碳排放权产生了资金流入，这些资金可以用于各种减排和可持续发展项目。通过资金的投入，对现有生产技术进行改造，直接或间接地影响人们的生活方式，以达到降低温室气体排放水平的目的。这些资金常常被投向可再生能源项目，如风电、太阳能发电和生物能源。这些项目有助于减少对化石燃料的依赖，降低温室气体排放。部分资金也被用于提高工业、建筑和运输等领域的能源效率，比如改进设备、采用节能技术和实施节能措施等。

4. 业务管理要求高

碳信贷市场因其高度复杂的业务管理要求而著名。通常市场涉及多方参与和复杂的交易结构，需要建立严格的合同和法律框架以确保资金流动的透明性。由于市场受到严格的监管和合规性要求的影响，涉及政府和国际组织的规定，参与者必须遵守以确保市场的合法运营。这就要求业内人员具有数据管理、风险管理、项目开发与监管、金融产品创新以及法律和合同管理等方面的专业知识。随着碳信贷市场的发展，在贷后管理中，抵（质）押物的押品管理以及价格监控等都面临新的要求与挑战。因此，碳信贷市场的复杂性要求高度专业的业务管理能力，这是有效参与市场并实现可持续发展目标的关键因素。

（三）碳信贷的功能

在当今全球范围内，气候变化已经成为一个备受关注的重大挑战，需要全球合作和创新的解决方案。碳信贷作为一种独特的金融工具，在这一背景下崭露头角。它不仅改变了企业、组织和国家应对气候变化的方式，还在金融领域产生了深远的影响。本节将深入探讨碳信贷的多重功能，从经济激励到国际气候合作，以及对可持续金融发展的推动作用。通过了解这些功能，我们可以更好地理解碳信贷在塑造未来可持续发展的过程中所扮演的关键角色。

1. 刺激国民经济的增长

碳信贷为企业提供了经济激励，通过将减排转化为可交易的资产，鼓励各企业采取相关减排措施。这种激励机制激发了企业的创新和竞争意识，推动了低碳技术的研发和采用，这不仅有助于减少碳排放，还创造了新的机会，促进了国民经济的发展。其明显的市场导向性质还有利于鼓励技术创新，企业和项目参与者倾向于投资创新的低碳技术，因为这些技术在碳市场中更具竞争力。这种趋势推动了整个可持续产业的增长，包括可再生能源、清洁交通和节能技术，从而提高了国家的生产力和全球的竞争力。越来越多的机构将环保和社会责任纳入其投资策略，将资金导向可持续性。这有助于建立一个更加可持续和环保的金融体系，促进国民经济的长期可持续发展。

2. 推动产业结构的优化与升级

碳信贷在引领经济产业结构的调整与优化方面发挥了重要作用。在原有市场的作用机制上，碳信贷更加突出的功能体现在重点为低碳环保项目提供资金支持，促进环保产业发展与升级。碳信贷鼓励了低碳产业的崛起和发展，通过提高经济激励，促使企业投资于可再生能源、清洁技术和绿色创新技术。这种激励机制推动了低碳产业的增长，有助于减少碳排放，改善环境质量，提高生活品质，同时创造了更多的就业机会。在整个宏观碳减排的大背景下，企业为了满足减排政策的要求不断寻求创新的低碳技术和解决方案。市场资金有针对性地倾向碳排放相关的产业技术，推动低碳环保基础设施建设、基础产业和企业的减排技术改造、公众低碳环保消费等，从而引领经济产业结构的调整优化。

3. 引领国际气候合作

碳信贷市场的国际性质促使各国在减排技术和经验方面进行合作和分享。资金供给方通常要求项目在技术和管理方面达到一定标准，鼓励国际间的最佳实践传播。通过在减排项目中采用最新的清洁技术，各国可以更有效地降低碳排放。多国或跨国企业可以共同进行减排项目，通过碳信贷市场筹集资金，共同分担成本并分享减排效益。国际气候协议（如《巴黎协定》）要求各国承担减排承诺。碳信贷市场为国家提供了一种兑现承诺的方式，各国可以通过市场参与来获得碳资产，以满足其减排目标。然而，在这个动态过程中，发展中国家通常面临资金和技术限制，难以应对气候变化。碳信贷市场为这些国家提供了获得资金和技术支持的途径，帮助它们实施清洁能源项目、森林保护、气候适应措施等。这种支持有助于减少全球碳排放，并推动国际气候合作的不断深化。从市场性质本身来说，碳信贷市场作为一个全球性的金融市场，吸引了来自不同国家的参与者。这种国际性质本身就促进了国际气候合作的文化和思维传播。各国在市场中相互交流、竞争和合作，推动形成气候行动的国际共识。

4. 推动可持续金融的发展

碳信贷市场要求借款方（贷款企业或国家）在减排项目中遵循可持续原则，考虑环境、社会和治理等因素。金融机构在审查和批准碳信贷项目时通常要考虑这些因素以确保项目符合可持续性标准。金融机构更加重视环境、社会和治理（ESG）风险管理，降低了不可持续项目的风险。随着绿色金融制度体系愈加完善，服务体系不断丰富，绿色信贷、绿色债券等金融工具蓬勃发展，持续为市场注入资金活水。

（四）碳信贷的发展

1. 国外碳信贷的发展历程

国外碳信贷业务发展起步较早且发展迅速，如今已经形成较为成熟的业务体系。对于国外商业银行来说，早期的碳信贷业务是指对于绿色环保企业给予优惠利率贷款、对于高污染、高耗能企业贷款进行条件限制或者提高其贷款利率。20世纪70年代，联邦德国的法兰克福艾科银行是世界上第一家环境银行，这是最早的碳信贷业务的起源，主要业务是向重视环境保护或社会福利事业的企业或项目提供资金支持。2002年10月，世界银行下属的国际金融公司和荷兰银行在伦敦召开的国际知名商业银行会议上首次提出了赤道原则。赤道原则的诞生，无论是对世界环境保护还是国际经济发展都起到了正面作用。它指导金融机构在进行项目投资时应当充分利用金融杠杆，综合评估该项目未来对环境和社会产生的影响。赤道原则成为国际项目融资的新标准。包括荷兰银行、美国银行、渣打银行、英国巴克莱银行在内的多家银行宣布采纳赤道原则，这些银行统称为赤道银行。

（1）美国银行碳信贷业务。2003年美国花旗银行宣布成为赤道银行，在遵守赤道原则之后，花旗银行首先将重点集中在严格的审批制度方面，建立严谨的内部审计制度来规范碳信贷业务的审批，2005年研发出压力—状态—应对（PSR，Pressure – State – Response）体系，该体系设置梯形审核模型，设置业务经理和内控经理两个角色，业务经理负责顾客信息的收集和公司收益性的分析和说明，而内控经理与业务进行隔离，主要负责顾客的信用评价和风险评估。

表3-2　　　　　　　　　　　　　花旗银行的PSR体系

维度	具体描述
压力（Pressure）	采取减少碳排放的措施，例如支持可再生能源项目和减少碳足迹的金融产品。减少资源消耗，管理废弃物，促进可持续采购等，以降低环境压力。
状态（State）	进行环境和社会风险评估，以了解其金融活动对环境和社会的影响，包括水资源使用、森林保护、社会影响等。监测其投资组合的ESG性能，识别环境和社会绩效方面的问题和机会。
应对（Response）	推出可持续金融产品，如绿色债券、社会债券和可持续贷款，以支持环保和社会责任项目。遵循ESG标准，对客户和合作伙伴进行尽职调查，确保合作方的可持续性和社会责任。参与社会责任项目，如慈善捐赠、社区投资和可持续发展倡议。汇报ESG绩效和可持续性目标，与利益相关者共享信息，提高透明度。

在客户层面，花旗银行按照规模大小将客户分为小型企业和中型企业，按照融资需求把小型企业的融资业务分为日常资金需求、企业现金流管理、业务增长融资需要、业务全球化和企业业务与个人业务结合五个方面。花旗银行成立商业银行部，对中型企业配备专业人才队伍来负责碳信贷业务和服务。花旗银行十分注重贷前客户真实性审查、贷中资金流向监管与风险防控、贷后客户关系维护，期望与客户建立长期合作关系。截至2017年，花旗银行绿色信贷产品数量达到27种，主要包括清洁能源车辆贷款、住房抵押贷款以及房屋净值贷款。

（2）英国银行碳信贷业务。英国汇丰银行于 2003 年采用赤道原则，开始了第一家碳中性银行、汇丰银行气候合作伙伴关系以及碳足迹管理计划。汇丰银行积极参加了环境低碳管理活动和环境保护课程，向社会普及低碳环保知识，主动履行企业社会责任。在内部控制方面，汇丰银行的内部审计制度具有权威性和独立性两个特征，通过风险计算器（Risk Calculator，RC）进行风险的识别与计量。另外，汇丰银行审计部门地位较高，可以直接向管理层或董事长进行报告，且公司管理层对于审计部门提出的意见极为重视，如果业务部门意见与审计部门意见发生冲突，审计部门有权不采纳业务部门意见。在信用评级制度方面，汇丰银行根据碳信贷项目特点将其划分为九个层次，分别采用要素分析法、财务比率综合法、信用集中风险评估系统法和多变量信用风险判别模型法四种方法进行信用等级评价。在风险管理方面，汇丰银行结合自身碳信贷业务发展现状建立了社会环境风险管理框架，首先对潜在的 ES 风险进行识别和分类，收集公司的经营状况、行业口碑、发展前景等信息展开调查，对公司的 ES 风险进行风险测评并进行分类归档，其次针对现有的 ES 风险制订缓解方案并作出决策，最后对达成的方案进行持续跟踪监测和评价。在目标客户方面，汇丰银行目标投资行业多为制造行业、贸易行业或者外商独资类型企业，主要融资类型有贸易融资、保函和流动资金融资。汇丰银行拥有多种类型的碳信贷产品，比如有以家庭能源评估结果为标准的生态家庭贷款、针对节能类商业建筑开发者的绿色节能建筑贷款以及低碳信用卡类产品。

英国的另一家大型银行——渣打银行也是较早坚持低碳理念的银行之一。渣打银行十分注重贷款企业潜在的环境风险，并利用贷款影响企业的投资领域。渣打银行制定了独特的 ES 风险管理流程确保自身碳信贷业务的开展，在初识客户筛选时调查客户潜在的 ES 风险，在贷款申请时对于客户环境与社会风险绩效作出评估，成立可持续金融团队对客户贷款申请进行风险评估，在贷后进行实时检测并出具报告。在业务审批方面，渣打银行采用独有的业务计分卡系统，对中小企业业务的风险进行全方位评价。渣打银行在新兴行业的业务类型十分丰富，主要分为商业扩张融资、业务维持融资、营运资本管理和投资咨询四个部分。在中国，渣打银行将中小企业业务归于个人业务，并成立了专门的服务团队，不仅为小企业提供贷款融资业务，还提供"一站式"金融产品和服务。

（3）德国银行碳信贷业务。在德国，赤道原则是所有银行共同遵守的准则，为低碳环保企业提供低利率的贷款业务，如德意志银行就对德国的低碳经济发展作出了很大的贡献。德意志银行十分重视环境与社会风险管理，并制定了由风险识别、风险评估、风险决策到贷后风险检测的流程框架，适用其全球业务。值得一提的是，德意志银行的碳信贷业务归属于个人业务条线，业务负责部门相当于国内的个人客户部，个人客户部主要负责存款业务、贷款融资业务、收单支付业务等。德意志银行提供碳信贷业务的对象主要是中小微企业客户，为绿色能源投资项目提供商业信用、商业贷款或者其他优惠政策。

当然，伴随全球低碳经济高速发展，一些基础性的碳金融产品，如碳基金、碳保险、碳信贷等业务发展已经趋于稳定。国际成熟的碳交易市场交易量逐年递增，越来越多的金融机构开始开展碳金融业务。近年来又创新推出碳远期、碳期权、碳期货、碳结构性产品等金融衍生品。目前环境问题已经上升到国际问题，各国民众对于环境污染的危害和严重性普遍达成共识，消费者的消费行为和习惯也在发生变化。对于投资者来说，环保意识的增强也意味着投资偏好开始产生变化，引导资金在低碳领域内循环，促进低碳经济不断发展。

2. 国内碳信贷的发展历程

我国碳交易市场起步较晚，自 2008 年起，我国先后建立了深圳的排放权交易所、上海的环境能源交易所、北京的绿色交易所、广州的碳排放权交易所、天津的排放权交易所、湖北的碳排放权交易所和重庆的碳排放权交易所，此后，福建和四川也建立了碳排放权交易试点。2021 年，全国的碳排放权交易市场线上交易正式开启，标志着我国碳交易市场试点的统一，共纳入重点排放企业 2 000 余家。我国碳排放权交易市场被称为全球温室气体排放量规模最大的市场，但参与主体仅涉及发电行业。

（1）兴业银行碳信贷业务。2008 年，兴业银行率领国内商业银行开始采纳赤道原则，是我国第一家赤道银行，为我国经济发展的绿色低碳转型作出巨大贡献，也为我国商业银行发展绿色金融业务开辟了先河。经过 10 多年的开发和革新，兴业银行的绿色金融事业覆盖了水资源的利用和保护、固体废弃物处理、大气治理、新能源、绿色运输、绿色建筑等主要领域，创造了革新性的"绿票通""绿创贷""环保贷""节水贷"等绿色金融商品。截至 2023 年末，兴业银行绿色信贷余额为 8 090 亿元，比上一年度增加 1 719.28 亿元，绿色金融客户 58 000 户，比上一年度增加 8 483 户。兴业银行积极探索新的方法，采用脱贫攻坚和乡村振兴与绿色金融相结合的发展模式，截至 2020 年末，为脱贫攻坚和乡村振兴项目累计分配了 126.9 亿元绿色信贷。兴业银行自开展绿色信贷业务以来，积极探索国外先进的绿色发展模式，充分结合我国国情和行业内部现状，开辟出适合自己企业运营的绿色金融发展理念。积极了解国际赤道原则并率先加入赤道银行序列。加入赤道银行后，兴业银行发布了一系列适用于赤道原则的项目融资管理制度，并不断进行效果评估和优化调整。为了向全行员工推广普及赤道原则，兴业银行采用培训、专栏等方式加强员工思想工作，提高行内赤道原则认知度。兴业银行领导层和决策层十分重视绿色金融，将绿色发展作为战略发展方向，打造绿色金融特色品牌。

（2）浦发银行碳信贷业务。浦发银行自 2008 年起每年例行发布的《信贷投向政策指引》中有一项固定内容就是坚持优先支持绿色产业和绿色项目，逐步实施"两高一剩"行业的贷款退出。2009 年与法国开发署合作办理绿色中间信贷首单，2010 年完成首单国际金融公司能效融资项目和首单排污权抵押贷款；2011 年与亚洲开发银行合作推出国内首个建筑节能融资产品；2013 年发行国内首单碳债券；2015 年，在国家碳交易注册登记簿系统上线后，完成第一笔中国核证自愿减排量融资业务；2017 年与亚洲开发银行合作，完成国内第一单用于推进政府和社会资本合作（PPP）垃圾发电项目的绿色信用贷款。

（3）工商银行碳信贷业务。中国工商银行作为国有大型商业银行，早在 2007 年就已经开始致力于发展绿色金融，将绿色金融的健全、长期开发机制与企业愿景、开发战略、政策系统、管理流程相结合，整合信用文化、商品、服务等，着力推进绿色信贷建设。中国工商银行将"建设国际领先的绿色银行，成为具有良好国际声誉的绿色银行"为战略目标，经过多年实践和经验借鉴，形成了由绿色金融委员会的总体领导、各部门之间的协调和分工、国内外分支机构的积极创新以及所有员工参与形成的绿色金融战略推进体制；探索出"贷+债+股+代+租+顾"的创新模式融资手段，为绿色项目提供全流程一体化的综合金融服务。

3. 国内碳信贷发展现状

我国碳交易市场主要分为碳排放权交易和自愿减排交易两个类型，从各个区域的碳交易市场来看，区域之间沟通和协调能力不强，在碳减排标准、企业准入标准、交易配额标准等方面没有相关规则来进行约束和统一。在交易产品方面以碳现货交易为主，另有碳债券、碳基金、碳配额回购融资、碳排放权抵/质押贷款、碳汇保险等产品，但这些产品发展尚不成熟，金额较低、发行量较少，产品创新力不强、标准化程度不高，因此在交易产品方面还有很大的上升空间。碳排放权交易市场的统一催生了碳金融业务的创新与发展，也意味着商业银行与碳排放交易所的合作是助力碳达峰、碳中和的必然举措。

我国虽然碳金融业务发展起步较晚，但却是世界上最大的碳排放国家，拥有丰富的碳排放资源，且我国碳排放权交易市场初步统一，近年来碳交易额倍增，碳金融业务发展迅速。清洁能源项目是碳金融业务的重要来源，我国注册的清洁能源项目在全球 CDM 市场中占比非常大。截至 2021 年 4 月 1 日，全球注册备案的 8 415 个 CDM 项目中，中国项目数为 3 861 个，占比 45.9%，居全球首位。在国家政策引导下，中小微企业纷纷迈向低碳转型的道路，国内商业银行积极借鉴国外商业银行碳信贷业务发展模式，自主寻求适合自身的碳信贷业务发展之路。经过这几年的努力，国内商业银行绿色信贷余额稳步上涨，且绿色信贷不良率远低于传统信贷。由此可见，我国碳信贷业务发展前景十分广阔。

二、碳信贷的市场机制

（一）碳信贷的参与主体

碳信贷市场的主体包括资金需求方、资金供给方以及宏观调控和监管机构。本节将深入研究不同主体在碳信贷交易中的角色和互动，揭示其如何共同推动碳减排和可持续发展的目标。通过深入了解碳信贷市场的主体，我们将更好地理解碳减排领域的发展趋势，以及如何共同构建可持续的未来。

1. 资金需求方

资金需求方在碳信贷市场中扮演着关键的角色，通常包括企业和国家。这些需求方寻求资金支持，以推动减排项目、可持续发展倡议和碳减排目标的实现。为了遵守国际和国内的减排法规，企业需要购买碳排放权或碳抵消单位。这需要大量的资金，而碳信贷市场为企业提供了一个平台，以购买和销售这些碳资产。同样，政府需要资金来支持国家级的减排计划和气候行动。碳信贷市场可以作为国家政策的一部分，为政府筹集资金，用于实施减排政策、推动清洁技术创新，以及满足国家的减排承诺。资金需求方的参与使碳信贷市场成为支持碳减排和可持续发展的关键机制。通过市场融资支持了清洁技术创新、减排项目的实施，同时也履行了社会环境责任。企业和国家的参与有助于实现减排目标，同时也为其带来了经济和环境方面的好处。因此，资金需求方在碳信贷市场中发挥着不可或缺的作用，推动了碳减排和可持续发展的实现。

2. 资金供给方

在活跃的碳信贷市场上，与资金需求方相对应的是以提供资金和金融工具为主的资金供给方。它们的参与不仅有助于企业和国家实现减排目标，还为金融市场提供了多样化的投资机会，同时也推动了金融业向更加可持续的方向发展。银行、投资银行和其他金融机构在碳信贷市场中通过发放贷款提供信用额度、发行债券等方式直接或间接地向企业和国家提供所需的资金，而一些金融机构则通过碳信贷合同、碳期货、碳债券和碳衍生品等新一类金融产品为投资者提供多样化的选择，同时帮助企业和国家管理碳风险和决策成本。除了这些角色外，在碳信贷市场中日常活跃的还有投资者。投资者通过参与碳信贷市场，可以通过投资组合多元化来降低风险，通过投资碳信贷市场中的环保和可持续项目，追求长期的经济回报，同时达到支持碳减排和气候保护的目的。除此之外，一些国际金融机构如世界银行、国际货币基金组织等也可以参与碳信贷市场，为发展中国家提供资金和技术支持，促进可持续发展。

3. 宏观调控和监管机构

在市场上存在大量的资金需求方和资金供给方的前提条件下，为了维护市场的和谐稳定，常常还存在这样一种角色——宏观调控和监管机构，它们对市场的稳定性、透明度和合规性起着监督和引导作用。宏观调控机构负责确保碳信贷市场制定并遵守一系列诸如确保交易的透明度、公平性和合法性，以及确保市场参与者遵守环保法律法规等合规规则和标准。监管机构关注市场风险，特别是碳信贷市场可能面临的环境和气候相关风险。它们鼓励金融机构和企业开展风险评估，并采取措施来管理和减轻这些风险。一些监管机构要求上市公司和金融机构披露其环境和气候相关信息，包括碳排放情况、可持续发展计划和减排目标。这有助于投资者更好地了解企业的环保性能。

（二）碳信贷的运行机制

1. 项目选择与评估

在碳信贷中，项目选择与评估是关键的阶段，涵盖了选择合适的碳减排项目类型，考虑市场需求和趋势，评估项目风险，以及进行可行性研究。项目选择要根据金融机构或投资者的战略目标和市场趋势，选择合适的项目类型，同时也需要关注项目的潜在风险。项目评估则包括风险评估，考虑市场、技术、法律和政策风险以及可行性研究，具体包括资金需求、项目周期、投资回报率和市场前景的分析。此外，也需要进行社会环境风险评估，以确保项目不会对社会和环境产生负面影响。项目目标和绩效指标的明确制定有助于确保项目按计划实施，并最终实现碳减排和可持续发展目标。这一阶段的决策对项目的成功和可持续发展至关重要，将直接影响后续的资金提供和项目实施。

表 3 – 3　　　　　　　　　　　碳信贷项目选择与评估

项目名称	具体概述	选择与评估要点
太阳能发电项目	在城市建设大规模太阳能发电站，以减少化石燃料的使用和碳排放	项目的潜在碳减排能力、土地利用、环境影响和社会接受度、可持续性和财务可行性
节能改造债券	发行债券，用于资助建筑节能改造项目，减少建筑物的能源消耗和碳排放	项目的节能潜力和成本效益、还款计划和投资回报率、投资者的兴趣和需求
森林保护和再造项目	投资于森林保护和再生项目，以减少森林砍伐和促进生态系统保护	项目对碳吸收和生态系统的贡献、土地权利问题和社区合作、国际法规和认证要求
电动交通基础设施建设	支持充电站和电动交通基础设施的建设，以减少汽车尾气排放	项目对交通领域碳排放的影响、市场潜力和技术可行性、合规性和符合标准
微型水电站建设	在偏远地区建设微型水电站，为当地社区提供可再生能源和减少柴油发电	项目的电力产能和碳减排潜力、水资源管理和生态影响、社区受益和可持续性

2. 资金筹措

碳信贷中的资金提供是关键环节，涉及提供资金支持以实现碳减排和可持续发展目标。资金可以通过贷款、股权投资、债券发行等方式提供，其选择取决于项目性质和金融机构战略。合同制定是必要的，以明确项目目标、资金用途和回报机制，确保项目的成功和可持续性。资金释放和管理确保资金按计划使用，同时监测和认证确保项目进展和达到的目标。资金提供是碳信贷项目的基础，为项目实施提供了必要的支持，同时也确保了项目的可行性和成功。

3. 项目监测与认证

碳信贷项目中的监测与认证环节也必不可少。监测包括数据收集、性能评估和定期报告，确保项目按计划实施。独立认证通过审查、现场检查和报告验证项目的碳减排效益和可持续性，增加了项目的可信度。这些过程在各种项目类型中都有具体应用，例如可再生能源、森林保护、能源效率和碳排放交易市场。通过这些监测与认证措施，碳信贷项目能够实现碳减排和可持续发展目标，吸引更多的投资和资金流入，推动全球气候变化应对和可持续发展目标实现。

4. 利息或回报

在碳信贷中，利息是提供资金支持的金融机构或投资者所期望的回报，涵盖投资回报、碳减排回报以及社会和环境回报等。这些回报通常在提供资金的合同协议中明确定义，与项目的成功和目标的达成挂钩。它们不仅吸引资金流入碳减排和可持续发展领域，还激励项目方确保项目的可持续性和成功实施。利息或回报的多样性有助于实现社会和环境可持续性，推动碳信贷项目的发展。

5. 可持续性循环

碳信贷中的循环模式构成了一个可持续的资金和资源流动过程，始于项目选择，通过资金提供、监测与认证，最终回流资金以支持更多的碳减排和可持续发展项目。这一循环不仅推动经济回报，还产生环境效益和社会效益，如减少温室气体排放、生态系统保护和社区改善。这一模式通过不断的项目选择和成功认证，不断扩大碳信贷的影响，为全球气候变化应对和可持续发展目标作出重要贡献。

（三）碳信贷的产品实践

1. 碳信贷债券

碳信贷债券是发行人（通常是企业、金融机构或政府）发行的债务证券，其募集的资金专门用于支持碳减排项目、可再生能源项目或其他可持续发展项目。碳信贷债券发行人通常需要披露债券资金的具体用途，并确保其与环境和社会绿色发展目标相一致。通过这样的规定，吸引对于环保和可持续性关注较高的投资者，通过碳信贷债券的发行，进一步丰富金融工具的种类，为解决环境与发展的矛盾提供了新的思路。

2. 低碳转型贷款

低碳转型贷款是一种专门用于支持企业和项目进行低碳、环保和可持续改革的金融工具。其核心目标是减少碳排放，同时推动可持续发展。通过资助项目和企业采取措施，提高能源效率、减少碳排放、采用清洁技术和改进生产过程。这些贷款通常与特定的低碳或环保项目相关，遵循环保和社会准则，具有定制化的特点，以满足不同项目的需求。通过降低碳排放、促进可持续发展和鼓励金融创新，低碳转型贷款为金融市场带来了更多的可持续性投资选择，推动了气候行动和可持续发展目标的实现。

3. 碳配额质押融资

碳配额质押融资是碳信贷的关键工具，允许企业将未使用的碳排放配额用作抵押，以获得融资支持。这些资金可用于环保项目、改进生产过程、采用清洁技术以及提高能源效率等多种目的，从而有助于减少碳排放和推动可持续发展。碳配额质押融资通过降低金融风险、提高资金流动性和推动碳市场的发展，对应对气候变化和可持续发展目标的实现产生积极影响，同时促进金融创新和环保投资的蓬勃发展。

4. 碳信贷保险产品

碳信贷保险产品是一种专门为碳信贷项目的参与者提供保险保障的金融工具，旨在管理与碳信贷相关的各种风险，如项目执行失败、碳市场价格波动、政策变化等。这些产品具有定制化的特点，可以覆盖不同类型的风险，并可能需要第三方验收以验证项目的环保和社会性能。它们的主要影响是降低与碳信贷项目相关的风险，提高投资者信任，促进碳减排和可持续发展目标的实现，推动碳市场的发展，为金融市场带来更多的创新和可持续性投资选择。

三、拓展阅读

（一）盛京银行联合沈阳环境资源交易所发布"辽碳贷"绿色金融产品

作为辽宁省首单全国碳市场碳排放权质押登记业务，2023 年 9 月，盛京银行首笔碳排放权质押贷款成功落地，为万海能源开发（海城）有限公司提供 2 400 万元综合授信。

作为热电联产企业，万海能源担负着海城市区 40% 的供暖任务，为 7 万多户居民提供供暖保障，也是辽宁省首批电力重点排放企业。其碳排放权已纳入全国碳排放交易市场，且每年清缴本年度碳排放配额后均有盈余。"辽碳贷"碳减排贷款推出后，盛京银行铁岭分行迅速开展政策文件学习，及时掌握产品的支持领域、主要特点、适用对象等业务要素，针对铁岭地区风电项目开展上门服务。该产品结合人民银行碳减排支持工具优惠政策，帮助盘活企业碳资产，引入企业碳资信评价体系，切实解决企业在绿色金融领域融资难、融资贵的问题。万海能源开发（海城）有限公司项目总装机容量500兆瓦，项目总投资30亿元，其中70%的资金需要通过银行进行项目融资。盛京银行为该企业量身定制了2亿元的3年期项目贷款，利用"辽碳贷"产品降低了企业融资成本。

（二）苏州银行太仓支行首笔"苏碳融"业务

放贷银行：苏州银行太仓支行

获贷企业：苏州某新材料股份有限公司

贷款额度：300万元

项目概况：2022年1月20日，苏州银行太仓支行向该公司成功发放首笔500万元"苏碳融"贷款，该笔贷款是苏州市首笔"苏碳融"业务，可享受再贷款支持，解决了企业资金需求急、抵/质押物缺乏、利率高等中小企业融资难题。本笔贷款用于企业电碳制品技术改造项目，支持企业利用自有厂房1 500平方米，引进新炉子、全自动碳刷压机、自动加工机等设备63台（套），淘汰原有落后的加工工艺及设备。对生产线进行技改，技改后在节能减碳的前提下，年新增电碳制品产能5 000件，预计该项目年用电量可减少8万千瓦时，本笔贷款可推动企业年减排二氧化碳17.81吨。

第二节　碳债券

为了应对气候变化和推动可持续发展，各国政府、企业和金融机构积极寻求各种创新的解决方案。其中之一就是碳债券，一种专门用于融资减少温室气体排放和推动可持续发展项目的债务工具。

碳债券的重要性不可忽视。它为项目筹集资金，促进环境友好型的投资，以减少碳排放和推动可持续发展。通过引导资金流向低碳经济和可再生能源等领域，碳债券为投资者提供了一种实现环境和经济双赢的机会。

一、碳债券概述

（一）碳债券的定义

碳债券是政府、企业或金融机构募集资金专项用于具有碳减排效益的绿色项目的债务融资工具，其核心特点是将低碳项目的减排收入与债券利率水平挂钩，通过碳资产与金融产品的嫁接，降低融资成本，这也是绿色债券的子品种实现融资方式的创新。

碳债券的概念起源于对气候变化和环境可持续性的关注。碳金融作为一种金融工具，通过资金流向和市场机制的引导来推动低碳经济的发展，减少温室气体排放，促进可持续发展，并为投资者提供一种与环境目标一致的投资选择。

与传统债券不同，碳债券与环境指标和碳减排目标挂钩，更加注重环境和社会影响。碳债券的发行机构通常会设定碳减排目标，即通过投资所筹集的资金来支持碳减排项目，如可再生能源发展、能源效率改进、低碳交通等。而传统债券的资金用途可能没有明确的环境或社会目标有所不同。碳债券的发行通常需要进行碳核查和认证，以确保所筹集资金用于真正的碳减排项目。

（二）碳债券的特征

1. 募集资金用途聚焦

中国银行间市场交易商协会（以下简称交易商协会）规定碳债券的资金用途范围需要聚焦，即资助那些旨在减少或抵消温室气体排放的项目，项目不仅需要符合《绿色债券支持项目目录（2021 年版）》或国际绿色产业分类标准，而且必须能够产生碳减排效益。交易商协会规定，碳债券的资金用途主要包括但不限于：（1）清洁能源项目，如光伏、风电及水电等项目；（2）清洁交通类项目，如共享出行、电气化货物铁路和电动汽车推广等项目；（3）可持续建筑类项目，如绿色建筑、超低能耗建筑及太阳能建筑等项目；（4）工业低碳改造类项目，如碳捕捉利用与封存、能源效率改造、供应链碳足迹管理等项目；（5）其他具有碳减排效益的项目。

2. 收入可预测

碳债券的收入可预测性是通过对环保项目的性能指标、环境政策支持、监测和报告机制以及长期合同的分析和研究来实现的，如碳债券的收益通常与资助的环保项目的性能指标相关。这些指标可能包括减少的温室气体排放量、可再生能源发电量、能源效率改进等。投资者可以通过研究和分析这些项目的性能指标来预测碳债券的收入。这些特征使投资者能够相对准确地预测碳债券的收入并作出相应的投资决策。

3. 第三方专业机构认证制度

按照"可测度、可核查、可检验"的原则，碳债券发行企业需聘请独立的第三方专业机构出具相关评估认证报告。碳中和债券信息披露具有很强的专业性和特殊性，这就意味着第三方认证评估机构的专业性建设需要得到进一步重视。报告除了披露绿色项目常规内容外，还需要披露项目的碳排放、碳足迹等环境效益数值，并着重对二氧化碳减排等环境效益进行定量测验。这些环境效益数值的披露和定量测验是为了确保碳债券发行企业的碳中和目标和减排承诺得到可信的验证和监测。通过第三方专业机构的评估认证报告，投资者和利益相关方可以了解碳债券项目的环境效益，并对其可持续性和减排成果进行评估。这种披露和定量测验的做法有助于提高碳债券市场的透明度和可信度，促进投资者对碳债券的信任和参与。同时，它也为碳债券发行企业提供了一个有效的方式来证明其环境效益和减排成果，提高其在市场上的竞争力。

4. 存续期信息披露精细

一般绿色债券在存续期内需要披露募集资金使用情况说明，主要是资金用途、使用进度以及绿色项目运行情况等信息。相比之下，碳中和债券在存续期中的披露要求更为严格，不仅需包含一般绿色债券必须披露的基本信息，交易商协会还要求进一步披露募投项目实际或预期产生的碳减排效益等相关内容。企业需详细地披露对应项目碳减排环境效益和其他环境效益的测算方法与结果以及募集资金使用情况和绿色项目进展，甚至可具体到单个募投项目每年理论上的碳减排量和其他污染物减排量，并且鼓励披露整体的碳减排计划、碳中和路线图以及减碳手段和监督机制等内容。这些更为严格的披露要求旨在提高碳中和债券的透明度和可信度，确保投资者和利益相关方能够全面了解碳中和债券项目的环境效益和减排成果。同时，这也促使企业更加注重碳减排计划和实施的可持续性与可追溯性。

5. 发行主体非常多样

从发行主体来看，地方政府、金融机构和非金融机构都可以成为碳中和债券的发行主体。例如，成都银行曾于 2022 年 3 月在全国银行间债券市场发行绿色金融债券，并将所有募集资金用于发放绿色减排项目贷款；又如，湖南省于 2021 年 11 月发行全国首只碳中和政府专项债券。这些碳中和债券发行的案例表明，碳中和债券的发行人主体是非常多元化的，发行人在尝试债券融资时可以考虑发行碳债券的可能性。这种尝试既具有一定的融资成本优势，还是不同主体参与生态文明建设的重要尝试。

（三）碳债券的分类

1. 根据发行主体不同，债券可以分为碳政府债券和碳企业债券

碳政府债券是由政府作为发行主体发行的债券，通常用于筹集国家财政支出和投资项目资金。碳政府债券具有一定的安全性和稳定性，因为政府作为发行主体，具备较高的偿债能力和信誉度。碳政府债券的发行可以通过招标、竞价等方式进行，投资者可以通过购买政府债券来获得固定利息。碳政府债券的发行有助于政府筹集资金，支持国家的经济发展和基础设施建设。同时，碳政府债券也给投资者提供了一种安全可靠的投资选择，帮助他们实现资金保值和增值的目标。

碳企业债券是由企业发行的用于资助减排项目或可持续发展项目的债券。这些企业可能是能源公司、制造业公司或其他行业的公司，它们希望通过发行碳债券来改善其环境表现并实现可持续发展目标。碳企业债券根据发行主体不同，可以分为碳金融债和碳企业债两大类。碳金融债是由银行或其他金融机构作为发行主体发行的债券，用于筹集金融机构自身资本金或补充流动性。碳企业债是由企业作为发行主体发行的债券，用于筹集企业经营和发展所需资金。

2. 根据偿还期限的长短分为碳短期债券和碳长期债券

碳短期债券通常是指偿还期限在 1 年以内的债券，主要包括商业票据和短期公债等；碳长期债券是指偿还期限在 1 年以上的债券，可以进一步分为碳中期债券和碳长期债券。碳中期债券的偿还期限通常在 1～5 年，它既满足了投资者对较长期限资金需求，又能为发行主体提供相对较低的融资成本。碳长期债券的偿还期限通常在 5 年以上，包括 10 年期、20 年期和 30 年期等类型。碳长期债券的发行主要面向需要长期资金支持的项目和企业。

3. 根据其收益方式不同可分为固定利率碳债券和浮动利率碳债券

固定利率碳债券是指债券发行人在发行时确定了一个固定的票面利率，债券持有人在债券期限内可获得固定的利息收入。这种类型的碳债券适合那些更加注重收益稳定性的投资者，因为他们可以提前知道自己的投资回报；浮动利率碳债券则是根据市场利率

变动而调整其票面利率，使债券持有人能够随着市场利率的波动而获得相对稳定的收益。这种类型的碳债券的收益率会随着市场条件的变化而波动，因此投资者需要对市场变动有一定的敏感性。浮动利率碳债券通常具有更高的风险和回报潜力，适合愿意承担一定风险以追求更高回报的投资者。

4. 根据风险等级不同可分为高收益碳债券和投资级碳债券

高收益碳债券是指其发行人信用评级较低，债券价格相对较低，但利率较高的碳债券。由于该类债券发行人信用风险较高，因此投资者需要承担较高的风险。相反，投资级碳债券是指其发行人信用评级较高，碳债券价格相对较高，利率较低的碳债券。投资者购买投资级债券可以在较低的风险下获得稳定的收益。

（四）碳债券的起源与发展

随着全球气候变化的日益严重，减少温室气体排放成为全球范围内的重要议题。为了应对这一挑战，碳债券作为一种创新的金融工具应运而生。碳债券的发展源起于对气候变化的关注和对可持续发展的需求，其目的是通过市场机制来激励企业和政府减少温室气体的排放。

1997 年，联合国颁布《京都议定书》，要求发达国家在未来的减排目标上承担更多责任。作为实现这一目标的一种方式，最早的碳市场开始出现。1999 年，世界银行发行了首只碳债券，用于支持减排项目。这一举措为碳债券的发展奠定了基础。

在过去的几十年里，世界各国制定了一系列碳债券相关政策，以应对气候变化和减少温室气体排放的挑战。

2005 年：欧洲碳排放交易体系（EUETS）的启动被认为是碳债券政策的重要里程碑。EUETS 是世界上最大的碳排放交易市场，涵盖了欧盟的 28 个成员国，以及挪威、冰岛和列支敦士登。该体系通过发放碳排放配额，使企业能够在市场上交易这些配额，从而促进碳排放的减少。

2006 年：日本推出了碳排放交易制度（J－Credit），以鼓励企业减少温室气体排放。J－Credit 允许企业通过减少自身的碳排放量或者购买其他企业的减排额度来达到减排目标。

2008 年：联合国成立了联合国碳资产管理公司（UNFCCC）来监管碳市场，并制定了碳债券标准。这些标准确保了碳债券的质量和可信度，促进了碳资本市场的进一步发展。

2009 年：美国通过《美国清洁能源与安全法案》（ACES）引入了碳排放交易制度。该法案旨在建立一个全国性的碳排放交易市场，以鼓励企业减少温室气体排放。然而，该法案最终未能获得国会通过，未能成为美国的法律。

2011 年：中国开始试点碳排放权交易市场。中国是全球最大的温室气体排放国，推出碳排放交易市场是中国政府应对气候变化的重要举措之一。试点项目覆盖了 7 个省和直辖市，涵盖了超过 2 000 家企业。

2015 年：《巴黎协定》的达成标志着全球应对气候变化的新里程碑。《巴黎协定》旨在通过国际合作来应对气候变化，并为碳市场的发展提供了更大动力。各国通过减排

目标的设定和碳市场的建设，共同努力实现全球气候目标。

2017 年：中国推出了全面的碳排放交易市场。中国的碳市场是全球最大的碳排放交易市场，涵盖了超过 4 000 家企业。中国政府通过碳市场的建设，旨在推动企业减少温室气体排放，促进低碳经济的发展。

2020 年：欧盟宣布将推出碳边境调整机制。碳边境调整是指在进出口商品中纳入碳排放成本，以防止碳泄漏和确保公平竞争。欧盟的碳边境调整机制将为碳债券市场提供更多的机会和挑战。

碳债券的发展受益于国际社会对可持续发展的共识。碳债券通过为减少温室气体排放的企业和项目提供经济激励，推动了可持续发展的实现。通过发行碳债券，企业和政府可以筹集资金用于投资清洁能源、节能减排等项目，同时也为投资者提供了一种可持续发展的投资选择。碳债券的发展也受到了金融市场的推动。随着环境、社会和治理（ESG）投资的兴起，越来越多的投资者开始关注企业的环境和社会责任。碳债券作为一种符合 ESG 投资原则的金融工具，受到了投资者的青睐。越来越多的企业和政府开始发行碳债券，以吸引 ESG 投资。这种市场需求的推动促使碳债券市场快速发展。

二、碳债券的市场机制

（一）碳债券的发行条件

首先，发行人应具备一定的信誉和声誉，以确保投资者对其信任。其次，发行人应有清晰的低碳项目计划，并提供详尽的项目信息和规划，以证明其项目的可行性和潜在的碳减排效益。最后，发行人还需要制订合理的发行计划，包括发行规模、发行利率、债券期限等方面的具体安排。下面将详细探讨碳债券的发行条件。

1. 发行主体

碳债券一般由政府、国际组织或企业发行。发行主体需要具备一定的信誉和财务实力，以确保还本付息的能力。

2. 募集资金用途

碳债券的募集资金应用于低碳项目、清洁能源项目或其他可持续发展项目。发行主体需明确募集资金的具体用途，并提供详细的项目规划和执行计划，确保资金用于真正能够减少温室气体排放的领域。

3. 债券期限

碳债券的期限可以根据项目需要和投资者的偏好来确定。一般而言，较长期限的碳债券更适合用于长期项目，较短期限的碳债券适用于较短期的项目。

4. 利率和收益

碳债券的利率应根据市场利率、发行主体信用评级和项目风险来确定。一般而言，利率较高的碳债券风险较高，但也可能获得更高的回报。投资者需要评估利率与风险，以确保其投资回报满足预期。

5. 还本付息方式

碳债券的还本付息方式可以采用定期支付或到期一次性支付。定期支付可以确保投资者在债券期限内获得稳定的回报，而到期一次性支付则可以减少发行主体的偿债压力。

6. 发行规模

碳债券的发行规模应根据项目需求和市场接受度来确定。发行规模过大可能导致投资者购买意愿不足，而过小可能无法满足项目需求。

7. 市场定价和交易

碳债券的发行应充分考虑市场需求和流动性。发行主体可以选择在公开市场上进行定价和交易，以确保碳债券的流通性和投资者的买卖能力。

8. 项目评估与遴选

在项目评估阶段，发行人需要对候选项目进行综合评估，包括技术可行性、经济可行性、环境效益等方面的考量。评估结果将作为选择合适项目的依据。在项目遴选阶段，发行人需要对评估通过的项目进行进一步筛选，选择最具潜力和可持续性的项目。这一过程需要发行人充分考虑项目的风险和回报，确保碳债券的发行能够达到预期的效果。

9. 募集资金管理

发行人需要建立有效的资金管理机制，确保募集到的资金能够按照计划用于低碳项目。在资金使用方面，发行人应建立严格的审批和监督制度，确保资金使用符合发行目的，并及时进行监测和追踪。此外，发行人还需要与投资者建立良好的沟通渠道，及时向投资者披露资金使用情况和项目进展，增强投资者对碳债券的信任和认同。

10. 存续期信息披露

作为一种长期金融工具，碳债券需要在其存续期内向投资者提供必要的信息披露。发行人应制定完善的信息披露政策，并按规定时间向投资者披露相关信息，包括项目进展、碳减排效益、资金使用情况等。信息披露应具备及时、准确、完整的特点，以帮助投资者了解碳债券的实际情况和运作效果，提高市场透明度。

（二）碳债券的发行机制

1. 碳债券市场的参与者

根据债券市场的组成结构，碳债券市场的参与者包括发行人、中介机构和投资者。

（1）发行人。债券发行人是指为筹集资金而发行债券的政府及机构、金融机构、中央机构、公司和企业。债券发行人是债券发行的主体，如果没有债券发行人，债券发行及其后的交易就无从展开，债券市场也就不可能存在。碳债券发行市场（一级市场）的发行人主要有三种类型。

一是政府。政府作为碳债券的发行人，具有稳定的信用背景和强大的影响力。政府在国内外金融市场上享有较高的信誉，这为碳债券的发行奠定了坚实的基础。投资者通常更愿意购买政府发行的债券，因为政府具有偿付能力和履约能力。此外，政府还可以通过政策引导和监管措施来推动碳市场的发展和规范运行，确保碳债券的有效发行和交易。碳债券的发行通常与政府的减排目标和可持续发展战略紧密相关。政府可以通过发行碳债券筹集资金，用于支持低碳项目和清洁技术的研发和推广。这些项目和技术将为投资者提供可持续的回报，并为经济转型和环境保护作出贡献。政府作为碳债券的发行人，能够将投资者的资金引导到低碳领域，推动绿色产业的发展和创新。此外，政府作为碳债券的发行人，还能够发挥信息披露和监管的作用，保护投资者的权益和市场的健康发展。政府可以要求发行碳债券的企业披露相关的环境和社会信息，增加投资者对碳债券的了解和信任。政府还可以通过制定监管政策和标准，确保碳市场的透明度和公平竞争，防范投机行为和市场失灵。政府的监管作用将为碳债券市场的发展提供稳定的环境和秩序。

二是减排企业。企业参与碳债券的发行，主要是为了达成减排目标或构建低碳项目，这些企业可能是能源公司、工业企业、交通运输公司等，它们的主要业务涉及高碳排放行业。通过发行碳债券，减排企业可以筹集资金用于减少其碳排放量。碳债券的本质是一种债券，投资者购买这些债券后，发行人将按照约定的利率和期限向投资者支付利息和本金。然而，与传统债券不同的是，碳债券的回报不仅仅是金融收益，还包括对环境和社会的积极影响。投资者购买碳债券的资金将被用于支持减排项目，从而帮助减排企业实现低碳转型。对于减排企业而言，一方面，碳债券的发行为这些企业提供了一种新的融资渠道，降低了实施减排项目的资金压力；另一方面，碳债券的发行可以吸引更多的投资者参与减排事业，从而扩大减排的规模和影响力。此外，碳债券的发行还有助于提升企业的形象和声誉，提高其在市场上的竞争力。

三是银行及其他金融机构。银行及其他金融机构利用碳债券市场为其客户提供多样化筹集资金的渠道，并且银行及其他金融机构作为碳债券的发行人，具备丰富的金融经验和专业知识。它们能够评估项目的可行性，并提供必要的融资支持。金融机构通常会与政府、企业和非政府组织等利益相关方合作，共同推动碳债券的发行和项目的实施。

（2）中介机构。碳债券的中介机构在碳市场中扮演着重要的角色。它们作为连接发行方和投资者之间的纽带，促进了碳债券市场的发展和运作。以下将介绍碳债券的中介机构，包括受托人、承销商、第三方中介服务机构和财产担保人。

一是受托人。受托人是由发行方委托的独立机构，负责管理和监督碳债券的发行和兑付过程。受托人的职责包括确保发行方履行其债券条款和条件，保护投资者的权益，监督碳资产的管理和使用，以及提供必要的报告和信息披露。

二是承销商。承销商一般指具有相当销售实力，承担销售责任，由发行方委托的金融机构，负责销售和分销碳债券。碳债券的承销商一般是由信誉卓著、实力雄厚的商业银行、投资银行及大型证券公司担任。承销商通过自身的销售网络和渠道，将碳债券推向投资者，帮助发行方筹集资金。我国首只碳债券的主承销商是浦发银行。

三是第三方中介服务机构。第三方中介服务机构是独立的机构，提供与碳债券发行和交易相关的服务，包括评级、审计、登记和清算等。主要的第三方中介服务机构包括会计师事务所、律师事务所和信用评级机构。

会计师事务所负责审计和验证发行人的碳减排项目，并提供可靠的财务报告。此外，会计师事务所还可以提供对碳债券的估值服务，为投资者提供可靠的信息；律师事务所负责起草和审核相关的法律文件，确保发行人和投资者之间的权益得到保护。律师事务所还可以协助发行人解决与碳减排项目相关的法律问题，并确保项目的合法性和合规性；信用评级机构负责对碳债券进行评级，评估发行人的信用风险和债券的偿付能力。

四是财产担保人。财产担保人是由发行方委托的担保机构，为碳债券提供担保。财产担保人的责任是确保发行方能够按时偿还债券本金和利息，保护投资者的权益。在财产担保人的选择上，需要考虑财产担保人的财务实力、专业的风险管理能力、良好的声誉和信誉等。

（3）投资者。碳债券的投资者主要包括银行、非银行金融机构、企业、个人投资者等。碳债券的投资对于应对气候变化和推动低碳经济具有重要意义，这里主要介绍以下四种类型。

第一种是银行。银行是碳债券市场上的重要投资者，它们通过购买碳债券来满足可持续金融的需求，推动绿色金融发展，同时增加利润来源。同时，银行可以利用碳债券来管理其资产负债表，提高资产质量，并减少与碳排放相关的风险。

第二种是非银行金融机构。非银行金融机构指除商业银行和专业银行以外的所有金融机构，主要有信托、证券、保险、基金等。对于这些机构来说，投资碳债券可以实现资产配置的多元化，降低投资组合的风险。作为专业的金融机构，它们能够进行深入的市场研究和风险评估，会更好地把握碳债券的投资机会和风险，可以提供更为稳定和可持续的投资。除此之外，碳债券能够延续衍生产品的开发，比如证券机构可以将所购买的碳债券转为基金计划，向投资者发售。

第三种是企业。随着全球气候变化问题的日益严重，减少温室气体排放已成为企业应尽的义务。投资碳债券有利于企业履行社会责任，可以提高企业的声誉和形象。随着碳市场的发展和碳定价机制的逐渐完善，碳债券的价值有望增长。企业投资碳债券可以获得稳定的投资回报，并通过碳交易获得额外的收益，这有助于企业实现财务收益，推动低碳转型和可持续发展。

第四种是个人。个人投资者一般利用多余资金投资于债券市场以获取较为稳定的利润。对于那些关注环境问题和可持续发展的个人来说，投资碳债券是一种积极的投资选择。通过购买碳债券，个人投资者可以支持清洁能源和低碳经济的发展，并为环境保护作出贡献。此外，碳债券的投资也可以为个人提供稳定的收益和资本增值的机会。

2. 碳债券的发行方式

（1）碳债券的发行方式按照实际发行价格和票面价格的异同，可以分为平价发行、溢价发行和折价发行。

①平价发行，指碳债券的实际发行价格等于其票面价格。这种发行方式通常发生在市场对碳债券的需求和供应之间达到平衡时。投资者购买平价发行的碳债券时，其实际支付的价格与其面值相等。这种发行方式可以确保市场的公平性和透明度，因为每个投资者都有平等的机会以相同的价格购买碳债券。前提是碳债券发行利率和市场利率相同，这在西方国家比较少见。

②溢价发行，指碳债券的实际发行价格高于其票面价格。只有在碳债券票面利率高

于市场利率的条件下才能采用这种方式发行。投资者购买溢价发行的碳债券时，需要支付高于其面值的价格。溢价发行的碳债券可以提供额外的收益机会，因为投资者可以在购买后以更高的价格出售。然而，溢价发行也可能导致投资者的购买成本增加，从而降低投资的吸引力。

③折价发行，指碳债券实际发行价格低于其票面价格，而偿还时却要按票面价格偿还本金。折价发行是因为规定的票面利率低于市场利率。碳债券投资者购买折价发行的碳债券时，可以以低于其面值的价格购买。折价发行的碳债券可能会吸引投资者，因为他们可以以较低的价格获得更多的碳债券。然而，折价发行也可能暗示市场对碳债券的需求疲软，可能导致投资者的投资价值下降。

（2）碳债券的发行根据承销商在碳债券承销中义务大小，可以分为全额包销、余额包销以及委托代销三种方式。

①全额包销又称承包发行。全额包销意味着发行商或承销商将承担全部碳债券的发行风险，即无论是否能够全部售出，他们都必须购买剩余的未售出碳债券。这种方式为发行者提供了稳定的资金来源，并降低了发行碳债券的风险。对于承销商来说，全额包销可能会带来一定的风险。如果碳债券的市场需求不高，或者发行价格过高，承销商可能面临亏损的风险。因此，在选择全额包销时，承销商需要进行充分的市场调研和风险评估，以确保能够承担这种风险。但全额包销也有其优势。首先，它提供了一种快速筹集资金的方式，尤其适用于紧急情况或需要大量资金的项目。其次，全额包销可以增强投资者对碳债券的信心，因为他们知道即使市场需求低迷，发行者仍然会购买未售出的碳债券。

②余额包销又称助销发行。在余额包销中，承销商只承诺购买一部分发行量的碳债券，而剩余部分由其他投资者购买。这种方式降低了承销商的风险，但也限制了其利润。如果碳债券市场需求不确定或在承销商信心不足的情况下，可以采用余额包销，承销商仅承担部分风险，且发行人可以按照计划筹得全部的资金。

③委托代销是债券发行人委托承销商代为向投资者推销债券，并向承销商支付一定比例的手续费。这种方式降低了承销商的风险和义务，但也限制了其利润。委托代销适用于碳债券市场发行规模较小或发行人对市场情况了解不足的情况，因为它允许发行人将发行工作交给专业的承销商。但是在代销过程中，承销商不承担任何风险，而发行人除了承担全部风险以外，还必须承担手续费。因此，只有信用程度高、普遍被看好的债券才会选择这种方式。

表 3 - 4　　　　　　　　　　　债券承销方式比较

比较内容	市场情况	发行费用	发行周期
全额包销	好	低	长
余额包销	差	高	短
委托代销	中	中	中

3. 碳债券的发行过程

碳债券的发行过程与普通债券基本一致，需要经历前期准备、向主管部门报批以及发行实施三个阶段，如图3-1所示。

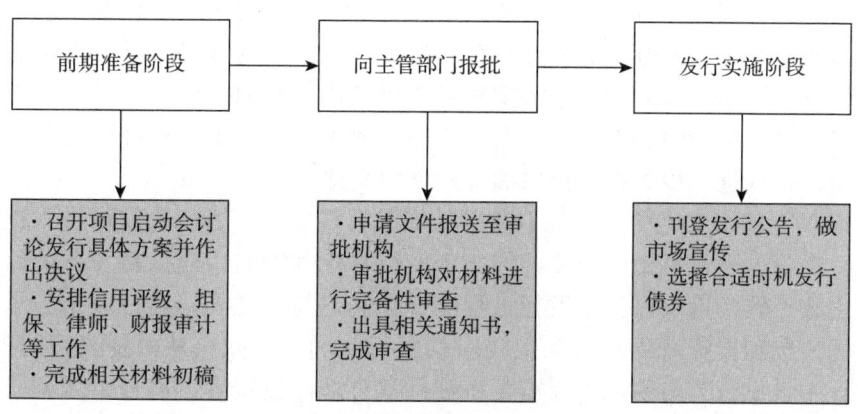

图3-1　碳债券发行过程示意

（1）碳债券发行前期准备阶段。发行碳债券的目的是筹集资金来支持减少温室气体排放和应对气候变化的项目和措施。因此，碳债券的发行者在发行前必须按照规定向债券管理部门提交申报书，发行者在申报书中所声明的各项条款和规定就是债券的发行条件，其主要内容有拟发碳债券数量、发行价格、偿还期限、票面利率、利息支付方式、有无担保等。同时，发行申报准备阶段还必须收集分析一系列发行人基本情况和财务状况分析、项目背景、募集资金运用等材料，客观、准确、完整地体现碳债券发行的可行性。

①召开会议讨论碳债券发行方案。碳债券的发行方案内容包括发行碳债券的目的与还款能力。特别要注意债务结构与偿还能力，制订切实的还款措施。方案制订后还需编制大量文件说明发行人的情况，以便证券主管部门与代理发行机构审议。在前期准备阶段，发行人还要与主承销商对碳债券相关事宜达成基本一致意见。

②拟定碳债券各项内容。发行人在准备阶段要确定碳债券的发行方式，如要确定公募发行还是私募发行，公募发行的债券一般数额较大，期限也较长，要经过资信评级；私募债券一般不允许上市转让，也无须经过资信评级。同时，发行人还要决定碳债券的偿还方式、面额、利率、期限和发行价格。会计师要展开审计工作，对发行人财务运营状况进行审计。

③完成碳债券发行方案初稿工作，即将申报文件中的相关材料提供审核部门审核，并提交给主承销商。主承销商会制作碳债券发行的初稿。除此之外，发行人还需要签署各项协议文件，包括承销协议、受托协议、担保协议等。中介机构需撰写承销协议、募集说明书，律师机构需要出具法律意见书。

（2）向债券主管部门申报审查阶段。任何发行主体发行碳债券都必须经过相关管理审批机构的审批，未经允许不能擅自出售任何形式的碳债券。发行人的申请文件需要按照特定的程序报送至审批机构。这包括填写特定的申请表格、可行性报告、信用评级材料、财务报表等。审批机构在收到申请文件后，会对材料进行仔细的完备性核查。当申请材料通过完备性核查后，审批机构将出具一份通知书。这份通知书将详细列出申请人所需提交的进一步文件、时间要求以及其他相关事项。申请人应当仔细阅读通知书，并按照其中的要求及时提供所需的补充材料。最后，审批机构将完成对申请文件的审查工作。审批机构会根据所需的标准和法规对申请材料进行全面审核。这包括对申请人的资格进行评估、对所申请的事项进行权益分析等。在审查过程中，审批机构可能会与申请人进行沟通，要求进一步解释或提供额外的证明文件。

（3）碳债券发行实施阶段。在取得碳债券发行权以后，发行人就可进入碳债券发行实施阶段。发行人与主承销商需要共同确定发行目标和策略，应该对发行的目的、规模和定价等达成一致，以确保整个发行过程能够顺利进行。此外，发行人与主承销商还需要根据市场情况和投资者需求，确定相应的发行时间和方式，从而提高发行的成功率。在发行推荐中，发行人与主承销商需要积极寻找合适的投资者，通过市场调研和投资者分析等方法，准确判断不同投资者的需求和偏好，找到合适的碳债券投资者。在适当的时机发行碳债券对于发行人和承销商都十分重要。发行人与主承销商需要密切关注市场的波动和投资者的情绪，选择最佳的发行时机，以获得最大的利益。

（三）碳债券的交易流程

碳债券的交易市场是指买卖已发行债券的市场，又称二级市场或次级市场。碳债券交易市场作为实现减排目标的重要工具，不仅为企业和政府提供了经济激励，也为投资者提供了可持续发展的投资选择。通过灵活的交易方式和透明的交易过程，碳债券交易市场在全球范围内推动了碳减排的进程。

1. 碳债券的交易方式

债券市场上的交易方式主要有四种类型：现货交易、期货交易、期权交易和回购协议交易。对于碳债券市场而言，现货交易与回购协议交易是最主要的两种交易方式。

（1）现货交易。现货交易也指现金现货交易，指债券的买卖双方在谈妥一笔交易后马上办理交割手续的交易方式，即卖出者交出债券，买入者付款，当场交割，钱货两清。现货交易是碳债券市场最常见的交易方式之一。这种交易方式具有简单、透明的特点，能够提供市场参与者快速买卖碳债券的机会。

（2）回购协议交易。回购协议交易是指债券买卖双方按预先签订的协议，约定在卖出一笔债券后一段时间再以特定的价格买回这笔债券，并按商定的利率付息。这种有条件的债券交易形式实质上是一种短期的资金借贷融通。回购协议的利率受债券的信用评级、债券市场利率水平等多种因素影响，与发行债券的票面利率无确切的关系。回购的期限或长或短，有一年左右才进行回购，也有隔日回购。在发行碳债券中，回购协议交易方式大多用于碳企业债券当中。

2. 碳债券的交易过程

碳债券的交易场所分为场内交易市场和场外交易市场。场内交易市场也叫交易所交易市场，是以交易所为平台的市场。场外交易市场是在除交易所外的证券公司柜台进行债券交易的市场。

（1）碳债券场内交易过程。在交易所内部，交易程序都要经过交易所立法规定，其具体步骤明确而严格。碳债券的交易程序有五个步骤：开户、委托、成交、清算和交割、过户。

第一，开户。碳债券的投资者要进入证券交易所参与碳债券交易，首先必须选择一家可靠的证券经纪公司，并在该公司办理开户手续，签订开户合同，合同内容包括委托人的真实姓名、职业、身份证号码等；委托人与证券公司之间的权利与义务；确定开户合同的有效期限，以及延长合同期限的条件和程序。

在投资者与证券公司订立开户合同后，就可以开立账户，为自己从事债券交易做准备。上海证券交易所允许开设的账户有现金账户和证券账户。现金账户只能用来买入债券并通过该账户支付买入债券的价款，证券账户只能用来交割债券。因投资者既要进行债券的买入业务又要进行债券的卖出业务，因此一般要同时开立现金账户和证券账户。上海证券交易所规定，投资者开立的现金账户，其中的资金要首先交存证券商，然后由证券商转存银行，其利息收入将自动转入该账户；投资者开立的证券账户，则由证券商免费代为保管。

第二，委托。投资者在证券公司开立账户后，要想真正上市交易，还必须与证券公司建立证券交易委托关系。投资者可以通过注册的经纪商或交易所提交碳债券的委托。委托内容通常包括买入或卖出的数量、价格以及有效期限等。委托的提交可以通过电话、电子平台或其他可接受的方式进行。

第三，成交。证券公司在接受投资客户委托并填写委托说明书后，就要有其驻场人员在交易所内迅速执行委托，促使碳债券成交。在证券交易所内，债券成交就是要使买卖双方在价格和数量上达成一致。该程序必须遵循特殊的原则，又叫竞争原则。这种竞争规则的主要内容是"三先"，即价格优先，时间优先，客户委托优先。价格优先就是证券公司按照交易最有利于投资委托人利益的价格买入或卖出债券。时间优先就是要求在相同价格申报时，应该与最早提出该价格的一方成交。客户委托优先主要是要求证券公司在自营买卖和代理买卖之间，首先进行代理买卖。

第四，清算和交割。碳债券交易成立以后就必须进行券款的交付。碳债券的清算是指对同一证券公司在同一交割日对同一种碳债券的买和卖相互抵消，确定出应当交割的债券数量和应当交割的价款数额，然后按照"净额交收"原则办理债券和价款的交割。一般在交易所当日闭市时，其清算机构便依据当日"场内成交单"所记载的各证券商的买进和卖出某种债券的数量和价格，计算出各证券商应收、应付价款相抵后的净额以及各种债券相抵后的净额，编制成当日的"清算交割表"，各证券商核对后再编制该证券商当日的"交割清单"，并在规定的交割日办理交割手续。

碳债券的交割就是将债券由卖方交给买方，将价款由买方交给卖方。在证券交易所交易的债券，按照交割日期的不同，可分为当日交割、普通日交割和约定日交割三种。

第五，过户。碳债券成立并办理了交割手续后，便完成了碳债券的过户。过户是指将碳债券的所有权从一个所有者名下转移到另一个所有者名下。在碳债券交易中，过户通常由交易平台或清算机构进行。买方需要提供相关的身份和账户信息，以便进行过户操作。过户完成后，买方将成为碳债券的合法持有人，并享有相应的权益。

（2）碳债券场外交易过程。碳债券场外交易市场是进行碳债券交易的主要场所。场外交易市场碳债券交易过程分为买卖意愿、成交、清算交割和过户四步。

第一，买卖意愿。在碳债券场外交易中，买卖双方首先需要表达它们的交易意愿。买方可能是企业、金融机构或个人投资者，它们希望购买碳债券来弥补温室气体排放。卖方则可能是碳债券发行机构、投资基金或其他投资者，它们希望出售自己持有的碳债券。买卖双方可以通过电话、电子邮件、在线交易平台或经纪人等方式进行交流，以确定交易的细节和价格。

第二，成交。一旦买卖双方达成一致，交易即可成交。成交的方式可以是双边协商成交或通过交易所进行成交。在双边协商成交的情况下，买卖双方可以根据市场行情和自身需求进行价格协商，以确定最终成交价。而在交易所成交的情况下，买卖双方可以通过交易所的撮合机制进行成交，交易所会根据市场供需情况自动确定成交价。

第三，清算交割。清算交割是指买卖双方通过交易所或清算机构进行资金结算和证券过户的过程。在碳债券场外交易中，清算交割可以通过交易所的清算机构或第三方清算机构来完成。买方需要向卖方支付购买碳债券的资金，而卖方则需要向买方交付所持有的碳债券。交易所或清算机构会核对双方的资金和证券账户，确保交易的安全性和准确性。

第四，过户。完成清算交割后，买方需要办理过户手续，将所购买的碳债券过户到自己名下。过户可以通过交易所或相关机构办理，买方需要提供相关的身份和账户信息，以确保过户的顺利进行。

三、拓展阅读

（一）国家电网有限公司 2021 年度第一期绿色中期票据（碳中和债）

1. 基本情况

表 3 - 5　　国家电网有限公司 2021 年度第一期绿色中期票据基本情况

发行人	国家电网有限公司
发行金额	50 亿元
发行日期	2021 年 3 月 24 日
发行期限	2 年
发行利率	3.26%
发行品种	中期票据
主体评级	AAA
主承销商	中国工商银行股份有限公司、中国进出口银行
资金用途	特高压输电项目
评估认证机构	联合赤道环境评价有限公司

2. 募集资金用途

国家电网有限公司 2021 年度第一期绿色中期票据（碳中和债）募集资金全部投放于特高压输电项目，主要用于白鹤滩—江苏 ±800 千伏特高压直流输电工程换流站及部分输电线路项目、南昌—长沙特高压交流输电工程及雅中—江西 ±800 千伏特高压直流输电工程的建设。经计算白鹤滩—江苏 ±800 千伏特高压直流输电工程换流站及部分输电线路项目、南昌—长沙特高压交流输电工程和雅中—江西 ±800 千伏特高压直流输电工程节约的线损电量与受电端区域同等火力发电上网电量相比每年可减排二氧化碳分别为 12.68 万吨、10.89 万吨和 53.73 万吨，合计每年减排二氧化碳 77.3 万吨。

其节约的线损电量与受电端区域同等火力发电上网电量相比，每年可实现节约标准煤分别为 6.59 万吨、5.83 万吨和 28.78 万吨，减排二氧化硫（SO_2）分别为 40.21 吨、35.58 吨和 175.65 吨，减排氮氧化物（NO_x）分别为 41.93 吨、37.11 吨和 183.17 吨，减排烟尘分别为 8.17 吨、7.23 吨和 35.69 吨。合计每年节约标准煤为 41.2 万吨，减排 SO_2 为 251.44 吨，减排 NO_x 为 262.21 吨，减排烟尘为 51.1 吨。特高压输电项目一方面在输电过程中与普通输电方式相比大大减少了线损电量，直接产生了显著的碳减排等环境效益；另一方面，输送了大量水电清洁能源，有效促进了清洁能源电力的消纳，减少了大量因火力发电产生的二氧化碳及大气污染物排放。此外，国家电网有限公司绿色中期票据募集资金投资的 2021 年投资项目，主要负责输送白鹤滩及雅砻江中游杨房沟、卡拉、楞古、孟底沟等大型梯级水电站所发电量，输送的电力为清洁的可再生能源。工程的建设将实现西部清洁能源基地电能直供中东部地区负荷中心，是解决四川水电弃水、攀西地区水电送出受阻问题，促进全国能源资源优化布局的重要举措，有利于满足华中和华东等地电力需求，对于促进地方经济发展以及实现全面建成小康社会的宏伟目标具有重要意义。此外，项目的实施将有效带动电源、电工装备、用能设备，原材料等相关产业发展，促进经济社会发展，具有良好的社会效益。

3. 项目特色

（1）发行主体为全球最大的公共事业单位。2015—2024 年十年来，国家电网新开工 110 千伏及以上电网建设项目环评率持续保持 100%，各项环保、水保要求严格落实到位。同时，公司完成 110 千伏及以上电压等级变电站（换流站）噪声监测 4.4 万余次，为 408 座变电站（换流站）实施噪声治理，优化运行环境。该债券的发行是国家电网积极响应国家碳中和目标，推动清洁能源发展的重要举措。公司坚持以生态优先、绿色发展为导向，着力服务"双碳"目标，加快构建新型电力系统，增强生态环境保护意识，健全生态环境保护长效机制，在推动生态文明建设方面当排头、作表率，为打赢污染防治攻坚战、推动能源清洁低碳转型作出积极贡献，助力实现"2030 年碳达峰、2060 年碳中和"目标。

（2）通过建设和优化特高压输电项目来达到碳中和。特高压输电项目可以实现远距离、大容量的电力传输。特高压输电技术能够减少电力传输过程中的能源损耗，提高输电效率。这意味着可以以更少的能源消耗传输更多的电力，减少对传统化石燃料的依赖，降低温室气体排放。此项目合计每年可输送水电 753 亿 kWh，减少了受电端省份因燃煤发电产生的二氧化碳。每年节约线损电量 13.44 亿 kWh，减排二氧化碳 77.3 万吨，节约标准煤 41.21 万吨，减排 SO_2 251.44 吨，减排 NO_x 262.21 吨，减排烟尘 51.1 吨。同时，特高压输电能够将清洁能源大规模引入电力系统，促进清洁能源的消纳。这对于实现碳中和目标至关重要，因为清洁能源的大规模利用可以减少温室气体排放，推动能源结构的转型。

（二）中国邮政储蓄银行股份有限公司 2023 年绿色金融债券（第一期）

1. 基本情况

表 3－6　中国邮政储蓄银行股份有限公司 2023 年绿色金融债券（第一期）基本情况

发行人	中国邮政储蓄银行股份有限公司
发行金额	50 亿元
发行日期	2023 年 3 月 23 日
发行期限	3 年
发行利率	2.79%
发行品种	金融债
主体评级	AAA
主承销商	中国国际金融股份有限公司、中信建投证券股份有限公司、国泰君安证券股份有限公司、中国银河证券股份有限公司
资金用途	《绿色债券支持项目目录（2021 年版）》规定的基础设施绿色升级类绿色产业项目
评估认证机构	联合赤道环境评价股份有限公司

2. 募集资金用途

中国邮政储蓄银行股份有限公司 2023 年绿色金融债券（第一期）募集资金将全部用于《绿色债券支持项目目录（2021 年版）》规定的基础设施绿色升级类绿色产业项目。其项目主要涵盖可再生能源、清洁交通、能源效率改进、水资源管理和城市可持续发展等方面。该债券通过支持绿色项目减少温室气体排放、提高能源利用效率和推动可持续发展，促进生态环境的改善。

3. 项目特色

邮储银行发行的首单绿色金融债券。该绿色金融债券的募集资金将用于支持邮储银行在绿色领域的项目。这些项目包括可再生能源、清洁交通、能源效率改进、水资源管理等，旨在推动低碳经济发展和环境保护。邮储银行在发行绿色金融债券前，对所支持的绿色项目进行了严格的评估和筛选。同时，邮储银行将按照绿色债务管理的要求，对募集资金的使用情况进行监测和报告，确保资金的有效使用和环境效益的实现，为商业银行推动碳达峰、碳中和提供了指导；同时，这也是积极落实党的二十大关于深入实施创新驱动发展战略、加快发展方式绿色转型要求的具体举措。

邮储银行通过发行绿色金融债券支持绿色项目的发展，推动低碳经济和环境保护。这符合党的二十大提出的加快发展方式绿色转型的要求，有利于促进经济的可持续发展。邮储银行的举措体现了金融机构积极响应党的号召，引导社会公众共同参与碳中和行动，加强绿色金融的发展，为推动发展方式绿色转型作出贡献。

第三节　碳基金

一、碳基金概述

（一）碳基金的定义

碳基金是由政府、企业、个人或金融机构投资设立的专门基金，集合投资者资金用于在全球范围内投资温室气体减排项目和购买碳信用，从而给投资者带来一定的回报，以帮助改善气候变暖。

关于碳基金的概念，从它的设立目的、资金来源以及运行模式等方面来进行界定：一是认为碳基金是一种共同投资体制，向投资者募集资金从事碳信用购买或减排项目投资；二是认为碳基金是促进碳交易活动，推动全球减排和增加碳汇吸收所设立的专门融资方式。从世界碳基金运行实践来界定，碳基金的定义有狭义与广义之分，狭义的碳基金被称为一种投资方式，通过自主碳减排或者股权投资来获取碳信用或者现金收益，其中投资者主体多为个人投资者；广义碳基金是指与低碳经济相关的投资，它包括狭义碳基金、碳采购工具和政府购买计划，目的是获取收益、推动低碳经济的发展，其投资主体多为国际组织、各国政府等。

（二）碳基金的特征

碳基金通过市场化的机制募集资金，由专业机构进行管理、投资和获取收益。而投资基金是一种利益共享、风险共担的集合投资制度，因此碳基金与投资基金都具有集合理财、专业化管理、独立托管等特点。但碳基金与投资基金相比，在投资组合的构建上更具有专业性。

1. 实现投资资产的多样化

碳基金的投资主体不仅局限于投资人和发行人双方，还包括托管人或基金管理人。其运营模式采用"集合理财、专业化管理以及独立托管"的基本思路。基金管理人对汇集众多投资者的资金进行投资和管理，基金财产的保管则交由基金托管人负责，保证投资者的基本权益。

2. 投资的目标具体化

碳基金的投资目标主要是同时投资于清洁发展机制项目和联合履约机制项目，单独投资单一项目的资金流入较少，主要是因为这两类项目虽特点不同但具有一定互补性。由于低碳项目投资具有周期长、风险大的特点，所以更多会与期限更长的基金相匹配。

3. 投资的方式具有多样性

碳基金的投资方式主要有两种：一是碳减排购买协议方式（ERPAs），即直接购买温室气体减排量；二是直接融资方式，即基金直接为相关项目提供融资支持。碳基金还能依靠丰富的项目开发经验和灵敏的信息网络为项目开发方提供专业的指导和信息收集帮助，从事项目的价值投资。此外，根据碳基金的收益目标，碳基金也会在碳交易的二级市场从事碳信用的交易，从价格波动中赚取利差。

（三）碳基金的分类

依照资金来源、基金发起与管理模式、基金投资策略三个维度将碳基金分类如下。

1. 以资金来源来划分

碳基金可分为公共碳基金、私人碳基金、公私混合碳基金。

公共碳基金是完全由政府部门承担出资的碳基金类型，其中常见的形式包括政府出资和政府征收环境保护出资。公共部门设立碳基金主要是通过碳基金的运作来达到节能减排的目标。

私人碳基金是完全由私人部门自行募集资金。私人部门更期望通过设立碳基金来购买或出售碳排放量，以此达到盈利或避免高额罚款的目的。因此，这些私营公司通常是能源供应商或能源密集型产业，特别是那些必须遵守欧盟排放交易计划规定的减排目标和温室气体排放限额的公司。

公私混合碳基金是由政府和私人部门按照一定比例出资的碳基金，是碳基金最常见的一种资金来源方式，在碳基金的构成比例中占有较大份额。

2. 以发起人和管理方式来划分

政府发起并管理的基金：这类基金多见于发达的工业化国家，其中的多数国家想与《京都议定书》中的发展中国家合作，即通过购买碳信用来抵消本国超过《京都议定书》中的限制减排部分，弥补温室气体减排目标的缺口。

政府发起、委托银行或国际组织管理的基金：最初的碳基金就是由国际组织牵头与各国政府或银行合作促成的，国际组织在全球碳减排项目中起着至关重要的作用。

政府发起、企业化管理的基金：这类基金的主要代表是英国碳基金，英国政府并不实际参与碳基金的管理，而是授权给董事会完成。

政府和企业合作发起、商业化管理的基金：该类碳基金由政府和私人部门共同发起，且由特定的机构采用商业化理念经营管理。最为典型的代表是德国复兴信贷银行和日本的碳基金。

私营企业发起、企业化管理的基金：私营企业多为背负减排任务的能源供应商或者大型工业企业，通过直接作为碳基金的大股东及参与碳交易等方式，获取碳信用，完成碳减排目标，或者间接参与核证减排量的中间交易获取盈利。由于其完全由私人部门自行筹集资金，因此采用企业方式管理。

3. 以基金投资策略划分

碳基金可分为信用购买型、风险投资型、自愿减排型及混合投资型等。

信用购买型是最早出现的碳基金类型，通过碳减排量购买协议实现由 CDM/JI 项目产生的碳信用从生产方到购买方的转移。碳信用的购买方不仅可以运用碳信用抵消强制碳减排量，也可以参与二级市场进行交易来获取利润。

风险投资型基金向减排项目进行投资，对 CDM/JI 项目发挥着关键作用。风险投资型基金除了提供资金支持外，还提供专业的技术和经验，促进减排项目的完全开发。

自愿减排型基金为单一自愿减排项目提供必要的资金支持和技术支持，促进自愿减排项目的开发。由于投入项目过于单一，且由自愿减排过渡到强制减排是碳减排的必然趋势，所以自愿减排型基金总量较少，占基金比例几乎可以忽略。

混合投资型基金综合了信用购买、风险投资、自愿减排等多种投资策略，其中该类基金对多个项目市场进行广泛投资。

4. 其他碳基金

这是指几种不常见的碳基金类型，如基金的基金、对冲碳基金。

基金的基金属于世界银行创新碳基金类型，主要用于基金的重建与开发。这类基金结构提供了多元投资选择，分散投资风险，有利于投资大型减排项目。对冲碳基金通过碳互换机制、碳现货与期货等方式对冲投资性资本或投机性资本，以达到避免或降低风险的目的。

（四）碳基金的功能

碳基金是为促进低碳经济的发展衍生出来的，从而在运行过程中，通过支持项目、JI 项目等实现其核心的减排功能。目前，全球碳基金的规模和投资能力迅速发展，碳基金在为相关项目提供资金支持的同时，也会面临低碳技术推广中的常见问题，如技术成熟度不足、企业参与不积极、技术转化资金缺乏、技术替代成本高等。针对这些常见问题，碳基金提供资金支持的功能又将进一步细化，从而为低碳技术进入市场提供便利。

第一，引导企业产品结构调整。在企业层面，碳基金主动为重点减排企业和项目制订碳能效管理计划，此计划是碳基金通过出资帮助企业做能源调查，与高能耗机构展开合作，进而有针对性地制订的碳能效管理计划。碳基金为此计划的执行提供资金支持，在此情况下，企业只需要提供人力配合，没有其他负担，更容易接受碳管理。

第二，支持节能减排技术创新。碳基金对应用低碳技术的企业进行投资，投资的资金主要用于节能减排技术的改造和升级，实现低碳生产。

第三，推动产业结构向低碳行业转型。针对成熟、具有明确应用前景的新能源技术，碳基金通过建立企业的方式推动技术应用，成立公司推动低碳项目的实施，同时也吸引各方面投资为其企业提供资金支持等。

第四，战略研究和信息支撑。在面对低碳经济发展的重点问题中，碳基金也担任战略研究和公共宣传的角色。碳基金针对部分问题影响作出研究报告，为企业和公共机构提供适应低碳经济的参考资料，同时碳基金还依靠自身的知识储备为目标企业和公司提供大量的信息支撑，帮助其完成烦琐的核证步骤。

（五）碳基金的发展

20 世纪 70 年代后，全球气候急剧变化，平均气温迅速升高，日益加剧的全球气候变化，影响了社会经济的可持续发展，严重威胁人类经济和社会的健康稳定发展，并给人类生存造成了严重影响。为共同应对气候变化，国际社会制定了《联合国气候变化框架公约》和《京都议定书》，于 2005 年 2 月 16 日生效。但由于各国发展阶段的现实情况、全球变暖的区别责任等，许多国家相继成立了碳基金。碳基金正源于遏制全球气候变暖和减少温室气体排放的大背景，与国际碳金融市场和国际社会各方密切合作相关。碳基金在碳市场运行初期开始出现，而国际碳市场的繁荣直接推动了碳基金的发展。

碳基金是《京都议定书》下为促进"低碳经济"发展而新衍生出来的金融工具，是国际碳市场投融资的重要工具。国际上碳基金是碳汇基金的简称，通常是指"清洁发展机制"下温室气体排放权交易的专门资金。

世界银行于1999年建立了全球第一只碳基金，即原型碳基金（PCF）。世界银行是碳市场中的先锋，担任原型碳基金的基金托管人，投资者集体出资，专职的经理团队负责管理和运作。随着国际碳金融市场的进一步发展，从2001年开始，国家政府部门、私人部门陆续参与到碳基金的设立当中。碳基金尤其受到欧美国家的广泛关注。2001年4月，英国组建了第一只以政府为发起人的碳基金——英国碳基金，且采用企业化的运营模式，主要用于公共部门减少二氧化碳的排放，并从中寻求低碳技术的商业机会，从而帮助英国走向低碳经济社会。随后世界银行还推出了CDM国家战略研究（NSS）、生物碳基金（BCF）、社区开发碳基金（CDCF）等，用于支持落后的国家和地区、特定的减少温室气体排放的生态项目以及特定国家区域内的低碳项目。2003年，第一只由企业发起的碳基金——荷兰减排公司碳基金（NERCOF）成立。据世界银行的数据，国际碳基金的数量随着碳交易迅速发展，碳基金在数量上从2000年的3只发展到2009年的87只，规模上从2000年的351亿美元发展到2008年的12 170亿美元。

表3-7　　　　　　　　　　　　　历年碳基金数量规模

年份	碳基金数量（只）	碳基金规模（百万欧元）
2000	3	351
2001	4	701
2002	9	1 126
2003	15	1 848
2004	27	2 911
2005	37	4 418
2006	47	7 602
2007	63	10 107
2008	84	12 170

目前我国碳基金的发展仍处于引进探索阶段，从实践上看，2006年我国设立全球第一家卖方减排认证的交易中心——中国碳基金，是全球第一家卖方减排证交易中心。中国碳基金总部设在荷兰阿姆斯特丹，其核心业务是为中国CDM项目的减排量进入国际碳市场交易提供专业服务，特别是为欧洲各国政府、金融机构、工业用户同中国的CDM开发方之间的合作和碳融资提供全程服务，欧洲用户通过中国碳基金采购碳减排证。

为积极推进应对气候变化的工作，促进中国社会经济的可持续发展，2007年3月，中国清洁发展机制基金（CDMF）开始正式运营。根据中国政府制定的《清洁发展机制项目管理办法》，该基金由清洁发展机制减排项目收益以及国际金融组织赠款、个人赠款、国务院批准的其他收入组成。此外，2007 年 7 月 20 日，我国成立中国绿色碳基金。该基金设在中国绿化基金下，属于全国性公募基金，是用于支持中国应对气候变化的活动、促进可持续发展的一只专业造林减排基金。它的设立为企业、团体和个人志愿参加植树造林及森林经营保护等活动搭建了一个平台。

目前，国际上的碳基金基本在发达国家设立，发展中国家都是以东道主的身份参与 CDM。全球碳基金规模和投资能力迅速发展，碳基金在推动碳市场快速发展的同时，也促进了新技术的开发和应用，对环境保护与气候控制都产生积极的影响。

二、碳基金的市场机制

（一）碳基金的参与主体

1. 基金的运作主体

（1）碳基金发起人一般是指发起设立基金的机构，碳基金的发起人可以是政府、私人企业，也可以由私人企业和政府共同承担。发起人的权利包括向有关机构申请设立基金、参与基金持有人大会、获得基金收入、根据规定转让基金单位、监督基金的经营情况、获取基金业务及财务状况的资料、参与基金清算、取得基金清算后的剩余资产以及法律法规认可的其他权利。

（2）碳基金的管理人是指负责基金经营管理的专业性机构，在整个基金的运作过程中起着核心作用。基本职能包括与基金托管人签订信托契约；负责基金设立发行、支付收益等基本事项；制定基金的运营方式和投资策略；定期编制、公布有关基金的财务报告。碳基金管理人主要由政府机构、私人金融机构、商业银行、国际组织以及其他私人机构等构成。

（3）碳基金的托管人是依据基金运行的"管理与保管分开"原则，对基金管理人进行监督和保管基金资产的机构，通过托管协议的订立来确定与基金管理人的关系，在进行基金资产保管的同时收取一定的报酬。碳基金托管人的职责包括资产保管、交易监督、信息披露、资金清算与会计清算等，是基金持有人权益的代表。在通常情况下，碳基金托管人由商业银行担任。

（4）碳基金的持有人是基金的出资方和所有者，因此也被称为基金的投资人。碳基金的持有人享有的权利包括取得基金投资收益、转让或申购赎回所持基金份额；同时，在基金运作期间可以获取基金业务及财务状况资料、基金管理人运营职责评估情况、监督基金总体运营情况等信息。碳基金持有人既可以是法人也可以是自然人，企业、公众、国际组织和机构等都可以是碳基金交易中的持有人。

2. 碳基金的投资者

通过碳基金的运作实践来看，不同的主体参与碳基金投资和交易活动中的期望不同，回报的形式也不同。主要的参与主体包括政府、国际组织和机构、金融机构、中介服务机构、企业和个人。

（1）政府。《京都议定书》规定了碳排放的总量目标和阶段性的目标，合约国完成减排任务，通过碳基金获得相应的碳信用或通过碳基金的收益购买碳信用来抵消本国的碳排放指标。

（2）国际组织和机构。世界银行、国际货币基金组织等，作为温室气体减排的倡导者，承担了推广、普及温室气体减排的责任，设立并投资碳基金参与发展中国家、减排技术条件较弱的地区项目。低碳发展投资的前景、潜在收益率对国际资本产生了吸引力，国际机构也加入碳基金交易的行列。

（3）金融机构。金融机构参与的碳基金项目大多数能达到互利共赢的效果，在帮助投资方履行减排义务的同时，解决发展中国家清洁发展机制项目业务前期融资困难。参与碳基金交易的金融机构包括开发银行、商业银行、基金管理公司等。

（4）中介服务机构。碳基金的中介服务机构包括碳资产管理公司、碳信用评级公司、碳审计服务公司、碳交易法律服务机构、碳经纪商、碳金融信息服务机构、碳交易保险服务机构等。中介机构具有较大的优势，例如，专业咨询优势、融资优势等。

（5）企业。企业是温室气体的直接排放主体，也是碳市场中数量最庞大的交易主体。企业必须承担一定数量的碳排放减排任务。当企业的减排技术无法满足或者技术改进所需要的成本过于高昂时，从碳基金交易中获取的碳信用就能抵消企业的减排量。反之，当企业有富余的碳排放指标时，也可以通过碳基金交易，将碳信用转化为资金投资于节能减排项目和低碳技术的开发。

（6）个人。个人是低碳投资的主体，是相关国家法律规定具有投资于碳基金资格的自然人。投资资格既包括对于自然人行为能力的规定，也包括对基金投资门槛的限定。当投资主体从机构投资者扩展到个人投资者时，标志着碳排放权交易市场的日益完善。

（二）碳基金的主要业务

碳基金在为相关项目提供资金支持的同时，也面临技术成熟度不足、企业参与不积极、技术转化资金缺乏、技术替代成本高等低碳技术推广中的常见问题。针对这些问题，碳基金开展了以下几种业务。

1. 对企业产品结构的变化作出指导

在企业方面，碳基金能够为减排重点企业或项目制订有效的管理计划。在工作开始之前，碳基金提供资金为目标企业做能源调查；针对重点高能耗机构，为其推荐一定数量的优选节能和提高能效管理计划。

2. 加强在节能减排方面的创新

碳基金对应用低碳技术的企业进行投资，包括股权投资或对具有股权性质的工具进行投资。这些资金主要用于节能减排技术的改造和升级，实现低碳生产。在共同发展微型热电联产、生物质供热、海洋能源以及海上风能技术等方面有着重要的作用。

3. 加速产业结构向低碳行业转型

针对成熟、具有明确应用前景的新能源技术，碳基金也通过建立企业的方式推动技术应用。例如，2020年，汇丰环球投资管理与博澜集团控股有限公司（Pollination Group

Holdings Limited）宣布订立合资协议成立汇丰博澜气候资产管理公司（HSBC Pollination Climate Asset Management），计划推出碳信贷基金。首只基金于2021年中推出，集资规模达10亿美元，其后会再推出达20亿美元的碳信贷基金。

4. 战略研究和信息支撑

碳基金不仅在低碳经济发展中起到重要的作用，而且在战略研究和公共宣传中也很关键。针对欧盟排放贸易计划、海上风能、全球气候变化对企业影响等问题已经出版了研究报告，为企业和公共机构提供适应低碳经济的参考资料。此外，碳基金还依据自身的知识储备为目标企业和公司提供丰富的信息支持，帮助其完成繁杂的核证手续。

（三）碳基金的运行机制

1. 组织机制

由于出资主体、筹资途径和投资目标的不同，形成了不同的组织机构和管理模式。碳基金参与主体包括发起人、管理人和投资人，发起人和管理人包括世界银行、商业银行、政府机构以及其他私人机构，投资人包括政府、私人企业以及二者的混合投资。碳基金多通过信托的方式在投资人和管理人之间建立托管—受益关系。

碳基金的管理结构包括权力机构、监督机构以及执行机构三个层面。出资方大会作为碳基金的权力机构，由负责出资的政府或私营机构构成，担负决定基金重大规划、重大事项的责任。由出资方大会选出出资方委员会，作为碳基金管理的常设机构（见图3-2）。

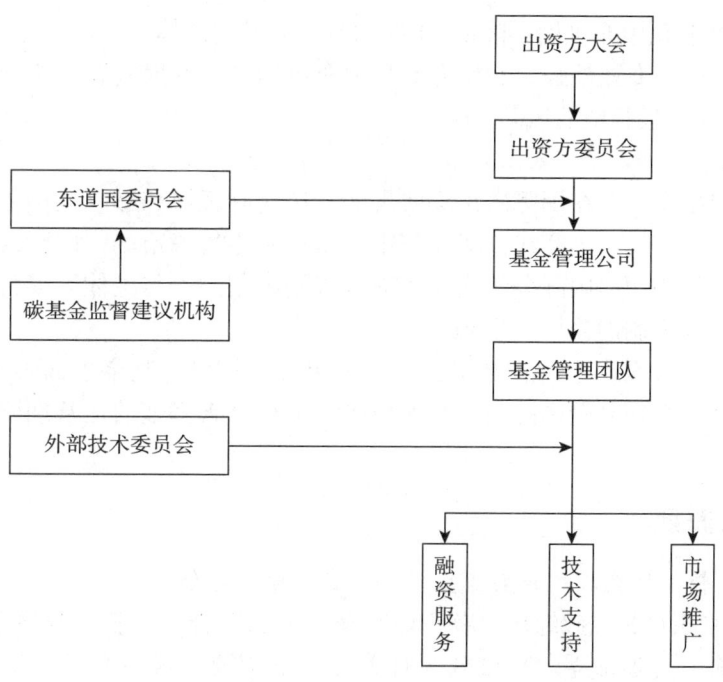

图3-2　碳基金管理结构

碳基金特设东道国委员会行使监事会的职责，东道国委员会由减排项目国代表构成。东道国委员会的权力包括向托管人和出资人提出碳减排项目标准、碳排放量、项目执行以及利益共享等方面的建议。

出资方委员会委托基金管理公司进行基金的日常运行和管理。基金管理公司作为执行层，通常是国际双边或多边组织专业的基金管理公司，独立于碳基金。

2. 投融资机制

碳基金的融资方式主要存在以下几种形式：第一，政府承担全部的出资，采用征税或其他形式来保证收入来源的稳定性；第二，政府和企业按照比例共同出资，这种融资方式较为常见，其优点为筹资量大、速度快且组合灵活；第三，企业自行筹资方式，即由企业自身募集资金，常见于企业出资的碳基金。随着碳减排权交易认知度的提升，私人机构的参与度提高，以政府机构为主的融资方式逐渐转变为公私结合的方式。

3. 风险控制机制

（1）项目卖方风险控制。项目卖方是信息优势者，主要承担项目开发阶段的风险。项目合作方在项目的地质条件、生产状况、市场需求等方面处于信息劣势地位。选取项目卖方作为风险承担者，能够有效防范道德风险，强化其化解风险的能力。

（2）CDM 项目买方风险控制。项目买方承担的风险主要有 CDM 项目运行风险、CER 价格风险和汇率风险。对于 CDM 项目中财务风险、运营风险等传统经营风险，特别是针对 CER 价格风险和汇率风险，可以运用信用交付保证与气候金融衍生品对冲等方法规避。

（3）依托专业化中介机构，降低 CDM 项目运行期的总体风险。由于 CDM 项目的申请和审批程序复杂、专业性强，利用专业化中介机构能够发挥其专业咨询优势和融资优势，控制 CDM 项目运行中的风险。

4. 退出机制

碳基金的退出主要是在国际碳市场实现的。按交易区域和影响范围，国际碳市场可以依次分为国际级市场、国家级市场、州市级市场和零售级市场。国际级市场、国家级市场、州市级市场均面向国际公约或国家减排规则限制的参与主体，零售级市场则面向不受国内相关规则限制的公司和个人。

除了碳基金运行程序中的正常退出外，如果存续期满，基金也面临关闭或者改制。碳基金投资的特殊性使其受国际公约影响较大，大部分碳基金的运营期限与其承担的任务有关。

三、拓展阅读

（一）国内较大规模碳中和主题基金——宝武绿碳基金

2022 年 3 月 3 日，宝武绿碳私募投资基金（上海）合伙企业（有限合伙）（以下简称宝武绿碳基金）注册成立。2022 年 3 月 24 日，该基金完成在中国基金业协会的备案。宝武绿碳基金总规模为 500 亿元，首期 100 亿元，是国内市场上规模较大的碳中和主题基金，同时是一只典型的"双执行事务合伙人"模式的产业基金。

1. 基金的基本备案信息（见表3－8）

表3－8　　　　　　　　　　宝武绿碳基金基本情况

基金名称	宝武绿碳私募投资基金（上海）合伙企业（有限合伙）
基金编号	SVE151
成立时间	2022－03－15
备案时间	2022－03－24
基金类型	股权投资基金
管理人	华宝（上海）股权投资基金管理有限公司
托管人	中国建设银行股份有限公司

2. 基本架构：双执行事务合伙人模式

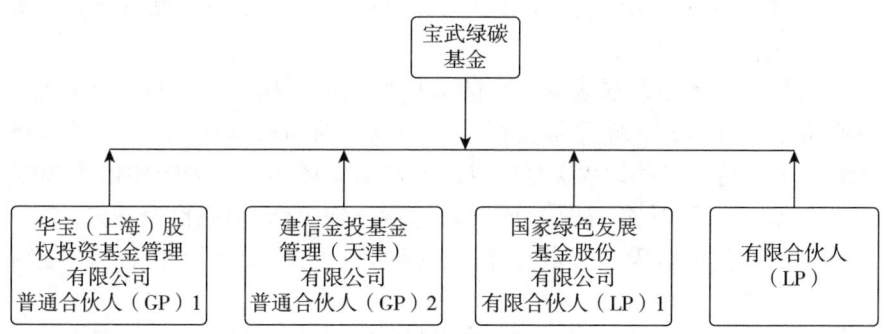

图3－3　双执行事务合伙人模式示意

3. 执行事务合伙人、管理人情况及关联关系

宝武绿碳基金的管理人、执行事务合伙人为华宝（上海）股权投资基金管理有限公司，其唯一股东、实际控制人为中国宝武钢铁集团有限公司。

宝武绿碳基金的另一名执行事务合伙人为建信金投基金管理（天津）有限公司，其穿透后的实际控制人为上市公司中国建设银行股份有限公司。值得注意的是，建信金投基金管理（天津）有限公司是已取得私募牌照的私募股权、创业投资基金管理人。

4. 基金首轮认缴情况、民间资本情况（见表3－9）

表3－9　　　　　　　　　　基金首轮认缴情况

序号	主体名称	身份	工商认缴金额
1	华宝（上海）股权投资基金管理有限公司	执行事务合伙人、管理人	100万元
2	建信金投基金管理（天津）有限公司	执行事务合伙人	100万元
3	绿色发展基金私募股权投资管理（上海）有限公司	LP	100万元
4	国家绿色发展基金股份有限公司	LP	9.99亿元
5	中国宝武钢铁集团有限公司	LP	29.99亿元
6	建信金融资产投资有限公司	LP	11.24亿元
7	上海宝恒经济有限公司	LP	5亿元
合计			56.25亿元

绿碳基金在投向上聚焦新能源、新材料、绿色技术、节能环保、污染防治等板块，投资于中国宝武碳中和产业链方向的优质成熟标的以及其他碳中和领域市场化标的。实现碳达峰碳中和目标，主要通过减少碳排放和增加碳吸收两条路径，绿碳基金的投资方向和投资领域覆盖了这两条路径中的大部分领域。针对减少碳排放的投资领域主要涉及增加光伏、风能、氢能、核能、水电等清洁能源使用；针对增加碳吸收的投资领域主要涉及技术固碳，如碳捕集、利用与封存技术等。通过投资钢铁行业以及其他行业碳中和减排产业链、节能环保等领域，不断助力实现减污降碳协同增效，促进经济社会发展全面绿色转型。

（二）西班牙碳基金—天津垃圾填埋气 CDM 项目

1. 项目介绍

2007 年天津清洁能源环境工程有限公司联合西班牙碳基金一起开展了西班牙碳基金—天津垃圾填埋气 CDM 项目。

该项目的地址在天津市北辰区双口镇的双口垃圾填埋场上。双口生活垃圾卫生填埋场位于天津市北辰区双口镇，距京福公路 1.2 公里，西与武清区交界，占地 800 亩，日处理垃圾预计 2 700 吨，实际约为 1 500 吨，投资 1.2 亿元，总服务年限为 20 年。工程 1999 年 1 月开工建设，2001 年 6 月建成投入运行。到 2006 年底已有超过 160 万吨的生活垃圾被填埋。这些生活垃圾主要来自虹桥、河北、西青、北辰四区以及承接和平和南开两区的潘楼生活垃圾中转站。

从 2008 年计起，西班牙碳基金—天津垃圾填埋气 CDM 项目设计年限为 21 年，项目的主要任务有：（1）收集垃圾填埋气。垃圾填埋气主要由甲烷（占比大约为 50%）和其他气体组成（占比大约为 50%），如二氧化碳以及其他气体。（2）通过填埋气收集系统、发电系统和现场燃烧系统把垃圾填埋气收集起来进行发电，把原先填埋气中的甲烷转化成二氧化碳，因为二者气体增温潜力的区别获得相应的温室气体减排量。

2. 项目的参与方式

西班牙碳基金—天津垃圾填埋气 CDM 项目（以下简称西班牙碳基金—天津 CDM 项目）为双边 CDM 项目，主要的参与方有天津清洁能源环境工程有限公司（以下简称天津 TCEE 公司）和西班牙碳基金。

天津清洁能源环境工程有限公司是西班牙碳基金—天津 CDM 项目的业主，项目所依托的双口垃圾填埋场隶属于天津市政府，天津清洁能源环境工程有限公司是天津市政府的下属公司，主要负责天津 CDM 项目的日常运营管理工作，也是西班牙碳基金—天津 CDM 项目核证减排量（CERs）的销售方。

西班牙碳基金是西班牙—天津 CDM 项目的国外合作方，也是西班牙碳基金—天津 CDM 项目核证减排量的购买方。西班牙碳基金成立于 2005 年，资本规模为 2.027 亿美元，出资人为西班牙政府。该基金主要购买发展中国家及经济转型国家的可再生能源、能源效率以及其他具有可持续发展意义的 CDM 项目产生的温室气体减排量，以完成西班牙政府需承担的减排任务。

世界银行作为西班牙碳基金的托管方，将代表西班牙碳基金与天津清洁能源环境工程有限公司签署相关减排购买协议，西班牙碳基金将向天津清洁能源环境工程有限公司购买总计为 63.5 万吨二氧化碳当量的核证减排量，其中西班牙碳基金还拥有 47 万吨二氧化碳当量核证减排量购买选择权，双方约定以美元作为支付货币。

3. 项目的社会效益

西班牙碳基金—天津 CDM 项目除了能减少温室气体的排放，还将产生其他积极的社会效益。具体体现在以下四个方面。

（1）垃圾填埋场的安全性。在建筑物密闭的空间中，如果空气中甲烷浓度达到了 5%~15%，就很有可能会引发爆炸。在中国的垃圾填埋场中，由于气体未被完全放空，爆炸的事件较常发生。西班牙碳基金—天津 CDM 项目安装了相应的排空管道，可以避免填埋气在垃圾层的集聚，大大降低了双口垃圾场发生爆炸的概率。

（2）能源潜力。甲烷是一种理想的清洁能源。每立方米甲烷将产生大约 36 000 千焦的热量，通过对垃圾填埋气体的回收利用，可以提高天津的能源供应水平。

（3）创造就业机会。该项目在设计、建造、运营期间都将在专家的指导下合理使用当地资源，增加当地的就业机会。

（4）示范作用。许多发展中国家，如巴西、南非、哥斯达黎加，都在垃圾填埋气回收利用的 CDM 项目中汲取了经验。2005 年 12 月，南京天井洼垃圾填埋项目成功注册成为 CDM 项目，综合国内外的经验来看，西班牙碳基金—天津 CDM 项目的成功运营将大大提高垃圾填埋气体的利用效率，增加当地的能源供应，对环境产生正面影响。这是在天津进行的第一个 CDM 项目，将对天津未来的 CDM 项目起到示范作用。

📖 本章小结

关键词： 碳信贷　碳债券　碳债券交易市场　碳基金

1. 碳信贷是一项重要的金融工具，它的起源与应对气候变化和温室气体排放问题密切相关。碳信贷债券是发行人（通常是企业、金融机构或政府）发行的债务证券，其募集的资金专门用于支持碳减排项目、可再生能源项目或其他可持续发展项目。通过碳信贷债券的发行，进一步丰富金融工具的种类，为化解环境与发展的矛盾提供了新的思路。

2. 碳债券的交易市场是指买卖已发行债券的市场，又称二级市场或次级市场。碳债券交易市场作为实现减排目标的重要工具，不仅为企业和政府提供了经济激励，也为投资者提供了可持续发展的投资选择。碳债券的交易场所分为场内交易市场和场外交易市场。在交易所内部，交易程序都要经过交易所立法规定，其具体步骤明确而严格。碳债券的交易程序有五个步骤：开户、委托、成交、清算和交割、过户。碳债券场外交易市场是进行碳债券交易的主要场所。场外交易市场碳债券交易过程分为买卖意愿、成交、清算交割和过户四步。

3. 碳基金是由政府、企业、个人或金融机构投资设立的专门基金，集合投资者资金用于在全球范围内投资温室气体减排项目和购买碳信用，从而给投资者带来一定的回报，以帮助改善气候变暖。碳基金是为促进低碳经济的发展衍生出来的，从而在运行过程中，通过支持 CDM 项目、JI 项目等实现其核心的减排功能。在运行机制上，碳基金包括组织机制、投融资机制、风险控制机制和推迟机制。

4. 总的来说，上述碳金融产品有助于社会低碳经济发展，促进碳减排和可持续发展，为投资者提供了一种实现环境和经济双赢的机会。

✍ 复习思考题

1. 解释碳债券的概念、特征及分类情况。
2. 比较碳债券与一般绿色债券的异同点。
3. 比较碳信贷与传统信贷、绿色信贷的区别与联系。
4. 讨论碳信贷的主要意义。
5. 解释碳基金的含义，并描述其与传统基金的区别。
6. 简述碳基金的运行机制。

第四章

碳金融基本衍生工具

碳金融基本衍生工具是用于管理与碳市场相关风险和价值的金融工具。一些常见的碳金融基本衍生工具如下：碳远期（Carbon Forward）是一种合约，是指在未来约定的特定日期交割一定数量的碳排放权的合约。碳期货（Carbon Futures）是一种合约，约定在未来特定日期买入或卖出一定数量的碳资产。碳期货的价格是在交易所上通过供需的市场交互决定的，用于对冲碳价格波动风险或进行投机交易。碳期权（Carbon Options）是一种权利，持有人有权在未来特定时间或日期以特定价格买入或卖出一定数量的碳资产（如碳配额或碳信用）。碳期权可用于对冲碳价格波动风险或进行投机交易。碳掉期（Carbon Swap）是一种衍生工具，用于管理和对冲碳市场的风险。它是一种交易，其中两个交易方同意在未来特定的时间段内交换碳资产的现金流。

这些碳金融基本衍生工具可在交易所或场外市场进行交易。它们提供了管理碳市场风险、实现投资目标和策略的工具，并帮助参与者在碳市场中进行价格发现和价值转移。

第一节　碳远期

一、碳远期概述

（一）碳远期的界定

碳远期合约是一种碳金融衍生工具，在本质上与一般远期合约相同，但特殊的是交易的基础资产为碳单位。碳远期合约是指在未来约定的特定日期交割一定数量的碳排放权的合约。与碳期货不同，碳远期合约在签订的时候没有要求保证金或初期结算。

由于碳交易市场上碳排放权的价格不单单取决于供求因素，而且还受到能源市场波动、政治事件、极端气候的影响，所以波动剧烈。为了规避价格波动带来的损失风险，碳交易应运而生，碳排放权或者碳信用便成为远期交易的标的资产，形成了碳远期合约。这种工具通常用于对冲和管理碳风险，以及在长期投资和战略规划中确定碳成本。碳远期的交割日期一般较长，通常在未来数月甚至数年之后。在待交割日之前，合同的

双方都有义务履行合约，并且受到合同规定的约束。合约的内容包括约定的交割日期、交付数量、交割地点、参考价格等。

（二）碳远期交易的基本原理

碳远期交易的基本原理与商品远期交易差不多，商品远期交易之所以产生是因为当时的销售商希望通过锁定商品未来的销售价格来规避风险、固定收益。同理，碳远期交易的基本原理也是为了规避碳交易市场价格波动的不确定性，为了规避价格向不利于投资者的方向发展所带来的风险。投资者期望通过锁定未来的交易价格来减少损失，而碳远期合约就可以实现投资者锁定未来价格的期望。所以，与一般的远期合约一样，碳远期合约的多头方通过碳远期交易来规避碳价格上涨的风险，碳远期合约的空头方通过碳远期交易来规避碳价格下降的风险。

我们可以通过一个例子来解释碳远期合约的交易原理。例如，假定当期碳交易市场上碳排放权的价格是 6 欧元/吨，碳减排项目的开发商为避免碳排放权价格下降可能带来的损失，现在卖出一份一年后到期的以 6 欧元/吨交割 1 000 单位的碳排放权的远期合约。如果一年后碳减排单位的市场价格下跌到 5.8 欧元/吨，那么碳减排项目的开发商仍然可以以 6 欧元/吨的价格出售 1 000 单位的碳排放权。这样该项目开发商就成功地避免了碳排放权价格下跌所带来的损失，即避免了 200 欧元的损失，是通过碳远期交易锁定了碳排放权的未来价格。反之，如果一个投资商在一年后打算购买 1 000 单位的碳排放权，为了规避一年后碳排放权价格上涨的风险，他可以现在购买上面所提到的那一份一年后到期的远期合约。如果一年后碳排放权价格上升到 6.2 欧元/吨，而通过碳远期交易该投资商就可以以低于市场价格 200 欧元的金额购买 1 000 单位的碳排放权，同样，投资商避免了未来价格上涨可能带来的损失。正是由于碳远期具有锁定未来价格的功能，碳远期交易才被投资者用于碳资产的保值或投资操作之中，以规避风险，锁定收益。

通过参与碳远期交易，企业和投资者可以管理和减少碳风险，规划长期碳成本，以及促进低碳经济的发展。然而，碳远期交易也存在风险，包括市场风险、政策风险和操作风险等。

（三）碳远期交易的功能

1. 风险管理

碳远期交易允许企业和投资者锁定未来的碳价格，从而管理碳价格波动的风险。通过购买或销售碳远期合约，参与者可以规避碳价格上涨或下跌对其业务的不利影响。

2. 碳成本控制

碳远期交易提供了一种管理和规划长期碳成本的工具。企业可以利用碳远期合约来锁定碳价格，以便更准确地预测和控制未来的碳成本。这对于制定商业战略和预算非常重要。

3. 投机和套利机会

碳远期市场也为投机和套利提供了机会。投资者可以根据对碳市场供需和趋势的分析，通过买卖碳远期合约来追求利润。

4. 碳减排目标达成

碳远期交易使企业能够获得额外的碳减排权益，以帮助其实现碳减排目标。企业可以在碳远期市场上购买碳配额，以弥补其自身碳排放量，从而协助碳减排并履行环保责任。

5. 市场透明度和流动性

碳远期交易促进了碳市场的发展和成熟，提高了市场的透明度和流动性。通过在碳远期市场上交易，更多的参与者能够以合理的价格进行买卖，增加了市场竞争和交易机会。

总体而言，碳远期交易的功能在于管理碳价格风险、控制碳成本、推动碳减排目标的实现，并为投资者提供投机和套利的机会。

（四）碳远期的特征

碳远期是指对未来一段时间内碳排放权的价格进行交易的合约。碳远期交易的主要特征有：场外交易、非标准化合约、以实物交割、流动性较差、信用风险较高等。

1. 碳远期合约的交易属于场外交易

场外交易没有集中的交易场所，属于开放型交易。由于碳远期交易在场外市场进行，所以参加交易的主体不再受到交易所会员资格的限制，投资者既可以委托相关的中介机构代为买卖碳远期合约，也可以自己寻找交易对手直接进行协商定价以签订碳远期合约，且不受交易所大厅的地理位置和标准化合约的限制。所以，交易者可以交易多种多样的碳远期合约。场外交易主要以协商定价方式成交。由于碳远期合约场外交易的价格取决于交易双方的协商，而不是采用交易所内的计算机撮合成交，因此具有更强的自主性和适应性。场外交易不受场内交易严格的程序和法律的限制，管制较为宽松。场外交易的突出优点是自由程度较高，突出缺点是风险较大。

2. 碳远期合约是非标准化合约

碳远期合约是非标准化合约，所以碳远期合约的交易价格、交易时间、交易数量、交易方式等是由交易双方根据自身的需要而约定的，具有很强的灵活性。由于非标准化合约是选择交易，所以碳远期合约的交易成本较高。碳远期合约的交易成本主要是搜寻成本和议价成本。

3. 以实物交割

碳远期合约的标的资产为碳信用，所以通常是以碳减排单位和现金进行实物交割而且是以总量进行结算，并不像期货及其他衍生品多数以收益或亏损的净额进行现金结算，很少涉及实物。

4. 流动性较差

碳远期合约流动性较差的原因主要有两方面：一方面，碳远期合约是非标准化的，所以交易双方为了适应各自特殊的要求，签订的远期合约可能千差万别，标准化合约几乎很难满足其他交易者对碳远期合约个性化的需要；另一方面，碳远期合约在签订以后，一般交易双方要持有到期然后进行交割结算，如果某一方在期限内想要撤销合约，就只能再签订一个相反的合约进行对冲，所以碳远期合约的处置程序比较烦琐。上述两方面的因素共同导致碳远期合约的流动性较差。

5. 信用风险较高

任何金融衍生产品都有信用风险，对金融衍生产品而言，信用风险（也称违约风险）是指金融衍生工具的某一方当事人不愿意或无力履行合约构成违约，而使另一方遭受损失的风险。从风险的来源看，信用风险可分为对手风险和发行者风险，其中对手风险是指在金融合约的交易中某一方当事人违约所引起的风险；发行者风险是指标的资产的发行者可能出现违约给交易者所带来的风险。对碳远期合约来说，其信用风险主要表现为对手风险。在现实生活中，随着碳单位价格的变化，碳交易价格存在很大的违约风险。

二、碳远期的产生与发展

（一）碳远期交易的产生

碳远期交易的产生可以归因于对碳排放权需求和供应的匹配。以下是一些可能导致碳远期交易产生的因素。

1. 碳排放限额制度

许多国家和地区实施了碳排放限额制度，即将碳排放权分配给企业或机构，并规定它们在特定时间内只能排放一定数量的碳。这种制度创造了对碳排放权的需求，促使企业和机构寻求碳远期合约来满足其未来的碳排放需求。

2. 碳定价机制

一些国家和地区实施了碳定价机制，即对碳排放权进行定价，以鼓励减少碳排放和推动低碳经济发展。碳定价机制可以通过碳市场或碳税等方式实施，从而创造对碳远期交易的需求。

3. 投资和套期保值需求

一些企业希望通过购买碳远期合约来锁定未来的碳排放权价格，以降低碳排放成本和管理碳排放风险。这种投资和套期保值需求也可以促使碳远期交易的产生。

4. 碳市场发展

随着碳市场的发展和成熟，碳远期交易逐渐成为碳市场的一部分。碳市场的参与者包括碳排放权的持有者、投资者和交易所等，它们通过碳远期交易来进行碳排放权的交易和投资。

（二）碳远期交易的发展

碳远期交易是碳金融市场中的一种碳衍生品交易，因此全球碳金融市场的发展状况直接影响着碳远期交易的发展。碳远期合约产生以后，具有灵活性和适应性，能满足市场参与者各种各样特殊的要求，在资产保值和投机方面得到了充分的运用和发展。现阶段碳远期交易的发展情况是合约的标准化程度提高、合约种类逐渐丰富、远期市场的参与者不断增加。

1. 合约标准化程度提高

碳远期合约中除了每份合约的具体交易内容具有独特性外，就某一种碳单位而言，其标的资产的性质、标准及合约的法律基础、遵循的交易制度、交易的担保等基础的条款，每份合约之间差别相对较小。随着碳远期交易的发展，碳远期合约的这些基本要素得到了进一步的标准化，在一定程度上提高了碳远期交易的效率。国际上的一些机构或组织在碳远期合约的标准化方面发挥了重要作用。

2. 合约种类逐渐丰富

碳远期合约较碳期货合约的一个主要优点是，合约的标的资产不仅仅局限于交易所内所规定的可交易的标的碳单位，交易双方还可以根据自身的需要约定碳远期合约的标的碳单位。由于具有这样的灵活性，随着碳远期市场的不断发展，碳远期合约交易的标的碳单位的种类不断丰富和发展。目前碳远期合约交易的标的碳单位几乎已经涵盖所有可以交易的各种性质的碳单位，包括各种交易体系下的碳额度（EUAs、AAUS）、基于清洁发展机制项目的核证减排量、基于联合履约机制项目的减排单位（ERUs）、基于区域温室气体倡议（RGCI）体系下的美国排放配额等。

3. 远期市场的参与者不断增加

由于碳远期合约的信用风险较高，所以在碳远期交易的初期，参与者一般是拥有期货交易许可证和相关资格证的专业能源公司和交易公司，因为这些公司的信用度较高且资金实力较为雄厚。为了保证碳远期双方交易者的利益，碳远期交易者受到政府严格的监管。

随着各大交易所碳远期业务的开展及碳远期合约的日益标准化，碳远期交易者的范围在不断扩大。碳远期交易的参与者包括负有履约义务的政府和微观企业、自愿减排的各国政府和企业、拥有减排潜力的发展中国家的政府和企业以及各类投资者等。各类市场参与者加入碳远期交易，主要是为了利用碳远期合约进行相关的投机、套利或保值等操作。

（三）碳远期合约

1. 碳远期合约构成要素

碳远期合约作为一种特殊的远期合约，其内容既与一般的远期合约类似，又有其自身的特殊性。碳远期合约的构成要素主要包括碳远期合约的交易方、标的资产、报价单位、最小变动价位、到期日、合约期限、交割价格、交付方式等。

（1）碳远期合约的交易方：每份远期合约都有买方和卖方。

买方即多头（Long Position），指按照碳远期合约的规定，到期按约定的价格买进确定数量碳单位的交易者。若碳交易市场上碳单位价格上涨，使即期价格高于远期价格，此时市场为反向市场即差价，则买方获利。

卖方即空头（Short Position），指按照碳远期合约的规定，到期按约定的价格卖出确定数量碳单位的交易者。若碳交易市场上碳单位价格下降，使即期价格低于远期价格，此时市场为正向市场即溢价，则卖方获利。

（2）标的资产（Underlying Asset）：标的资产是区分不同种类的远期合约的关键要素。碳远期合约中的标的资产是碳信用或碳排放权，例如欧盟排放配额（EUA）、核证减排量、减排单位、加利福尼亚州排放限额和其他各交易体系下的碳配额等。

（3）报价单位（Currency）：报价单位是指碳远期合约中约定的标的碳资产的结算

价格的单位，即报价的货币单位。在欧盟排放权交易体系中一般采用欧元作为报价单位。

（4）最小变动价位（Minimum Tick Size）：最小变动价位是指在碳远期合约中对最小的价格波动值所做的规定，远期交易中交易双方每次所报的价格必须为该最小变动价位的整数倍。如在伦敦清算所的 EUA 远期合约中，最小变动价位为 0.01 欧元。

（5）到期日（Expiration Day）：碳远期合约一般持有至到期日，进行实物交割。

（6）合约期限（Duration）：在合约的到期日，碳远期合约的多头方支付合约约定的价格并获得合约空头方提供的约定数量的碳单位，以此结清交易。

（7）交割价格（Delivery Price）：碳远期合约的交割价格分为两类：固定的交割价格和浮动的交割价格。因交割价格的类型不同，碳远期合约有两种不同的定价方式：固定定价方式和浮动定价方式。

（8）交付方式：在碳远期合约的到期日，交易双方按照合同约定的规定和程序，交付约定数量的资金和碳单位。

2. 碳远期结算过程

碳远期交易的结算过程涉及买卖双方在交易完成后的结算和清算。以下是碳远期结算过程的一般步骤。

（1）交易确认：买卖双方在进行碳远期交易后需要进行交易确认。交易确认通常包括交易数量、交易价格、交易期限等信息的确认，并由双方签署确认文件。

（2）结算清理机构确认：交易确认的文件通常会提交给结算清理机构进行审核和确认。结算清理机构是碳交易市场的中介机构，负责监督交易结算和资金清算的过程。

（3）资金清算：在交易确认和结算清理机构确认之后，买卖双方需要进行资金清算。这意味着买方需要支付交易金额给卖方，并且这些资金会经过结算清理机构进行中转。

（4）碳排放权过户：在资金清算完成后，买卖双方需要进行碳排放权的过户。这通常涉及将碳排放权的所有权从卖方转移到买方的交易过程。过户的具体方式和程序根据不同的碳市场和交易平台的规定而有所不同。

（5）确认和结算通知：碳排放权过户完成后，结算清理机构会向买卖双方发送交易确认和结算通知。这些通知包括交易的详细信息、结算金额以及任何相关的费用或手续费。

（6）结算完成：一旦确认和结算通知发送给买卖双方，结算过程就完成了。在此之后，交易的结果和结算信息会被记录在结算清理机构的系统中，并可供买卖双方核对和存档。

3. 碳远期合约的损益

碳远期合约是现在对未来进行交易的一种约定，根据未来标的碳单位价格的不同变化，碳远期合约会带来不同的盈利或亏损。

假定投资者持有一份碳远期合约（假设标的资产为一个标准碳单位）的多头头寸，签订碳远期合约时约定交割价格为 K，远期合约到期时标的碳单位的价格为 S_T，即在到

期日该投资者要以 K 价格买进市场价格为 S_T 的标的碳单位。到期日单位合约的收益为 $S_T - K$，即碳远期多头的收益 = 到期日的即期价格 – 碳远期合约的交割价格。反之，若投资者持有的是一份碳远期合约的空头头寸，则到期日单位合约的收益为 $K - S_T$，即碳远期空头的收益 = 碳远期合约的交割价格 – 到期日的即期价格。

当 $S_T < K$ 时，碳远期合约的多头方就会遭受损失：$K - S_T$，而碳远期合约的空头方会获得等量的收益。

当 $S_T > K$ 时，碳远期合约的多头方就会获得收益：$S_T - K$，而碳远期合约的空头方会遭受等量的损失。

综上所述，无论到期日标的碳单位的价格如何变化，多头方和空头方之间一方的损失就是另一方的收益，所以碳远期交易是一种零和博弈，交易双方的盈亏和总是为零，但是多头的可能收益是无限的，而可能损失是有限的。与之相反，空头的可能收益是有限的，而可能损失却是无限的。

三、碳远期合约保值的应用

碳远期合约可以用于保值的应用之一是碳排放风险管理。许多企业和组织在运营过程中会产生碳排放，而碳排放市场的价格波动可能对它们的经营造成不利影响。通过购买碳远期合约，这些企业和组织可以锁定未来的碳排放价格，从而降低碳排放风险。

例如，假设一家电力公司预计未来一年将产生大量的碳排放。为了降低碳排放价格上涨的风险，该公司可以购买碳远期合约，以固定价格购买未来一年的碳排放额度。这样，即使碳排放市场价格上涨，该公司仍然可以按照合约价格购买碳排放额度，从而降低成本。

另外，碳远期合约还可以用于投机目的。投资者可以根据对碳排放市场价格的预测，购买或出售碳远期合约，以赚取差价。然而，投机性质的交易存在风险，需要谨慎考虑。

总之，碳远期合约的保值应用主要包括碳排放风险管理和投机交易。企业和组织可以利用这种工具来降低碳排放价格波动对经营的影响，同时投资者也可以通过交易碳远期合约来获取利润。

（一）碳远期定价

远期合约是一种衍生品合约，讨论碳远期合约的定价，它涉及交割价格、远期价格和远期价值这几个概念，我们首先对其进行界定。

交割价格（Delivery Price）：远期合约的交割价格是合约中约定的买卖双方在合约到期时进行交割的价格。这个价格是在合约签订时协商确定的，双方约定以此价格进行交割，在合约到期前不会发生变化。

远期价格（Forward Price）：远期价格是指在某个时间点上，投资者或市场预期未来某种资产（如商品、货币、股票等）的价格。它通常通过衍生品市场上的远期合约价格来推测。远期价格可以根据市场需求和预期变动，而在交割日期前往往是会变动的。

远期价值（Forward Value）：远期价值是指远期价格与标的物（远期合约涉及资产）

当前价格之间的差异。如果远期价格高于标的物当前价格，那么远期价值为正；如果远期价格低于标的物当前价格，远期价值为负。远期价值可以代表投资者对标的物未来价格趋势的预期，此时远期合约的价值会随着市场价格变化而变化，可能不等于零。

需要注意的是，远期合约的交割价格是合约的一部分，被双方约定并在合约到期时实际交割的价格；而远期价格和远期价值是根据市场供求和投资者预期所形成的价格和差异，可以随着时间和市场的变动而变化。

（二）定价原理与基本假设

1. 定价原理

碳远期合约的定价原理是无套利定价理论。无套利定价理论既是一种定价方法，也是金融资产定价理论中最基本的原则之一。无套利定价理论是根据无风险套利和无套利均衡理论而产生的。

无风险套利：通过买进卖出不同时点或不同市场的相关资产，在不发生现金流出的情况下，确保最终赚得无风险利润的活动。

无套利均衡：当市场偏离均衡状态时，价格可能也偏离了其真正的价值而处于失衡的状态，此时存在无风险套利的机会。理性的市场参与者可能会利用这种机会进行套利活动，直至市场恢复均衡，无风险套利的机会消失。

无套利定价：构建两种资产组合，若其终值或终值的期望是相等的，则其现值也是相等的，否则就存在套利机会。理性的投资者就可以通过卖出现值较高的资产组合同时买入现值较低的资产组合，持有至到期，以获取无风险利润，即进行无风险套利。若投资者都采用无风险套利，则会使现值较高的资产组合价格下降，同时现值较低的资产组合价格上升，直至市场恢复到无套利均衡状态，无风险套利消失。

2. 基本假设

在碳远期合约的定价中，常常基于以下基本假设。

有效市场假设：假设市场是高度有效的，即市场上的信息是完全和及时地反映在价格中的。这意味着投资者无法通过获取非公开信息来获取额外的利润。

无套利机会假设：市场上无套利机会存在，当市场出现套利机会的时候，市场参与者可以马上利用套利机会进行套利活动。只要有套利机会，投资者都会进行套利活动，这样市场中的套利机会就会迅速消失，所以也就意味着市场上无套利机会，要求市场价格就是无套利机会的价格。

无交易费用和税收假设（市场无摩擦）：假设在交易碳远期合约时不存在交易费用、无税收或手续费等其他相关成本，这样可以简化定价模型的计算。

可进行无风险借贷：碳远期交易的参与者能在资本市场上以相同的无风险利率借入或贷出任何资金。

允许卖空：所谓卖空是指卖出投资者并不拥有的资产。当投资者认为某种资产或者证券的价格将会下降，想要进行卖空的交易时，需要先在经纪人那里开设一个保证金账户，并在保证金账户中存入一定的资金或可出售证券，作为初始保证金以保证其不会违约，然后通过经纪人借入该资产或证券先卖出，等到价格如预期一样下跌到一定程度的时候，再买回这些证券或资产进行平仓。投资者在此过程中因买卖的差价而获取收益。目前还存在一些市场禁止的卖空活动。

（三）碳远期合约的定价方法

目前碳远期市场上有两种主要的碳远期合约定价方法，分别是固定定价方法和浮动定价方法。固定定价方法是指碳远期合约买卖双方在签订合约时约定一个固定的碳单位交割价格，该价格不随市场的变动而变动。浮动定价方法是指碳远期合约买卖双方在签订合约时不约定固定的交割价格，仅确定碳单位交割的保底价格，在此基础上参照相关碳市场上碳单位的价格（如欧盟碳排放市场上标准碳单位的价格）来决定远期合约的交割价格。在浮动定价方式下，碳远期合约的交割价格由两部分组成：基础价格和浮动价格。

固定定价结构下的碳远期合约，其标的碳单位的价格在合约签订时就确定了，在该合约的期限内，该支付价格不发生变化。该类碳远期合约规定的买卖双方的义务分别是：卖方的义务是交割一定数量的标的碳单位，该数量可能是固定不变的数量，也可能是拥有最大值和最小值界限范围的数量；买方的义务是为得到标的碳单位支付固定的金额（一般是以美元或欧元计量），这一固定价格有时也会基于一定的通货膨胀系数或事先约定，随着时间的推移而结构性地提高。

浮动定价结构下的碳远期交易，买方支付的价格是不固定的，随着有关市场价格的变化而变化。该类结构的碳远期合约，要求卖方支付事先确定的固定数量的标的碳单位，但是买方所支付的价格却是基于某一指数而确定的。在浮动价格下卖方无法确定未来的现金流量，如果将来价格下降可能导致卖方入不敷出，产生亏损。因此，当市场参与者预期碳单位的价格将会上升的时候，浮动定价结构下的碳合约对卖方而言更有吸引力。

1. 符号规定

为了方便碳远期定价建模，说明以下符号含义：

S：碳单位现在的市场价格（现在，即碳远期合约的签订时间假设为 0 时刻）；

T：碳远期合约的期限（以年计）；

S_T：碳远期合约到期时碳单位的价格（现在这个值是未知的）；

K：碳远期合约中约定的碳单位的交割价格；

F：现在标的碳单位的远期价格；

f：碳远期合约的价格；

r：期限为 T 年的连续复利的无风险年利率；

k：远期合约浮动定价方式下约定的基础价格；

U：现在欧盟的标准碳单位的参照价格；

U_T：碳远期合约到期时欧盟的标准碳单位的参照价格。

2. 固定定价法

假设有两组资产：

第 1 组：由一个碳远期多头合约 f + 一笔数额为 Ke^{-rT} 的现金构成。

该组表示投资者现在做多一份碳远期合约（假设该碳远期合约的标的资产为一个标的碳单位），同时再将自己的一笔数额为 Ke^{-rT} 的资金在资本市场上以无风险利率进行投资。

第 2 组：一个标的碳单位。

在碳远期合约到期时，第 1 组的价值 $V_{T1} = S_T$，第 2 组的价值 $V_{T2} = S_T$。根据无套利定价原则，若两组资产的期末价值相等，则这两组资产的期初价值也相等，否则就存在套利机会，这与假设相违背。由于 $V_{T1} = V_{T2} = S_T$，所以这两组资产现在的价值也相等。由于现在第一组资产的价值为 $Ke^{-rT} + f$，第二组资产的价值为 S，所以有：

$$Ke^{-rT} + f = S \qquad (4-1)$$

由此可以得出：

$$f = S - Ke^{-rT} \qquad (4-2)$$

为使交易双方签订的碳远期合约是公平的，则要求合约的交割价格等于现在的远期价格，即 $F = K$。所以，这份公平的远期合约现在的价值为零，即 $f = 0$。由于 $f = 0$，则由式（4-2）可得到公平的远期合约的交割价格：$K = Se^{rT}$。由于碳远期合约在签订时的远期价格 F 就是使得 $f = 0$ 的 K 值，所以可得：

$$F = K = Se^{rT} \qquad (4-3)$$

式（4-3）说明，碳远期合约的远期价格等于碳单位现在价格的未来值。

若 $F > Se^{rT}$，则投资者现在可以以无风险利率 r 借入金额为 S 的资金，用来购买一个碳单位，同时进入期限为 T 的碳远期合约空头，在 T 年后碳远期合约到期的时候，卖出该碳单位获得资金 F，然后偿还所借资金 Se^{rT}，这样投资者在 T 时刻就可以无风险地获得 $F - Se^{rT}$ 的收益。

若 $F < Se^{rT}$，则投资者可以现在卖空一个碳单位，用所得资金 S 进行无风险投资，同时进入一份期限为 T 的碳远期合约的多头。碳远期合约到期时，无风险投资获得收益为 Se^{rT}，投资者支付资金 F 买入一个碳单位对卖空进行平仓，这样投资者在 T 时刻就可以无风险地获得 $Se^{rT} - F$ 的收益。

一旦出现上述这两种套利机会，则投资者都会竞相进行套利，使得被错误定价的碳远期合约和碳单位的价格不断变化。例如，当 $F > Se^{rT}$ 时，碳远期合约的价格会因大量地做空而不断下跌，而碳单位的价格会因需求的增加而不断上升，最终使得 $F = Se^{rT}$，此时套利机会消失。根据无套利定价理论，当碳远期合约的远期价格 $F = Se^{rT}$ 时，排除了套利的可能，则该碳远期合约的远期价格就是 Se^{rT}。

所以碳远期合约现在的远期价格为 $F = Se^{rT}$。由于合约签订时的远期价格是公平远期合约的交割价格，故碳远期合约的固定交割价格为 $K = F = Se^{rT}$。

3. 浮动定价法

在浮动定价方式下，碳远期合约的交割价格由两部分组成：基础价格和浮动价格。采用这种定价方式的碳远期合约在合约条款中已规定了交割价格的决定方式，该方式基于基础价格以及作为参照的碳市场价格，为简要介绍此定价方式，假设：在浮动定价方式下，碳远期合约的交割价格为

$$K = gk + yU_T \qquad (4-4)$$

式（4-4）中，g 和 y 均为根据远期合约约定而确定的外生参数，k 为基础价格，U_T 为欧盟碳市场的参照价格。

式（4-4）表明，在浮动定价方式下，交易双方约定的交割价格是基础价格 k 和欧盟碳市场的参照价格 U_T 的比例函数。例如，若碳远期合约中交易方约定平均分配参照价格对基础价格的溢出部分，且固定价格与浮动价格的比率是1:1，则合约的交割价格 $K = k + (U_T - k)/2/2 = \frac{3}{4}k + U_T/4$。在交割价格中未知的是基础价格部分，所以在浮动定价方式下，需要确定的是交割价格中的基础价格。

与固定定价方式一样，首先假设两组资产。

第3组：一份碳远期多头合约 + 一笔金额为 gke^{-rT} 的现金 + y 单位的欧盟标准碳单位。

该组表示投资者现在拥有 y 单位的欧盟标准碳单位和一笔金额为 gke^{-rT} 的现金，投资者此时做多一份碳远期合约且将这笔现金在资本市场上以无风险利率进行投资。

第4组：一个标的碳单位。

在碳远期合约到期时，第3组的价值是 $V_{T3} = S_T$，第4组的价值也是 $V_{T4} = S_T$。与固定定价方式下相同，由无套利定价原则可知，第3组与第4组现在的价值也相等，因此有：

$$f + gke^{-rT} + yU = S \qquad (4-5)$$

即

$$f = S - gke^{-rT} - yU \qquad (4-6)$$

由于远期价格就是使得远期合约价值为零的公平的交割价格，所以在一个公平远期合约签订时，合约规定的交割价格应该等于此时的远期价格，且此时碳远期合约的价值为零，即 $f=0$。碳远期价格中的固定价格部分就是使得 $f=0$ 的 k 值。由此可以得出：

$$k = (S - yU)e^{rT}/g \qquad (4-7)$$

同样可以证明该固定价格就是排除了套利可能的碳远期合约的公平交割价格中的基础价格部分。

若 $k > (S - yU)e^{rT}/g$，则投资者可以现在卖空 y 单位的欧盟标准碳单位，得到资金 yU，把这笔资金以无风险利率贷出，同时在资本市场上以无风险利率 r 借入金额为 S 的资金，用来购买一个标的碳单位，同时做空一份碳远期合约。在碳远期合约到期的 T 时刻，投资者按交割价格 $K = gk + yU_T$ 卖出这一标的碳单位，然后偿还所借资金 Se^{rT}，同时收回所贷出的资金得到 yUe^{rT}，再买进 y 单位欧盟碳标准单位进行平仓。这样投资者在 T 时刻就可以无风险地获得净利润 $gk - (S - yU)e^{rT}$。

$k < (S - yU)e^{rT}/g$，则投资者可以现在卖空一单位标的碳单位，用所得资金 S 以无风险利率 r 进行投资，且购买一份该碳远期合约，同时在资本市场上借入 yU 的资金，购买 y 单位的欧盟标准碳单位。在 T 时刻，用投资所得资金 Se^{rT} 支付碳远期合约的交割价格 $K = gk + yU_T$，买入一单位标的碳单位对卖空进行平仓，同时卖出所购买的 y 单位的欧盟标准碳单位得到资金 yU_T，然后偿还所借资金。这样投资者在 T 时刻就可以无风险地

获得净利润 $(S - yU)e^{rT} - gk$。

由以上分析可知，只要基础价格 $k \neq (S - yU)e^{rT}/g$，则碳远期合约就存在套利机会，投资者就会利用这种机会不断进行套利，直到套利机会消失。所以碳远期合约在浮动定价方式下，其远期价格中的固定价格为

$$k \neq (S - yU)e^{rT}/g \qquad (4-8)$$

同样，利用上面的方法可以在碳远期合约签订以后确定某一时刻的远期价格。在求出该时刻的远期价格以后，便可以用远期价格求出该时刻碳远期合约的价值。

为利用远期价格来确定碳远期合约价值，在此作出以下规定。

t：现在到碳远期合约的到期日的时间（以年计）；

r：t 年连续复利的无风险利率。

碳远期合约在签订时，远期价格 F 等于碳远期合约的交割价格，其碳远期合约的价值为零，但在进入合约以后，随着时间的推移，交割价格 K 保持不变，而远期价格 F 将会变动，碳远期合约的价值则可正可负。

假设现在有两个碳远期合约多头头寸，除了交割价格不同外其他的条件均相同，其中一个交割价格为 F，而另一个交割价格为 K。在合约到期时，两个碳远期合约分别以价格 F 和价格 K 买入相同的标的碳单位，产生的现金流量差为 $F - K$，将此现金流量差异折现的现值为 $(F - K)e^{-rt}$。也就是说，这两个碳远期合约现在价值的差异为 $(F - K)e^{-rt}$，而我们知道若碳远期合约的交割价格等于其远期价格，则该合约的价值为零，所以可以得出交割价格为 K 的碳远期合约多头头寸现在的价值 f_{long} 为

$$f_{long} = (F - K)e^{-rt} \qquad (4-9)$$

相应地也可以得出交割价格为 K 下的碳远期合约的空头头寸现在的价值 f_{short} 为

$$f_{short} = (K - F)e^{-rt} \qquad (4-10)$$

如果把远期价格假设为标的碳单位在碳远期合约到期时的价格，则该远期合约到期时得到的收益为 $(F - K)$，其贴现值为 $(F - K)e^{-rt}$，恰好等于现在该远期合约的价值。

第二节 碳期货

一、碳期货的概述

（一）碳期货的概述与分类

1. 碳期货的概述

随着商品期货和金融期货交易的不断发展，人们对期货市场机制和功能的认识不断深化。期货作为一种成熟、规范的风险管理工具，一种高效的信息汇集、加工和反映机制，其应用范围可以扩展到经济社会的其他领域。因此，在国际期货市场上推出了除传统的商品期货和金融期货以外的品种，如天气期货、房地产指数期货、消费者物价指数期货、碳排放权期货等。这里所提到的碳排放权期货即碳期货。

碳期货（Carbon Future）是以碳排放权或碳信用为标的资产的碳金融衍生产品，其价值依赖于碳现货的价值与特性。碳期货的交易双方按事先约定的未来特定的交易时间、地点和价格，交割一定数量碳资产。交易者可以利用碳期货做与碳现货市场"方向相反，数量相等"的反向操作进行套期保值，对冲碳现货市场价格波动的风险。对买卖双方而言，进行碳期货交易的目的不在于最终进行实际的碳排放权交割，而是排放权拥有者（套期保值者）利用期货自有的套期保值功能进行碳金融市场的风险规避，将风险转移给投机者。

2. 碳期货分类

全球主要的碳期货产品主要有以下三种类型。

（1）欧洲气候交易所碳金融合约（ECX CFI）。欧洲气候交易所的碳金融期货合约是在欧盟排放交易体系下的高级的、低成本的金融担保工具。

（2）排放指标期货（EUA Futures）。该商品由交易所统一制定、实行集中买卖、规定在将来某一时间和地点交割一定质量与数量的排放指标期货的标准化合约。其价格是在交易所内以公开竞价方式达成的。

（3）经核证的减排量期货（CER Futures）。欧洲气候交易所为了适应不断增长的CER市场的需要，在伦敦洲际交易所期货（ICE Futures）推出了经核证的减排量期货合约，以避免CER价格大幅波动带来的风险。

（二）期货的功能

碳期货市场的基本功能主要包括价格发现、规避和转移价格风险、降低交易成本、减缓价格波动等。

1. 价格发现功能

期货市场价格发现功能是指期货市场通过其完善的交易运行机制，形成具有真实性、预期性、连续性和权威性的期货价格，从而可以从期货价格的变化看出现货的供求状况及价格变动趋势。碳期货交易的价格发现功能主要体现在以下三个方面。

第一，碳期货交易透明度高，竞争公平、公开。碳期货交易采取集中公开竞价，交易指令在高度组织化的期货交易所内运行，不允许进行场外交易。碳期货交易所的价格报告制度有助于价格信息的公开，交易者据此不断调整其对价格走势的预测从而提高价格预期的准确性。

第二，供求集中，市场流动性强，会员交易规范。供求集中有助于理性价格的形成。碳期货交易的参与者众多，如生产商、销售商、加工商、进出口商以及各大金融机构等，交易者必须在期货交易所注册会员，交易时间固定，交易规则规范，避免了垄断欺诈行为。

第三，交易者熟悉交易行情，信息质量高。碳期货交易中的参与者大部分是碳配额调控下的大型企业和各类金融机构等，具有丰富的经验和量化分析方法，对碳资产价格预测能力强。

因此，碳期货市场的价格信息能够综合多方面影响因素，反映碳现货资产的供求关系与理性价格。

2. 规避和转移价格风险功能

转移价格风险是期货市场重要的功能之一。作为一个对管制高度依赖的市场，碳金融市场存在诸多缺陷，其运行面临诸多风险。各国在减排目标、监管体系以及市场建设方面的差异，导致市场分割、政策风险以及高昂交易成本的产生，进而使得碳现货价格产生剧烈波动。

3. 降低交易成本，增加市场流动性的功能

碳期货市场为碳排放权供需双方提供了媒介，交易者可以在标准化、透明化的交易平台上，利用信息优势，锁定价格波动的风险，降低交易成本。碳期货交易采用标准化的期货合约，交易双方无须对合约中利益分配、交易条款进行协商，交易手续并不烦琐，从而节约了一定的交易成本和时间成本。此外，碳期货交易实行保证金交易，以较低成本完成期货合约的买卖行为。CER 期货以 CDM 项目为基础，有利于增加市场流动性。由于 CDM 项目周期长、技术水平高、风险大，企业可以通过 CER 期货锁定风险；相应地，CER 期货交易增强了企业参与 CDM 项目的积极性。碳期货交易完善了全球碳交易价值链，带动相关企业、中介机构、金融机构、政府参与，其交易成本（包括交易佣金与手续费、保证金占用的机会成本、交割费用）远远低于现货的交易成本，再加上高杠杆效应，进一步扩大碳市场规模，充分提高了流动性。

4. 减缓价格波动功能

碳期货交易中，套期保值者利用碳期货进行与现货反向的操作，有利于减缓碳现货市场的价格波动。同时，适度的碳期货投机也能够减缓价格波动。投机者可以利用同一种商品或同类商品在不同时间、不同交易所之间的差价变动进行套利交易。碳期货的投机交易对市场的稳定发展有积极的意义，不仅提供了风险对冲的机会，也有助于合理价格水平的形成。然而，碳期货投机交易发挥减缓价格波动作用需要两个前提：第一，投机者需要理性化操作，违背市场规律操作的投机者最终会被淘汰出碳期货市场；第二，投机适度，操纵市场等过度投机行为不仅不能减缓价格的波动，而且还会人为地拉大供求缺口，破坏供求关系，加剧价格波动，增大市场风险，使碳期货市场丧失其正常功能。

（三）碳期货市场组织结构与交易制度

1. 碳期货市场的组织结构

碳期货市场组织机构由五个部分构成，即碳期货交易的主体与客体、碳期货交易所、碳期货结算所、碳期货经纪机构、辅助中介机构。

（1）碳期货市场主体。碳期货市场上的交易者是碳期货市场主体，主要包括各国政府、减排企业、金融机构以及其他交易主体等。

①政府。政府在碳期货市场中发挥至关重要的作用。政府的职能是构建碳期货交易机制与交易场所，并实行风险监督管理。政府是低碳经济发展战略的实施者，不断为碳期货交易提供良好的经济基础和外部环境，为低碳金融发展提供政策支持。政府以有偿拍卖或无偿分配的方式作为碳排放权供给者。拥有剩余碳配额的发达国家可以将其碳排放权直接贸易转移给其他发达国家，政府直接获得收益。依据是否具有减排义务，政府

可分类为缔约方国家和非缔约方国家。非缔约方国家可参与 CDM 项目，从发达国家获得碳减排的资金和技术支持。非缔约方国家在较长周期的 CDM 项目中获得 CER，为了规避 CER 价格下行的风险，可利用一定数量的 CER 期货实现套期保值功能。在 CDM 项目中，缔约方国家的企业可从 CER 一级交易市场中以低价购买的核证减排量，直接用于冲抵本国的碳减排义务，无形中逃避减排任务。因此，欧盟碳排放体系规定 EUA 才是最终的交易商品，企业不能完全依靠购买 CER 转换。碳现货价格剧烈波动导致政府难以及时调整预算，用于投入低碳技术和相关能源行业的资金扶持都会受到影响。政府在市场机制下，要承担平抑剧烈价格波动的责任，同时避免碳排放价格下行带来的负面影响。所以，各缔约方政府也会购买相关碳期货产品，实现套期保值。

②减排企业。减排企业作为排放源，一般受到强制减排机制或自愿减排机制的约束，年排放额度必须低于最高排放上限。欧盟碳排放交易体系拥有主要产业类别中的超过 6 000 家企业及法人机构参与，其中涵盖水泥、陶瓷、钢铁、天然气、纸浆与造纸、电力、炼油等行业。这些企业基于现货的持有风险或现货供需矛盾，可利用碳期货交易，进行套期保值或投机操作，在满足减排目标的同时，追求投资收益。欧洲气候交易所的协助会员，即零售商业、旅游服务、技术科研、文化娱乐等行业中生产活动间接排放温室气体的企业，可购买碳期货合约，以锁定每年的间接排放量的成本或剩余额度的收益。部分企业也可以作为项目市场的参与者，通过清洁发展机制和联合履约机制，获取具有法律效力的减排信用即经核准的减排量和减排单位（ERU）。CDM 项目中企业作为碳抵消项目供应商、投资交易商和减排项目集成商，买卖 CER 期货，控制风险。

③金融机构。参与碳期货交易的金融机构包括各大商业银行、碳基金、投资银行、碳资产管理公司等。国际金融机构充当直接买家或中介机构，通过对碳排放权金融产品的不断创新，在国际碳排放权交易市场进行交易并获得巨额利润。例如欧洲投资银行（EIB）、国际金融公司（IFC）等大型机构都在参与碳期货投资。金融机构参与碳期货交易可控制风险，提高市场流动性。此外，金融机构为碳交易活动提供资金支持，丰富产品组合，提供避险工具。

④其他交易主体。碳期货交易市场的其他交易主体包括各类私募股权投资基金、对冲基金、投机商等。私募股权投资基金通过参与投资 CDM 或 JI 项目、购买碳信用和碳衍生品、与技术合作伙伴共同开发可再生能源项目、投资涉足绿色产业的企业，以获取高额的收益满足排放管制企业的需求，促进碳金融的发展。气候变化资本集团（Climate Change Capital）管理着 2 亿欧元的私募股权基金，主要从事清洁电力、清洁交通、能效、废弃物回收利用和水处理领域工作。对冲基金运用碳期货及其他金融衍生工具进行买空卖空、风险对冲，化解投资风险。例如，RNK 资本公司是专注于碳排放市场的对冲基金。阿尔法（Alpha）资本公司与荷兰银行合作开发上市碳市场的对冲基金。休斯敦对冲基金在二氧化硫市场上进行套利交易获得丰厚收益。对冲基金还在不断加大绿色能源技术和环境修复技术方面的资本支持。碳增长资本是在英国伦敦创建的对冲基金，广泛投资于碳衍生品，并利用 CER、EUA 期货对冲头寸。投机商试图预测未来价格的波

动，买卖碳期货合约以获利。

（2）碳期货市场客体。碳期货市场客体是指碳期货市场上的交易产品。全球碳期货产品主要包括碳金融期货合约（CFI Futures）、区域温室气体排放配额期货（RGGI Futures）、加利福尼亚限额期货（CCA Futures）、排放指标期货（EUA Futures）、欧盟航空配额期货（EUAA Futures）、经核证的减排量期货（CER Futures）、减排单位期货（ERU Futures）。从产品交易上看，EUA 期货合约较普遍，而 CER 较多为远期合约。通常，碳期货采取 T + 3 交易制，部分产品增设日期货（Daily Futures），采取 T + 2 的交易方式，价格波动与现货相似度较高。

碳期货产品具有跨期性、杠杆性、高风险性、政策导向性的特征。碳期货产品的交割时间通常滞后于购入时间，因而具有跨期性。由于采取保证金交易，会员可以支付一定比例保证金，以小博大，获取未来以固定价格买入或卖出相关资产的权利，具有高杠杆性。作为衍生工具，碳期货产品风险高，如果预测价格波动方向相反会带来较大的亏损。碳期货受《京都议定书》等政策的约束和政府配额分配政策的影响，具有政策导向的特征。

（3）碳期货交易所。碳期货交易所是专门进行标准化期货合约买卖的场所，是碳期货市场的核心。

碳期货交易所是一种非营利性机构，为交易者提供公开、公平、公正的设施与服务。碳期货交易所采用会员制，会员可分为个人会员、法人交易会员和结算会员。法人交易会员与结算会员在自营业务上拥有比非会员更加优惠的交易手续费和更低的履约保证金。结算会员成本远高于个人会员，不仅需要购买交易席位，而且需要购买部分交易所股权。

全球碳期货交易市场一般划分为四大区域，分别是北美、欧洲、亚太及其他地区。全球主要碳期货交易所有欧洲气候交易所（ECX）、芝加哥气候交易所（CCX）、芝加哥气候期货交易所（CCFE）、欧洲能源交易所（EEX）、洲际交易所（ICE ECX）、北欧电力交易所（Nord Pool）、美国绿色交易所（GreenX）、印度碳交易所（MCX 和 NCDEX）。

（4）碳期货结算所。碳期货结算所是期货市场的重要组织机构。结算会员、碳期货交易所、结算机构参与碳期货结算业务的目标并不相同，因而需要关注利益的权衡。结算会员重视结算便捷性，并不希望调动保证金，维持交叉保证金下不同结算机构的清算业务。碳期货交易所为了保持竞争优势和盈利性需求，有意愿控制结算机构。结算机构为了控制结算风险，必须保证独立经营、独立决策。实行结算业务外包，有利于交易所与结算机构各司其职、规避风险、稳定经营。

（5）碳期货经纪机构。碳期货经纪机构也是欧盟碳期货市场中的重要中介服务机构，其概念有狭义和广义之分，狭义的碳期货经纪机构仅指接受客户委托，代理客户进行碳期货交易的中介机构，一般指碳期货经纪商或碳期货经纪公司。而广义的碳期货经纪机构是指为客户从事碳期货交易提供服务的一切机构和个人，除了前述机构和个人外，还包括碳期货投资咨询机构、碳期货经纪人等。

碳期货经纪公司是代客户进行碳期货交易的会员公司，非会员和机构投资者的交易由其代理。其交易程序是，经纪公司把客户的指令传给其公司派出的出市代表执行交易，并担负交易结算的任务。经纪公司的主要收入有：利息和手续费。客户交给经纪公司的保证金存放在银行，利息归经纪公司所有，这部分收入约占经纪公司收入的10%，另外90%的收入来自手续费。各经纪公司的手续费不统一，这样便于经纪业的竞争和客户的择优选用。

碳期货经纪公司必须由具有一定期货交易知识并具有一定资金，良好的道德、名誉、信誉的人或公司组成并注册。碳期货经纪公司是连接期货交易所和客户之间的桥梁。因为它既可代客户做套期保值和投机业务，同时收取客户的保证金，负责追加保证金的收取，及时了解客户的盈亏情况，保证期货交易的进行。

碳期货经纪公司的业务除了上面所说的执行客户的指令、记账、为客户结算等外，还负责处理期货合约到期的实物交割及现金交割业务。因此，各交易所规定客户不能进场直接交易，只能由会员经纪公司代理交易。

（6）辅助中介机构。辅助中介机构在碳期货市场中扮演着重要角色，它们为市场主体提供各类辅助服务。这些机构包括监测与核查核证机构、咨询公司、评估公司、会计师事务所及律师事务所，以及为交易双方提供融资服务的机构。

2. 碳期货市场交易制度

碳期货市场的交易制度是市场有效运行的基本保障。碳期货市场的交易制度包括保证金制度、逐日结算制度、持仓限额制度、大户报告制度、强行平仓制度、涨跌停板制度、信息披露制度等。

（1）保证金制度。保证金制度是碳期货交易安全的重要保证，其建立和实施一律由结算机构负责。在碳期货交易中，交易者缴纳占合约价值一定比例的保证金，作为履约的财力保证。保证金交易为碳期货交易提供杠杆效应，其风险明显高于碳现货交易。

按结算机构的要求，每一位结算会员都开立一个保证金账户，每笔交易都必须按规定缴纳一定数额的保证金。非结算会员可以向会员缴纳相应保证金。保证金可以现金缴纳，也可以提供其他有价证券。根据价格波动幅度和会员借贷信用情况，各结算机构会利用净额保证金法和总额保证金法对保证金水平及时作出调整。净额保证金法以买入卖出合约轧差后仓位净额为基础计算，而总额保证金法采用买入与卖出合约加总后仓位总额进行计算。为了避免保证金缺乏，及时调整可能带来的违约风险，欧洲期货交易所的结算机构每年从盈余中划拨一定金额作为违约损失准备。

（2）逐日结算制度。逐日结算制度是指期货交易所对会员进行每日盈亏结算，调整保证金金额。在每日交易结束时，结算机构根据结算价格对投资者未结清的合约进行计算，调整保证金账户余额，反映交易者盈亏情况。结算价格由碳期货交易所制定，可以是交易日加权平均价，也可以是收盘价。

以欧洲期货交易所为例，客户经由期货商连线终端机下单并取得实时的委托、成交等交易信息。交易过程中的下单委托、报价、撮合、成交回报以及仓位与保证金结算都通过计算机系统完成。欧洲期货交易所结算子公司（EUREX Clearing AG）专门负责办理结算业务。交易所收取会员资格许可费50 000欧元，年费25 000欧元，每月最低交易费用为 750 欧元。结算会员的保证金未在当日规定时间内缴足时，最迟应在下一交易日上午9:45前将保证金差额以现金方式直接存入结算子公司开设在结算银行（LZB）的保证金账户内，否则无法进行交易。保证金可用现金或有价证券缴纳。以有价证券抵缴结算保证金时，结算子公司对不同的有价证券规定不同的可抵缴乘数，如表 4-1 所示。结算子公司的风险管理部门每日计算预期最大的价格波动幅度，作为计算保证金的参数，此参数一般在7%~11%。此外，欧洲期货交易所规定违约损失赔偿次序为：违约结算会员的结算保证金、违约结算会员的结算保证基金、结算子公司划拨的违约损失准备、其他结算会员的结算保证基金。根据结算子公司规定，结算保证基金动用后，应于10 个交易日内拨补至原来金额。当结算会员资格丧失时，结算会员可领回其结算保证基金的余额。

表 4-1　　　　　　　　　　欧洲期货交易所有价证券缴纳保证金可抵缴乘数

有价证券名称	可抵缴乘数
期权的标的股票	100%
固定收益债券、瑞士政府公债	90%
瑞士政府公债	85%
德国银行债券、有担保公司债	75%
德国 DAX 指数凭证、SMI 指数成分股	50%

（3）持仓限额制度。持仓限额制度是指碳期货交易所为了防范操纵市场行为和市场风险过度集中，规定会员及投资者单边计算的持仓数量最大数额。持仓限额制度与大户报告制度紧密联系。

在国际碳期货市场，持仓限额呈现以下特点：第一，交易所可以根据合约具体情况、不同期货品种和市场风险情况调整持仓限额。第二，一般月份合约持仓限额通常设置较高，临近交割时持仓限额标准降低。第三，持仓限额往往只针对一般机构头寸，而套期保值头寸、套利头寸及风险管理头寸可以通过向交易所申请豁免。

持仓限额制度的执行可借助投资者交易编码中的客户号管理。同一个投资者尽管可以在不同的会员处开户，从而拥有多个交易编码，但在不同的交易编码中客户号应当相同。因此，同一客户的总持仓额可按客户号对持仓量进行加总计算。如果投资者的持仓达到或者超过持仓限额，则不得同方向开仓交易，即多头持仓超限时则不得进行新的买入开仓，空头持仓超限时不得进行新的卖出开仓；在下一交易日结束前该投资者必须自行平仓以满足持仓限额的要求，否则将会被强行平仓。

（4）大户报告制度。大户报告制度是指当交易会员或客户某种期货合约持仓量达到一定数量时，会员或客户应向交易所报告其资金和头寸等，防止大户操纵市场。通过大户报告制度，碳期货交易所可以了解大户持仓者的开户情况、交易记录、资金来源、交易动机等，审查大户是否存在过度投机和操纵市场的行为。

1922 年，《美国谷物期货法案》确立了联邦政府对商品期货的监管之后，大户报告制度由此开始实施。大户报告制度一方面有利于期货市场监管机构快速处理操纵市场价格的大户交易，另一方面可以帮助期货交易所分析市场的有效信息，如投资者的类型、特定种类投资者持有的头寸等。不仅如此，大户报告制度还可较好地衡量监管机构对市场的阻碍作用与力度。期货交易所自主设定大户报告制度的标准，主要考虑特定市场总的空盘量、市场交易者所持有的头寸大小、监察历史、实物交割市场的库存数量。据统计，大户报告的头寸数量一般占市场总持仓量的70%~80%。同时，期货交易所一般要求交易所清算会员、期货经纪（综合账户管理方）和外国经纪商每日对任何达到报告标准的客户进行报告。

（5）强行平仓制度。通常，交易者持仓至最后交易日之前的任何交易时刻均有权自行平仓，其主动权完全在于交易者个人。随着现代期货交易保证金制度的出现和完善，以及期货市场风险控制的需要，逐步衍生出强行平仓的概念。强行平仓制度是指非交易者本人意愿，而由第三方实施的平仓行为。第三方主要包括期货监管机构、期货交易所或期货经纪公司。

在交易会员、投资者保证金不足出现违约时，或持仓数量超过限额以及违规操作时，碳期货交易所有权实行强行平仓。出现以下条件之一就可能被强行平仓：第一，会员交易保证金不足并且没有在规定时间内补足；第二，持仓量超过其限仓数量；第三，违规操作；第四，在交易所规定的紧急状况发生时；第五，其他需要。强行平仓通常对违反持仓限额、大户报告等交易制度的会员或客户采取。大户报告制度要求会员或客户在期货产品持仓合约的投机头寸达到交易所对其规定的头寸持仓限量80%以上时，向交易所报告其资金和头寸等情况。紧急情况下的强行平仓制度通常是因期货监管机构政策变化或交易所行使紧急情况处置权、临时调整交易规则而实施。

（6）涨跌停板制度。涨跌停板制度是指每日碳期货价格波动限定在一定范围内，防止价格剧烈波动出现会员违约，保证市场稳定。印度碳期货交易所规定日内4%、6%和9%的阶梯式限制。欧洲期货交易所关于价格的波动并无限制，但其结算机构在市场处于极端状况时有权利采取暂时性的交易限制。在价格限制上，当期货合约的最近一次成交价格超过交易所制定的价格限制范围，该合约及相关期权合约的交易将暂停撮合一段时间后，再重新恢复撮合。涨跌停板制度有利于平抑过度的价格波动，防止投机过度和价格操纵行为，引导市场正常运行。

（7）信息披露制度。市场交易信息的披露会对碳期货市场的有效性产生较大影响。碳期货交易所必须按规定定期公布期货交易信息，包含即时、每日、每月的交易信息。例如，欧洲气候交易所要求碳期货市场交易信息按月报方式对外公布每月披露期货的交易量、交易金额、交易价格、价格波动幅度等信息以及市场买卖双方历史供需数量。信息披露机制对于保持市场透明、提高市场效率和确保市场公平具有重要意义。一般而言，信息披露是期货交易所基于法律法规要求和确保市场发展要求进行的。在信息披露制度下，所有市场交易主体都有机会公平地获得期货交易的信息，从而使期货市场价格发现功能得到实现。

（四）碳期货与其他产品比较

1. 碳期货与现货的比较

碳期货交易是指在碳交易所内集中买卖期货合约的交易活动。碳期货交易与碳现货交易存在明显区别（见表4－2）。第一，交易对象不同，碳现货交易采取碳资产买卖，而碳期货交易的交易对象是标准化合约。第二，交易目的不同，碳现货交易目的是获得或出售碳资产，以完成定量碳排放计划，平衡利益，避免高额罚款；碳期货交易是为了转移碳现货市场价格波动的风险，投机或者套期保值。第三，交易场所和方式不同，碳现货交易不受交易规则、交易场所、交易方式的限制，可以进行场外交易，交易条款可由交易双方商议达成；碳期货交易必须在固定的碳期货交易所以公开竞价方式进行。第四，结算方式不同，碳现货交易一般采用一次性结算，而碳期货交易采用的是保证金结算方式。第五，交割时间不同，碳现货交易中，碳资产所有权转移与交易达成在同一时间；碳期货下，碳资产实物转移滞后于期货合约的达成。

表4－2　　　　　　　　　　　碳期货与碳现货的比较

比较内容	碳期货	碳现货
交易对象	标准化期货合约	碳资产买卖
交易目的	转移碳现货市场价格波动的风险	完成定量碳排放计划
交易场所和方式	场内交易	不受交易规则、交易场所、交易方式的限制
结算方式	采取少量保证金结算	采用一次性结算全部资金
交割时间	碳资产实物转移滞后于期货合约达成	在同一时间，交易达成则所有权转移

2. 碳期货与碳远期的比较

碳期货与碳远期有着一定的联系，两者都属于基于合约下的规定碳资产未来买卖数量与价格的交易方式。但两者也存在明显的不同。碳期货交易更加趋于规范化、标准化，属场内交易管理。碳期货交易采用实物交割与对冲平仓两种履约方式，以保证金制度为基础，实行每日无负债结算制度，信用风险较低。碳远期交易实际上是一种现货交易延续的方式，并没有标准化合约，可中途转让，已签订合约的最终履约方式是实物交割。通常，CDM项目产生的核证减排量多采用碳远期进行交易，项目启动之前，交易双方签订合约，规定碳额度或碳单位的未来交易价格、交易数量以及交易时间，其为非标准化合约，一般不在交易所中进行交易，而是在场外市场进行协商达成交易。由于监管结构较为松散，碳远期交易面临较大的项目违约风险。碳期货与碳远期的比较如表4－3所示。

表4－3　　　　　　　　　　　碳期货与碳远期的比较

比较内容	碳期货	碳远期
功能	为企业规避、转移价格波动风险，价格公开、透明、可信度高	流动性低、分散风险作用相对较弱
交易对象	标准化期货合约	非标准化合同

比较内容	碳期货	碳远期
交易场所	场内交易	场外交易
履约方式	实物交割与平仓	实物交割
风险特征	信用风险低	信用风险高
保证金制度	比例保证金和定额保证金	双方商议

二、碳期货的产生与发展

(一) 国际碳期货发展状况

碳期货交易源于碳排放权现货交易。2003 年芝加哥气候交易所（CCX）成立，以"限额与贸易"为基础，成为全球第一个具有法律约束力、基于国际规则的温室气体排放登记、自愿减排和交易平台。2005 年欧盟建立了欧盟碳排放权交易体系（EU ETS），从而成为世界上最大的碳排放总量控制与交易体系。此后，欧盟碳排放权交易体系下的欧洲气候交易所（ECX）、法国电力交易所、布鲁奈克斯（Blue Next）交易市场、欧洲能源交易所（EEX）、意大利电力交易所（IPEX）以及英国排放权交易所等多个交易所和交易体系逐步建立。在政府实施低碳经济转型的政策和相关金融机构的推动下，碳现货交易市场迅速发展，交易量日益上涨。

为了积极推动碳减排，欧盟建立了统一的全球最大的区域性碳排放市场——欧盟排放交易体系。欧盟排放交易体系提出了由三个阶段组成的碳排放交易计划。第一阶段：试运行阶段（2005—2007 年），欧盟碳排放体系以实现碳排放总量控制为主要目标，然而多数成员国受控企业的实际排放量低于所分配的碳排放配额，供过于求的局面使得市场上 EUAs 价格迅速降低，从每吨二氧化碳当量 30 欧元下降至 15 欧元。第一阶段的配额无法储存，在第二阶段不能继续使用，最终配额会失去价值。在 2005 年末，CERs 进入签发阶段，可预期项目风险降低，CERs 价格提高至每吨二氧化碳当量 10 ~ 14 欧元，碳现货市场碳资产价格基本趋于统一。第二阶段：正式运行阶段（2008—2012 年），减排目标与《京都议定书》的承诺保持一致，并针对第一阶段出现的问题采取一系列措施，例如，降低配额分配量并规定此阶段的碳排放配额可进入第三阶段，这在一定程度上增强了投资者信心。此阶段超额温室气体排放罚款由 40 欧元/吨提高至 100 欧元/吨，促使更多企业参与减排。第三阶段：2013—2020 年，欧盟委员会提出"3 个 20%"的减排目标，即到 2020 年二氧化碳排放量减少 20%、能源使用减少 20%、可再生能源使用占能源使用总量的 20%。

2013 年以后，由于日本、新西兰等国退出《京都议定书》，此后 CER 和 ERU 价格继续下行趋势明显。显然，碳现货交易价格波动的不确定性导致碳权交易风险暴露，因此碳现货持有者对分散现货持有风险、提高市场流动性有迫切需求。而且现货市场配额数量即使足以满足市场需要，也无法解决刚需的政策产品在交易中的根本问题，即价格发现和风险规避。为此，金融业推出了碳期货合约，交易者可利用碳期货发现价格、对冲风险、增大市场流动性，实现套期保值和风险规避。碳期货的发展推动碳市场逐步成熟。作为基础衍生品之一的碳期货是碳现货市场的有效补充，并对碳金融的发展产生了深远的影响。

（二）碳期货在国内应用与发展

在我国碳金融市场上，各试点碳排放权交易所都设有与配额相关的现货交易，七个交易试点大多也表示会尽快推出碳排放权期货交易，但是从国家政策、国内期货市场监管以及碳交易体系来看，碳排放权期货合约的推出并不是一朝一夕的事情。

我国能够进行期货合约买卖的共有四个期货交易所：郑州商品交易所、大连商品交易所、上海期货交易所和中国金融期货交易所。我国从事期货交易的四大期货交易所都是会员制，受中国证券监督管理委员会的统一监督和管理。我国《期货交易所管理办法》规定：设立期货交易所，由中国证监会审批。未经中国证监会批准，任何单位或者个人不得设立期货交易场所或者以任何形式组织期货交易及其相关活动。同时，期货产品的上市也受到严格的监管。国内四大期货交易所的主要交易品种如表4-4所示。

表4-4　　　　　　　　　　　　　　中国四大期货交易场所

交易所名称	交易品种
郑州商品交易所	小麦（包括优质强筋小麦和硬白小麦）、棉花、白糖、对苯二甲酸、菜籽油、早籼稻、玻璃、菜籽、菜粕、甲醇等期货品种
大连商品交易所	玉米、黄大豆1号、黄大豆2号、豆粕、豆油、棕榈油、线型低密度聚乙烯、聚氯乙烯和焦炭、焦煤期货等品种
上海期货交易所	以金属、能源、化工等工业基础性产品及相关衍生品交易为主；交易品种有黄金、白银、铜、铝、锌、铅、螺纹钢、密线材钢、燃料油、天然橡胶等期货合约
中国金融期货交易所	沪深300指数期货合约；国债期货，面值为100万元人民币，票面利率为3%的中期国债

在欧洲，大多数国家的期货交易所实施的都是公司制。同时，在欧盟碳交易体系下，碳排放权的交易平台大都是区域内已有的能源交易所或气候交易所。碳排放权是作为一个新的交易品种出现在成熟的交易平台上。这一点与我国的碳交易体制建立有很大的不同，现阶段，我国碳排放权交易是在各试点下成立的碳交易所进行的，交易平台本身就处于新建立阶段，整个交易机制不成熟。

三、碳期货合约与价格研究

（一）碳期货合约

1. 碳期货合约的基本概念

碳期货合约是由碳期货交易所统一制定，规定未来某一特定时间和地点交割一定数量和质量碳资产的标准化合约。碳期货合约以现货合约和远期合约为基础发展起来，其本质区别在于合约条款的标准化。碳期货合约具有以下主要特点。

（1）碳期货合约以碳资产为标的，买卖双方是碳资产的需求方与供给方。碳排放权是碳期货合约的基础资产，例如，欧洲期货交易所的欧盟排放许可权合约（EU Allowance Contract），其交易标的就是一定数量的欧盟碳排放配额（EUAs）。

（2）碳期货合约是在场内交易的标准化合约。碳期货合约必须在交易所内进行交易，其合约名称、交易单位、报价单位、最小价格变动、涨跌停板幅度、交割地点、交割月份、交割日期、交割数量、交割品级、交割方式、最低交易保证金等都有严格规定。但碳期货价格是公开竞价形成的。

（3）碳期货合约采取逐日盯市制度，期货交易所结算部门在每日闭市时计算交易者的盈利或损失，并调整交易者可动用保证金额度。

（4）碳期货合约的交易者可采取平仓、现金交割、实物交割等交易方式。欧美的碳期货交割最终以在官方排放贸易登记处的核证减排量"过户"为标记。

2. 碳期货合约基本条款

碳期货合约是由交易双方签署的、规定双方权利义务的凭证，由以下要素构成，分别为交易品种名称与代码、交易单位、报价单位、最小变动价位、涨跌停板幅度、合约交割月份、到期日、交易系统、交易模式、交易时间、清算价格、增值税及其他税项、交割方式、清算及合约保证以及保证金。

（1）交易品种名称与代码。对合约交易品种的名称进行界定，并以符号作为代表方式。国际上现有的相关碳期货品种名称与联合国清洁发展机制在术语规范上保持了严格的一致，均称为核证减排量期货。欧洲气候交易所、芝加哥气候期货交易所、纳斯达克商品事业部、美国绿色交易所、印度泛商品交易所等推出的与京都机制相联系的期货品种均称为核证减排量期货。

（2）交易单位。交易单位即每张碳期货合约交易的碳资产的数量。例如，欧洲期货交易所规定，1张EUA期货合约的交易单位为1吨，即1单位欧盟碳配额等同于1吨二氧化碳排放权。一般而言，碳期货标的碳资产市场规模越大，交易者资金额度越高，期货合约的交易单位越大。在国际上，除了印度泛商品交易所的CER期货使用了每手250吨CER交易单位外，其他诸如欧洲气候交易所、芝加哥气候期货交易所、纳斯达克商品事业部、美国绿色交易所的交易单位均为每手1 000个CER单位。国际上同类碳期货交易单位均以欧洲气候交易所的要求为准，该交易所要求可供交割的核证减排量必须是由联合国清洁发展机制理事会签发，但拒绝其中装机容量超过20兆瓦的水电项目、土地利用变更和森林（LULUCF）项目、核电项目。

（3）报价单位。碳期货交易主要采用公开集中竞价，在此过程中对期货合约采用的报价单位一般根据交易所属地来确定，如芝加哥气候期货交易所以美元为报价单位，印度泛商品交易所以卢比为报价单位，其他诸如欧洲气候交易所、纳斯达克商品事业部和美国绿色交易所的报价单位均为欧元。

（4）最小变动价位。最小变动价位是指碳期货合约每次变动报价的最小幅度。国际上各交易所的最小变动价位分别是欧洲气候交易所的0.01欧元/吨、芝加哥气候期货交易所的0.01美元/吨、纳斯达克商品事业部的0.01欧元/吨、美国绿色交易所的0.01欧元/吨、印度泛商品交易所的 50 派士/吨。

（5）涨跌停板幅度。对于碳期货市场最大波动的限制较为宽松，欧美核证减排量期货不限制每日价格波动范围，印度则执行了日内 4%、6% 和 9% 的阶梯式限制。

（6）合约交割月份。碳期货合约的交割月份并不是每个月都可以交割，通常会在合约中做具体规定。例如，欧洲期货交易所、芝加哥气候期货交易所、美国绿色交易所、纳斯达克商品事业部 EUA 期货合约交割月份为季度合约月份（3 月、6 月、9 月及 12 月）。通常碳期货合约的交割月份可由交易者选择，而较少合约进行实物交割。印度泛商品交易所核证减排量期货的合约交割月份设定为 2 月、5 月、8 月和 11 月。

（7）到期日。到期日是指碳期货合约可交易月份中的最后一个星期一，即最后交易日。欧美交易所普遍设计到期日为最后一个星期一（如果该日是非交易日，那么最后交易日为上一星期一），印度泛商品交易所则把交割月的日历日期 25 日作为最后交易日（如果该日为非交易日，那么最后交易日为上一个交易日）。如果最后的一个星期一为非营业日，那么最后交易日为倒数第二个星期一。超过最后交易日未平仓期货合约的交易者，必须进行实物交割。

（8）交易系统。不同的碳期货合约使用不同的交易系统。欧洲期货交易所 EUA 期货合约通过 ICE 欧洲期货交易电子平台进行交易。芝加哥气候期货交易所的交易系统分为三大部分，即交易登记注册系统、交易平台、结算平台，三者相互联系，有机结合进行运作。交易平台是碳期货交易中使用的系统，以互联网连接登记用户，执行用户交易指令，成交确认并公布交易结果信息，以完全电子化平台和匿名的方式记录买卖碳期货合约的报价和交易流量。

（9）交易模式。国际主要交易所的碳期货均采用 T + 0 的交易模式，也就是当日买卖的合约均可在当日平仓，我国的其他期货品种也是 T + 0 模式，以利于投资者遇到突发行情迅速止盈或止损。因此，和国际接轨和按照国内惯例，二氧化碳排放额及减排量期货也应采用 T + 0 交易模式。

（10）交易时间。遵循当地交易所交易时间。

（11）清算价格。每日收市期间交易加权平均价格。

（12）增值税及其他税项。与期货合约相关的税务规定。

（13）交割方式。主要有两种：实物交割和现金交割。若采取实物交割，欧美、印度的同类碳期货必须以官方排放贸易登记处的核证减排量或碳配额"过户"为标记，交易所仍然扮演买卖双方履约对手的角色。现金交割是指对到期未平仓的碳期货合约，以结算价计算盈亏，用现金支付了结期货合约。

（14）清算及合约保证：期货合约的清算流程以及合约的保证措施。

（15）保证金。最低交易保证金有比例保证金和定额保证金两种形式。欧美碳期货交易规定保证金采用确定金额。例如，美国绿色交易所投机客户的开仓保证金是 743 欧元，维持保证金是 675 欧元；套期保值客户开仓保证金和维持保证金均为 675 欧元。

标准的欧洲气候交易所 CER 期货合约的基本条款，如表 4 - 5 所示。

表 4 - 5　　　　　　　　　　　ECX - CER 碳期货合约

交易品种名称与代码	ECX - CER Futures OTC14
交易单位	1 000 单位核定排放量（CER 发行单位须遵照京都条约第十二条，采用决策遵照联合国气候变化框架公约的京都条约，容量大于 20 兆瓦的水力发电项目、土地利用变化、森林活动及核设施的分配额除外），每单位 CER 具有排放 1 吨二氧化碳或同等气体的权利
报价单位	欧元
最小变动价位	每吨 0.01 欧元（即每张合约 10 欧元）
涨跌停板幅度	无限制
合约交割月份	合约以季度为周期列出，由 2009 年 3 月至 2012 年 12 月的 16 个交易月份按 3 月、6 月、9 月和 12 月列出
到期日	合约月份最后一个星期一。如果最后一个星期一是非营业日或该星期一之后又有一个非营业日，则最后交易日为交割月的倒数第二个星期一。若该倒数第二个星期一为非营业日，或该倒数第二个星期一之后又有一个非营业日，则最后交易日应为交割月的倒数第三个星期一。交易所应经常确定在每个交割月份的停止交易日期
交易系统	交易在欧洲期货交易所期货电子交易平台完成
交易模式	于交易时间内连续交易
交易时间	07:00 ~ 17:00 英国本地时间
清算价格	在每日收市期间（16:00 ~ 16:15）交易加权平均价格
增值税及其他税项	英国退税局已确认会员与欧洲气候交易所清算，由欧洲气候交易所核定排放量以及中期批准，按照终端市场指令，为零增值税税率
交割	合约物理上可被交割，核定排放量从在注册处的卖方清算会员个人持有账户转移到欧洲期货交易所清算系统的买方个人持有账户，交割是清算会员与欧洲期货交易所清算系统之间进行的。交割期是由最后交易日翌日 19:00 开始到最后交易日后第三天 19:30 结束。欧洲期货交易所交割规则中有延迟交割和交割失败的条款
清算及合约保证	欧洲气候交易所清算系统会充当所有交易会员的交易对手，并担保以其会员名义注册的期货合约的财务状况
保证金	保证金及起初保证金以 LCHC 的惯常做法索取

　　在芝加哥气候期货交易所交易的期货产品合约内容包括产品名称、合约规模、计量单位、最小单位增量、交易时间、第一个交易日、最后一个交易日、价格涨跌限制、可报告的头寸限制、最近到期月份的头寸限制等。其标准的 CER 期货合约条款如表 4 - 6 所示。

表 4 - 6　　　　　　　　芝加哥气候期货交易所 CER 期货合约条款

产品名称	CER 期货
合约规模	1 单位 CER 代表 1 000 吨二氧化碳当量
计量单位	美元/吨二氧化碳
最小单位增量	每单位 0.1 美元，即每份合约 10 美元

续表

产品名称	CER 期货
交易时间	美国中部时间 7:00 ~ 15:00
第一个交易日	一个标准周期合约的第一个交易日在一个标准周期合约到期日之后的首个营业日
最后一个交易日	除了 4 月的合约，其他月份的合约最后交易日为到期月份的倒数第三个营业日；4 月的最后一个交易日为该月倒数第五个营业日。这样做的目的是与欧盟碳排放交易机制每年 4 月 30 日的最终期限相一致
价格涨跌限制	没有价格限制
可报告的头寸限制	25 份合约，等于 25 000 单位的 CER
最近到期月份的投机头寸限制	1 000 份合约，等于 1 000 000 单位 CER

(二) 碳期货合约的定价

碳期货价格是指交易双方根据达成的期货合约所确定的在未来交割碳资产的价格。对于碳期货价格的确定，通常采用两种方法：一种是用远期价格近似确定期货价格，另一种是从现货价格和期货价格的关系推出期货的价格。

1. 用远期价格确定期货价格

碳远期价格与碳期货价格的定价原理保持一致，其区别主要是交易机制和交易费用。碳期货与碳远期价格非常接近，在到期日相同且无风险利率恒定的情况下，碳期货价格等于远期价格。

通常，碳远期和碳期货价格存在差异，价格差取决于标的碳资产与利率的相关性。在标的碳资产价格与利率呈正相关时，碳期货价格高于碳远期价格。碳资产价格上升时，碳期货价格通常提高，碳期货合约的多头方由每日结算获得利润，并可将利润再投资。当标的资产价格下降时，碳期货合约的多头方当日出现亏损，交易者可以较低利率获得融资补充保证金。碳远期合约的多头方不会受利率变化的影响，因此，碳期货多头方较碳远期交易者更易获利，碳期货价格高于碳远期价格。相反，在标的碳资产价格与利率呈负相关时，碳远期价格高于碳期货价格。碳远期与碳期货价格间的差异也可由合约期限长短、交易费用、保证金、流动性因素等决定。

在多数情况下，合理假定碳远期价格与碳期货价格相等。基本假设为：没有交易费用和税收；市场参与者能以相同的无风险利率借入和贷出资金；远期合约没有违约风险；允许现货卖空；碳期货合约保证金账户按无风险利率支付利息。

$$F = Se^{(r-q)(T-t)} \tag{4-11}$$

其中，F 表示 t 时刻碳期货（碳远期）价格；S 表示标的碳资产在时间 t 的价格，e 为自然对数的底数；r 表示无风险利率，q 表示标的碳资产现货在期货合约期限内的收益率；T 表示到期时间（年），$T-t$ 表示剩余时间。

以碳远期价格确定碳期货价格存在一定的局限性。第一，碳期货交易采用逐日结算制度并且存在期间现金流，碳远期价格计算不存在期间现金流。第二，持有期限越长，碳远期与碳期货价格差异越大。由此,依据现货价格推导期货价格为碳期货定价应运而生。

2. 依据现货价格推导期货价格

碳资产现货价格决定并制约了碳期货价格。同一碳资产的期货价格与现货价格受到相同因素影响,波动幅度不同,价格的变动方向与趋势一致。随着碳期货合约接近到期日,碳期货与碳现货价格逐步趋同,在到期日时,两者大致相等。碳期货与碳现货价格之间的关系表现在两方面:一是即期碳期货价格与碳现货价格的关系,二是碳期货价格与预期未来碳现货价格的关系。

在实际交易中,碳现货与碳期货价格之差可用基差(Basis)表示。

基差 = 现货价格 - 期货价格

在碳期货合约有效期内,基差是波动的,可为正值或负值。碳期货到期日基差应为零。基差的不确定性可称为基差风险。碳期货实现套期保值功能时,必须选择适当的对冲期货合约,降低基差风险。套期保值者必须实时关注基差变化情况,基差增加时,空头套期保值者获利,多头套期保值者会出现相应亏损;基差缩小时,空头套期保值者出现亏损,多头套期保值者获利。基差交易是指在套期保值无法充分转移价格风险时,按一定基差用期货市场价格来确定现货价格及相应进行现货商品买卖的交易方式。基差交易通常为碳资产进口商经常采用的定价和套期保值策略。

碳期货价格收敛于标的碳现货价格以套利交易为基础。如果交割期间碳期货价格高于碳现货价格,大量的套利者就会买入碳现货、卖出碳期货合约,并进行交割获利,从而促使碳现货价格上升,碳期货价格下降。相反,如果碳期货价格低于碳现货价格,大量的套利者就会选择买入碳期货合约,促使碳期货价格上升。

碳期货价格与预期未来碳现货价格的关系可用预期收益率表示。

$$E(S_T) = Se^{y(T-t)} \qquad (4-12)$$

其中,S 表示未来 T 时刻现货的期望价格,e 为自然对数的底数;y 表示资产的连续复利预期收益率;t 表示现在时刻。未来现货期望价格是指交易者估计碳现货的价格。碳期货价格与未来现货期望价格的大小取决于 y 与 r 的比较。如果标的碳资产系统性风险为零,则 $r=y$,碳期货价格与未来现货期望价格相等。若标的碳资产系统性风险小于零,则 $y<r$,碳期货价格大于未来现货期望价格;反之,标的碳资产系统性风险大于零,碳期货价格小于未来现货期望价格。

通常,合理期货价格表示在满足一系列前提假设的情况下,由现货价格所决定的无套利的期货价格,一般可基于持有成本模型、无偏估计模型、碳排放便利收益模型以及均衡期限理论实现。

(1)持有成本模型。持有成本模型可作为期货定价的基础。作为购买期货合约的替代方法,在现货市场买入相关金融资产并持有至到期日。在期货交易中,持有成本等于融资成本和相关资产收益之差。

持有成本 = 融资成本 - 资产收益

1890 年,马歇尔提出了期货价格是现货价格与持有该现货至期货到期交割所需成本之和。

$$F = S + C \tag{4 - 13}$$

其中，F 表示期货价格，S 表示现货价格，C 表示持有成本。

在价格倒挂即期货价格低于现货价格现象出现时，该理论较难解释。1930 年，凯恩斯引入风险溢价概念，修正了持有成本理论，提出期货价格的表达式：

$$F = S + C \pm R \tag{4 - 14}$$

其中，R 表示风险溢价。

持有成本模型基于如下假设：第一，碳期货和碳现货交易均无交易成本；第二，假设相关碳排放权可以卖空，可以储存；第三，卖空现货与期货所得金额可以自由利用；第四，投资人的借贷利率为回购利率。

根据持有成本理论，期货合约价格与现货价格关系如下：

$$F_{t,T} = S_t(1 + \mu) \tag{4 - 15}$$

其中，$F_{t,T}$ 表示到期日为 T 的碳期货合约在时刻 t 的价格；S_t 表示 t 时刻现货的交易价格；μ 表示持有成本与现货价格的比值，即交易费用、仓储费用、运输费用、保险费用和利息等持有成本的总和除以现货价格 S_t。

如果 $F_{t,T} > S_t(1 + \mu)$，表明碳期货价格大于碳现货持有成本与现货价格之和。交易者会买入碳现货，卖出碳期货合约，导致现货需求上升，价格提高，直至达到均衡，不存在无套利机会。

如果 $F_{t,T} < S_t(1 + \mu)$，表明碳现货持有成本与现货价格之和大于碳期货价格。交易者会选择买入碳期货，卖出碳现货，导致碳期货需求上升，价格提高，直至达到均衡，不存在无套利机会。

若持有成本为 c，期货价格为 F，现货价格为 S。则有：

$$F = Se^{cT} \tag{4 - 16}$$

持有成本模型的假设条件在实际交易中并不合理。与假设条件不同，投资者在碳期货交易中需要支付一定的佣金。实际的借贷利率是存在差异的，通常贷款利率高于借款利率。碳期货中卖空交易一般受到交易所限定，在特定价位以上才可以进行卖空操作。因而，持有成本模型也存在一定偏差。

（2）无偏估计模型。对于投资性资产而言，未来现货价格的预期可以写为

$$E(S_T) = Se^{(y-q)(T-t)} \tag{4 - 17}$$

其中，y 为该资产的连续复利预期收益率。根据高系统性风险高预期收益率原则，标的资产的系统性风险越高，y 就越高。可见，投资性资产未来现货价格的预期也并不取决于预期的未来供求关系，而取决于标的资产的系统性风险。

要判断期货价格是否为未来现货价格的无偏估计，就是要分析 $F = E(S_T)$ 是否成立。比较式（4 - 16）与式（4 - 17），F 与 $E(S_T)$ 是否相等，显然取决于标的资产的预期收益率 y 是否等于无风险利率 r。而 $y = r$ 只可能发生在两种情况下。

其一，在风险中性世界中，资产的预期收益率等于无风险利率。而我们知道，风险中性只是我们在为衍生产品定价时所使用的假设世界，其在现实生活中并不存在。

其二，当资产的系统性风险为零的时候，$y = r$。但我们知道，大多数资产的系统性风险都不为零，这时 $y \neq r$，$F \neq E(S_T)$，意味着期货价格在大多时候是不具有无偏估计性质的。

（3）碳排放便利收益模型。Benz 和 Trück（2006）研究提出碳排放交易与股票交易不同，股票价值与公司预期利润紧密相关，而碳排放价格主要由交易市场中碳排放权供求总量引起的预期碳排放量稀缺程度决定。碳排放稀缺性容易受到政府气候管制政策变化、碳减排技术进步与扩散、能源利用效率、能源价格、极端气候等因素影响，诱发碳排放价格剧烈波动。Trück 和 Borak（2006）、Chevallier（2009）在恒定便利收益和利率下，运用持有成本理论证实碳排放现货持有者可以获得额外的便利收益。

在碳交易中，碳现货价格波动较大，碳排放便利收益表示碳现货持有者承担价格风险而获得额外隐含收益，且期货合约持有者无法实现。碳排放便利收益以碳排放产品的稀缺性为基础，由风险溢价带来额外收益。碳排放权稀缺性程度越大，其价格波动越大，碳现货持有者预期得到的便利收益越大。

碳排放便利收益模型是以持有成本模型延伸得到的。假设碳排放市场不存在套利行为、无交易成本，且不存在储存成本。碳排放期货合约交割日期为 T，在时刻 t 碳排放现货价格为 S_t，碳期货价格为 F_t，市场无风险利率恒定为 r，便利收益为 δ。碳现货与碳排放期货价格关系：

$$F_t = S_t e^{(r-\delta)(T-t)} \tag{4-18}$$

$$\delta = r - \frac{1}{T-1} \ln\left(\frac{F_t}{S_t}\right) \tag{4-19}$$

通过上式，就可以得到碳期货的价格。

（4）均衡期限理论。均衡期限理论基于三个假设前提：第一，碳交易市场交易成本为零，不考虑税收，不存在市场摩擦；第二，交易是连续的；第三，市场存在卖空交易，且借贷利率相等。

在单因素模型中，碳期货价格主要由服从几何布朗运动的现货价格决定。几何布朗运动是描述资产价格的常用模型，其随机变量满足布朗运动。

$$\mathrm{d}S_t = \mu S_t \mathrm{d}_t + \sigma_s S_t \mathrm{d}Z_s \tag{4-20}$$

$$\frac{\mathrm{d}S_t}{S} = \mathrm{d}(\ln S_t) = \mu \mathrm{d}t + \sigma_s \mathrm{d}Z_s \tag{4-21}$$

其中，μ 表示碳市场现货价格漂移率，σ_s 表示现货价格波动率，$\mathrm{d}Z_s$ 表示布朗运动增量。

假设现货价格服从均值恢复运动，此时均值模型可建立为

$$\mathrm{d}S = \kappa(\mu - \ln S)S\mathrm{d}t + \sigma_s \mathrm{d}Z_s \tag{4-22}$$

其中，κ 表示恢复速度，μ 表示长期均值。现货价格长期围绕均值 μ 波动。在碳现货价格高于长期均值时，碳排放权交易者预期价格会下降，因而投资者减少购买，最终现货价格下跌至均值。

在双因素模型中，增加便利收益作为影响现货价格变动的因素，较好拟合期货市场

价格波动。Schwartz（1997）构建双因素模型如下，其操作性更好。

$$dS = (\mu - \delta)Sdt + \sigma_s SdZ_s \tag{4-23}$$

$$d\delta = \kappa(\alpha - \delta)dt + \sigma_\delta dZ_\delta \tag{4-24}$$

其中，κ 表示瞬时便利收益均值恢复速度，α 表示便利收益长期均值，σ_δ 表示市场中瞬时便利收益的波动率，dZ_δ 表示瞬时便利收益几何布朗运动的增量，σ_s 表示现货价格波动率，dZ_s 表示现货价格几何布朗运动的增量，μ 表示现货价格漂移率，δ 表示瞬时便利收益。

第三节　碳期权

一、碳期权概述

（一）碳期权的定义与特征

1. 碳期权的定义

期权（Options）是交易者在未来确定的期限内，按照事先约定的价格，买入或卖出某项金融现货或期货合约的权利。与期货交易不同，期权交易买卖双方权利义务并不对等。买方支付权利金后，获得买进或卖出的权利，而不承担必须买进或卖出的义务。卖方收取权利金后，承担应买方要求，必须买进或卖出的义务，而没有不买或不卖的权利。因此，期权是一种单向合约。

碳期权（Carbon Option）是 21 世纪发展起来的新兴的金融衍生产品，它是指在某一确定的时期内按事先约定的价格买进或卖出某一碳期货合约的权利。与传统的期权合约不同，现存的碳期权实际是碳期货期权，即在碳期货基础上产生的一种碳金融衍生品。碳期权的价格依赖于碳期货价格，而碳期货价格又与基础碳资产的价格密切相关。

碳期权交易是一种买卖碳期权合约权利的交易。碳期权的买方在支付权利金后便取得履行或不履行买卖期权合约的选择权，而不必承担义务；碳期权的卖方在收取买方的期权金之后，在期权合约规定的特定时间内，只要期权买方要求执行期权，期权卖方必须按照事先确定的执行价格向买方买进或卖出一定数量的碳期货合约。卖出期权合约的一方称为期权卖方，卖出期权未平仓者称为期权空头；买入期权合约的一方称为期权买方，买入期权未平仓者称为期权多头。

2. 碳期权的特征

与其他金融衍生品相比，碳期权具有以下三个明显的特征。

首先，碳期权合约的基础资产是碳期货合约，所以碳期货合约价格对期权价格以及期权合约中交割价格的确定均具有重要影响。碳期货价格与碳期权价格的周期波动一致，具有"涨时同涨，落时同落"特征。

其次，碳期权交易具有很强的时间性。期权合约只有在规定的时间内才有效，或执行期权，或放弃转让期权；超过规定的有效期，期权合约自动失效，期权购买者所拥有的权利也随之消失。买方只能在期权到期日向对方宣布执行或不执行期权合约。

最后,与碳期货交易不同,碳期权交易是非线性盈亏状态,买方的收益随市场价格的波动而波动,其最大亏损只限于购买期权的权利金;卖方的亏损也随着市场价格的波动而波动,最大收益(即买方的最大损失)是权利金。碳期货的交易是线性的盈亏状态,交易双方都面临着无限的盈利和无止境的亏损。正是期权的非线性的损益结构,才使期权在风险管理、组合投资方面具有了明显的优势。通过不同期权、期权与其他投资工具的组合,投资者可以构造出不同风险收益状况的投资组合。

(二)碳期权的起源与现状

1. 碳期权的起源

碳期权的起源可以追溯到对碳排放权交易的需求。随着全球对气候变化问题的关注日益增加,碳排放管理成为各国政府和机构的重要议题。为了降低温室气体的排放,一些国家和地区开始实施碳排放交易制度,即碳交易市场。而为了在碳交易市场中管理风险、实现投资和获利,碳期权作为一种衍生品工具应运而生。

2006 年 10 月欧洲气候交易所(ECX)推出第一只 EUA 期权,作为公认的工业基准合约在 ICE 欧洲期货交易所(原伦敦国际石油交易所)上市。2008 年 5 月,欧洲气候交易所上市以 CER 期货为标的的 CER 期货期权合约(ICE ECX CER Options),通过 ICE 电子期货平台(Web ICE)交易,最初执行价格为 14 欧元的看跌期权,数量相当于 25 万吨 CER 交易单位。欧洲气候交易所与 ICE 欧洲期货交易所达成协议,由欧洲气候交易所负责设计产品与产品推广,后者提供电子化的交易平台,所有合约由 ICE 欧洲清算所(ICE Clear Europe)清算,并由英国金融服务监督局(FSA)监管。2010 年,美国绿色交易所(GreenX)在纽约商品交易所(NYMEX)上市环境减排产品,月交易总额为 4 375.3 万吨,较 2010 年增长 137%,其中最高月交易 CER 期权 1 270 万吨,EUA 期权持仓量月增加额达到 1 100 万吨。2009 年,芝加哥商业交易所推出即期交割月份(Delivery Month)的 EUA 期权和 CER 期权,基本设定为欧式期权,提前标的期货合约 3 个交易日到期,原有的 EUA 和 CER 期货期权合约没有按月到期而可长期交易,直至碳排放权自身失效。

2. 碳期权市场的现状

全球的碳期权市场正在不断发展和扩大,呈现出交易规模上升、交易品种多样化,但交易结构不平衡、价格持续低迷的状况。碳期权市场的规模逐渐扩大,交易活动日益活跃。大型金融机构、能源公司、投资基金和保险机构等开始关注和参与碳期权的交易。然而,碳期权市场面临一些挑战和问题。首先,碳市场的设计存在差异,导致碳期权的规范和标准化程度有限。其次,碳期权市场的流动性还不够理想,交易成本相对较高。最后,碳期权的定价和风险管理方法也需要进一步完善。

二、碳期权的类型

由于期权交易方式、方向、标的物等方面的不同,产生了众多的期权品种。对期权进行合理的分类,更有利于我们了解碳期权产品。

（一）看涨期权与看跌期权

根据买方权利的不同，碳期权可以分类为看涨期权（Call Option）和看跌期权（Put Option）。碳期权合约中规定固定的到期日和执行价格。期权的购买者能够通过区别购买看涨期权或者看跌期权，锁定收益水平。看涨期权是指碳期权持有者在将来一定时刻以一定价格买入碳资产的权利。看跌期权是指碳期权持有者在将来一定时刻以一定价格卖出碳资产的权利。

为了建立温室气体长期减排机制，政府出售长期看跌期权，鼓励实体企业对碳减排项目进行长期投资，保障碳信用供给方从碳减排项目中获得稳定的碳排放投资价值。在碳市场发展初期，碳信用价格呈现剧烈波动，碳信用供需双方无法准确预测未来投资价值。政府可以尝试出售长期看跌碳期权合约，承诺未来特定时间以约定价格买入一定数量的碳信用，促进碳信用长期价格稳定，为碳减排项目业主降低投资风险。出售长期看跌碳期权有利于政府实现长期碳减排目标，并获取经济收益。

（二）美式期权与欧式期权

根据买方执行期权的时间不同，碳期权可以分为碳美式期权（American Option）和碳欧式期权（European Option）。一般来说，碳期权的到期日是交割月份的最后3个交易日。碳美式期权可在到期日之前的任何时刻行使，交易更为灵活，交易量相对更高。而碳欧式期权只能在到期日才能行使，且不超过最后交易日。碳欧式期权的最后交易日是期货合约到期日之前的第2个工作日，且实值期权在最后交易日会被自动平仓。

（三）实值期权、平值期权、虚值期权

根据碳期权执行价格与标的资产市场价格关系的不同可以分为实值期权（In the Money）、虚值期权（Out of the Money）、平值期权（At the Money）。只有实值期权具有内在价值。当看涨期权标的资产市场价格大于执行价格，或者看跌期权的标的资产市场价格小于执行价格，则表示买方执行碳期权均会获利，此项碳期权为实值期权。虚值期权的内在价值小于零，它是指如果碳期权立即执行，买方发生亏损的期权。当看涨期权或看跌期权的执行价格等于标的资产的市场价格时，该碳期权为平值期权。随着时间变化，标的资产价格出现波动，同一碳期权在不同时点会出现不同状态：实值期权或平值期权，或虚值期权。它们之间的关系如表4-7所示。

表4-7　　　　实值期权、平值期权、虚值期权与看涨期权、看跌期权的关系

期权类型	看涨期权	看跌期权
实值期权	市场价格＞执行价格	市场价格＜执行价格
平值期权	市场价格＝执行价格	市场价格＝执行价格
虚值期权	市场价格＜执行价格	市场价格＞执行价格

三、碳期权市场结构与交易制度

（一）碳期权的市场结构

碳期权市场结构包括市场主体、市场客体、中介机构和辅助机构。碳期权市场主体

是碳期权交易的参与者，是市场微观基础。碳期权市场主体主要包括各国政府、减排企业、项目开发商、金融机构等。碳期权市场客体是指碳期权市场上的交易产品。2005年至2024年全球主要碳期权产品如表4-8所示。碳期权市场客体主要是指交易产品，可细分为排放配额期权（EUA Options）、经核证减排量期权（CER Options）、区域温室气体排放配额期权（RGGI Options）、碳金融期权合约（CFI Options）等。中介与辅助机构通常包括经纪商、碳期权交易所、碳期权结算公司、碳资产管理公司、指定经营实体、多边金融机构、碳会计服务机构、碳法律服务机构、碳信用评级机构等。

表4-8 国际主要碳期权产品

产品名称	产品说明
排放配额期权 （EUA Options）	排放配额期权是以欧盟碳排放体系下EUA期货合约为标的，持有者可在到期日或之前履行该权利
经核证减排量期权 （CER Options）	通过清洁生产机制产生的CER的看涨期权或看跌期权。由于国际碳减排单位一致且认证标准及配额管理规范相同，市场衍生出了CER和EUA期货的价差期权（Spread Option）
减排单位期权 （ERU Options）	在联合履约机制（JI）下，以发达国家之间项目开发产生减排单位（ERU）期货为标的的期权合约
区域温室气体排放 配额期权 （RGGI Options）	在美国区域温室气体应对行动计划下，以二氧化碳排放配额期货合约为标的的期权合约。RGGI期权合约为美式期权，期权将在RGGI期货合约到期前第三个月交易日期满。最小波动值为每排放配额0.01美元。RGGI期权合约于2008年开始在NYMEX场内进行交易
碳金融期权合约 （CFI Options）	以CFI期货为标的的期权合约。碳排放权金融工具——美国期权（CFI-US Options）是以届满期开始于2013年的温室气体排放期货合约为标的，该温室气体排放限额必须符合一个潜在准予的联邦美国温室气体总量控制和排放交易项目
加利福尼亚限额期权 （CCA Options）	以加州政府限定碳配额CCA期货合约为标的的期权
核发碳抵换额度期权 （CCAR-CRT Options）	以CRT期货合约为标的的期权。气候储备（CRTs）是由气候行动储备宣布基于项目的排放减少和加利福尼亚气候行动登记的抵消项目减量额度

（二）碳期权的主要交易制度

碳期权的交易制度是在期权交易机制基础上设计的，其目的主要是对碳市场风险进行控制与管理，主要包括保证金制度、持仓与履约限额制度、大户持仓报告制度、强行平仓制度。

1. 保证金制度

在碳期权交易中，期权购买方必须全额支付权利金。与期货交易不同，考虑到以保证金方式购买碳期权会使杠杆提高到不可接受的水平，因而不允许使用保证金购买碳期权。碳期权买方不需要支付一定保证金。碳期权卖方必须在保证金账户存入一定比例的履约保证金，确保期权执行。碳期权的购买者利用一定比例权利金实现交易，达到高杠杆效应。期限高于9个月的期权，投资者可缴纳不多于25%的资金作为保证金购买期权。

碳期权的卖方可分类为：持有有保护期权和持有无保护期权。碳期权卖方拥有对冲期权头寸风险的标的资产，称为持有有保护期权或非裸露期权；反之，则为持有无保护期权或裸露期权。例如，投资者在卖出看涨期权时持有标的资产碳期货合约。对于卖出有保护期权，卖方所持有的标的资产碳期货合约可作为保证金，不再被要求缴纳。为了规避行权时交易者违约的风险，期权交易所对卖出无保护期权规定了严格的保证金要求。投资者开仓卖出期权，需要缴纳初始保证金；持仓期间卖出期权，投资者需要维持一定的保证金比例，即缴纳维持保证金。若交易者无法按要求及时补足保证金，期权交易所或结算机构有权实施全部或部分强行平仓。

对于不同类别碳期权，保证金缴纳数额不同。碳期权买方不存在不履约的风险，因而不会对经纪公司或交易所带来任何损失。碳期权卖方缴纳保证金要求是关注的重点。期权经纪公司对不同信誉客户、不同标的资产收取不同水平的保证金。保证金计算以"净值"为基础，这就使保证金直接与交易会员头寸内在风险成比例。每日交易结束时所有的持仓合约要重新登记，或按当日收盘价重新计价，结算机构每日调整保证金数额，及时对碳期权卖方进行追加保证金。由结算产生的借记和贷记，每日都要登录在交易会员的账户上。如果账户保证金不足，结算公司在早上 8：30 以前通过保护性支付系统通知会员的开户银行。在价格异常波动时，结算公司要求会员追加变动保证金。追加的变动保证金应该在发出通知后一小时内到账。

2. 持仓与履约限额制度

持仓限额制度是指碳期权经营机构或投资者对某一碳期权合约的同向持仓数量达到或者高于规定持仓限额的，不得同方向开仓交易。碳期权交易方向为多头或空头，多头持仓数量等于买入看涨期权的持仓量与卖出看跌期权的持仓量之和，空头持仓数量等于买入看跌期权的持仓量与卖出看涨期权的持仓量之和。美国证券交易委员会规定，任何采取一致行动的个体和组织不得在同一标的证券市场中单边持有超过 8 000 份期权合约。期权经营机构因套期保值、套利交易、做市商等需要增大持仓限额，一般必须向交易所提交申请材料，包括申请人信息、合约信息、提高持仓限额种类和数量以及用途、相关资产证明及交易情况等。

为确保交易顺利进行，避免影响现货市场，欧洲期货交易所对交易会员及客户账户所持有的仓位规定上限，防止人为炒作与操控市场。现阶段仅股票期权设有仓位限制。一般持有仓位上限为在外流通资本的 1%，做市商的仓位限制则可为上述数量的 3 倍。

美国证券交易委员会规定，任何采取一致行动的个体和组织在任何 5 个连续交易日内，不得执行超过 8 000 张同一标的证券的期权合约。履约限额制度限定交易者执行期权合约的最大数量。

3. 大户持仓报告制度

碳期权交易所实行大户持仓报告制度，与碳期货类似，碳期权经营机构和投资者持仓数量达到规定的报告标准，应在下一个交易日向碳期权交易所报告。碳期权交易所有权要求碳期权经营机构和投资者补充报告。报告内容包括期权经营机构名称、客户名称和客户衍生品合约账户、持仓量最大的 3 个合约持仓信息（合约编码、持仓量等）、维持保证金、可动用资金、资金来源说明、开户资料及单日结算单据、持仓意向等。在大户报告制度下，碳期权交易所监督实时交易信息，防范大户操纵市场价格，控制市场风险。

4. 强行平仓制度

在交易会员或投资者结算准备金小于零，且未能在规定时间内补足或者自行平仓，或者碳期权经营机构或其客户账户持仓数量超出其持仓限额，且未能在规定时限内自行平仓，或者违规或违约时，碳期权交易所会实行强行平仓，防止风险扩大。碳期权交易所强行平仓按照以下程序执行：第一，发送强行平仓通知书；第二，执行及确认，强行平仓结果随当日成交记录发送给碳期权经营机构。通常，碳期权经营机构应当在期权经纪合同中与客户约定强行平仓的具体事项。

四、碳期权合约与定价

（一）碳期权合约的基本要素

碳期权合约包括四大基本要素，分别是敲定价或称执行价格、到期日、标的资产、权利金。

1. 执行价格

执行价格是指碳期权合约规定期权买方在执行期权时买入或卖出标的资产的价格。执行价格是确定的，无论碳期权合约的标的物价格上涨或下跌至任何程度，在有效期内，购买者都有权按照执行价格行权，出售者必须以此价格履行义务。

2. 到期日

碳期权到期日是指期权合约所规定的，期权购买者可以实际执行该期权的最后日期。期权到期日与最后交易日的概念并不同，以标的期货到期月而不是期权到期月份识别。ICE ECX EUA 期权合约规定，到期日为标的 EUA 期货合约交付日之前的 3 个交易日。

3. 标的资产

期权的标的资产是期权合约中约定的交易资产。根据标的资产的不同，期权可分类为商品期权和金融期权，或者即期期权和期货期权。碳期权属于期货期权，标的资产是碳期货合约。在大多数情况下，期货合约比现货资产流动性更强，价格更透明，投资者更愿意选择期货期权。碳期权的行使并不一定会触发标的资产的交割，标的碳期货合约往往在到期日之前被平仓。通常碳期权采用现金结算，看涨期权行权时，持有者获得期货长头寸加上碳期货价格高于执行价格的现金差额；看跌期权行权时，持有者获得期货短头寸加上碳期货价格低于执行价格的现金差额。

4. 权利金

权利金是期权合约的期权费，即碳期权买方为获得碳期权合约必须向卖方支付一定的费用。权利金可以分为两个部分：其一是内在价值，即碳期权立即执行的盈利额，由碳期权合约执行价格与标的物价格的关系决定；其二是时间价值，可表示为权利金大于内在价值的部分，期权的买方和卖方依据对未来时间内期权价值增减趋势的不同判断互相竞价而产生的。权利金是双方竞价的结果，是买卖力量均衡下统一形成的，其大小取决于碳期权价值。对于碳期权买方，权利金锁定损失最大额度，对于碳期权卖方，拥有权利金的时间价值，卖出期权合约可立即获得权利金，而一段时间后才进行标的资产交割。

（二）碳期权合约的主要条款

碳期权合约条款标准化表明交易产品的特性。下面以洲际交易所 CER 期货期权合约（见表 4 - 9）为例说明碳期权合约的主要条款要素。

表 4 - 9 CER 期货期权合约

产品描述	CER 期货期权合约是基于 CER 期货合约为标的的期权。一份 CER 期货期权交易一份 CER 期货合约。CER 期货期权是在到期日自动执行价内的期权
交易单位	一手 CER 期货期权合约
最小交易单位	1 份
报价单位	欧元（€）/每吨和欧分（c）/每吨
行权价格	行权价格的范围是 1.00 ~ 55.00 欧元，价格间隔为 0.50 欧元，每个合约的月执行价格按照这 109 个价格自动列出。交易所在必要时会增加一个或多个离最新价格最近的行权价格
最小价格变动	0.01 欧元
最大价格变动	无限制
合约系列	有 8 个合约月在每季度末（3 月、6 月、9 月、12 月）。附加 3 个新合约是 12 月，直至在 2025 年到期
标的合约	标的合约是相近年份的 12 月期货合约，例如 2024 年 3 月期权合约标的是 2024 年 12 月到期的期货合约
期权类型	欧式期权
期权费	交易中支付的费用
持仓限额	无限制
到期日	相应 3 月、6 月、9 月、12 月合约月的 CER 期货合约到期日的前 3 个交易日
合同保证	ICE 欧洲清算所子公司保证所有会员注册的 ICE 期货合约的财务情况
每日保证金	所有开放合约逐日盯市
交易系统	采用 ICE 期货电子交易平台交易，可通过 ICE 网站或指定的独立软件供应商获得
交易模型	交易时间内连续交易模型
结算价	对每日指定结算期间（16：50：00 ~ 16：59：59）内执行的交易价格进行加权平均
增值税及其他税收	英国国税和关税确定对 CER 期货期权合约会员交易实行零关税
执行和自动执行	CER 期货期权以欧式期权的方式对 CER 期货合约执行，在到期日，对价内期权自动执行合约，对平价期权和价外期权延后
结算机构	ICE 欧洲清算所
交易代码	IFEU

资料来源：www.ice.com/index。

1. 交易名称与代码

由于碳期权是基于碳期货合约而设立，所以交易品种的名称根据期货合约的不同而不同。正如上文所提到的，碳期货的通用名称为核证减排量期货，因此全球各大交易所推出的与京都机制相联系的期权品种均称为核证减排量期货期权。

2. 标的资产

标的资产是经批准进入期权市场的碳期货合约。

3. 交易单位

交易单位是指每张碳期权合约代表的标的资产数量。交易所一般以手作为交易单位，以 CER 期权为例，每手代表的核证减排量有所不同，除了印度泛商品交易所使用了每手 250 个核证减排单位以外，其他主要交易所的交易单位均为每手 1 000 个核证减排单位。一般而言，市场规模越大，交易资金数额越大，期权合约的交易单位就越大。

4. 报价单位

报价单位为碳期权交易所报价采用的单位。芝加哥气候期货交易所以美元为报价单位，印度泛商品交易所以卢比为报价单位，而欧洲气候交易所、纳斯达克商品事业部和美国绿色交易所的报价单位均为欧元。

5. 最小变动单位

最小变动单位是指碳期权合约公开竞价过程中，合约报价的最小变动单位。欧洲气候交易所为 0.01 欧元/吨，芝加哥气候期货交易所为 0.01 美元/吨，纳斯达克商品事业部为 0.01 欧元/吨，美国绿色交易所为 0.01 欧元/吨，印度泛商品交易所为 50 派士/吨。

6. 每日价格波动幅度限制

碳期权价格每日价格波动幅度受到限制，波动幅度大于一定数额时进行暂停交易，因而可被称为涨跌停板制度。国际上对于碳期权每日价格最大波动限制较为宽松，欧美核证减排量期权不限制每日价格波动范围，印度碳期权交易实行日内 4%、6% 和 9% 的阶梯式限制。

7. 交割月份

合约到期需要交割的月份，通常包括每个月、单月、双月、季月、滚动月份等种类。碳期权合约分为季度合约和月度合约。在季度合约中，欧洲气候交易所、芝加哥气候期货交易所、美国绿色交易所、纳斯达克商品事业部的合约月份都是 3 月、6 月、9 月和 12 月，而印度泛商品交易所核证减排量期货合约的交割月份设定为 2 月、5 月、8 月和 11 月。

8. 行权价格

碳期权合约中提前规定以确定价格买进或卖出标的资产，该确定价格可作为履约价格或执行价格，也可称为敲定价格。

9. 交易时间与最后交易日

碳期权合约在场内交易时间是固定的，在每个交易所交易时间都有严格规定。交易时间在各地区不同，伦敦洲际交易所交易时间为 7:00 ~ 17:00。碳期权合约的最后交易日是指合约交割月份中的最后一个交易日，此后必须停止交易。

10. 交割方式

碳期权交割方式分为实物交割和现金交割。欧美、印度碳期权主要交割最终以标的期货所有权转移，这种方式是实物交割。现金交割则是由交易双方根据价格进行现金盈亏结算。

（三）碳期权定价原则与影响因素

期权价格（Option Price）指每份期权合约的市场交易价。也可以理解为，在期权交易过程中，开设认购期权仓位的持有者（Holder）向开设认沽期权仓位的立权者（Writer）支付的保证金或权利金。期权价格通常由期权交易双方在交易所内通过竞价方式达成。在同一品种的期权交易行市中表现为不同的敲定价格对应不同的期权价格。

碳期权的符号规定如下：

F_0：期初标的资产碳期货的市场价格；

F_T：碳期权合约到期时标的资产的价格；

K：碳期权的执行价格；

r：无风险利率；

T：碳期权合约的期限（以年计）；

f：期初期权的价格；

P：看跌期权的价值；

C：看涨期权的价值。

1. 碳期权定价的基本原则

与其他期权定价所蕴含的风险中性定价原则和无套利定价原则类似，碳期权定价也遵循这两项基本原则。风险中性理论是指在市场不存在任何套利机会的条件下，如果衍生证券的价格依赖于可交易的基础证券，那么衍生证券的价格与投资者的风险态度无关。理性投资者一般是风险厌恶型，在投资过程中均要求风险补偿或风险报酬，于是风险资产的预期收益率中包含风险补偿。风险厌恶程度越高，投资者要求的风险补偿越大。如果市场中资产价格与投资者的风险偏好无关，那么不存在风险补偿问题。因此，风险中性假设下无须考虑风险补偿。无套利定价原则是指在交易市场上，金融资产的价格趋于均衡，不存在套利机会。无套利成立的前提是市场是有效的，不存在摩擦，即交易不需要成本。一旦存在套利机会，投资者就可以获得无风险报酬，使市场失衡。不同交易市场上，同种金融资产的价格差异会吸引投资者进行跨市场套利，低价买进高价卖出，赚取差价。有效的交易市场则能够使投资者迅速发现同种产品在不同市场价差的信息，从而及时采取大量买卖操作，迅速消除套利机会，产品价格回归理性水平。

2. 影响碳期权价值的因素

根据持有成本理论，碳期权理论价格由标的资产价格和持有成本构成。期权执行价格与标的资产市场价格的关系可用内在价值表示，与未来标的资产价格的关系可用时间价值表示。因此，碳期权价格等于期权的内在价值加上时间价值。

碳期权的价值受到以下五大因素的影响。

（1）相关标的资产的市场价格。碳期权的标的资产为碳期货，标的资产的价格对碳期权的价格产生直接影响。在其他条件不变时，标的资产价格上升，看涨期权价格随之增加，而看跌期权价格随之下降。例如，以 CER 为标的的碳期权，碳期权价值受到 CER 价格波动的影响，而 CER 价格与经济发展水平、气候变化、能源价格波动相关。经济发展水平越高，极端异常天气越多，原油价格上升，CER 需求越多，CER 价格越高，带来看涨期权价格提升。

（2）执行价格。在看涨期权中，执行价格越高，投资者在未来愿意以更高的价格购买标的资产，只有在标的资产价格提高至一定水平时，碳期权持有者才能获得收益。在看跌期权中，执行价格越高，碳期权价值越高。

（3）距离到期时间。在欧式看涨期权中，碳期权到期时间对其价值影响较大。看涨期权距离到期时间越长，标的资产的价格波动可能性越大，碳期权持有者承担风险越高（包含短期看涨期权的投资机会），相应的潜在收益越大。相反，看涨期权距离到期时间越短，标的资产价格变动幅度越小，持有者获利可能性越小。

（4）标的资产价格稳定性与风险大小。碳期权的标的资产价格波动幅度越大，碳期权避险需求越强烈，期权价值越高。此外，看涨期权最大损失为期权费，但收益是无上限的，因此，标的资产价格越稳定，碳期权价值越低。看跌期权随碳期货市场价格上涨出现损失是有限的，而价格下跌导致收益较大，标的资产价格波动越大，看跌期权价值越大。与碳现货交易不同，碳现货价格波动幅度越大，其资产价值越低，而碳期权恰好相反，这反映出碳期权对于现货价格剧烈波动的规避作用。

（5）无风险利率。碳期权的投资者在购买时需要支付一定的权利金，然而权利金进行投资后可以从无风险利率获得收益。显而易见，无风险利率可以作为购买碳期权付出的机会成本。在看涨期权中，无风险利率越高，机会成本越高，投资者未来可获得收益越大。其他条件不变时，无风险利率与看涨期权的价值呈正相关。然而，在看跌期权中，无风险利率与看跌期权的价值呈负相关。

第四节　碳金融掉期

一、碳掉期的概念

掉期交易（Swap Transaction）是指交易双方约定在未来某一时期相互交换某种资产的交易形式。更为准确地说，掉期交易是当事人之间约定在未来某一时期相互交换他们认为具有等价经济价值的现金流的交易。较为常见的是货币掉期交易和利率掉期交易。

碳排放权场外掉期交易是交易双方以碳排放权为标的物，以现金结算标的物固定价交易与浮动价交易差价的场外合约交易。交易双方在签署合约时以固定价格确定交易，并在合同中约定在未来某个时间以当时的市场价格完成与固定价交易相对应的反向交易。最终结算时，交易双方只需对两次交易的价格差价进行现金结算。

二、碳掉期的主要交易环节

碳掉期主要包括以下四个交易环节。

1. 固定价交易

A、B 双方同意，A 方于合约结算日（例如合约生效后 6 个月）以双方约定的固定价格 $P_固$ 向乙方购买标的碳排放权。

2. 浮动价交易

A、B 双方同意，B 方于合约结算日以 $P_浮$ 价格向 A 方购买标的碳排放权。$P_浮$ 与标的碳排放权在交易所的现货市场交易价格相挂钩，例如，$P_浮$ 等于合约结算日之前 20 个交易日北京碳排放配额的公开交易平均价。

3. 差价结算

合约结算日，交易所根据 $P_固$ 和 $P_浮$ 之间的差价对交易结果进行结算。若 $P_固 < P_浮$，则看多方 A 为盈利方，看空方 B 为亏损方，B 向 A 支付资金 $= (P_浮 - P_固) \times$ 标的碳排放权；若 $P_固 > P_浮$，则情况相反，看多方 A 为亏损方，看空方 B 为盈利方，A 向 B 支付资金 $= (P_固 - P_浮) \times$ 标的碳排放权。

4. 保证金监管

交易所根据掉期合约的约定，向 A、B 双方收取初始保证金，并在合约期内根据现货市场价格的变化情况定期对保证金进行清算。交易所可根据清算结果，要求浮动亏损方补充维持保证金；若未按期补足，交易所有权进行强制平仓。

三、碳排放权场外碳掉期交易的作用

碳排放权场外掉期合约交易为碳市场交易参与人提供了一个防范价格风险、开展套期保值的手段。一方面，它是对国务院《关于促进资本市场健康发展的若干意见》（新国九条）提出的继续推出大宗资源性产品期货品种，发展商品期权、商品指数、碳排放权等交易工具，充分发挥期货市场价格发现和风险管理功能，增强期货市场服务实体经济的能力内容的积极响应；另一方面，它为投资者提供了灵活性和定制化的选择，有助于进行风险对冲、价格发现和投资组合优化。同时，它也促进了碳金融衍生品市场的创新和发展。此类交易的活跃将为碳市场创造更大的流动性，并为未来开展碳期货等创新交易摸索经验。投资者应充分利用碳排放权场外掉期合约交易的机会，以最大限度地提高投资效益和风险管理能力。然而，投资者在进行场外碳掉期交易时应注意风险管理和合规性，确保安全性和合法性。

📖 **本章小结**

关键词： 碳期权　风险管理　碳排放交易　标的资产　碳期货　碳排放权　标准化合约　场内交易　保证金交易　价格发现　持有成本模型　碳排放便利收益模型　均衡期限理论　套期保值　市场流动性　交易制度　碳掉期

1. 碳期货市场作为全球碳金融市场的重要组成部分，提供了碳排放权标准化合约的交易平台，通过高度组织化的交易机制，实现了价格发现、风险管理、降低交易成本、减缓价格波动等功能。碳期货合约以碳资产为标的，采取标准化合约、场内交易、保证金交易等特征，为市场参与者提供了便利的碳资产交易和风险管理工具。

2. 碳期货合约的价格可以通过多种模型进行定价，包括基于远期价格的定价、基于现货价格的定价、持有成本模型、无偏估计模型、碳排放便利收益模型和均衡期限理论。这些模型基于不同的假设和逻辑，为市场参与者提供了多种定价方法和选择。

3. 碳金融领域的基本衍生工具有助于驾驭碳市场伴随的风险与价值，其中包括碳远期、碳期权、碳期货与碳掉期等关键工具。碳期货作为这一领域的核心组成部分，其本质是一种标准化合约，规定未来特定时点交付一定量的碳排放权，旨在协助市场参与者对抗碳价波动风险或进行市场投机。碳期货市场的主要职能聚焦于价格发现、风险对冲、成本削减以及波动性缓释，且与碳现货市场相比，碳期货市场交易模式更为规范化与标准化。

4. 与碳远期等相关工具的比较中揭示，碳期货交易更为规范化、标准化，采用保证金与每日无负债结算体系，风险抵御能力较强，而碳远期交易则显得更灵活，多在场外进行，信用风险偏高。碳期货市场的架构复杂，由政府、减排企业、金融机构等交易主体，以及交易所、结算机构、经纪公司等组成，共同维系市场的有序运营。

5. 碳期货的定价研究是一个复杂且多维度的过程，旨在确定合理的期货合约价格，确保市场有效运行并服务于风险管理与投机需求。

6. 碳排放便利收益模型特别考虑了碳市场的风险因素，包括碳排放权的稀缺性和价格波动，以及现货持有者的便利收益。均衡期限理论则通过现货价格的随机过程推导出期货价格，并可能引入多因素模型以精细模拟碳期货价格动态。

7. 碳期货作为风险管理工具，促进了价格发现、风险转移和资源优化。然而，其市场特性与交易制度带来独特挑战，共同塑造了碳期货市场的演进路径。

8. 碳期权作为一种新兴的金融衍生品，在碳排放交易市场中扮演着重要的角色。它允许投资者在未来的某个时间点以事先约定的价格买入或卖出碳期货合约，从而为碳排放交易提供了一种有效的风险管理工具。

9. 碳期权是一种单向合约，买方拥有选择权，卖方则负有义务。碳期权合约的基础资产是碳期货合约，其价格与碳期货价格密切相关。碳期权交易具有时间性，合约只在规定时间内有效。碳期权交易具有非线性盈亏状态，买方最大亏损限于权利金，卖方则面临无限亏损的风险。碳期权起源于碳排放权交易的需求，随着碳交易市场的发展而发展。全球碳期权市场正在扩大，交易规模和品种多样化，但仍面临流动性不足、定价和风险管理方法不完善等挑战。

10. 根据买方权利，碳期权可分为看涨期权和看跌期权。根据执行时间，碳期权可分为美式期权和欧式期权。根据执行价格与标的资产价格的关系，碳期权可分为实值期权、平值期权和虚值期权。期权合约包括执行价格、到期日、标的资产和权利金等基本要素。碳期权定价遵循风险中性定价原则和无套利定价原则。

11. 影响碳期权价值的因素包括标的资产市场价格、执行价格、到期时间、标的资产价格波动性和无风险利率等。

12. 碳期权帮助投资者管理碳排放交易风险，如锁定收益、对冲价格波动等。

13. 碳掉期交易是指交易双方以碳排放权为标的物，约定在未来某一时间以固定价格和浮动价格进行交易，并在结算时对两个价格的差价进行现金结算。它主要包括固定价交易、浮动价交易、差价结算和保证金监管四个环节。碳掉期为碳市场参与者提供了价格风险对冲和套期保值的手段。

复习思考题

1. 什么是碳远期？其交易的功能和特征分别是什么？碳远期合约的构成要素有哪些？

2. 碳远期定价的原理有哪些？定价过程中的基本假设是什么？

3. 什么是碳期货合约？其功能是什么？它与其他衍生品有什么区别？

4. 什么是碳期权合约？其功能是什么？

5. 讨论碳掉期在碳市场中的作用和重要性。

货币银行学子系列

第五章

碳市场融资与支持

本章概述了碳金融市场运行中的融资工具和支持工具。首先，以碳资产抵/质押融资、碳资产回购以及碳资产托管等产品为例，介绍了碳资产创造估值和变现的途径；其次，以碳指数和碳保险等产品为例，介绍了管理碳资产的风险管理工具和市场增信手段。

本章的学习目的在于掌握碳市场融资工具和支持工具的功能与意义，了解碳资产抵质押融资、碳指数等主要的碳市场融资与支持工具的基本概念和交易机制，并结合实践分析相关市场发展现状及未来趋势。

本章重点在于掌握碳市场融资与支持工具的交易机制；难点在于把握碳市场融资与支持工具发展的基本规律。

第一节　碳市场融资工具

一、碳资产融资工具的功能与意义

（一）碳市场融资工具概述

碳市场融资工具（Carbon Financing Instruments），指的是以碳资产为标的进行各类资金融通的碳金融产品，主要包括碳资产抵/质押融资、碳资产回购、碳资产托管等。其核心功能在于以碳配额或碳信用等碳排放权益为媒介进行资金融通活动，从而服务于减少温室气体排放或增加碳汇能力的商业活动。

2005年欧盟碳排放交易机制启动，碳市场的出现使碳排放配额和碳减排信用具备了价值储存、流通和交易的功能，从而催生了碳资产。随着全球气候治理与节能减排的不断深入，以及碳交易的全球影响力不断扩大，碳资产也受到了广泛的重视，碳资产甚至被称为是继现金资产、实物资产、无形资产之后第四类新型资产。优化碳资产的管理，盘活碳资产、实现保值增值、降低履约成本、提高经营效率，成为控排企业以及所有拥有碳配额、碳信用的市场主体的普遍需求。随着国内区域碳交易市场和全国性碳交易市场的建立与不断完善，各类碳市场融资工具已有一些可供参考的实践案例，如表5-1所示。

表 5 - 1 中国各碳交易市场典型碳市场融资工具

碳市场融资工具	全国	北京	上海	广州	湖北	深圳	天津	重庆	四川	福建
碳资产抵/质押融资	✓	✓	✓	✓	✓	✓	✓	✓	✓	✓
碳资产回购	-	✓	✓	✓	·	✓	-	-	-	✓
碳资产托管	-	-	-	✓	✓	✓	-	-	-	✓

注: ✓表示有案例或具体流程, 指引等文件; ·表示仅在网站上列出此项业务, 但是没有公布相关文件或案例; -表示无任何业务或信息。数据来源于对各碳交易市场官网信息的整理。

通过碳市场融资工具, 碳资产的价值得以发现和转化, 为碳市场提供额外的流动性和资金, 从而促进低碳技术的发展和碳排放的减少。碳市场融资工具的核心在于它们利用了碳资产的权益, 作为金融交易的基础, 允许企业通过金融市场获取资金, 用于减排技术或项目, 从而推动减少温室气体排放、促进低碳经济的发展。

(二) 发展碳市场融资工具的意义

碳市场融资工具的产生与发展, 能够在很大程度上提高碳资产的流转效率, 这对于控排企业、减排项目开发主体、金融机构与中介机构、碳金融体系, 乃至经济整体的节能减排形势, 都将产生深远的影响。

1. 拓宽减排项目融资渠道, 强化减排政策效果

管理减排与技术减排是企业实现节能减排的主要手段, 其中前者成本较低但减排空间相对有限, 而后者则涉及相当规模的技术更新和改造成本, 需要相应的资金支持。减排项目获得减排收益的周期较长, 实际的减排效果也存在一定的不确定性, 在很大程度上妨碍了传统的信贷、债券等融资模式的应用。而将碳减排收益与融资收益挂钩的创新融资模式, 能够盘活已有碳资产, 或变现未来碳资产, 降低减排项目的融资成本, 为企业拓宽融资渠道。

此外, 将碳配额作为融资担保和增信的手段, 体现出碳资产可量化、可定价、可流通、可抵押、可储存的特点, 能够提升社会对碳配额资产价值的认可, 引导更多的资源参与碳市场, 有利于通过碳市场促进节能减碳, 形成正向反馈, 鼓励企业开展技术减排、加快碳资产开发, 强化气候政策效果。

2. 提升实体企业风险管理能力, 降低经营成本与风险

不论从国际市场还是国内试点市场的运行情况看, 尤其是在碳市场启动初期, 碳价的波动性都较高。对于控排企业而言, 碳交易的实际收益, 代表企业减排的机会成本, 而后者则是指导其减排行动 (自主减排还是购买配额) 的重要指针。因此, 如果不对碳价波动的风险进行管理, 将会对企业减排行动带来相当的不确定性, 影响企业的优化决策, 也降低碳交易机制整体的运行效率。在二级市场进行低买高卖, 或者利用碳远期、碳期货、碳期权、碳掉期等衍生品交易工具固然能够为企业避免价格波动造成的风险, 但是相关交易需要很强的金融市场分析与交易能力, 以及对金融衍生品的深刻认识。因此, 将碳资产相对应的风险与部分收益让渡给金融机构等, 依托其专业能力进行碳资产管理, 并由企业分享部分收益, 有利于企业专注主业, 避免不必要的风险和成本, 因而具有更高的合理性与经济性。

值得一提的是，在一个只有现货交易、不能卖空的市场上，企业为了降低履约风险往往倾向于预存配额。此时，碳配额价格下跌就给企业造成了额外的损失。因此，配额价格下跌或企业自身配额大量剩余也会产生相应的风险管理需求。碳质押贷款从某种角度看，便能提供这样的风险管理手段：当企业预期配额剩余或价格将会下跌时，便可以通过碳资产出质的方式获得融资，并将配额剩余的风险让渡给金融机构或碳资产管理机构。如果配额出现紧缺，则可以偿还贷款以重获配额使用权；反之，则可以通过贷款展期等方式延续碳资产的出质。

3. 提高碳市场非履约期活跃度，强化价格发现功能

碳资产的价值来源于其对应的减排成本——当减排所需的成本高于市场碳价格时，企业购入配额以避免自主减排造成的过高的成本。但由于碳排放的核算、核查无法实时进行，因此并不是企业每排放一单位二氧化碳就需要相应的配额，而是在一年中的特定时间进行排放核算并一次性清缴配额。企业往往是在履约周期的伊始便获得了碳资产，而在履约周期的末尾进行配额清缴，因而在碳资产的获得与使用之间存在一定的时间差。碳排放权交易试点经验表明，控排企业大多倾向于在履约之前集中交易，使碳市场大部分时间活跃度相对较低，不利于有效碳价信号的形成。而对于控排企业而言，从获得碳资产到履约的期间内，碳资产只能存在于企业的账户中而无法有效利用。

控排企业参与碳交易动力不足，一方面，交易所需的资金占用较大；另一方面，二级市场交易所涉风险较高，实体企业大多没有相应的风险管理和投资获利的专业能力。碳市场融资工具可以在非履约期，通过碳资产的转移占有，将其所涉风险和部分收益能力让渡给金融机构和碳资产管理公司等专业机构。而服务机构获得碳资产头寸，能够用于其他诸如二级市场交易、做市、衍生品开发等业务，将相应的碳资产投入碳市场交易，提高非履约期的流动性。

4. 便于金融机构深度参与碳市场，促进碳金融体系发展完善

金融机构的深度参与是提高碳市场的深度和广度、推进碳金融体系深化发展的重要条件。与股票、债券、大宗商品等传统的金融市场相比，碳市场规模相对较小，交易标的供给与需求也相对集中。在这样的背景下，金融机构参与碳市场的一个重要前提，在于便捷、畅通的交易标的来源。如果没有获取碳配额或碳信用的渠道，则金融机构不仅只能被动地做多，并随时面临市场单边逼空的风险。参与减排项目的投资开发，是获得头寸的重要方式，但是减排项目开发周期较长、实际产生的减排量具有一定的不确定性。面对瞬息万变的市场情况，通过碳资产托管、回购、质押等业务，能够为金融机构提供充足的短期头寸，为涉及碳交易的相关业务提供了条件。

金融机构深度参与碳交易，除了为碳市场提供巨大流动性外，还能够通过做市、开发场外交易衍生品等业务，进一步吸引社会资金进入碳市场，提高市场流动性、强化价格发现功能，提升碳市场运行效率。

5. 拓展金融机构传统业务，实现金融体系可持续发展

在优质资产日渐稀缺的背景下，碳资产的出现对于金融系统自身的可持续发展将产生助力。相比国际市场，我国碳资产开发应用的规模以及市场价格均存在较大差距。随

着节能减排政策约束的不断收紧，碳资产的市场价值及其总体规模在长期中将逐步提升。充分发挥碳市场融资工具的价值，可以为金融机构提供一类全新的资产，不论是将其作为传统融资业务的担保增信手段，还是直接用于投资，都能够在很大程度上拓展业务空间和扩大市场规模。

二、碳资产抵/质押融资

（一）基本概念

1. 碳资产抵/质押融资的定义与功能

碳资产抵/质押融资（Carbon Assets Pledge），指的是碳资产的持有者（即借方）将其拥有的碳资产作为质物/抵押物，向资金提供方（即贷方）进行抵/质押以获得贷款，到期再通过还本付息解押的融资合约。质押和抵押的根本区别在于是否转移碳资产的占有和处分权利（表现为是否过户）。

在碳交易机制下，碳资产具有明确的市场价值，为碳资产作为质押物或抵押物发挥担保增信功能提供了可能，而碳资产质押/抵押融资则是碳排放权和碳信用作为企业权利的具体化表现。通过碳资产抵/质押融资，管控企业可以盘活碳资产，更加灵活地管理碳资产，提前变现，减少资金占用压力。由碳交易主管部门委托交易所出具抵质押监管见证书，碳资产的安全有保障，可以提高企业的融资信用，对于激励管控企业、提高碳资产管理水平和温室气体减排力度具有积极的推动作用，具有环境、经济的双重效益。

2. 碳资产抵/质押融资与传统金融资产抵/质押融资

抵押和质押是传统金融体系下两种常见的担保方式，具体运作方式为：债务人或者第三人在特定财产上为债权人设立抵押权或质权，当债务人不履行债务时，债权人可依法将担保财产折价或者以拍卖、变卖该担保财产所得的价款优先受偿。抵押与质押的不同之处主要在于，抵押项下债务人或者第三人不将抵押财产转移给债权人占有，而质押项下，债务人或第三人需要将质押财产转移给债权人占有（股权、知识产权和财产权等除外）。

在碳交易和碳金融的背景下，碳抵/质押是指碳资产的持有者（即借方）将其拥有的碳资产作为质物或抵押物，向资金提供方（即贷方）进行抵/质押以获得借款，到期再通过还本付息解押。由于抵/质押基础交易架构已经较为成熟，碳抵押、质押是较为普遍的碳市场融资工具，控排企业可以利用闲置的碳资产以相对较低的利率获得融资，因此碳抵/质押也是最受市场欢迎的碳金融产品。

碳资产作为质押/抵押物，为银行的信贷资产提供保障，然而碳资产变现能力却受到碳市场价格波动以及市场交易情况的影响，同样存在一定风险。为此，碳资产质押/抵押贷款在传统的贷款模式中常常会引入碳资产管理机构这一新的主体，在银行不愿意主动承担碳资产价格风险的情况下，由碳资产管理机构代为履行碳资产的持有和处分，并向银行书面承诺为企业提供质押担保，借助第三方机构的碳资产管理专业能力，对市场风险进行控制。

3. 碳资产抵/质押融资的分类

可以作为质押物或抵押物的碳资产是广义的，包括基于碳减排配额的碳资产和基于自主减排项目产生的碳减排量获得的碳资产。由于企业已经获得的碳配额或碳减排量属于企业现有资产，在抵/质押过程中易监管，变现风险小，因而近年来受到了越来越多的关注。

（1）碳排放权配额抵/质押模式。碳排放权配额抵/质押模式是企业质押自身现有的碳排放权配额，获得银行贷款的融资方式。

其模式操作流程如下：第一，单个企业通过政府碳排放权配额发放、碳交易市场购买获得初始碳排放权配额；第二，企业向碳资产管理平台申领碳排放权配额后，以碳排放权配额为质押物，向商业银行提出贷款申请；第三，银行审核后，与企业签订借款合同等法律性文件；第四，经碳资产管理机构办理质押物存管登记手续，银行向企业发放贷款；第五，质押贷款到期，企业正常偿还贷款，收回质押碳排放权配额；第六，质押贷款到期，企业未能偿还贷款，银行将企业质押的碳排放权配额在碳排放权交易中心拍卖出售，获得收入偿还银行贷款。具体运作流程如图 5-1 所示。

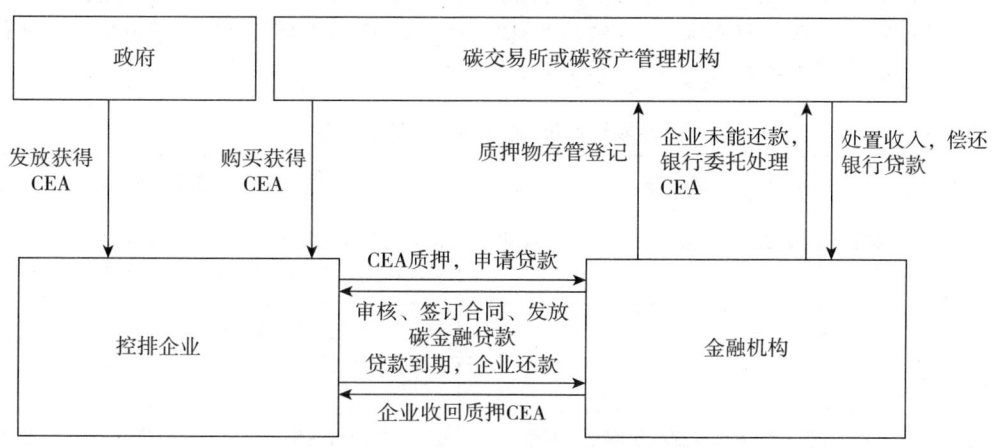

图 5-1　碳排放权配额抵/质押融资运作流程

（2）碳减排量抵/质押模式。碳减排量抵/质押模式是企业以碳减排量质押直接向银行申请贷款的融资方式。碳减排量抵/质押融资的操作模式与碳配额质押融资类似。

其操作流程如下：第一，企业开展节能减排项目，相关机构或政府部门审核后完成项目备案；第二，第三方机构对项目进行技术评估、项目审定、排放监测并提交核证报告，相关机构或政府部门对符合条件的项目注册登记并签发 CERs；第三，减排企业将 CERs 作为质押物，向商业银行提出贷款申请；第四，银行审核后，与企业签订借款合同等法律性文件；第五，企业向碳交易所申请办理 CERs 冻结登记后，由上海环境能源交易所在系统内办理相关冻结手续，实现质押双方信用保证，银行向企业发放贷款；第六，质押贷款到期，企业正常偿还贷款，质押双方再通过上海环境能源交易所办理解除冻结登记手续，收回 CERs；第七，质押贷款到期，企业未能偿还贷款，银行将企业质押的 CERs 在碳交易所拍卖出售，获得收入偿还银行贷款。具体运作流程如图 5-2 所示。

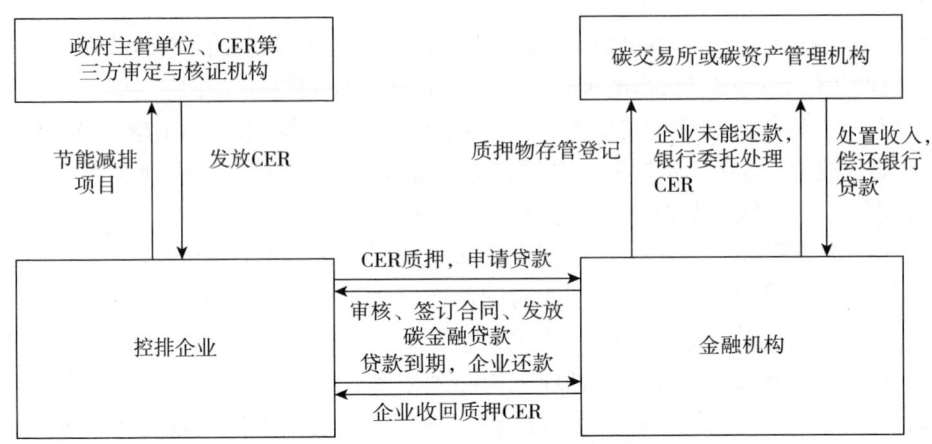

图 5 - 2　碳减排抵/质押融资运作流程

（3）两种模式的比较。通过对比碳排放权配额抵/质押模式及碳减排量抵/质押模式的操作流程不难发现，两种模式在参与主体、融资对象、质押资产、融资方式、征信机制及风险管控方面存在明显差异，如表 5 - 2 所示。

表 5 - 2　　　　　　　　　　　　　　两种碳资产抵/质押融资模式的比较

比较项目	碳排放权配额抵/质押	碳减排量抵/质押
参与主体	持有碳配额的融资企业、保险公司、商业银行、碳交易所	国家发展改革委和 CCER 第三方审定与核证机构、持有核证减排量的融资企业、商业银行、碳交易所
融资对象	持有碳配额的能源企业	持有核证减排量的减排企业
抵/质押资产	CEAs	CERs
融资方式	抵/质押现有的碳排放权配额向银行贷款	抵/质押现有的碳减排量向银行贷款
征信机制及风险管控	购买碳保险，附加质押物（如其他项目中的固定资产、核证碳减排量等）	购买碳保险，附加质押物（如其他项目中的固定资产、碳排放权配额等）

从参与主体看，两个模式都涉及的参与主体包括融资企业、商业银行和碳资产管理机构。区别在于，碳减排量抵/质押模式还涉及相关机构或政府部门和 CERs 第三方审定与核证机构，对企业的节能减排项目备案、监测、核证，并签发碳减排量。

从融资对象看，碳排放权配额抵/质押模式的融资对象是持有碳配额的能源企业，碳减排量抵/质押模式中的融资对象是开展节能减排项目并持有核证碳减排量的减排企业。

从抵/质押资产看，碳排放权配额抵/质押模式的抵/质押物为现有的碳排放权配额，碳减排量抵/质押模式中的抵/质押物是企业现有的，经过第三方机构和国家发展改革委审查、监测、登记、核证后的碳减排量。

从融资方式看，碳排放权配额抵/质押模式和碳减排量抵/质押模式大体是类似的，都是企业直接将碳排放权配额或者碳减排量抵押/质押获得贷款。

从征信机制及风险管控看，碳排放权配额抵/质押模式和碳减排量抵/质押模式的企业或银行可以通过购买碳交易履约保证保险降低贷款的履约信用风险，将抵/质押贷款过程中的部分风险分担至保险公司。两种模式均可通过附加抵/质押物降低违约风险，仅抵/质押物存在差异。

（二）交易机制

1. 市场参与者

碳资产抵/质押融资市场的参与者包括借款人、贷款人以及第三方登记机构。

借款人是办理碳配额抵/质押贷款的借款人，是合法持有碳配额/碳减排量的机构，即资金的需求方。贷款人是办理碳配额抵/质押贷款的贷款人，是符合相关规定要求的银行金融机构和非银金融机构，即资金的供给方。登记机构为办理碳配额抵/质押贷款的登记机构，即符合相关规定要求的交易所。

2. 协议主要内容

碳资产抵/质押融资合同由借款人和贷款人协商订立，协议的主要内容包括抵/质押主体、债权金额、贷款利率及期限等。

抵/质押物条件：作为抵/质押物的碳排放权配额/碳减排量应符合相关法律法规、主管部门、登记机构以及贷款人的相关规定要求。

债权金额由碳资产抵/质押物评估价值决定，抵/质押物评估价值计算公式如下：

$$抵/质押物评估价值 = 碳资产评估单价 × 碳资产数量 \quad (5-1)$$

碳资产评估单价可参考所属碳排放权交易二级市场的价格，具体可由贷款人自行制定。抵/质押贷款额度可参考碳资产抵/质押贷款评估指标综合确定，或根据贷款企业和绿色评估认证服务机构评估认证的实际情况确定，相关主管部门可以根据经济周期、风险状况和市场环境适时调整碳资产抵/质押的最高比率。碳资产可作为主要抵/质押物或辅助保障措施，原则上不超过抵/质押物评估价值的100%，具体由借贷双方协商确定。

碳资产抵/质押贷款利率和期限由贷款人和借款人协商确定，贷款利率一般以市场贷款利率为参照，贷款的期限则需要考虑碳排放配额清缴的时间。贷款用途也有限定，碳配额抵/质押贷款可用于企业减排项目建设运维、技术改造升级、购买更新环保设施等节能减排活动，也可用于借款人补充流动资金，但不得用于购买股票、期货等有价证券和从事股权投资。

3. 风险分析与评估

在碳资产抵/质押融资中，贷款人将面临信用风险、道德风险、市场风险、政策风险等诸多金融风险。为了有效地评估和管理风险，可通过以下措施进行贷前和贷后的风险控制。

贷前风险控制：首先，负责办理抵/质押登记的登记机构应确保用于抵/质押融资的碳资产的内容、来源、期限与申请登记的碳配额/碳减排量状况相一致。其次，贷款人在进行贷款审查时，可通过查看征信系统、咨询政府相关部门、实地调查企业等方式，重点关注借款人的环保合规和碳配额情况。最后，贷款人应加强碳配额价值评估风险控制，碳配额价值评估参照有偿取得的价格、当期同等碳排放权市场成交均价及政府调控价格等综合确定。

贷后风险控制：贷款人在发放碳配额抵/质押贷款后，应持续监控贷后资金用途，关注借款人的经营状况及环保合规情况，及时了解影响抵/质押碳配额价值的市场因素和政策因素，持续评估抵/质押碳配额价值和关注碳配额合法有效性等情况，采取有效措施防范和控制信贷风险。在信息披露方面，相关行业主管部门宜通过环境（碳）信息披露平台对借款人节能环保违规等异常信息进行披露，并通知贷款人。贷款期间如遇行业相关政策变化或其他因素影响碳配额价值或抵/质押有效性时，贷款人有权要求借款人追加担保或出售抵/质押碳配额，所得款项用于还本付息，余款清退给借款人，不足部分由借款人清偿。

4. 碳资产抵/质押融资运行的流程

碳资产抵/质押融资业务实施流程如下。

（1）碳资产抵/质押贷款申请：借款人向符合相关规定要求的金融机构提出书面的碳资产抵/质押融资贷款申请。办理碳资产抵/质押贷款的借款人及其碳资产应符合金融机构、抵/质押登记机构以及行业主管部门设立的准入规定。

（2）贷款项目评估筛选：贷款人对借款人进行前期核查、评估、筛选。

（3）尽职调查：贷款人应根据其内部管理规范和程序，对碳资产抵/质押融资贷款借款人开展尽职调查。借款人通过碳资产抵/质押融资所获资金，原则上用于企业减排项目建设运维、技术改造升级、购买更新环保设施等节能减排改造活动，不应购买股票、期货等有价证券和从事股本权益性投资。

（4）贷款审批：贷款人应根据其内部管理规范和程序，对进行尽职调查人员提供的资料进行核实、评定，复测贷款风险度，提出意见，并按规定权限报批后作出对碳资产抵/质押融资贷款项目的审批决定。贷款额度根据贷款企业实际情况确定。

（5）签订贷款合同：通过贷款审批后，借贷双方签订碳资产抵/质押贷款合同。

（6）抵/质押登记：贷款合同签订后，借款人应在登记机构办理碳资产抵/质押登记手续，审核通过后，向行业主管部门进行备案。

（7）贷款发放：贷款发放时，贷款人需按借款合同规定如期发放贷款，借款人则需确保资金实际用途与合同约定用途一致。

（8）贷后管理：贷款发放后，贷款人应对借款人执行合同情况及借款人经营情况持续开展评估、监测和统计分析，跟踪借款人资金使用情况及还款情况。

（9）贷款归还及抵/质押物解押：借款人在完全清偿贷款合同的债务后，与贷款人共同向登记机构提出解除碳资产抵/质押登记申请，办理解押手续。

借款人未能清偿贷款合同的债务，贷款人可按照有关规定或约定的方式对抵/质押物进行处置，所获资金按相关合同规定用于偿还贷款人全部本息及相关费用，处置资金仍有剩余的，应退还借款人；如不足偿还的，贷款人可采取协商、诉讼、仲裁等措施要求借款人继续承担偿还责任。

具体业务流程如图 5-3 所示。

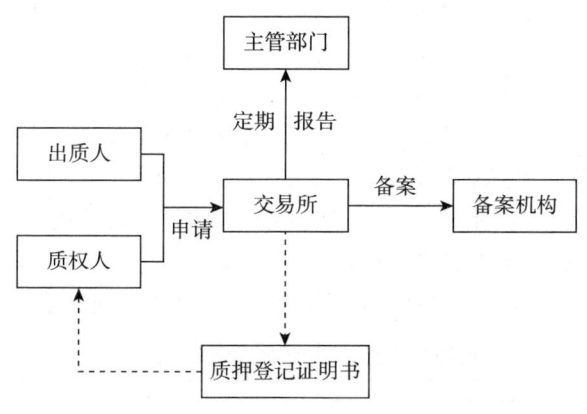

图5-3 碳资产抵/质押标准业务流程示意

（三）市场实践

1. 发展现状

碳排放权交易试点发力，创新案例纷纷落地。碳排放权交易试点拉开了我国碳市场建设的序幕，各金融机构纷纷创新碳金融相关的产品，碳排放权抵/质押融资逐渐成为近年来银行碳金融业务布局的重心。2014年，兴业银行落地全国首单碳配额抵/质押融资产品，联合湖北省发展改革委、湖北省碳排放权交易中心等机构，在梳理和设计碳配额抵/质押操作流程的基础上，独家创设了"碳配额资产风险管理和价值评估模型"。基于该模型分析，兴业银行武汉分行为宜化集团提供了4 000万元贷款支持。该笔业务单纯以国内碳排放权配额作为质押担保，无其他抵押担保条件，降低了中小型减排企业的融资门槛，解决了中小企业授信难、融资难的问题。

伴随着全国碳交易市场的发展和壮大，碳资产的金融属性得到更广泛认可，拓宽了商业银行贷款抵/质押物的范围。一方面，除了中国建设银行等国有银行、兴业银行等股份制银行外，政策性银行和城商行等也开始涉足碳排放权抵/质押贷款领域；另一方面，各银行的地区分行也都广泛开展碳排放权抵/质押贷款试点工作，如兴业银行武汉分行、杭州分行等，相继为本地区的企业发放了碳排放权抵/质押贷款。

贷款对象集中于减排重点行业，贷款利率优惠限于已落地的碳排放权抵/质押贷款，贷款对象集中于电力、造纸、能源等行业，不仅缓解了企业的资金压力，而且有利于引导高碳企业实现低碳绿色转型。此外，中国人民银行设立碳减排支持工具，支持金融机构为碳减排重点领域具有显著碳减排效应的项目提供优惠利率。从已有的碳排放权抵/质押贷款案例来看，普遍享受较优惠利率，从而使高碳企业拥有更强的申请意愿。

贷款模式逐渐多元化，企业选择具有多样性。以兴业银行武汉分行发放的全国首笔碳配额抵/质押贷款为起点，出现了国家核证自愿减排量抵/质押贷款、"碳配额/项目未来收益质押＋固定资产抵押"组合抵/质押贷款等模式。浦发银行广州分行与广州大学城华电新能源公司推出国内首笔"碳排放权抵押线上融资＋首个碳交易法人账户透支产品"，成为碳排放权抵/质押贷款模式的又一创新。多样化的碳排放权抵/质押贷款模式给了企业更多选择权，银行可以根据企业的不同特点来制订不同的碳排放权抵/质押贷款方案。

创新案例多点开花，制度逐渐完善。碳资产抵抵/质押融资是目前全国碳市场和各个试点碳市场实践最为丰富的碳金融产品。全国碳交易市场正式启动后，多笔碳排放权抵/质押贷款在全国各地迅速破冰落地。上海、浙江、湖北、天津、重庆、江苏、山东、广东、河南、四川、江西、福建等大部分省市均已完成碳排放权抵/质押贷款的发放。同时，广州、上海、绍兴等地更是针对碳排放权抵/质押贷款出台了相关操作指引文件，进一步助推碳排放权抵/质押贷款在全国范围推广。典型案例如表5-3所示。

表5-3　　　　　　　　　　我国碳排放权抵/质押贷款发放情况

出质人	质权人	贷款总额	发放日期	代表性意义
湖北宜化集团有限责任公司	兴业银行武汉分行	4 000万元	2014年9月	全国首笔碳配额质押贷款
华能武汉发电有限公司	中国建设银行湖北省分行	30 000万元	2014年11月	采用"碳配额/项目的未来收益+固定资产抵押"组合模式
上海宝碳新能源环保科技公司	上海银行	500万元	2014年12月	国内首笔CCER质押贷款
广州大学城华电新能源公司	浦发银行广州分行	1 000万元	2014年12月	国内首笔碳排放权抵押线上融资+首个碳交易法人账户透支产品
湖北宜化集团有限责任公司	中国进出口银行湖北分行	10 000万元	2015年8月	国内首个政策性银行发放碳排放权质押贷款先例
浙江省某环保能源公司	兴业银行杭州分行	1 000万元	2021年7月	全国首例以全国碳排放配额为质押物的贷款
新加坡金鹰集团	中国建设银行广东省分行	1 000万元	2021年8月	建设银行系统内首笔与外资企业开展的碳排放权质押贷款业务
中策橡胶集团有限公司	杭州银行	2 000万元	2021年8月	上市城商行首单碳排放配额质押贷款业务
山东金晶科技股份有限公司	恒丰银行	1 000万元	2021年11月	恒丰银行首笔碳排放权质押贷款
中国华电集团碳资产运营有限公司	中国工商银行镇江句容支行	5 000万元	2021年12月	全国首笔引入第三方机构代管模式的碳排放配额质押贷款
北京天德泰科技股份有限公司	北京银行城市副中心分行	300万元	2022年12月	首创担保公司为企业提供授信融资担保
湖北碳市场某控排企业	中国工商银行武汉分行	6 000万元	2024年12月	首笔基于企业下一年度预分配配额的碳排放权质押贷款

注：数据来源于对各碳交易市场官网信息的整理。

2. 市场展望

伴随着全国范围内碳排放权抵/质押贷款的具体实践，各银行对于碳排放权抵/质押贷款的操作流程，在大框架、大方向上已达成共识。但从银行已开展的碳排放权抵/质押贷款情况看，一是碳排放权抵/质押作为碳金融产品创新大多还处于示范性质，形成规模化交易的还不多；二是大多只对境内企业贷款，支持境外平台跨境融资尚未有案例。

尽管目前碳排放权抵/质押贷款实践仍存不足之处，但未来业务机遇蓄势待发。伴随碳中和目标和节能减排工作的稳步推进，未来中国绿色低碳领域的预计投资规模在百亿元以上，这将为绿色金融发展带来巨大机遇。银行等金融机构应密切关注低碳领域的业务机会，并做好气候政策变化可能带来的业务风险研判。

探索转型金融，配套授信政策。一是挖掘传统产业升级改造中的机遇。在"双碳"目标驱动下，石化、化工、建材、钢铁、有色等传统产业在技术升级过程中产生巨大融资需求，应紧抓机遇，择优支持有竞争力、有潜力的客群。二是配套相关授信政策。如何从传统行业中选择优质客户并配套相应支持政策至关重要，应伴随气候政策、国家政策等变化制定与之相适应的授信政策、审批授权等方面的配套支持政策。

加强开放合作，实现互利共赢。一是加强与碳排放权交易所、碳资产管理企业在碳咨询、碳资产开发、碳交易、碳金融与绿色金融、碳普惠平台、双碳减排技术等方面的合作，提升绿色生态圈的工作效率。二是构建互联互通的激励机制。对于跨境融资涉及境内外联动、银行境内分行间联动的，通过协同业务收益合理分配、影子考核等方式，激励境内分行与境外机构联动，激励拥有自由贸易（FT）业务牌照的分行与其他境内分行对"走出去"企业的联动服务。

强化政策研究，有效管理风险。一是强化碳风险分析，提升碳政策的认识，全方位梳理风险管理政策、授信政策以及对分支机构的约束政策，充分考虑碳关税以及因政策影响在部分领域可能出现的风险。二是做好碳资产配置方面的风险分析，特别是与气候变化有关的集中度风险、市场风险，应从政策调整、技术变迁、产业盛衰、碳排放强度、能源效率、投资者偏好、消费者偏好等多维度，分析资产配置风险及环境和气候风险敞口情况，严格把控煤电、煤化工、煤采掘等重大项目风险。三是在战略谋划和顶层设计方面，充分考虑绿色低碳转型趋势，密切关注监管机构可能在绿色项目支持、绿色贷款规模等方面的政策考核要求，提前做好项目储备，满足监管要求。

三、碳资产回购

（一）基本概念

1. 碳资产回购的定义与功能

碳资产回购（Carbon Assets Repurchase），指的是碳资产的持有者（即借方）向资金提供机构（即贷方）出售碳资产，并约定在一定期限后按照约定价格购回所售碳资产以获得短期资金融通的合约。该业务属于场内业务，具备风险可控、期限灵活、流程便捷等特点，是企业盘活存量碳资产的重要方式。碳资产回购交易业务具有帮助企业拓宽低碳融资渠道、有效降低资金成本、提高资金使用灵活性等优势。

碳资产回购作为短期资金融通的交易活动具有以下几个主要功能。

（1）提供流动性：碳资产回购为重点排放单位或碳资产持有者提供了一种快速获得短期资金的方式。这种机制使这些单位可以通过出售其持有的碳配额来满足临时的资金需求，同时保留了未来重新获得这些配额的权利。

（2）资金管理：对于需要短期资金但不希望永久失去碳资产的企业来说，碳资产回购是一种有效的资金管理工具。它允许企业根据自身的财务状况和市场条件灵活调整资金和资产。

（3）风险管理：碳资产回购可以作为一种风险管理策略，帮助企业应对碳交易市场的价格波动。通过回购协议，企业能够在未来以预定价格重新获得碳资产，从而减少市场波动对其的影响。

2. 碳资产回购与传统金融资产回购

传统金融资产回购是金融市场中用于短期融资、流动性管理、风险控制和货币政策实施的重要工具。碳资产回购和传统金融资产回购在核心机制上有一定相似性，都涉及卖方出售资产并在未来以预定价格回购这些资产，均旨在为市场提供流动性和短期融资。

但由于作为碳资产的碳排放权配额或者碳减排量需定期完成履约清算，相较于传统金融资产回购聚焦于解决企业的短期财务需求和流动性管理，碳资产回购主要围绕环境政策和碳排放合规性展开，交易不仅关系财务考虑，还直接关联企业的环境责任和政策合规要求。此外，碳资产的价值和需求受碳排放政策、市场供需以及全球和地区减排目标的影响。企业通过回购碳资产应对政策变动带来的合规风险，如碳税率变化或排放标准的调整。

3. 碳资产回购的分类

（1）碳资产回购与逆回购。碳排放配额回购，是指配额持有人（正回购方）将配额卖给购买方（逆回购方）的同时，双方约定在未来特定时间，由正回购方再以约定价格从逆回购方购回总量相等的配额的交易。其中，交易参与人签订回购交易协议，并将回购交易协议交碳交易所核对，启动回购交易，直至最后一个回购日，按照协议约定完成配额和资金结算后，回购交易完成。双方在回购协议中，需约定出售的配额数量、回购时间和回购价格等相关事宜。在协议有效期内，受让方可以自行处置碳排放配额。碳资产回购与逆回购具体运作流程如图5-4所示。

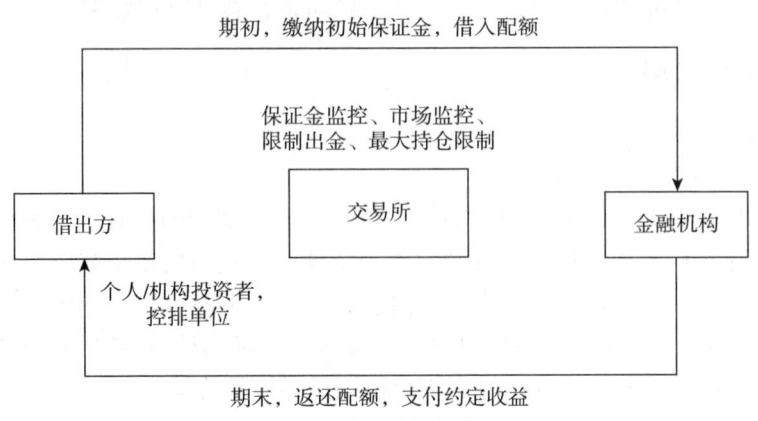

图 5-4 碳资产回购运行示意

该项业务是一种通过交易为企业提供短期资金的碳市场创新安排。对控排企业和拥有碳信用的机构（正回购方）而言，卖出并回购碳资产获得短期资金融通，能够有效盘活的碳资产，对于提升企业碳资产综合管理能力，以及对提高金融市场对碳资产和碳市场的认知度和接受度有着积极意义；同时，对于金融机构和碳资产管理机构（逆回购方）而言，则满足了其获取配额参与碳交易的需求。

（2）借碳交易与卖出回购。借碳交易及卖出回购可视为碳回购及逆回购的变体，与常见碳回购或逆回购需要其他非履约机构参与不同的是，借碳交易与卖出回购可以在履约机构间展开。

借碳交易是指符合条件的配额借入方存入一定比例的初始保证金后，向符合条件的配额借出方借入配额并在交易所进行交易，待双方约定的借碳期限届满后，由借入方向借出方返还配额并支付约定收益的行为。交易所借碳交易业务是对借碳双方的借碳交易提供交易权限管理。借碳交易具体流程如图 5－5 所示。

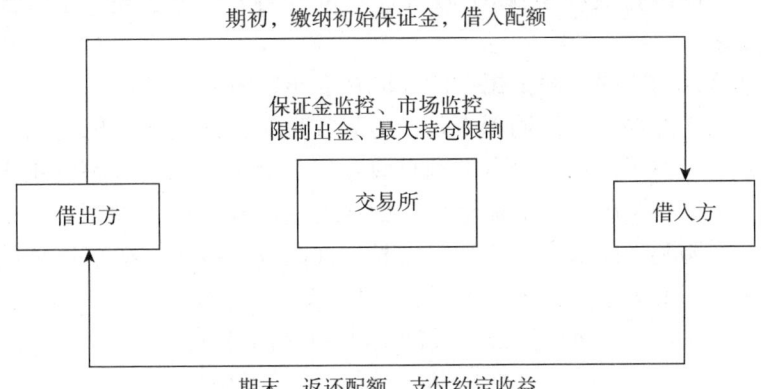

图 5－5 借碳交易流程示意

卖出回购是指控排企业根据合同约定向碳资产管理公司卖出一定数量的碳配额，控排企业在获得相应配额转让资金后将资金委托金融机构进行财富管理，约定期限结束后控排企业再回购同样数量的碳配额。与普通的逆回购不同的是，卖出回购通常将资金委托其他金融机构进行管理。卖出回购交易具体流程如图 5－6 所示。

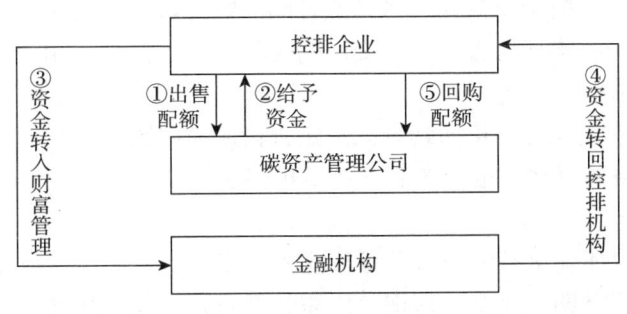

图 5－6 卖出回购流程示意

（二）交易机制

1. 市场参与者

碳资产回购市场的参与者广泛，包括商业银行、证券公司等金融机构，非金融企业等。

在碳交易市场和碳金融市场发展初期，企业更多作为回购方参与碳资产回购市场，旨在盘活存量碳资产，有效降低融资成本，提高资金使用灵活性，所融取资金一般投向减排技改以进一步实现碳资产结余，助力自身发展以进入降碳良性循环。而随着碳资产价值和认可度的提升，金融机构和非金融企业均可成为正回购方或逆回购方，既可以使所持有的碳资产为担保获得急需的资金，也可以使暂时闲置的资金在保证安全的前提下获得较高的收益。

2. 协议主要内容

碳资产回购协议由正回购方和逆回购方协商订立，协议的主要内容包括交易资产、回购期限、回购利率等。

作为交易资产的碳排放权配额/碳减排量应符合相关法律法规、主管部门、登记机构等相关规定要求。

碳资产回购协议的期限一般是短期的，即在 1 年以内。

在碳资产回购的交易中，回购利率是交易双方最关注的因素。约定的回购价格和售出价格之间的差额反映了借出资金者的利息收益，它取决于回购利率的水平。回购利率与碳资产价格无关，它与碳资产的流动性、回购的期限有着密切关系。一般来说，碳资产流动性越高，回购利率越低；回购期限越长，回购利率越高。碳资产回购价格、售出价格与回购利率之间的关系可用式（5-2）、式（5-3）表示：

$$回购价格 = 售出价格 + 约定利息 \qquad (5-2)$$

$$回购利率 = \frac{回购价格 - 售出价格}{售出价格} \times \frac{360}{距到期日天数} \times 100\% \qquad (5-3)$$

3. 碳资产回购运行的流程

（1）协议签订。参与碳资产回购交易的参与人应符合交易所设定的条件。回购交易参与人通过签订具有法律效力的书面协议、互联网协议或符合国家监管机构规定的其他方式进行申报和回购交易。回购交易参与人进行配额回购交易应遵守交易所关于碳配额或碳信用持有量的有关规定。

（2）协议备案。回购交易参与人将已签订的回购协议提交至交易所进行备案。

（3）交易结算。回购交易参与人提交回购交易申报信息后，由交易所完成碳配额或碳信用划转和资金结算。

（4）回购。回购交易日，正回购方以约定价格从逆回购方购回总量相等的碳配额或碳信用。回购日价格的浮动范围应按照交易所规定执行。

（三）市场实践

目前，海峡资源环境交易中心、上海环境能源交易所已出台了碳资产回购交易的相关规则。其他试点碳市场（北京、深圳、广东、湖北）和全国碳市场虽未出台相关规则但也实际开展了碳资产回购交易业务。典型案例如表 5-4 所示。

表 5-4　　　　　　　　　　　　　碳资产回购实践案例

市场	时间	申请方	出资方	获得融资额
北京	2014 年 12 月	北京华远意通热力科技股份有限公司	中信证券股份有限公司	1 330 万元
	2016 年 1 月		招银国金投资有限公司	1 000 万元
上海	2016 年 3 月	春秋航空股份有限公司	上海置信碳资产管理公司、兴业银行上海分行	未提及
深圳	2016 年 3 月	深圳妈湾电力有限公司	英国石油公司	超过亿元（400 万吨碳配额）
全国	2022 年 5 月	鞍钢集团	未提及	2 630 万元（利率 4%）

注：数据来源于对各碳交易市场官网信息的整理。

2014 年 12 月，中信证券股份有限公司与北京华远意通热力科技股份有限公司正式签署了国内首笔碳排放配额回购融资协议，融资总规模为 1 330 万元。2016 年，我国完成第一单跨境碳配额回购交易，交易标的额为 400 万吨碳配额。在该交易中，英国石油公司以约定价格购买深圳妈湾电力有限公司 400 万吨碳配额，妈湾公司将这笔境外资金用于企业的低碳发展。此后，深圳妈湾电力有限公司再按照约定价格从英国石油公司手中回购 400 万吨碳配额，从而完成此次跨境碳配额回购交易。2023 年 6 月，中信证券股份有限公司与深圳拓邦股份有限公司签约全国首笔组合式碳资产回购交易。本次交易以碳排放配额、国家核证自愿减排量为资产标的开展组合式回购交易，利用交易资金提升深圳拓邦股份有限公司生产线智能制造能力，降低制造环节碳排放，助力实体企业绿色低碳转型升级。

相较于碳债券和碳资产抵/质押融资，碳资产回购的融资在目前的碳金融市场上没有较为完善的政策体系和操作流程。因此，可供参考的实践情况较少。从最近的全国碳市场纳管企业的情况来看，其融资成本为 4%。对于能源企业来说，4% 的融资利率，相较于现有的碳资产抵/质押融资所能达到的 3.1%～3.15% 的成本，以及碳债券所能达到的 1.8% 甚至更低的利率水平来说，并不具有成本优势，这或成为制约碳资产回购市场发展的重要因素。

四、碳资产托管

（一）基本概念

1. 碳资产托管的定义与功能

碳资产托管（Carbon Assets Custody），指的是碳资产管理机构（托管人）与碳资产持有主体（委托人）约定相应碳资产委托管理、收益分成等权利义务的合约。

狭义的碳资产托管，主要指碳配额托管。具体而言，双方签订碳配额托管协议，约定接受托管的碳配额标的、数量和托管期限，可能获取的资产托管收益的分配原则，损失共担比例以及约定交易目标无法兑现时的补偿方式等内容。而广义的碳资产托管是指控排企业将与碳资产相关的工作交给专业的托管机构托管，包括 CERs 开发、碳资产账户管理、碳交易委托与执行、低碳项目投融资、相关碳金融咨询服务等。本文讨论的对象是狭义的碳资产托管。

控排企业通常多为实业企业，对碳资产交易市场以及交易规则并不熟悉，且往往缺少金融市场的分析和交易能力，一般不了解如何在交易市场通过碳配额的买卖或者利用碳远期等金融衍生品工具带来额外收益并且降低碳价波动带来的风险，因此碳资产托管业务应运而生。碳资产托管机构可以利用其在资产管理方面的知识，在控排企业保证履约的情况下，帮助企业形成利用市场管理风险的经验和基础，以盘活碳资产，实现资产增值。

碳资产托管服务信托特别适合由一家大型企业集团开展。一家大型企业集团下控股多家二级单位，集团层面本身可能也存在集中管理碳资产的需求，因此可将集团下属众多二级单位的碳资产统一交付碳资产托管服务信托计划。相关流程示意如图 5-7 所示。

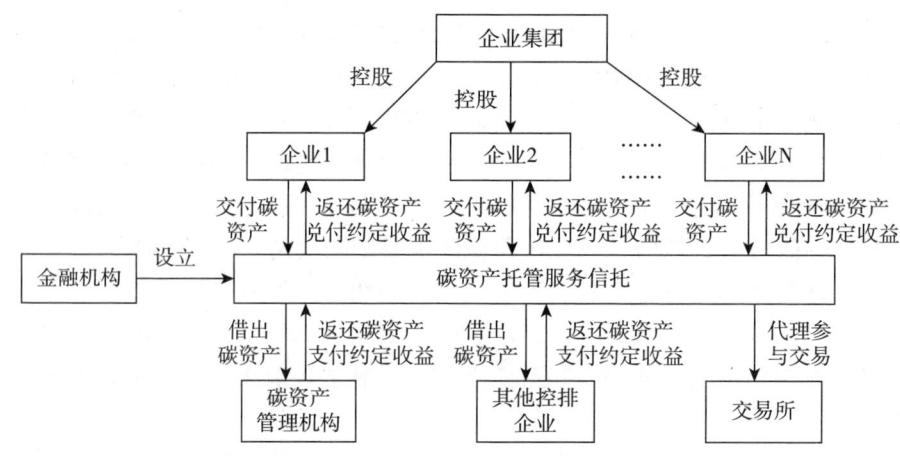

图 5-7　碳资产托管运行示意

2. 碳资产托管与传统金融资产托管

传统金融资产托管业务的主要目的是确保客户资产的安全性、效率性和合规性，同时为客户提供便利的资产管理和增值服务。在碳交易市场的发展下，碳资产也类似于金融资产可委托金融机构管理，保障了碳资产的安全管理和有效运作。

传统金融资产托管主要涉及广泛的金融市场知识和金融工具的管理，而碳资产受到碳排放政策、环境法规的强烈影响，这些政策变化直接影响碳资产的价值和管理策略。此外，在专业知识和服务范围上，传统金融资产托管则更多涉及广泛的金融市场知识和金融工具的管理。而碳资产托管要求委托人具备碳市场的专业知识，包括了解碳交易机制、环境政策和碳减排项目。

3. 碳资产托管的分类

现行碳资产托管模式主要有两种，包括双方协议托管和交易所监管托管。

双方协议托管：企业和碳资产管理机构通过签订托管协议建立碳资产托管合作，该模式下碳资产划转及托管担保方式灵活多样，控排企业可以将拥有的配额交易账户委托给碳资产管理机构来全权管理操作，后者支付一定保证金或开具银行保函承担托管期间的交易风险。双方协议托管模式的弊端取决于双方的商业谈判及信用基础，信用风险隐患较大。

交易所监管托管：国内试点市场的碳交易所普遍开发了标准化的碳资产托管服务，通过碳交易所全程监管碳资产托管过程，可减少碳资产托管合作中的信用障碍，同时实现碳资产管理机构资金高效利用，有助于碳资产托管业务推广。

（二）交易机制

1. 市场参与者

碳资产托管市场的参与者包括委托方、托管方及交易所。

委托方多为控排的实体企业。在减少自身碳负债方面，企业具有内部信息与相应的技术能力。托管方则为金融机构或专业的碳资产管理机构（信托）。获得托管碳资产后，托管机构可利用托管的碳资产从事多种碳市场操作，如二级市场投机套利性交易，以及其他碳金融活动。如果控排企业碳资产规模巨大，也可通过成立碳资产管理专门部门或子公司的形式，实现碳资产的保值增值。

交易所在碳资产托管交易过程中主要起到监管的作用。

2. 风险防范与控制

在碳资产托管的过程中，会产生信用风险、碳资产返还风险、市场流动性风险等金融风险。

（1）信用风险：碳资产托管是资产管理业务在碳市场的一种应用，因而同样是基于信托关系，也即受托人的信用，才能够成立的金融活动。但在碳市场建设初期，不论是市场交易的监管还是市场主体的管理，均欠成熟。因此，如果对信用风险估计不足，采取无第三方担保的双方托管协议，便可能出现碳资产管理机构到期不能及时返还配额，或无法支付承诺收益的违约情况。即使最终能够采取法律手段获得赔偿，但可能会对双方的正常碳排放履约或经营造成不利影响。相对协议托管模式而言，由交易所进行第三方监管的托管服务模式，可以在很大程度上降低这方面的风险。

（2）碳资产返还风险：对于控排企业而言，托管碳资产的返还时间需要在控排企业的碳排放履约最后期限之前完成，以确保控排企业拥有足够的时间完成履约操作。碳资产管理机构通常希望返还时间尽可能接近履约截止期限，从而可以充分利用履约前的市场波动进行套利。因此，合作双方对托管碳资产的返还时间的确定，需要综合考虑多方面因素，包括主管部门对碳排放履约的截止期限、交易所审批配额返还的时间、企业内部的审批操作等因素，并明确约定。

（3）市场流动性风险：碳市场建设之初流动性较低，较大的买单或卖单很可能找不到交易对手，这或对市场价格造成较大的冲击，使交易主体支付较大的成本。这是碳资产受托的金融机构进行碳交易过程中面临的主要风险。因此，受托机构需要结合市场总规模、流动性情况，以及自身资金实力，谨慎决定托管的碳资产规模。

由于存在上述风险，交易所有必要对碳资产管理业务进行必要监管。通过限制托管机构的受托资产数量、注册资本、净资产，设定保证金等方式，确保受托机构有能力偿还托管资产，控制信用风险，同时实现碳资产管理机构的资金高效利用。交易所介入的碳资产托管，可以帮助控排企业降低托管风险，同时为碳资产管理公司提供一个具有杠杆作用的碳资产托管模式。

3. 碳资产托管运行的流程

（1）申请托管资格：开展碳资产托管业务的托管方是以自身名义对委托方所托管的碳资产进行集中管理和交易的企业法人或者其他经济组织，需向符合相关规定要求的交易所申请备案，由交易所认证资质。

（2）开设托管账户：托管方应在交易所开设专用的托管账户，并独立于已有的自营账户。

（3）签订托管协议及备案：委托方应签署由交易所提供的风险揭示书，以及与托管方协商签订托管协议，并提交至交易所备案。

（4）缴纳保证金：托管协议经交易所备案后，托管方应按照交易所规定，在规定交易日内向交易所缴纳初始业务保证金。

（5）开展托管交易：委托方通过交易系统将托管配额或碳信用转入托管方的托管账户。委托方不应要求托管方托管委托方的资金。在托管期限内，交易所冻结托管账户的资金和碳资产转出功能。

（6）解冻托管账户：托管业务到期后，由托管方和委托方共同向交易所申请解冻托管账户的资金和碳资产转出功能。需提前解冻的，由托管方和委托方共同向交易所提出申请，交易所审核通过后执行解冻操作。经交易所审核后，托管方按照协议约定通过交易系统将托管配额或碳信用和资金转入相应账户。

（7）托管资产分配：托管账户解冻后，交易所根据交易双方约定对账户所有资产进行分配。

（8）托管账户处置：账户资产分配结束后，交易所对托管账户予以冻结或注销。

（三）市场实践

2014 年 12 月 9 日，全国首单碳托管业务在湖北落地。湖北兴发化工集团股份有限公司将其名下的 100 万吨碳配额交由武汉钢实中新碳资源管理有限公司和武汉中新绿碳投资管理有限公司托管。此后，碳托管业务便在我国逐渐发展起来。尽管目前全国碳市场尚未出台关于碳资产托管业务的规范性文件，广州、深圳、湖北等地的碳交易中心已经发布了相应的碳资产托管业务指引和实施细则。试点碳市场关于碳配额托管的指引和细则的出台，在一定程度上有助于市场托管业务的开展。从实际有落地的案例来看，主要也是出现在上述的几个出台了相关细则和指引的市场中，如表 5－5 所示。

表 5－5　　　　　　　　　　　　碳资产托管案例实践

市场	日期	纳管企业	托管机构	涉及配额
湖北	2014 年 12 月	湖北兴发化工集团股份有限公司	未提及	100 万吨
	2014 年 12 月	湖北宜化集团下属公司	武汉钢实中新和武汉中新绿碳	100.8 万吨
	2016 年 5 月	湖北新冶钢有限公司	优能联合碳资产	未提及

市场	日期	纳管企业	托管机构	涉及配额
深圳	2015 年 1 月	深圳市芭田生态工程股份有限公司	超越东创碳资产管理（深圳）有限公司	未提及
广东	2016 年 5 月	深圳能源集团股份有限公司	广州微碳投资有限公司	350 万吨
福建	2017 年 5 月	福建省三钢（集团）有限责任公司	广州微碳投资有限公司	360 万吨
	2017 年 5 月	福建三安钢铁有限公司	中碳未来（北京）资产管理有限公司	未提及（但已是福建市场的第三笔，累计已经达到 760 万吨）

注：数据来源于对各碳交易市场官网信息的整理。

从控排企业的行业来看，主要以钢铁、化工企业为主。目前尚未公布针对全国碳市场的资产托管指引。与此同时，全国碳市场目前仅纳入了能源行业。而不同行业的实际配额发放数量差异较大，可能造成的经营策略和资产管理策略也有所差异，因此对于能源企业来说，目前试点市场上的碳资产托管实践的参考意义有限。

从 2008 年开始，两大电网和五大发电集团均已陆续成立了自己的碳资产管理公司，因此，其对于碳资产托管需求不高。但是未来随着碳市场进一步扩容，能源企业可以利用较早成立碳资产管理公司的优势，成为全国碳市场上的碳资产托管服务的供给方。

第二节　碳市场支持工具

一、碳市场支持工具的功能与意义

（一）碳市场支持工具概述

碳市场支持工具（Carbon Supporting Instruments）指的是为碳资产的开发管理和市场交易等活动提供量化服务、风险管理和产品开发的金融产品，主要包括碳指数、碳保险等。随着国内区域碳交易市场和全国性碳交易市场的建立与不断完善，各类碳市场支持工具已有了一些可供参考的实践案例，如表 5 - 6 所示。

表 5 - 6　　　　　　　　　　中国各碳交易市场典型碳市场支持工具

碳市场支持工具	全国	北京	上海	广州	湖北	深圳	天津	重庆	四川	福建
碳指数	+	✓	✓	✓	+	+	+	+	+	+
碳保险	-	-	✓	✓	✓	-	-	-	✓	-

注："✓"表示有案例或具体流程、指引等文件；"＋"表示与该市场相关；"－"表示无任何业务或信息。数据来源于对各碳交易市场官网信息的整理。

　　碳指数提供了衡量碳市场表现的基准，有助于增强市场透明度，并为投资决策提供依据。碳保险是一种风险管理工具，旨在保护企业免受与碳排放相关的财务风险，例如碳价格波动或合规风险。这些工具提高碳金融市场的透明度、效率和流动性，同时降低市场参与者的风险，促进碳减排项目的实施和碳市场的整体健康发展，使之成为全球减排中的一个重要组成部分。

　　（二）发展碳市场支持工具的意义

　　从管理碳资产的风险管理工具和市场增信手段的角度来看，发展碳市场支持工具的意义体现在以下几个方面。

　　1. 管理碳资产风险与降低市场不确定性

　　碳指数通过跟踪碳市场的价格和交易量，为市场参与者提供了量化碳资产风险的工具。这有助于投资者和企业更好地理解市场风险，从而制定更有效的风险管理策略。此外，碳指数为碳资产定价提供了基准，有助于市场参与者评估和比较不同碳资产的价值。基于碳指数的衍生产品（如期货、期权）可用于对冲价格波动风险，降低市场的不确定性。碳保险可以帮助市场参与者对抗与碳交易相关的风险，如项目失败、技术故障或政策变化带来的风险。这种保险提供了一种风险转移机制，减轻企业和投资者的潜在财务负担。通过提供风险保障，碳保险增强了市场参与者对于碳市场未来走势的信心。这种稳定性对于长期投资和市场参与至关重要，有助于减少市场的波动性。

　　综上所述，碳市场支持工具提供了管理碳资产相关风险（如价格波动、政策变化、技术和项目执行风险等）的有效手段。这些工具帮助市场参与者评估、量化并最终管理碳资产的风险，降低了投资碳减排项目的不确定性。

　　2. 增强碳金融市场信心与稳定性

　　碳指数通过追踪碳市场的关键指标（如碳价格、交易量）提供了市场的综合视图。这些信息对于理解市场动态和预测未来趋势至关重要，有助于投资者和决策者作出更为明智的选择。碳保险提供风险保障的碳保险产品使投资者和项目开发者更加有信心参与碳市场，尤其是在面对高风险的创新项目时，这种增强的信心有助于吸引更多的长期投资，从而稳定和发展市场。碳保险还可以确保项目即使在面临不利条件时也能继续运行，支持市场的持续性和合规性。

　　综上所述，碳市场支持工具增强了碳市场的信誉和稳定性，使市场更具吸引力，吸引更多投资者和参与者。稳定且可信的市场环境鼓励长期投资和参与，这对于实现长远的减排目标至关重要。

　　3. 促进碳交易市场效率与透明度

　　碳指数提供了关于碳市场价格和交易量的集中信息，这使市场参与者能够更容易访问和理解市场动态。通过反映市场的整体表现，碳指数帮助揭示市场趋势和模式，使投资者和政策制定者能够作出更为明智的决策。碳指数的存在可以促进相关金融产品的开发，如基于碳指数的衍生品，这增加了市场的流动性。流动性的提高有助于确保碳价格更好地反映供需实际情况，从而提高市场效率。碳保险产品有助于稳定市场参与者的预期，减少市场波动。稳定性的提高有助于吸引更多的长期投资，进一步提高市场的效率和透明度。

综上所述，碳市场支持工具有助于提高市场的操作效率和透明度，使市场信息更加公开。这种增加的透明度有助于确保碳价格反映了真实的市场供需情况，从而提高整个市场的效率。

4. 支持碳减排政策和规则的执行

碳指数通常追踪碳市场的整体表现，包括碳价格、交易量等关键指标。这些指数可以作为衡量碳减排政策效果的工具，反映出政策变化对市场的实际影响。此外，碳指数还可以作为一种沟通工具，帮助公众和市场参与者更好地理解政策目标和效果。碳保险可以帮助企业管理因政策变动导致的风险，如碳税率变化或排放标准的调整。这种风险管理工具使企业即使面对政策环境的不确定性，也愿意投资于长期的减排项目。对于碳减排项目，特别是依赖特定政策支持的项目，碳保险可以提供一种安全网，保护投资者和开发者免受政策变化带来的负面影响。通过降低风险和提供保障，碳保险鼓励企业遵守政策规定，因为它减少了企业面临的不确定性和潜在损失。

综上所述，碳指数通过提供市场数据和趋势，增强碳减排政策制定的透明度和有效性；而碳保险则通过管理政策变动带来的风险，促进企业的合规行为和减排投资。这两者共同助力形成一个更稳定、可预测的碳市场环境，从而支持碳减排政策的实施和执行。这种合规性对于维护市场的整体健康和公信力至关重要。

二、碳指数

（一）基本概念

在金融活动中，指数往往被用来反映某一类金融产品的总体价格水平和价格变动趋势。较为常见的金融指数包括股票指数、期货指数等。投资者可以通过指数的变化情况来改变自己的投资策略，并根据价格变动趋势来预测市场的未来走势。具体到碳配额或核证减排量交易的语境下，碳指数（Carbon Index）是指反映整体碳市场或某类碳资产的价格变动及走势而编制的统计数据。

碳指数以碳资产为目标对象，反映碳市场总体价格或某类碳资产价格变动及走势，是碳市场重要的观察指标。对于控排企业来说，碳指数的一大作用是为企业提供市场未来的交易价格预期，从而指导企业的配额交易决策。

碳指数同时也是基于碳指数开发的碳金融产品的基础。实践中，碳指数可以被用来开发跟踪碳指数变化的金融产品，如交易型开放式碳指数基金（Exchange Traded Fund，ETF）。基于碳指数开发的 ETF 在碳市场成熟且金融较发达的国家和地区已经得到充分的发展。例如，美国最主要的 5 只交易型开放式碳指数基金所管理的资产达到了十亿美元规模，主要追踪欧盟碳配额、加利福尼亚碳配额和区域温室气体倡议配额的期货合约的表现。此外，2022 年 3 月 23 日，香港交易所上市了首只碳期货 ETF——中金碳期货 ETF，该只 ETF 追踪 EUA 碳期货指数，主要计量一揽子长仓欧盟碳配额期货合约的表现。

（二）国内外市场主要碳指数

1. 国际主要碳价格指数

碳指数是碳市场的重要观察指标。目前国际上认可度比较高的碳指数有美国洲际交易所（ICE）推出的全球碳期货指数（ICE Global Carbon Future Index），标准普尔全球公司（S&P Global）旗下的埃信华迈（IHS Markit）推出的全球碳指数（IHS Markit Global Carbon Index）。

ICE 全球碳期货指数：2019 年 9 月推出的埃信华迈全球碳指数是第一个反映全球各碳市场的碳期货的价格和流动性的碳指数，该指数选用了以下碳配额期货合约作为成分：欧盟碳配额期货合约、英国碳配额期货合约、加州碳配额期货合约、区域温室气体协议碳配额期货合约。该指数于纽约时间 13:30 到 19:15 之间每隔 15 秒计算并发布于 ICE 数据指数商品指数频道。指数的实时计算包括合约的交易信息，指数的收盘计算包括合约的每日收市结算价格信息，指数基准货币为美元。

埃信华迈全球碳指数：该指数的编制从以下三个方面进行规定。首先，只涵盖了机构投资者可轻易参与交易的碳配额期货合约交易市场，除此之外的交易受限的市场不在考虑范围之内。具体来说有欧盟碳配额、加州碳配额和区域温室气体协议碳配额。其次，只涵盖具有流动性的碳配额期货合约，以便于指数的复制及追踪。合约的选取遵循以下规则：当年或下一年 12 月到期的合约、前六个月月均交易额超过 1 000 万美元。最后，只涵盖具备稳定性与流动性的"限制加交易"（Cap – and – Trade）项目，如欧盟碳减排项目、加州碳减排项目、区域温室气体协议项目。

2. 国内主要碳价格指数

建设全国碳市场是一项复杂的系统性工程，全国碳市场仍处于起步阶段。受限于市场交易主体的单一、市场定价过低、地区发展不平衡等因素影响，碳排放配额的现货市场交易并不活跃，交易规模偏小。2022 年，全国碳市场的换手率只有 3% 左右，国内试点碳市场平均换手率为 5%，远低于欧洲碳市场换手率。碳价指数作为衡量和体现碳价格水平变化的"风向标"，可以便于市场主体分析碳价走势并制定符合自身发展的交易策略和模式。碳价指数的编制也有助于为后续开发碳指数金融产品奠定基础，撬动更多金融资源进入绿色领域，充分发挥市场价格发现功能，提高市场活跃度。

我国现已有部分机构发布碳价指数来反映碳排放配额现货价格变化，主要包括复旦碳价指数、中碳指数以及中债—中国碳排放配额系列价格指数。

复旦碳价指数：复旦大学可持续发展研究中心推出复旦碳价指数。复旦碳价指数包括全国碳排放配额价格指数、北京和上海、广州、其他地方试点履约自愿核证减排量（CCER）价格指数，以及全国 CCER 价格指数。复旦碳价指数的研发参考了国际通用定价模型，分析碳价格形成机理，充分考虑中国碳市场特征，形成了相应的碳价格指数方法论。基于该方法论，结合调查获得基于碳市场参与主体真实交易意愿的价格信息，加权计算，调整优化而形成了各类碳价格指数。该指数致力于反映碳市场各交易品在特定时期价格水平的变化方向、趋势和程度。

中碳指数：北京绿色金融协会发布的中碳指数包括中碳市值指数和中碳流动性指

数。中碳指数选取北京、天津、上海、广东、湖北和深圳 6 个碳排放权交易试点地区的碳排放配额线上成交量作为样本编制，以 2014 年 1 月 2 日为基期，是综合反映国内各个试点碳市场成交价格和流动性的指标。中碳市值指数以成交均价为主要参数，衡量样本地区在一定期间内整体市值的涨跌变化情况。计算方法为

$$中碳市值指数 = 总调整市值／基期市值 \times 1\,000 \qquad (5-4)$$

$$总调整市值 = \sum（碳配额均价 \times 配额数量） \qquad (5-5)$$

中碳流动性指数以成交量为主要参数并考虑各地区权重等因素，观察样本地区一定期间内整体流动性的强弱变化情况，样本地区根据配额规模设置权重。计算方法为

$$中碳流动性指数 = 总调整换手率／基期 \times 1\,000 \qquad (5-6)$$

$$总调整换手率 = \sum（成交量／权重）／配额总量 \qquad (5-7)$$

中债—中国碳排放配额系列价格指数：中央国债登记结算有限责任公司与全国碳排放权市场参与机构联合试发布中债—中国碳排放配额系列价格指数。中债—中国碳排放配额系列价格指数包括中债—中国碳排放配额现货报价指数和中债—中国碳排放配额现货综合价格指数。其中，中债—中国碳排放配额现货综合价格指数，基期为 2021 年 7 月 16 日，指数基点为 1 000，该指数结合盘前报价和当日结算价格编制，可全方位反映全国碳排放权交易市场当日价格走势。指数优先选取每日全国碳排放配额现货交易加权平均结算价（含大宗交易价格）为价格源，若无，则选取全国碳排放配额现货交易双边报价中间价的算术平均值为价格源。如以上价格信息均无法获取，则取上一交易日的全国碳排放配额现货交易加权平均结算价（含大宗交易价格）为价格源。以上价格信息由碳排放权市场参与机构提供。计算方法为

$$Index_t = f(x) = \begin{cases} 1\,000 & t = 0 \\ \dfrac{P_t}{P_{t-1}} \times Index_{t-1} & t \geq 1 \end{cases} \qquad (5-8)$$

其中，$Index_t$ 为指数在第 t 日的指数值，P_t 为第 t 日的按价格选取规则确定的价格，当 $t = 0$ 时，表示指数的基期。

3. 碳价格指数与投资

由于中国目前的绿色金融产品实践相对较少，利用碳指数设计碳金融产品还未有相关的实践案例。下面将以国际碳市场为例，分析基于碳价格指数的投资思路。

（1）基于碳资产的投资思路。基于碳资产（如碳配额、碳指数等），投资思路主要区分为三类。

一是投资于绿色企业。目前国外主流的碳资产投资思路仍集中在低碳转型上，投资者直接或通过 ETF 间接投资于实现负排放的绿色企业，获取企业在资本市场中成长的收益或是负排放在碳市场中所产生的碳配额交易收益。

二是投资于碳交易市场。投资者直接或通过 ETF 间接投资于碳交易市场（目前绝大多数是指碳配额期货合约市场），收益主要来源于两方面，即期货合约买卖中的差价利润和保证金账户中的外汇利息收入。

三是投资于碳信用一级市场。投资者与绿色企业签订协议，在投资后获取企业部分或全部的碳配额，进而获取在二级市场中卖出碳配额的利润。

（2）基于碳交易的投资思路。基于成熟度更高、流动性更好的国外碳期货市场，国外已有基金公司推出了相对应的 ETF 或 ETN（Exchange Traded Note，指数联动型证券）产品进行追踪投资，如美国金瑞基金（KraneShares）推出的 ETF 产品（KraneShares Global Carbon Strategy ETF）和巴克莱银行（Barclays）推出的 ETN 产品（iPath Series B Carbon ETN）。

前者以埃信华迈碳指数系列为基准，主要追踪可交易碳配额期货合约，系列中的 ETF 覆盖了欧盟碳信用、加州碳信用、RGGI 碳信用、英国碳信用。该 ETF 产品成立于 2020 年 7 月 30 日，在纽约证券交易所交易。截至 2025 年 1 月 30 日，该 ETF 产品净资产超过 2 亿美元，成立以来的收益率为 124.28%。

后者以巴克莱银行推出的碳指数（Barclays Global Carbon Ⅱ TR USD Index）为基准，主要持仓品种是在洲际交易所交易的 EUA 与 CDM 期货合约。其成立于 2019 年 9 月 10 日，在纽约证券交易所交易。截至 2025 年 1 月 30 日，该 ETN 产品市值超过 2 000 万美元，成立以来的收益率为 220.43%。

（三）碳价格指数的编制

1. 碳价格指数编制思路

（1）确定指数名称和代码。指数名称应以具体碳资产类型的价格为区分。价格指数包括碳排放权交易价格指数、碳排放品种价格指数、自愿减排量价格指数。指数代码一般以数字为主。

（2）确定指数基日和基点。选择考察的初始时间为基日，基点一般为 10 的倍数，如 1 000。

（3）样本选取方法。若编制全国碳排放配额交易价格指数，以国内为例，其样本空间应为全国九大碳排放权交易所碳排放权配额交易价格，具体包括深圳排放权交易所、天津排放权交易所、上海环境能源交易所、全国碳排放权交易所、重庆碳排放权交易中心、海峡股权交易中心、广州碳排放权交易所、北京绿色交易所、湖北碳排放权交易中心。

若编制单个碳排放交易市场价格指数，以深圳排放权交易所为例，由于深圳碳市场碳排放配额区分01、02、03品种和不同年份品种，可编制单个碳排放配额价格指数。但值得注意的是，在不同品种混合计算上国外可比指数编制案例中暂未出现不同品种之间的混合计算情况（这里主要指碳配额与自愿减排量，类比国外的碳配额与碳抵消）。混合计算编制方法需要一步步在摸索中完善。

若编制全国核证自愿减排量价格指数，以国内为例，其样本空间为中国国家核证自愿减排量数量（该数据只有减排总量）。

（4）指数计算。以全国碳排放配额交易价格指数为例，碳价格指数计算公式为

$$报告期指数 = \frac{报告期九大碳排放权交易市场碳配额交易额}{除数} \times 1\ 000 \qquad (5-9)$$

当样本名单发生变化或碳排放交易额出现非交易因素的变动时，指数根据样本维护

规则，采用除数修正法修正原除数，以保证指数的连续性。

碳价格指数计算公式（算术平均法）为

$$报告期指数 = \frac{报告期九大碳排放权交易市场碳配额价格平均数}{除数} \times 1\,000$$

$$(5-10)$$

（5）指数修正。碳指数需要修正的情况如表 5-7 所示。

表 5-7　　　　　　　　　　　指数需要修正的情况说明

需修正的情况	具体说明	碳排放权交易市场是否涉及
除息	凡有样本股除息（分红派息），指数不予修正，任其自然回落	否
除权	凡有样本股送股或配股，在样本股的除权基准日前修正指数。修正后调整市值 = 除权报价×除权后的股本数＋修正前调整市值（不含除权股票）	否
股本变动	凡有样本股发生其他股本变动（如增发新股、配股上市、内部职工股上市引起的流通股本增加等），在样本股的股本变动日前修正指数	否
停牌	当某一碳交易市场停市，取其最后成交价计算指数，直至复牌	是
摘牌	当某一碳交易市场摘牌（终止交易），在其摘牌日前进行指数修正	是
停市	部分碳排放权交易市场停市时，指数照常计算；全部碳排放权交易市场停市时，指数停止计算	是
没有交易发生	若无交易价格，则选取全国碳排放配额现货交易双边报价中间价的算术平均值为价格源。若仍无法获取，则取上一交易日的全国碳排放配额现货交易加权平均结算价（含大宗交易价格）为价格源。以上价格信息由碳排放权市场参与机构提供。某种碳配额没有交易发生，则该碳配额按前一天的收盘价；若所有碳配额均无交易，则停止计算	是

修正公式如下：

$$\frac{修正前的碳配额交易额}{原除数} = \frac{修正后的碳配额交易额}{新除数} \qquad (5-11)$$

其中：修正后的碳配额交易额 = 修正前的碳配额交易额 + 新增（减）碳配额交易额。由此公式得出新除数，并据此计算以后的指数。

（6）上述指数计算举例

①基日

交易市场或品种	收盘价（元/吨）	交易量（吨）	交易额（元）
A	30	1 000	30 000
B	40	1 000	40 000
C	50	1 000	50 000
		总交易额	120 000

基日指数计算

总交易额	除数	基期指数	收盘指数
（1）	（2）	（3）	（3）×（1）／（2）
120 000	120 000	1 000	1 000

②第一日

交易市场或品种	收盘价	交易量	交易额
A	35	1 200	42 000
B	45	1 300	58 500
C	55	1 000	55 000
		总交易额	155 500

第一日指数：

总交易额	除数	基期指数	收盘指数
（1）	（2）	（3）	（3）×（1）／（2）
155 500	120 000	1 000	1 295.833

③第二日

交易市场或品种	收盘价（元/吨）	交易量（吨）	交易额（元）
A	38	1 200	45 600
B	42	1 300	54 600
C	55	1 000	55 000
		总交易额	155 200

第二日指数

交易额	除数	基期指数	收盘指数
（1）	（2）	（3）	（3）×（1）／（2）
155 200	120 000	1 000	1 293.333

④第三日

交易市场或品种	收盘价（元/吨）	交易量（吨）	交易额（元）
A	33	1 200	39 600
B	42	1 300	54 600
C	52	1 000	52 000
		总交易额	146 200

第三日指数

总交易额	除数	基期指数	收盘指数
（1）	（2）	（3）	（3）×（1）/（2）
146 200	120 000	1 000	1 218.333

⑤第四日

如遇需要进行除数调整情况（样本调整或定期调样）

原来样本为 A、B、C

交易市场或品种	收盘价（元/吨）	交易量（吨）	交易额（元）
A	23	1 200	27 600
B	45	1 300	58 500
C	52	1 000	52 000
		总交易额	138 100

现在调整为 A、B、D

交易市场或品种	收盘价（元/吨）	交易量（吨）	交易额（元）
A	23	1 200	27 600
B	45	1 300	58 500
D	23	1 000	23 000
		总交易额	109 100

新除数计算：

修正前交易额（元）	修正后交易额（元）	原除数	新除数
（1）	（2）	（3）	（3）×（2）/（1）
138 100	109 100	120 000	94 800.87

第四日指数计算：

使用新除数，之后交易日均使用新除数

总交易额	除数	基期指数	收盘指数
（1）	（2）	（3）	（3）×（1）/（2）
109 100	94 800.87	1 000	1 150.833

三、碳保险

（一）基本概念

1. 碳保险的定义与功能

碳保险（Carbon Insurance），指的是为降低碳资产开发或交易过程中的违约风险而开发的保险产品，主要包括碳交付保险、碳信用价格保险、碳资产融资担保等。

碳保险产品的开发是保险这一金融工具在碳市场领域的延伸。伴随着碳市场的发展和市场参与主体的多元化，碳市场中的风险逐渐显现。从碳配额的清缴履约到各类碳资产金融工具的开发和使用都可能存在不确定的风险。一方面，参与碳市场交易的控排企业存在清缴履约期限到期时自己所持有的碳配额不足以抵消在控排期内的碳排放量的风险；另一方面，碳金融产品的开发和使用也可能会给投资者带来不可控的投资风险。碳保险作为对冲碳市场风险不可或缺的一环，对碳金融的平稳有序发展起到保驾护航的作用。

2. 碳保险的分类

根据被保对象，碳保险产品划分为三类：一是保障碳金融活动中交易买方所承担风险的产品，主要涵盖《京都议定书》相关项目风险和碳信用价格波动；二是保障碳金融活动中交易卖方所承担风险的产品，主要提供减排项目风险管理保障和企业信用担保；三是保障除上述交付风险以外的其他风险的产品，如碳捕获保险等。

保障碳金融活动中交易买方所承担风险的碳保险产品：（1）清洁发展机制支付风险保险主要管理碳信用在审批、认证和发售过程中产生的风险。当 CDM 项目的投资人因经核证的减排量的核证或发放问题遭受损失时，保险公司会对 CDM 项目投资人给予期望的碳减排量或者等值补偿。（2）碳减排交易担保主要用于保障清洁发展机制和联合履约下的交易风险，以及低碳项目评估和开发中产生的风险。（3）碳信用保险主要用于保障碳配额购买者面临的交易对手方风险和交付风险，以确保碳交易在一定成本范围内完成。碳信用保险可以帮助企业转移风险，也可助力减排或新能源企业获得事前的项目融资，为企业信用增级。

保障碳金融活动中交易买方所承担风险的碳保险产品：（1）碳交易信用保险以合同规定的排放权数量作为保险标的，向买卖双方就权利人因某种原因而无法履行交易时所遭受的损失给予经济赔偿，具有担保性质。该保险为买卖双方提供了一个良好的信誉平台，有助于激发碳市场的活跃性。（2）碳排放信用担保重点保障企业新能源项目运营中的风险，提供项目信用担保，促进私营公司参与减抵项目和碳排放交易。（3）碳损失保险的投保人可获得一定额度的减排额，当条款事件触发后，保险公司向被保人提供同等数量的碳减排量。（4）森林碳汇保险以天然林、用材林、防护林、经济林等可以吸收二氧化碳的林木作为投保对象，针对林木在其生长全过程中因自然灾害、意外事故等可能引起吸碳量下降而造成的损失给予经济赔偿。

保障除交付风险以外其他风险的产品，例如碳捕获保险。在碳捕获过程中，可能会面临碳泄漏的问题并由此导致碳信用额度损失、财产损失等，同时还有可能使碳排放由严格限制排放区域向气候相关法规相对宽松的区域转移，并由此引发风险转嫁。因此，碳捕获保险可用于保障利用碳捕获技术进行碳封存而带来的各类风险，通常其受益人为受到碳泄漏影响的自然人。但该类险种目前仍有待成熟，投保方、保险方以及双方的权利和义务仍有待进一步明确。

（二）交易机制

1. 市场参与者

碳保险市场的参与者包括投保方和保险公司。

投保方为控排企业，基于保险的风险管理功能，碳保险可以成为企业低碳转型路径中的风险管理工具之一。无论是高碳行业转型，还是低碳行业的技术前期开发，均需要投入大量资金，且转型过程与技术孵化具有一定的不确定性，有效的风险管理可以避免引发其他风险。保险公司可以通过保险机制为行业转型与发展提供风险保障，进一步助力行业平稳发展。

2. 碳保险实施流程

（1）提出参保申请：碳保险业务参与人应为纳入碳配额管理的企业、拥有碳配额的企业或者其他经济组织。碳保险业务参与人向符合相关规定要求的保险公司提出参保申请。

（2）项目审查、核保以及碳资产评估：保险公司进行项目审查、核保，具备资质的独立的第三方评估机构对碳资产进行评估。碳资产评估价值通常根据第三方评估机构等的评估结果进行综合评定，保险公司可依实际情况设定保险期限和保险额度。

（3）签订保险合同：碳保险业务参与人与保险公司签订碳保险合同。

（4）缴纳保险费：碳保险业务参与人向承保的保险公司支付保险费。

（5）保险承保：在保险期内，碳保险业务参与人的参保项目发生风险，由保险公司核实后，对保险受益人进行赔付。保险期结束后，碳保险业务参与人未发生损失触发保险赔偿条款的，保险自动失效。

（三）市场实践

中国最早的碳资产保险于2016年落地在湖北交易所，随后在上海、广州、四川碳市场中也有相关的保险业务落地，但碳保险市场并不活跃。在2021年后，随着全国碳市场的上线，国内的碳资产保险也开始密集发布。国内已经出现碳交付保险、碳融资保证保险和碳损失类保险三种主要的碳保险。

碳交付保险是指当企业出现超额排放的情形时，保险公司从市场上购入碳配额或提供资金补偿来帮助企业完成碳排放指标。例如，2016年平安保险向华新水泥集团旗下的13家附属公司的碳排放权交易提供保险，在这些公司实际碳排放量超过其排放配额的情况下，平安保险将对其予以赔偿。尽管全国碳市场和地方试点碳市场的碳配额清缴履约率较高，对碳交付保险的需求并没有那么大，但碳交付保险作为一种能够对冲控排企业因超额排放带来风险的保险产品，仍有其存在的必要性。

碳融资保证保险是指在碳资产融资贷款（如碳资产质押贷款）中，因碳价格波动导致质押的碳资产不足以覆盖贷款额度时，对超出部分予以赔付的保险产品。2021年，交通银行与申能碳科技有限公司、太平洋财产保险股份有限公司达成"碳配额＋质押＋保险"合作，落地了全国首笔碳排放配额质押叠加保证保险的融资业务。通过碳融资保证保险，企业可以补偿碳价波动带来的差额，降低其在以碳资产为抵/质押物进行融资时可能产生的因碳资产价格波动导致无法覆盖贷款金额的风险。碳融资保证保险是碳市场

的投资主体规避风险的重要保险工具。

碳损失保险是指保险公司对碳减排项目的损失进行承保，其保障的对象是碳减排项目的碳信用。一旦出现碳信用损失的情况，保险公司要予以赔付。实践中存在两类碳损失保险。第一类为清洁能源项目的碳损失保险，该类保险在2021年9月已付诸实践。我们了解到，太平洋财产保险股份有限公司于2021年9月为东海大桥海上风电二期项目营业中断所产生的碳资产损失提供保障。第二类则为林木碳汇项目的碳损失保险。2021年，中国人寿财险福建分公司推出的"林业碳汇指数保险"就是此险种，其为福建省龙岩市新罗区林地碳汇损失提供了价值2 000万元的保险。该"林业碳汇指数保险"承保的对象是该片林地的固碳能力以及该林地固碳量的价值，并以科学化统计的数值予以反映。若数值低于预设的阈值，中国人寿财险福建分公司将展开理赔。赔付的金额会结合福建省碳排放权交易的单价和地方金融政策予以确定。综合实践情况，碳损失保险能够在一定程度上帮助参与碳减排项目的企业减少在项目开发过程中的风险，降低项目交易方的投资风险。

📖 本章小结

关键词： 融资工具　支持工具　碳资产抵/质押融资　碳资产回购　碳资产托管　碳指数　碳保险

1. 碳市场融资工具是以碳资产为标的进行各类资金融通的碳金融产品，主要包括碳资产抵/质押融资、碳资产回购、碳资产托管等。其核心功能在于以碳配额或碳信用等碳排放权益为媒介进行资金融通活动，从而服务于减少温室气体排放或增加碳汇能力的商业活动。

2. 碳市场融资工具的产生与发展，能够在很大程度上提高碳资产的流转，这对于控排企业、减排项目开发主体、金融机构与中介机构、碳金融体系乃至经济整体的节能减排形势，都将产生深远的影响。

3. 碳资产抵/质押融资是碳资产的持有者将其所拥有的碳资产作为抵/质押物，向资金提供方进行抵/质押从而获得贷款，到期后通过还本付息解押的融资合约。按照抵/质押物的不同，可区分为碳排放权配额抵/质押和碳减排量抵/质押。

4. 碳资产回购是碳资产的持有者向资金提供机构出售碳资产，并约定在一定期限后按照约定的价格购回所售碳资产从而获得短期资金融通的一种金融合约，它具有帮助企业拓宽低碳融资渠道、有效降低资金成本、提高资金使用灵活性等优势。

5. 碳资产托管是碳资产管理机构（托管人）与碳资产持有主体（委托人）约定相应碳资产委托管理、收益分成等权利义务的合约。

6. 碳市场支持工具是为碳资产的开发管理和市场交易等活动提供量化服务、风险管理和产品开发的金融产品，主要包括碳指数、碳保险等。

7. 碳市场支持工具提高碳金融市场的透明度、效率性和流动性，同时降低市场参与

者的风险，有利于促进碳减排项目的实施和碳市场的整体健康发展。

8. 碳指数是一种为了反映整体碳市场或者某类碳资产的价格变动及其走势而编制的统计数据。作为一种市场价格的观测指标，它可以用于进一步开发各类碳金融工具。

9. 碳保险指的是为了降低碳资产开发或交易过程中的违约风险所开发的保险产品，主要包括碳交付保险、碳资产融资担保、碳资产损失等。

复习思考题

1. 简述发展碳金融融资工具的意义。
2. 试比较两种碳资产抵/质押融资模式的差异。
3. 碳资产回购市场的主要参与者有哪些？
4. 简述碳资产托管过程中存在的风险。
5. 简述发展碳金融支持工具的意义。
6. 联系实际，试分析基于碳价格指数如何进行投资。
7. 以被保对象为划分标准，讨论碳保险的区分。

第六章

碳资产定价

　　本章首先深入剖析了碳资产定价这一核心领域的基础理论与方法，构建了从经典金融定价理论到现代机器学习技术应用的完整框架。具体而言，本章详细阐述了现金流贴现、无套利定价、资本资产定价等经典定价方法，这些方法为碳资产价值的评估提供了坚实的理论基础。随后，本章探索了机器学习在碳资产定价中的前沿应用，包括线性回归、支持向量机（SVM）、随机森林、神经网络等模型，展示了这些先进技术如何提升定价的精准度与效率。进一步地，本章对碳资产现货、期货和期权等金融衍生品的定价技术进行了系统介绍，涵盖了现货市场的直接交易定价、期货市场的套期保值与价格发现机制，以及期权市场的风险管理与定价策略。通过这些内容的讲解，读者能够全面了解碳资产在不同市场形态下的定价机制与操作实践。

　　本章的学习目的旨在使学生深刻理解碳资产定价的基础理论框架，掌握机器学习等新兴技术在碳资产定价领域的创新应用，同时熟悉期货和期权等复杂金融工具的定价技术。通过本章的学习，学生将能够更好地适应碳金融市场的快速发展，为参与碳交易、碳资产管理和碳金融创新等活动提供有力的技术支持。

　　本章的重点在于理解碳资产定价的基础理论框架，掌握机器学习模型在碳资产定价中的具体应用，以及了解期货和期权等金融衍生品定价的基本方法。难点则在于理解复杂定价模型（如资本资产定价模型）的深层次原理，优化和训练机器学习模型以提高定价精度，以及掌握衍生品定价中涉及的复杂数学原理和金融市场动态。通过克服这些难点，学生将能够更全面地把握碳资产定价的精髓，为未来的碳金融实践奠定坚实的基础。

第一节　碳资产定价的基础理论与方法

　　碳排放权因其独特的融资和交易功能，已然成为金融市场上的一种标志性产品。尽管各种金融产品在定价上各有差异，但其核心定价方法通常可归纳为三大类。首先是基于现金流贴现的估值方法。这种方法通过对未来现金流的预测和贴现，来衡量资产或项目的价值，典型代表如净现值模型。其次是基于无套利原则的定价方法。这种方法假设在不存在无风险收益的情况下，利用市场中的套利机会来确定资产价格，期权定价模型便是其典型应用。最后是基于风险与收益平衡的定价方法，通过衡量资产的风险水平来确定其期望收益率，进而确定资产价格，资本资产定价模型（CAPM）便是这一方法的代表。这些定价方法为碳排放权等金融产品的价值评估提供了有力的工具。

一、基于现金流贴现的估值方法

（一）资金的时间价值

在投资过程中，资金的时间价值是至关重要且不可忽视的要素。这意味着当前的 1 元钱在未来将不仅仅是 1 元钱，它随着时间的推移会发生变化，即产生了时间价值。具体而言，资金的时间价值描述的是资金因时间流逝而带来的价值增减变动。在进行投资决策时，考虑资金的时间价值实质上是在评估使用这笔资金进行投资所放弃的潜在利益，也称机会成本。机会成本是放弃的所有潜在投资方案中，预期收益最高的那个方案的利润值。

举个例子，假设有一笔资金原计划用于某个工程项目，但这同时也意味着放弃了将这笔钱存入银行或贷给他人以获取利息的机会。假设这笔资金为 100 万元，银行的年利率为 10%，而贷给他人的年利率为 12%。从机会成本的角度来看，这笔资金的时间价值应等同于最高的放弃收益，即 12% 的年利率（或 12 万元）。

如果资金不被用于任何形式的投资，如存入银行或购买股票，而是简单地存放在保险柜里，那么随着时间的推移，它不仅不会增值，反而可能因为通货膨胀等因素而贬值。因此，资金持有者应当明智地将其投入能够产生增值的投资活动，并有权享受资金时间价值所带来的回报。

资金的价值随时间推移而波动，其背后的原因主要有以下几个方面。

（1）通货膨胀的影响：在通货膨胀的经济环境下，货币所代表的购买力会逐渐减弱，导致商品和劳务的货币价值不断降低。

（2）风险的考量：今天手中的 100 元是确切无疑的，但明天这 100 元的价值是否依旧保持不变则存在不确定性，这种不确定性即为风险。对于投资者而言，这种风险是至关重要且不可忽视的。

（3）个人消费偏好的差异：每个人的消费习惯和消费偏好各不相同。许多人倾向于当前的消费，而非将资金留待未来使用，这种偏好也影响着资金价值的变动。

（4）投资机会的吸引力：货币（或资金）作为一种资源，同样具有价值。例如，现在得到的 1 万元现金与 1 年后得到的等额资金相比，人们往往更偏好前者，因为现在的资金具有更多的投资机会，如存入银行，如果年利率为 6%，1 年后便能得到 10 600 元。这种增值的潜力使得资金的价值在当下更具吸引力。

（二）资金的增值过程

西方经济学者在探讨货币的时间价值时，提出了两种主要理论：流动偏好说和时间偏好说。流动偏好说主张，支付利息实际上是使用资金的报酬，它体现了资金的时间价值。而时间偏好说则持不同观点，认为利息是对于时间流逝或延迟消费的一种补偿，即补偿了时间的损失。

在马克思主义经济学中，资金循环理论强调资金在时间上的连续性和价值上的增值性。如图6-1所示，资金在循环过程中，其价值会随着时间推移而发生变化，这一变化量与原始资金的差额，即为货币资金的时间价值。资金经过一段时间后，由 G 变为 G'，两者之间的差值 $\Delta G = G - G'$，即为货币资金的时间价值。货币资金的时间价值具有以下三个特点。

1. 增量 ΔG 的大小是时间的函数，即 $\Delta G = f(x)$，其中 t 为时间，如图6-1所示。ΔG 表示资金的增量（货币的时间价值）。这一函数关系直观地反映了资金随着时间增长或衰减的动态变化。

2. ΔG 既可能为正，也可能为负。正值表明经营有效，资金实现了增值；而负值则意味着经营亏损，资金价值减少。

3. ΔG 的大小反映出效率的高低。效率就是单位时间内的利用价值（$\Delta G / \Delta t$），效率高表示单位时间内的资金利用价值增大。

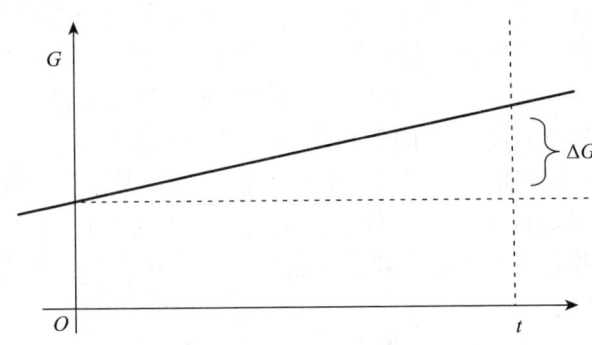

图6-1　资金的时间价值

（三）基于现金流贴现的估值模型

人们选择持有某类资产，主要是看中了这些资产能够带来的预期收益，包括价格差异和利息收入。这类资产通常指的是股票、债券等具有市场价值的有价证券。这些证券的价格变动受到多重因素的影响，比如政治局势、经济状况以及市场心理等，但最为关键的决定性因素是股息（或债息）以及银行利率。接下来，本部分将针对股票和债券的定价问题，详细阐述基于现金流贴现估值模型在这两种基础资产定价中的应用。从理论角度分析，股票的价格可以被视为投资者对未来各个时期预期收益的现值总和，这一过程是通过应用一个适当的贴现率来实现的。

假设第 t 期每股的预期股息收入为 D_t，而贴现率（或股东所期望的实际收益率）为 r，且我们考虑 n 期的股票理论价格设为 W，则可以使用以下公式来计算：

$$W = \frac{D_1}{1+r} + \frac{D_2}{(1+r)^2} + \cdots + \frac{D_n}{(1+r)^n} \tag{6-1}$$

设 $t-1$ 时刻的股利为 D_{t-1}，t 时刻的股利为 D_t，从 $t-1$ 到 t 时间内，股利增长 $\Delta D = D_t - D_{t-1}$，股利增长率 g 为

$$g_t = \frac{D_t - D_{t-1}}{D_{t-1}} \tag{6-2}$$

1. 零增长模型

假定未来各期预期股息不增长（或增长率为0），即各期股息固定为 D，或 $D_1 = D_2 = D_3 = \cdots = D_n = D$，则

$$W = \frac{D}{1+r} + \frac{D}{(1+r)^2} + \cdots \frac{D}{(1+r)^n} \tag{6-3}$$

前 n 项的和为

$$W_n = \frac{D}{r}\Big[1 - \Big(\frac{1}{1+r}\Big)^n\Big] \tag{6-4}$$

当投资者持有期限很长时，即 $n \to \infty$，有

$$W = \frac{D}{r} \tag{6-5}$$

式（6-5）即零成长模型。

当贴现率 r 为银行利率时，上述公式变为

$$股票价格 = \frac{股息}{银行利率} \tag{6-6}$$

式（6-6）具有非常重要的意义：它表明股价与股息成正比，与银行利息成反比。它反映降低利率促使股价上扬这种股市现象。

例如，A公司每年定期派发现金股利，每股金额为2元。当我们采用零成长模型，并假设贴现率为10%时，通过计算可得出该公司的股票价格（或称为内在价值）为2元除以10%的贴现率，即20元。如果当前市场上该股票的价格为18元，那么我们可以判断这只股票在市场上的估值相对较低，因此具有潜在的投资价值。

2. 固定成长模型

假设股利以固定的增长率 g 增长，设第一年股利为 D，则第二年股利为 $D(1+g)$，第三年股利为 $D(1+g)^2$……

股票的价格 W 则为各期股利的折现之和，即

$$
\begin{aligned}
W &= \frac{D}{1+r} + \frac{D(1+g)}{(1+r)^2} + \cdots + \frac{D(1+g)^{n-1}}{(1+r)^n} \\
&= \frac{D}{1+r}\Big[1 - \Big(\frac{1+g}{1+r}\Big)^n\Big]
\end{aligned} \tag{6-7}
$$

（若 $g > r$，当 $n \to \infty$，$W \to \infty$。这是不大可能的）

在永久持有股票且 $g < r$ 时，上式可简化为

$$W \underset{\substack{g<r \\ n \to \infty}}{\to} \frac{F}{r-g} \tag{6-8}$$

将上式与零成长模型进行比较：

$$\Delta W = \frac{D}{r-g} - \frac{D}{r} = \frac{gD}{r(r-g)} > 0 \tag{6-9}$$

一些公司的股票市价之所以较高，其理论依据在于这些公司具备广阔的发展前景和显著的增长潜力。ΔW（通常指增长机会现值）作为衡量标准，可以将股票划分为三种不同的类型。

$$\Delta W \begin{cases} > 0 & \text{增长型股票，} g > 0 \\ = 0 & \text{稳定型股票，} g = 0 \\ < 0 & \text{负增长型股票，} g < 0 \end{cases}$$

显然，股利恒定增长评估模型同样适用于股利恒定减少的情境，其中增长率 g 小于0。零成长模型实际上是固定成长模型在特定情况下的应用，即当固定成长率被设定为零时，固定成长模型便转化为零成长模型。

3. 三阶段模型

三阶段模型是一种用于评估公司股利增长的理论框架，它基于公司发展的实际阶段性特点进行设计。该模型将公司的股利增长划分为三个阶段，以更准确地反映公司股利的变化趋势。

第一阶段：公司的初创和快速成长阶段，公司可能会积极投资以扩大业务规模、增强市场竞争力。因此，股利会以一个相对较高的固定比率 g_0 增长，并持续 k 年。这一阶段的股利增长体现了公司快速发展的势头和潜力。

第二阶段：公司的转换期，即从快速成长向稳定过渡的阶段。从 $k+1$ 到 n 年这个阶段，公司的股利增长率不再保持固定，而是呈现直线形状的变化。这种变化可能是由于市场环境的变化、公司战略的调整或者内部管理的改进等因素导致的。转换期是公司从快速成长向稳定过渡的关键时期，对于投资者来说，需要密切关注公司的经营动态和市场变化。

第三阶段：公司的稳定发展阶段。在这一阶段，公司已经形成了成熟、有效的盈利模式和经营策略，因此股利将以一个相对较低的、但更为稳定的固定比率 g_n 增长。这意味着公司能够为股东提供稳定且可预期的回报，是投资者寻求长期收益的理想选择。

三阶段模型为投资者提供了一个客观、准确的工具，用于评估公司的股利增长潜力和价值。通过理解和运用这个模型，投资者可以作出更加明智的投资决策，实现长期稳定的收益，如图 6-2 所示。

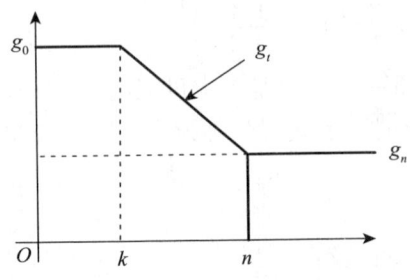

图 6-2　股利增长三阶段模型

其中，第二阶段中增长率由直线方程决定：

$$g_t = g_0 - (g_0 - g_n) \frac{t - k}{n - k} \tag{6-10}$$

当 $t = n$ 时，正是过渡期的末尾。由直线方程可知，给定 g_0、k、n、g_n 和最近一年的股利 D_0，就可以计算出任何将来时间的股利，然后再给定一个合适的折现率，可以计算出预期股利的现在价值。

其股票价格可由下式估计得到：

$$W = D_0 \sum_{t=1}^{k} \left(\frac{1 + g_0}{1 + r} \right)^t + \sum_{t=1}^{k} \left(\frac{D_{t-1}(1 + g_t)}{(1 + r)^t} \right) + \frac{D_{n+1}}{(1 + r)^n (r - g_n)} \tag{6-11}$$

其中，D_0 为最近一年的股利，$D_{n+1} = D_n(1 + g_n)$ 为第 $n + 1$ 年的股利。

在三阶段股利折现模型中，其最终阶段实际上与固定成长模型相契合。当模型中的前两个阶段不再起作用（即它们不存在，或时间跨度 n 设为 0）时，整个三阶段模型便简化为单一的固定成长模型。然而，值得注意的是，尽管三阶段模型为投资者提供了更为细致的视角来评估公司股利的增长，但其计算过程相对复杂，且该模型本身并不直接支持对折现率的直接求解。这意味着在运用该模型时，投资者需要额外进行折现率的估计或设定。

4. 债券价格的评估模型

债券价格的评估原理与股票相似，也是通过其未来收益的现值来确定债券的评估价值。具体而言，根据付息方式的不同，债券价格的评估存在以下两种情况。

第一种情况是每年支付利息并在到期时偿还本金的债券。在此情况下，债券的价格（记作 PV）可以通过将每年的利息收入（记作 C）和最终的债券面值（记作 D）按照尚存的偿还期（记作 n）和相应的各年贴现率（记作 r_i）进行贴现来计算。则

$$PV = \frac{C}{(1 + r_1)} + \frac{C}{(1 + r_1)^2} + \cdots \frac{C}{(1 + r_i)^n} + \frac{D}{(1 + r_n)^n}$$
$$= \sum_{i=1}^{n} \frac{C}{(1 + r_i)^i} + \frac{D}{(1 + r_n)^n} \tag{6-12}$$

若将各年的贴现率近似地用一个平均的贴现率 r 代替，则上式可简化为

$$PV = \sum_{i=1}^{n} \frac{C}{(1 + r_i)^i} + \frac{D}{(1 + r_n)^n} = C \frac{1 - (1 + r)^{-n}}{r} + \frac{D}{(1 + r_n)^n} \tag{6-13}$$

这种方式充分考虑了债券持有者在持有期间将获得的利息收入以及到期时收回的本金。

第二种情况是到期时一次性还本付息的债券。这类债券的评估模型相对简单，因为债券的面值、期限和发行利率在发行时就已经确定，公式也比较简单。

$$PV = \frac{nC + D}{(1 + r)^n} \tag{6-14}$$

此时，债券价格的高低完全取决于贴现率。如果市场利率上升，贴现率增大，则债券的价格就会相应下跌，甚至可能跌破面值；反之，如果贴现率下降，债券价格则会

上升。

总之，现金流贴现（DCF）估值方法的基本思想在于，资产的当前价值应基于其未来现金流的贴现值来确定。在碳资产定价的背景下，这一方法尤其强调了对未来现金流中碳资产相关部分的精确预测和评估。由于碳税、碳排放权交易等机制的引入，企业未来的现金流将受到碳排放量、碳资产价值变动以及低碳转型策略等多重因素的影响。不同的未来现金流假设，如碳排放量的减少速度、碳交易市场的价格波动等，显然会对资产的现值产生显著影响。例如，在预测企业未来现金流时，如果假设企业能够成功减少碳排放量并积极参与碳交易市场，那么其未来的现金流将可能更加稳健，从而提高资产的现值。然而，尽管现金流贴现估值方法能够较为准确地反映资产的内在价值，但该方法主要关注的是公司的财务特征和经营策略，而非直接反映市场价格动态。在碳资产定价的背景下，市场价格受到政策变动、市场供需关系、投资者情绪等多种因素的影响，这些因素可能并不完全符合现金流贴现估值方法的假设条件。因此，在资本市场实际应用中，现金流贴现估值方法可能会受到一定的限制，需要结合其他投资分析工具和方法来综合评估投资项目的价值。

二、基于不存在无风险收益的无套利定价方法

无套利定价原理是金融衍生产品定价的基石，它基于一个核心思想：通过构建一个由基础资产和无风险资产组成的投资组合，使其收益能够精确复制衍生品的收益模式。在无套利机会的市场环境中，这一复制策略所形成的衍生品价格应当与构建该投资组合所需的成本保持一致。这确保了在有效市场中，金融衍生品的定价能够反映出其内在价值和风险特性。

（一）无套利定价的思想

无套利定价的思想是基于市场有效性和供需关系，通过构建一个或多个投资组合来复制金融衍生品的收益，从而确定该衍生品的合理价格。在无套利的情况下，这些投资组合的当前价值应该等于衍生品的合理价格。换句话说，无套利定价方法假设在一个完全竞争的市场中，没有交易者可以通过套利行为（即同时买入低价资产并卖出高价资产以获取无风险利润）来获得超额收益。

这一思想在金融衍生产品定价中具有重要的应用价值。例如，在期权定价中，无套利定价原理要求期权的价格应该等于其在到期日的价值，从而防止买空期权、卖空标的资产的套利产生。同样，在债券定价中，无套利定价原理要求债券的价格应该等于其未来现金流的贴现值，从而防止买进债券、卖出债券现金流的套利产生。

无套利定价方法的核心在于构建一个或多个投资组合，使其与需要定价的金融衍生品具有相同的收益和风险特征。通过比较这些投资组合与衍生品的成本或价值，可以确定衍生品的合理价格。这种方法基于市场供需关系和有效市场假设，有助于维护市场的有效性，防止价格扭曲和资源错配。

以两项投资 A 和 B 为例，如果在期初时我们了解到这两者在期末所能产生的利润是完全相同的，并且它们在持有期间所需的维持成本也毫无差异，那么根据无套利定价原

理，这两项投资在期初的购入成本（即它们的定价）理应保持一致。然而，如果市场出现异常情况，导致投资 A 的期初定价低于投资 B，那么这就创造了一个套利机会。精明的投资者，也就是套利者，会抓住这一机会，选择卖空定价较高的投资 B，同时买入等量的投资 A。通过这样的操作，套利者可以在不增加额外风险的情况下，确保在期末时无论市场如何波动，都能获得与投资 B 相同的利润，而实际上却支付了比 B 更低的成本。因此，这样的价格差异将会引发市场的自动调整机制，直至两者的价格重新达到均衡，套利机会消失。

（二）无套利定价的应用

1. 无套利定价在汇率市场的应用

无套利定价理论在金融市场中的应用十分广泛，特别是在外汇市场中。它作为金融市场定价的重要工具，不仅为投资者提供了准确评估金融资产价格的方法，也为市场的稳定运行提供了坚实的理论基础。在外汇市场中，无套利定价理论的应用尤为突出，它帮助投资者识别并消除套利机会，确保市场价格的合理性和公平性。此外，无套利定价理论还为外汇衍生品的定价提供了重要的参考依据，促进了外汇市场的健康发展。无论是在即期外汇交易、远期外汇合约，还是在外汇期货和外汇期权等金融衍生品的定价中，无套利定价理论都发挥着不可或缺的作用。通过无套利定价理论的应用，外汇市场能够更有效地管理风险，提高市场效率，为投资者提供更加安全、透明的交易环境。以下是一个无套利定价理论应用于美元和日元远期外汇定价的例子。

假设当前市场上美元对日元的即期汇率（Spot Exchange Rate）为 1 美元兑换 110 日元，同时市场上存在一份期限为 6 个月的美元/日元远期外汇合约。我们的目标是确定这份远期外汇合约的合理价格，即 6 个月后美元对日元的远期汇率（Forward Exchange Rate）。

在无套利定价理论的指导下，我们可以构建一个无风险的投资组合，该组合在 6 个月后的收益应该与远期外汇合约的到期收益相等。在这个例子中，我们可以构建一个包含美元和日元资产的投资组合，其中美元资产用于购买美元，而日元资产则是通过借款或现有资金持有。

具体来说，假设我们持有 1 美元，并将其以即期汇率兑换成 110 日元。同时，我们卖出一份 6 个月后交割的美元/日元远期外汇合约，合约规模为 1 美元，交割汇率为 F（即我们承诺在 6 个月后以 F 的汇率将 1 美元兑换成日元）。为了保持组合的无风险性，我们还需要将一部分日元资产投资于无风险资产（如日本国债），以赚取无风险收益。

在 6 个月后，远期外汇合约到期，我们需要按照合约规定的汇率 F 将 1 美元兑换成日元。如果市场汇率高于 F，我们将从远期合约中获利；如果市场汇率低于 F，我们则需要在市场上购买日元以履行合约义务。然而，由于我们在开始时构建了一个无风险的投资组合，因此无论市场汇率如何变化，我们的投资组合的总收益都应该是确定的。

根据无套利原则，这个投资组合在期初的成本（即投资成本）应该等于远期外汇合约的期初价格（即远期汇率 F）。如果远期汇率 F 设置得不合理，套利者就可以通过买卖即期外汇和远期外汇合约来获利，这将打破市场的均衡状态。

因此，通过无套利定价理论，我们可以计算出合理的远期汇率 F，使得市场上不存在套利机会。这个远期汇率 F 反映了市场对未来汇率变动的预期，并为投资者提供了重要的参考依据，以帮助他们进行外汇交易和风险管理。

2. 无套利定价在碳排放交易市场的应用

套利定价理论在碳排放交易市场中同样具有广泛的应用，特别是在碳排放远期合约的定价上。以下是一个关于无套利定价理论在碳排放交易远期定价中的应用。

假设当前市场上碳排放权的即期价格为每吨 X 元，同时市场上存在一份期限为 T 年的碳排放远期合约。这份合约允许合约持有者在 T 年后以事先约定的价格 Y（即远期价格）购买或出售一定数量的碳排放权。

在无套利定价理论的指导下，我们可以构建一个无风险的投资组合来模拟这份远期合约的到期收益。具体来说，我们可以采取以下策略：

（1）即期购买碳排放权：投资者在当前市场上以即期价格 X 购买一定数量的碳排放权。

（2）无风险投资：投资者将剩余的现金投资于无风险资产（如国债），以获取无风险收益。

（3）到期卖出碳排放权：在 T 年后，远期合约到期时，投资者将之前购买的碳排放权以远期价格 Y 卖出。

现在，我们考虑这个投资组合的期末价值。在 T 年后，投资者从碳排放权的买卖中获得的收益是 Y - X（远期价格与即期价格的差额），同时他们还获得了无风险资产的投资收益。这个投资组合的总收益应该等于购买远期合约的成本，即远期合约的期初价格。根据无套利原则，如果远期合约的定价不合理（即远期价格 Y 不等于无套利投资组合的成本），那么市场上就会存在套利机会。套利者可以通过购买或卖出碳排放权的即期合约和远期合约来获利，这将打破市场的均衡状态。

因此，通过无套利定价理论，我们可以计算出合理的远期价格 Y，使得市场上不存在套利机会。这个远期价格 Y 反映了市场对未来碳排放权价格的预期，并为投资者提供了重要的参考依据，以帮助他们进行碳排放权交易和风险管理。在碳排放交易市场中，无套利定价理论的应用有助于确保市场的公平性和有效性，促进碳排放权价格的合理形成，从而推动碳市场的健康发展。

从以上两个例子，可以归纳出无套利定价机制的主要特征如下。

（1）市场有效性：无套利定价机制基于一个有效的金融市场，其中信息透明、交易自由且不存在交易成本或限制。这样的市场条件下，资产价格反映了其真实价值，投资者无法通过简单的买卖策略获得无风险的超额收益。

（2）消除套利机会：无套利定价原理的核心是消除市场上的套利机会。它假设在一个有效的市场中，任何资产的价格都应该与其预期的未来现金流或价值相等，否则就会存在套利机会。通过无套利定价，市场能够自动调整资产价格，使其与真实价值相符，从而消除套利空间。

（3）复制与等价原则：无套利定价机制依赖于复制技术和等价原则。复制技术允许投资者通过组合其他资产来模拟某个资产或投资组合的现金流特征，而等价原则则要求这些复制组合的现金流与目标资产或投资组合的现金流完全一致。这种复制与等价的关系确保了资产价格的正确性，并防止了套利行为的发生。

三、基于风险收益的资本资产定价方法

金融市场在履行其根本职责时，不仅致力于资金的优化配置，确保资源流向最具效率和增长潜力的领域，而且同样强调风险的合理分散与防控。这是因为一个健康、稳定的金融市场需要平衡收益与风险，为投资者提供一个既具有吸引力又相对安全的环境。

（一）收益与风险

投资者在进行资产配置时，收益与风险这两个核心因素始终是他们权衡和考量的关键。收益，作为投资者参与投资活动的直接驱动力，它代表了投资所带来的回报，无论是资本价值的增值还是定期的收入如股息、利息等。收益率，则是衡量这种收益大小的量化指标，它直观地展示了投资者投资回报的百分比，帮助投资者更好地理解和比较不同投资项目的盈利能力。

$$收益率 = \frac{总收益}{投资总额} \times 100\%$$

然而，投资行为并非总是顺风顺水。投资者基于对未来经济和市场走势的预测和期望作出投资决策时，必须面对众多的不确定性和风险因素。这些风险因素可能来自市场整体的波动、特定行业或公司的经营状况、政策变化等。这些因素可能导致投资者无法实现预期的收益，甚至可能面临资本损失的风险。这种由未来不确定性所带来的潜在损失，就是投资者需要认真面对和管理的投资风险。

（二）投资多元化与资产组合

1. 投资多元化

投资多元化是指投资者在进行资产配置时，将资金分散投资于不同的资产类别、行业、地区或投资工具中，以实现降低风险、提高整体收益的目标。多元化投资的核心理念在于"不要把所有的鸡蛋放在一个篮子里"。通过将资金分配到多个不同的投资渠道中，投资者可以减少对单一资产或市场的依赖，降低单一事件（如某个公司破产、某个行业衰退或某个地区经济下滑）对整体投资组合的负面影响。

多元化投资可以包括不同类型的资产，如股票、债券、现金、商品、房地产等。同时，投资者还可以根据行业、地区、市场等因素进一步分散投资。例如，在股票投资中，投资者可以选择不同行业、不同市场（如国内股市和国际股市）的股票；在债券投资中，投资者可以选择政府债券、公司债券、高收益债券等多种类型。多元化投资的优势在于，当某一资产或市场表现不佳时，其他资产或市场可能表现良好，从而平衡整体投资组合的收益和风险。此外，多元化投资还可以帮助投资者抓住不同市场或资产类别的投资机会，提高整体投资组合的潜在收益。

为什么投资多元化能减少投资风险呢？投资多元化能够减少投资风险的原因主要有以下几点。

（1）分散非系统性风险：非系统性风险是指与特定公司或行业相关的风险，这种风险通常无法通过市场整体走势来预测或避免。通过投资多元化，投资者可以将资金分散到不同的公司、行业或地区，从而降低某一特定因素（如某个公司的经营失败、某个行业的衰退或某个地区的经济下滑）对整体投资组合的影响。当某个部分遭受损失时，其他部分可能表现良好，从而平衡损失，降低整体风险。

（2）降低资产相关性：不同资产之间的价格变动往往存在不同程度的相关性。有些资产在特定条件下可能表现出正相关（一个上涨时另一个也上涨），而有些则可能表现出负相关（一个上涨时一个下跌）。通过投资多元化，投资者可以投资于相关性低或负相关的资产，这样在一个资产表现不佳时，其他资产可能会表现得更好，从而平衡损失，降低整体风险。

（3）平衡收益与风险：不同的投资品种具有不同的风险和收益特点。通过将资金分散投资于多种不同的资产类别、行业或地区，投资者可以在保证一定收益的同时，尽可能降低投资风险。这种平衡策略有助于提高投资组合的整体表现，使投资者能够在不同的市场环境下获得稳定的回报。

（4）抓住更多投资机会：多元化投资可以帮助投资者抓住不同市场或资产类别的投资机会。由于不同市场或资产类别的价格波动和收益表现可能存在差异，投资者可以通过多元化投资来分散资金，从而在不同的市场或资产类别中寻求更好的投资机会。

20 世纪 60 年代，有人计算了纽约证券交易所 470 种普通股的风险。通过随机分组，计算每组组合收益率的平均标准差，得到如图 6 - 3 所示的投资效果。

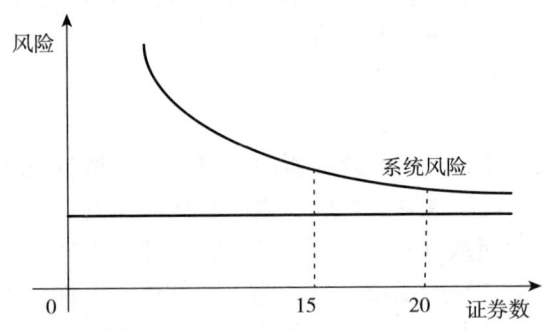

图 6 - 3　简单证券多元化的效果

图 6 - 3 说明当组合中证券的数目由 1 种逐渐增加到 15 种时，组合的风险逐步下降，接近市场系统风险水平，组合的非系统风险逐渐趋于零。

进一步的研究显示，采用随机选取的证券构建简单多元化投资组合时，这些组合的收益率几乎不受所选证券数量的影响，但与之相反，组合的风险则与证券的数量紧密相关。这一发现得到了美国经济学家瓦格纳（W. H. Wagner）和劳（W. P. Law）的实证研究支持，具体数据详见表 6 - 1。

从表 6 - 1 中我们可以观察到，尽管不同证券数量构成的组合在收益率上几乎没有差异，但这些组合的波动率（即标准差）却随着证券数量的增加，从 0.70% 显著降低至

0.39%，降幅高达44%。同时，随着证券数量的增多，这些多元化组合与整体市场的关联性也显著增强。这些现象均充分证明了投资多元化在降低投资风险方面的显著效果。

表 6 – 1 多元化组合对投资收益率和标准差的影响

组合证券数	组合月收益率	组合月收益率标准差	组合收益率与市场收益率的相关系数
N	$R_p(\%)$	$\sigma(\%)$	ρ
1	1.10	0.70	0.54
2	0.84	0.50	0.63
4	0.96	0.46	0.77
5	1.01	0.46	0.79
10	0.96	0.42	0.85
15	1.07	0.40	0.88
20	1.09	0.39	0.90

2. 组合投资

在投资领域，我们将不同种类的证券按照一定的比例组合起来，这样的集合被称为组合资产。现在，我们来深入探讨组合资产的风险与单个资产风险之间的关系。

假设我们选择了 n 种资产进行组合投资。对于第 i 种资产，我们用 R_i 表示其期望收益率，σ_i 代表其风险（即收益率的标准差）。χ_i 是资产组合中第 i 种资产的投资比例系数（其中 $i=1, 2, \cdots, n$）。在评估组合资产的风险时，我们还需要考虑不同资产之间的相关性。这里，我们用 ρ_{ij} 表示资产 i 与资产 j 收益率的相关系数，而 σ_{ij} 则代表第 i 种和第 j 种资产收益率的协方差，具体计算方式为 $\sigma_{ij} = E[(R_{it} - R_i)(R_{jt} - R_j)]$（即两种资产收益偏差乘积的数学期望）。

组合资产的总收益的期望值为 R，总方差记为 σ^2，则

$$R = \sum_{i=1}^{n} \chi_i R_i \tag{6-15}$$

$$\sigma^2 = \sum_{i,j=1}^{n} \chi_i \chi_j \sigma_{ij} = \sum_{i,j=1}^{n} \chi_i \chi_j \rho_{ij} \sigma_i \sigma_j \tag{6-16}$$

特例：若 n 种资产的收益是毫不相关的，即 $p=0$，$i \neq j$，$i, j=1, 2, \cdots, n$，则式（6-16）可转化为

$$\sigma^2 = \sum_{i=1}^{n} \chi_i^2 \sigma_i^2 \tag{6-17}$$

若进一步假设等比例投资于这 n 种资产，即 $\chi_1 = \cdots = \chi_n = \frac{1}{n}$，则

$$\sigma^2 = \sum_{i=1}^{n} \left(\frac{1}{n}\right)^2 \sigma_i^2 = \frac{1}{n} \sum_{i=1}^{n} \frac{\sigma_i^2}{n} = \frac{1}{n} \overline{\sigma_i^2} \tag{6-18}$$

这里 $\overline{\sigma_i^2}$ 表示组合中所含资产的方差的平均值，一般 $\overline{\sigma_i^2}$ 有界。故

$$\lim_{n \to \infty} \sigma^2 = \lim_{n \to \infty} \frac{\overline{\sigma_i}^2}{n} = 0 \tag{6-19}$$

式（6-19）说明，若市场上存在充分多的收益不相关的资产时，则等比例投资于这些资产所构成的组合风险趋于零。

例如，若有一个投资计划，投资对象为资产 A 和资产 B，资金给定，投资金额可在这两种资产间任意比例分配。资产 A 与资产 B 的期望收益率和它的标准差如表 6-2 所示。

表 6-2 资产 A 和资产 B 的收益率与标准差

资产	收益率 R_i（%）	标准差 σ_i（%）
A	5	4
B	8	10

在收益率的相关系数分别为 1、0、-1 的状态下，分别计算在 $X_A = 1, 0.65, 0.50,$ 0.25, 0 时，组合资产的收益及其标准差。由式（6-15）、式（6-16）计算可知，组合资产的收益率与标准差 σ 计算值如表 6-3 所示。

表 6-3 组合资产的收益率与标准差

资产 A 所占比重	资产 B 所占比重	$\rho_{AB} = 1$		$\rho_{AB} = 0$		$\rho_{AB} = -1$	
		R	σ	R	σ	R	σ
1.00	0.00	5.00	4.00	5.00	4.00	5.00	4.00
0.65	0.35	5.75	5.50	5.75	3.90	5.75	0.50
0.50	0.50	6.50	7.00	6.50	5.40	6.50	3.00
0.25	0.75	7.25	8.50	7.25	7.60	7.25	6.50
0.00	1.00	8.00	10.00	8.20	10.00	8.00	10.00

由表 6-3 可以得出以下结论：

（1）在投资组合的构建中，我们观察到无论采用何种比例（任意比例）进行资产组合，其整体风险通常不会超过这些资产中风险最大的那一个。这意味着，通过合理的资产配置，我们可以实现组合资产的风险低于任何单一资产的风险。

（2）进一步地，当我们在追求相同收益水平时，选择那些收益呈负相关或不相关的资产进行组合，可以显著地降低整体投资组合的风险，特别是当资产间呈负相关时效果更为显著。简而言之，资产间收益的相关系数越低，我们通过资产组合来分散风险的效果就越好。因此，资产间的相关性成为了我们评估和管理投资风险时不可忽视的重要因素。

（3）此外，不同的投资比例会直接影响到组合资产的收益率和风险水平。理论和实践均表明，通过精心设计的资产组合，可以有效降低证券投资的风险。因此，深入研究并构建最优化的组合投资模型，选择最合适的投资比例，对于实现投资收益与风险的最优化至关重要。

（三）马柯维茨模型

马柯维茨模型（Markowitz 模型）是哈里·马柯维茨于 1952 年提出的均值—方差组合模型。这一模型是在禁止融券和没有无风险借贷的假设下，以资产组合中个别股票收益率的均值和方差找出投资组合的有效边界（Efficient Frontier），即一定收益率水平下方差最小的投资组合，并导出投资者只在有效边界上选择投资组合。该模型的核心思想是通过考虑资产之间的相关性和预期收益率，帮助投资者在风险和收益之间找到最优的平衡点，以达到最大化收益或最小化风险的目标。投资者需要提供关于各个资产的预期收益率和协方差矩阵。预期收益率表示投资者对于每个资产未来收益的估计，协方差矩阵则表示不同资产之间的相关性。通过这些输入，模型可以计算出不同资产权重的组合，以及该组合的预期收益率和风险。

在马柯维茨模型中，资产之间的相关性是实现风险分散的关键。当资产之间相关性较低时，它们的波动性相互抵消，从而降低了整个投资组合的风险。相反，当资产之间相关性较高时，它们的波动性会相互放大，增加了整个投资组合的风险。模型的目标是找到一个最优的资产权重组合，使得在给定风险水平下，投资者可以获得最大的预期收益。此外，马柯维茨模型也被广泛应用于不同类型的证券之间的投资分配上，如债券、股票、风险资产和不动产等。这一模型为金融实务努力寻找有效的投资组合提供了理论依据，其分析框架也成为了构建现代金融工程理论分析的基础。

1. 基本假设

马柯维茨在构建其组合理论时，基于以下几个核心假设。

（1）证券市场被视为是有效的，这意味着证券的价格准确反映了其内在价值。在这样一个市场中，所有投资者都享有充分的信息透明度，他们清楚地了解每种证券的预期收益率和潜在的风险（标准差）。

（2）投资者的目标是实现收益最大化与风险最小化之间的平衡。简而言之，投资者普遍倾向于规避风险，他们只有在预期收益更高的情况下，才愿意承担更高的风险。

（3）投资者在做投资决策时，主要依据的是期望收益率和收益率的标准差。如果某个投资方案的风险较高，那么它必须提供额外的收益来作为投资者承担这种风险的补偿。

（4）不同的证券之间，其收益率存在某种程度的关联性。这种关联性可以通过相关系数或协方差来量化，这有助于投资者在构建投资组合时实现风险的合理分散和收益的优化。

马柯维茨组合理论的核心在于揭示了一个关键原理：只要投资组合中的资产不呈现正相关关系，投资者便能够在不削减预期投资收益率的前提下，有效降低投资风险。基于马柯维茨的理论，为了最大化投资组合的效益，我们应倾向于选择那些具有负相关或至少相关性极低的证券来构建投资组合。这样的策略有时被称为"风险分散化"的投资组合。

2. 马柯维茨模型

在追求投资成功的道路上，投资者往往面临两大核心目标：收益最大化与风险最小化。然而，这两个目标往往是相互矛盾的，难以同时达到最优状态。投资者在投资决策中必须在这两者之间进行权衡和选择。

马柯维茨的组合理论为投资者提供了一个理性的框架来处理这一难题。他认识到，投资者大多是风险厌恶者，这意味着他们倾向于在预期收益和风险之间寻找一个平衡点。理性的投资者希望在给定风险水平下，实现最大的期望收益；或者在给定期望收益的条件下，将投资风险降至最低。马柯维茨进一步指出，资产组合的总收益可以通过计算各个资产预期收益的加权平均值来得到，而组合资产的风险，即收益的不确定性，则可以通过方差或标准差来量化。他利用二次规划的数学方法，为投资者提供了一套系统的策略，指导他们如何通过构建多元化的投资组合来有效降低整体风险。

简而言之，马柯维茨的组合理论为投资者在追求收益最大化和风险最小化之间提供了实用的指导，通过多元化的投资策略和数学优化方法，帮助投资者在复杂多变的市场环境中作出更理性的投资决策。

设有 n 种不同的风险资产，第 i 种风险资产第 t 年的实际收益率为 R_{it}，n 年实际平均收益率记为 R_i，$R_i = \dfrac{1}{n} \sum\limits_{t=1}^{n} R_{it}$，第 i 种风险资产在组合中的投资比例为 χ_i，且 $\sum\limits_{i=1}^{n} \chi_i = 1$，$\chi_i \geq 0$。

那么，组合资产的期望收益率 $R_p = \sum\limits_{i=1}^{n} \chi_i R_i$；假定通过组合，收益率预定达到目标点 r，即满足条件 $\sum\limits_{i=1}^{n} \chi_i R_i = r$。

组合资产的风险用收益率的标准差表示，方差为标准差的平方，即

$$\sigma^2 = \sum_{i,j=1}^{n} \chi_i \chi_j \sigma_{ij} = \sum_{i=1}^{n} \sigma_i^2 \chi_i^2 + \sum_{i,j=1,i\neq j}^{n} \sigma_{ij} \chi_i \chi_j \qquad (6-20)$$

组合的目标应使风险最小，即方差最小。此时，标准差也最小，即

$$\min \sigma^2 = \sum_{i=1}^{n} \sigma_i^2 \chi_i^2 + \sum_{i,j=1,i\neq j}^{n} \sigma_{ij} \chi_i \chi_j$$

综上所述，马柯维茨优化模型为

$$\min \sigma^2 = \sum_{i=1}^{n} \sigma_i^2 \chi_i^2 + \sum_{i,j=1,i\neq j}^{n} \sigma_{ij} \chi_i \chi_j$$

$$\text{s. t.} \begin{cases} \sum\limits_{i=1}^{n} \chi_i R_i = r \\ \sum\limits_{i=1}^{n} \chi_i = 1 \\ \chi \geq 0, i = 1,2,\cdots,n \end{cases} \qquad (6-21)$$

上述模型基于投资比例为变量构建了一个二次规划问题，其求解过程旨在确定最优的投资分配比例。马柯维茨模型通过定量分析方法深入研究了投资组合的构建问题，不仅在理论上具有坚实的支撑，而且在实际操作中也为投资者提供了明确的指导。此外，

马柯维茨模型还具备可扩展性，可以进一步推广至以下情境。

（1）不相关风险资产投资优化模型。假设投资者只对不相关风险资产进行组合投资，上述模型中 $\sigma = 0(i \neq j)$，马柯维茨模型简化为

$$
\min \sigma^2 = \sum_{i=1}^{n} \sigma_i^2 \chi_i^2 \\
\text{s. t.} \begin{cases} \sum_{i=1}^{n} \chi_i R_i = r \\ \sum_{i=1}^{n} \chi_i = 1 \\ \chi \geq 0, i = 1, 2, \cdots, n \end{cases}
\tag{6 - 22}
$$

（2）存在安全资产时风险资产组合优化模型。在实际中存在着风险很小的资产，如短期国债、短期融资券、短期银行储蓄及短期财产抵押贷款等。由于受通货膨胀的影响较小，它们的投资收益相对稳定，风险很小，因而可看作安全资产。现在选择一种安全资产和 n 种不相关风险资产进行投资组合。设安全资产的收益率为 R_f，$\chi_i(i = 1, 2, \cdots, n)$ 为风险资产的投资比例，$\chi_0 = 1 - \sum_{i=1}^{n} \chi_i$ 为安全资产的投资比例。

则组合投资的期望收益率为 $r = (1 - \sum_{i=1}^{n} \chi_i)R_f + \sum_{i=1}^{n} \chi_i$，风险为标准差 σ。

存在无风险资产投资时，不相关资产组合优化模型为

$$
\min \sigma^2 = \sum_{i=1}^{n} \sigma_i^2 \chi_i^2 \\
\text{s. t.} \begin{cases} (1 - \sum_{i=1}^{n} \chi_i)R_f + \sum_{i=1}^{n} \chi_i R_i = r \\ \sum_{i=1}^{n} \chi_i = 1 \\ \chi \geq 0, i = 1, 2, \cdots, n \end{cases}
\tag{6 - 23}
$$

说明：

①上述模型均采用了二次规划的数学框架。在理论上，这些模型可以通过二次规划的旋转迭代算法进行求解，以得出最优解。

②上述模型均设定了一个重要假设，即资金的投资比例必须大于等于零，即对于所有的 $x_i(i = 1, 2, \cdots, n) \geq 0$。这一假设的实际意义在于禁止了卖空行为，即投资者不能通过借入碳资产并立即卖出以期望在未来以更低价格买回的方式来获利。在我国现阶段的碳资产交易市场中，卖空行为是不被允许的。这主要是由于我国碳资产市场尚处于发展阶段，法律体系尚不健全，无法有效规范卖空行为可能带来的市场波动和风险。然而，随着碳资产市场的不断成熟和完善，预计未来我国将会逐步放开对卖空碳资产行为的限制，为投资者提供更多的交易策略和风险管理工具。

（四）资本资产定价模型

马柯维茨的组合理论在碳交易市场中同样为理性投资者提供了优化投资决策的框架：如何确定在碳减排项目或碳配额上的投资比例。然而，当我们深入考虑碳交易市场这一特殊环境时，特别是在市场达到均衡状态（即碳减排项目的供给与企业的需求相匹配），或所有参与者的交易行为均与现代资产组合理论相符时，我们面临几个关键的问题：（1）这些碳减排项目或碳配额的预期收益是如何确定的？在碳交易市场中，项目的预期收益通常与其预期的减排量以及碳配额的市场价格密切相关。（2）我们如何准确衡量这些碳减排项目或碳配额收益所伴随的风险？由于碳交易市场受到多种因素的影响，如政策变化、市场需求波动等，因此投资者需要仔细评估这些风险，并制定相应的风险管理策略。

我们还需要关注任意一种碳减排项目或碳配额的期望收益与其风险之间存在的函数关系。这有助于投资者更好地理解投资回报与风险之间的平衡，并据此作出更明智的投资决策。

马柯维茨模型在构建证券组合时虽然提供了理性的投资框架，但其复杂的计算过程、对假设条件的严格依赖、对输入参数的敏感性、缺乏灵活性以及在极端市场环境下的局限性，都使得该模型在实际应用中面临诸多挑战。

对此，斯坦福大学教授威廉·夏普在1963年提出了《证券组合分析的简化模型》，他在这篇论文中首次提出了资本资产定价模型（CAPM），为证券组合选择开辟了新的道路。CAPM不仅在理论上具有深远的意义，更在实践中成为了投资者在组合决策中资产选择和财务管理中计算留存收益成本的宝贵工具。夏普的这一开创性贡献赢得了业界的广泛认可，他在1990年荣获诺贝尔经济学奖。

CAPM的核心假设建立在对现实资本市场复杂性的认知之上。为了通过模型深入探究其核心机制，我们需对市场进行一定程度的简化，以便捕捉并反映其本质特征。然而，这些假设在某种程度上可能并不完全贴合现实情况。对此问题，米尔顿·弗里德曼认为，理论假设的关键不在于它们能否完美描绘真实世界，因为这几乎是不可能的，而在于它们是否足够贴近我们的研究目标。衡量其有效性的唯一标准在于理论是否成立，即它是否能为我们提供足够精确的预测。

因此，为了讨论方便，资本资产定价理论的八大假设主要包括：

（1）所有投资者的投资期限均相同，也就是说，投资者都在同一时期计划他们的投资计划。

（2）投资者根据投资组合在单一投资期内的预期收益率和标准差来评价这些投资组合。

（3）投资者永不满足，即他们追求效用最大化，并且是风险厌恶的，通常根据均方效率原则进行决策。

（4）每种资产都是无限可分的，即市场上的资产都是标准化的，没有区别。

（5）投资者可以按相同的无风险利率借入或贷出资金。这意味着存在一个无风险证券，投资者可以按照统一的无风险利率进行任意数额的借贷。

（6）税收和交易费用均忽略不计，即市场被视为无摩擦的，不存在交易限制或成本。

（7）对于所有投资者来说，信息都是免费的并且是立即可得的。这体现了信息的完全性，所有投资者都可以看到资本市场上所有资产完整的方差、协方差和期望收益数据。

（8）投资者对于各种资产的收益率、标准差、协方差等具有相同的预期，这被称为同质预期假设，即投资者有着完全相同的信息结构，所有的投资者都被假定运用均方分析方法进行投资决策筛选。

这些假设的核心是使个人相同化，从而使分析大大简化。资本资产定价理论认为，系统性风险是决定股票价格（预期收益）的唯一变量，非系统性风险可通过持有充分分散的股票组合而趋向于零。

上述的简化条件成功地将错综复杂的资本市场提炼成一个完全竞争的市场模型，从而将关注点从具体的投资策略转向一个更为根本的问题：如果所有投资者都采取理性投资行为，证券价格将会如何演变。这一过程深入揭示了市场均衡状态下每种证券收益与风险之间的内在关系，为构建资本资产价格理论提供了坚实的基石。在组合投资的框架下，当设定了预期收益目标时，投资者会发现存在无数种投资组合方式可以达到这一目标；同样地，当明确了预期风险水平时，也存在无数种组合可以满足这一要求。那么，在众多的可能性中，哪一种组合配置是最高效的呢？

1. 有效组合与有效边界

如果以预期收益 R_0 为纵坐标，预期风险 σ^2 为横坐标，则任一可行的组合唯一确定了 $\sigma^2 - R_0$ 上的一个区域，称为可行集，记为 D。

马柯维茨假定：投资者普遍表现出对风险的厌恶，他们在确定预期收益或风险水平时，会精心选择证券组合。理性的投资者总是致力于在既定的风险条件下寻求最大的期望收益，或者在保证特定期望收益的同时，将投资风险降至最低。这些满足特定优化条件的组合被称为有效组合，而所有这样的有效组合共同构成了所谓的有效集。有效集在风险与收益构成的坐标系中绘制出的轨迹，被称为有效边界，它为理性投资者提供了一个清晰、明确的决策范围，即机会集。

首先，我们考虑一个由一种风险资产和一种无风险（或安全）资产组成的投资组合。在这里，无风险资产的期望收益是一个恒定的值 R（其收益方差为 0），而风险资产的期望收益为 μ，标准差为 σ。如果我们假设投资于无风险资产的比例为 x，那么投资于风险资产的比例自然就是 $1-x$。基于这些设定，我们可以计算出该组合资产的期望收益和标准差如下：

$$\mu_p = \chi R_f + (1-\chi)\mu \qquad (6-24)$$

$$\sigma_p = (1-\chi)\sigma \qquad (6-25)$$

由式（6-24）、式（6-25）整理得到组合资产的收益与风险（标准差）的关系为

$$\mu_p = R_f + \frac{\mu - R_f}{\sigma}\sigma_p \qquad (6-26)$$

显然，是一条过 (O, R)，(σ, μ) 两点的直线，如图 6-4（a）所示。

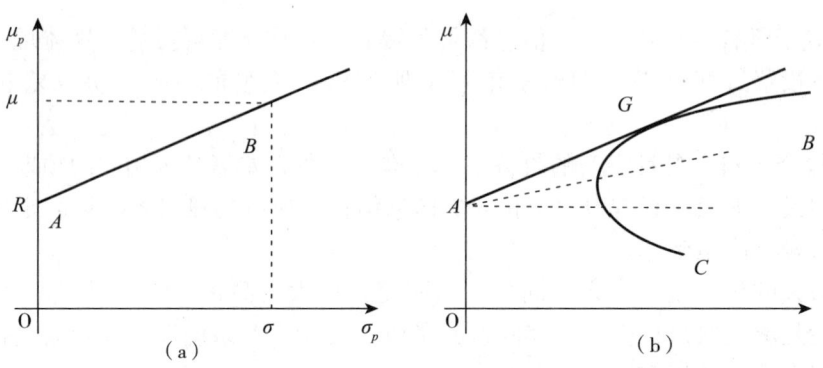

图 6-4　安全资产与风险资产的组合

线段 AB 代表安全资产与风险资产所有可能组合的区间，其期望收益和风险是根据两种资产各自的比例进行加权平均计算得出的。由于这些组合均属于一次线性组合的范畴，因此它们均位于有效边界之上。

投资机会不仅限于简单地选择安全资产或风险资产，还可以通过借款来进一步投资于风险资产。借款实际上可以视为负向的贷款，而安全资产的卖空则等同于资金的筹集。在假设贷出利率与借入利率相等的情况下，投资机会的范围将从图 6-4（a）中的 B 点向右上方扩展，构成一条从 A 点经过 B 点延伸的直线。这条直线的左侧表示将部分资金贷出至安全资产，而右侧则表示通过借入资金来购买包含安全资产和风险资产的组合。

对于包含多个风险资产的市场环境，上述分析依然适用。当市场上存在多个风险资产时，这些风险资产组合的有效边界会呈现为一个凸形的集合，如图 6-4（b）所示。我们将这一凸形集合中代表风险资产组合有效边界的部分标记为曲线 CB。接着，通过安全资产点 A（O，R）作曲线 BC 的切线，设切点为 G。这条过 A 点且切于 G 点的射线 AG，即代表了在给定条件下，安全资产与风险资产组合的有效边界。

2. 无差异曲线

当面对两个投资方案，其结果在直接比较时存在难度，例如一个方案虽期望收益高但风险同样显著，而另一个方案虽然期望收益较小但风险也相对较低时，投资者可以借助效用函数来进行选择。效用函数实质上是衡量某一投资方案的结果对投资者满足程度的指标，它带有明显的主观色彩，反映了投资者个人的价值判断。

对于同一投资方案而言，由于不同投资者对风险的偏好各异，这会导致他们对同一投资结果的满足程度有所不同，进而使得他们的效用函数存在差异。

在风险与收益构成的二维空间中，存在一种特殊的曲线，我们称为无差异曲线。这条曲线上的任意两点都代表投资者在不同风险和收益组合下所感受到的效用是相同的，即投资者在这两点上的满足程度是无差异的。如图 6-5 所示，这种无差异曲线为投资者在风险与收益之间作出权衡提供了直观的参考。

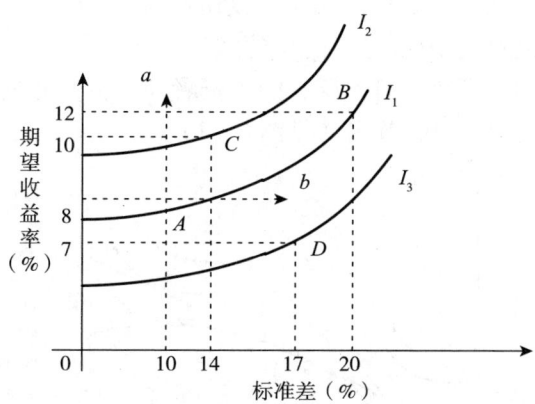

图 6 – 5 无差异曲线

在图 6 – 5 的情境中，若方案 A 被 a 方向上的任意方案替代，投资者的效用将会有所提升。这是因为沿着 a 线移动时，期望收益在增长的同时，其对应的风险（方差）并未随之增加。然而，如果投资者选择向 b 方向变动，尽管收益保持不变，但风险（方差）的增加将导致其效用降低。不过，在收益与风险的权衡中，存在一个特殊点（如 B），此时若将方案 A 替换为方案 B，虽然期望收益和方差均有所上升，但投资者的效用并未发生变化。这表明，增加的收益与增加的风险恰好相互抵消，对于投资者来说，这两种方案在效用上是无差异的。

通过重复上述分析和比较过程，我们可以绘制出无差异曲线 I_1，它代表了投资者在不同风险和收益组合下的效用无变化状态。同样地，如果从 C 点出发，遵循相同的逻辑，我们还能找到另一条无差异曲线 I_2，依此类推。由于投资者的最终投资决策深受其风险偏好影响，根据期望效用最大化原则，他们往往会选择那些能使自己达到最高无差异曲线的投资方案。

假定某投资组合的有效边界为图 6 – 6 的曲线 AB，根据一定效用假设，得到无差异曲线簇 U_1、U_2、U_3 等。

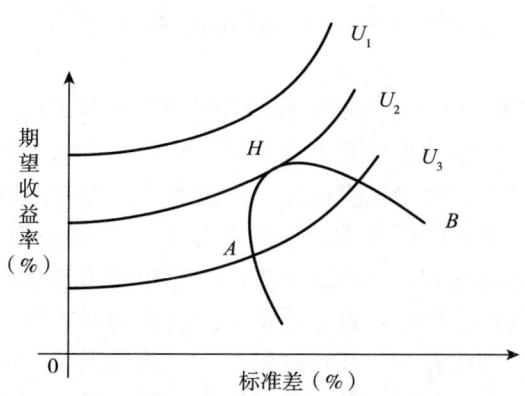

图 6 – 6 单个投资者的最优投资组合

无差异曲线簇中有一条与有效边界相切。设切点为 H，则 H 对应投资者在机会集中效用到达最大的组合，故对应于他的最优投资方案。

当存在无风险资产的投资机会时，所有的投资者面对的是相同的直线 RM 表示根据自己的无差异效用曲线与 RM 的有效集（见图 6-7）。

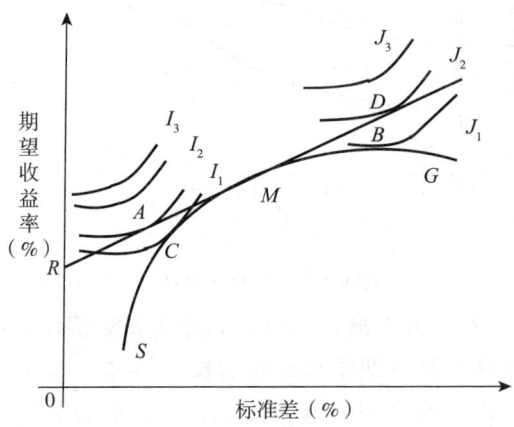

图 6-7 多个投资的最优投资组合

每个人根据自己的无差异效用曲线与 RM 的切点选择不同的组合。例如，投资者甲的无差异效用曲线簇为 I_1、I_2、I_3，若没有安全资产的话，则他将选择组合 C，效用值为 I_1，现在他选取的组合为 A，效用值提高为 I_2。虽然 I_2 效用值更高，但这条曲线与有效集（RM）不相交，就是说现有的组合都达不到 I_3 的效用值。同样，投资者乙的无差异曲线簇为 J_1、J_2、J_3，同样的分析方法，所以他选取组合 D。有效组合边界 RM 上对应的所有的组合都是由安全资产与风险证券的有效组合 M 组成的。它们之间的区别仅在于组合中这两种成分的相对比例不同。例如，组合 A 中的两者的比例为 0.30:0.70，组合 D 中的两者的比例为 -0.45:1.45，换句话说，不管投资者对收益和风险的偏好如何，他们都选择组合 M 和安全资产来构造自己的最佳的投资方案。其中，组合 M 是由资本市场上可供选择的风险证券按一定比例组成的，称为风险证券的有效组合。

因此，风险证券的有效组合 M 的构成以及其成分证券所占的比例，与投资者的偏好无关。

组合 M 中究竟包括哪些风险证券呢？在市场达到均衡状态时，各种风险证券的价格会自行调整，直至它们的供求关系达到平衡。这意味着，市场上每一种证券的流通量将与其需求量相等，也就是说，每种风险证券既不过剩也不稀缺。由于投资者除了安全资产外，仅持有由风险证券组成的组合 M，因此组合 M 必须涵盖市场上所有的风险证券。假设有某种证券未被纳入组合 M，且当前无人愿意以市场价格购买这种证券，那么持有这种证券的投资者所拥有的投资组合就不是最优的。因为对于所有投资者而言，最佳的风险证券组合是唯一的，即组合 M。在这种情况下，投资者会倾向于抛售这种非最优证券，以优化自己的投资组合。随着这种证券的抛售，其价格会下跌，而期望收益率则会上升，直到其他投资者愿意购买为止。当市场再次达到均衡时，这种证券就会被纳入组

合 M，为所有投资者所持有，并且其数量既不过剩也不稀缺。最终，每种证券在组合 M 中所占的份额将与其市场价值占市场上全部证券市场价值的比例相一致。这体现了市场均衡状态下，各种证券在投资者组合中的合理配置。

因此，组合 M 又称为市场组合。所谓市场组合就是由全部风险证券组成的证券组合，每种证券的投资比例正好是市场价值与全部风险证券的市场价值之比。市场组合是资本市场均衡理论中的一个核心构成部分，它代表了市场的整体风险与收益特征。根据假设条件，理性的投资者在构建其有效投资组合时，通常只涉及安全资产的借贷以及市场组合的配置，以确保投资组合的多样性和风险分散。

3. 资本市场线

在资本资产定价理论的框架下，理性投资者通过掌握无风险资产的收益率、市场组合的期望收益及其标准差，能够轻松界定出有效组合边界 CML（资本市场线），如图 6-8 所示。这一界定的数学模型被称为资本市场线模型（CML 模型）。

设 R_f 为完全市场上的无风险利率，ER_p 和 ρ 分别代表投资组合的期望收益率和风险。M 点则象征着市场投资组合。从图 6-8 可以清晰地看到，CML 线上的投资组合在收益与风险的权衡上均优于 AMB 弧线上的其他组合（依据收益方差准则进行评判）。因此，CML 线成为了新的有效边界，即资本市场线，它展现了在允许以无风险利率进行资金借贷的情况下，投资者的有效投资组合边界。

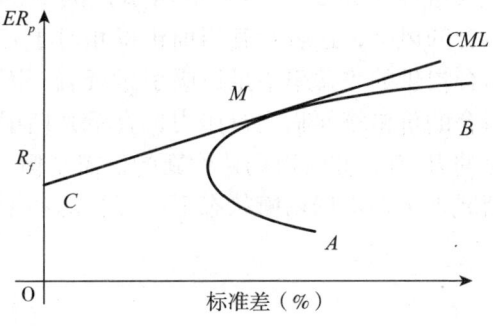

图 6-8 资本市场线

资本市场线反映了组合资产的风险与收益之间的线性关系，所在直线过（O，R_f）及 M（σ_M，ER_M）两点，由直线的点斜式方程可得资本市场线的数学模型为

$$ER_p = R_f + \frac{ER_M - R_f}{\sigma_M} \times \sigma_p \qquad (6-27)$$

式中，ER_p 和 σ_p 分别代表投资组合期望收益率与标准差，R_f 表示无风险利率，ER_M 和 σ_M 代表市场组合 M 的期望收益率与标准差。

由式（6-27）可以看出，R_f 为截距，是完全市场借贷的利率水平或无风险证券（如国库券等）的报酬。$(ER_M - R_f)/\sigma_M$ 为直线 CML 的斜率，其斜率为正值，表示风险每增加一个单位，期望报酬相应增加的数量。直线斜率可称为风险价格。从 CML 模型可知，有效组合的总报酬（或收益）等于无风险利率加上风险贴水，而风险贴水又等于风险价格乘以投资组合的风险。

资本市场线清晰地揭示了有效投资组合在期望收益与风险之间的内在联系,这种关系特指对于那些经过精心挑选和配置的有效投资组合,而对于无效投资组合以及个别证券而言,则并不适用这种直接关联。在市场的动态影响下,我们观察到一种普遍现象:当整体市场呈现上升态势时,大部分股票的价格也随之上涨;反之,当市场整体下滑时,多数股票则难以避免地遭受负收益。这种趋势表明,单一证券的价格变动往往受到市场整体资产估价波动的影响。那么,为了深入理解某一证券与市场整体收益之间的关联程度,我们需要借助何种方式来准确描述这种关系呢?

4. 证券市场线

证券市场线是在市场达到均衡状态时,用于展示证券期望收益率与其风险水平之间对应关系的分析工具。它清晰地勾画出了证券风险与期望回报之间的内在联系。

当某一证券的期望收益率和协方差所对应的点位于证券市场线的上方,即 U 点(如图 6-9 所示)时,这表明该证券的期望收益率超出了基于其系统风险在均衡状态下应有的水平,意味着其当前价格相对偏低。面对这种情况,投资者倾向于增加该证券的持有比例,进而驱动市场对该证券的需求上升,促使价格上扬。然而,随着价格的逐渐上升,增加持有该证券的边际收益会递减,直到该证券的期望收益率和协方差所对应的点重新落回到证券市场线上的 U' 点,这一调整过程才会停止。

反之,如果某一证券或组合(如图 6-9 H 点所示)的期望收益率低于市场组合且其系统风险又高于市场组合的风险,这表示其当前价格相对于其系统风险而言偏高。简而言之,这样的证券或组合提供的收益率不足以吸引投资者。因此,由于需求的不足和供给的增加,该证券或组合的价格将面临下行压力,直至其期望收益率和协方差所对应的点调整到证券市场线上的 H' 点,此时市场达到新的供需平衡,价格才会稳定。通过这一过程,证券市场线清晰展现了在市场均衡状态下,证券的期望收益率与其系统风险之间的动态关系。

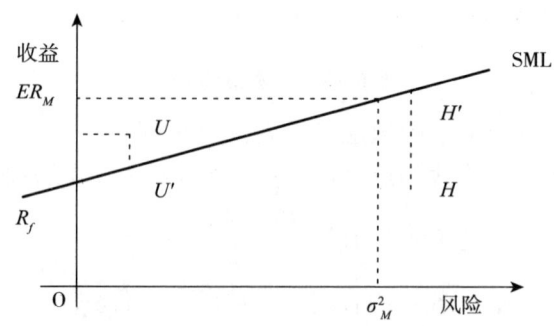

图 6-9 证券市场线

下面介绍证券市场线的数学模型(SML 模型)的建立。

当允许卖空及以无风险利率无限地借入贷出某资产时,投资者的最优决策模型为

$$\left.\begin{array}{l} \max\theta = \dfrac{ER_M - R_f}{\sigma_M} \\[4mm] \text{s. t.} \displaystyle\sum_{i=1}^{n} x_i = 1 \end{array}\right\} \qquad (6-28)$$

其中，R_f 为无风险利率，M 为市场组合，σ_M 为市场组合收益标准差，ER_M 为组合资产的期望收益，x_i 为第 i 种资产的投资比例系数，$i = 1,2,\cdots,n$。

记 σ_{iM} 为第 i 种资产与市场组合 M 收益之间的协方差，或：

$$\sigma_{iM} = COV(R_i, R_M) \qquad (6-29)$$

证券的收益与风险关系：

$$ER_i = R_f + \frac{ER_M - R_f}{\sigma_M^2} \times \sigma_{iM} \qquad (6-30)$$

式（6-30）中，ER_M 表示第 i 个风险资产的期望收益，式（6-30）表明，在均衡的状态下，风险证券或组合的期望收益率是它与市场组合收益的协方差的线性函数。在协方差—期望收益率坐标图上，可以用直线 SML 表示。这条直线称为证券市场线，如图 6-9 所示。

协方差反映了该风险证券的收益率随着市场变化的程度，即该证券风险中的系统风险。式（6-30）说明，证券的系统风险越大，期望收益率越高。

式（6-30）中，R_f 为截距，$\dfrac{ER_M - R_f}{\sigma_M^2}$ 为直线的斜率。

特别地，当 $\sigma_{iM} = 0$ 时，风险证券的收益率等于无风险利率 R_f；当 $\sigma_{iM} = \sigma_M^2$ 时，证券的期望收益率恰好等于市场组合的收益率 ER_M。

由于 SML 是一条直线，由图 6-9 可知，证券市场线是经过无风险资产及市场组合所对应的点 (O, R_f)，(σ_M^2, ER_M) 两点的一条直线。

5. 资本资产定价模型（CAPM 模型）

SML（证券市场线）模型通过协方差来衡量证券的系统风险，也就是市场风险。人们通常以市场组合作为风险的基准，这意味着证券（或投资组合）的系统风险是通过其与市场组合的协方差相对于市场组合方差的比值来衡量的，这一比值反映了证券（或投资组合）相对于市场整体的风险水平。

一般地，令 $\beta_i = \dfrac{\sigma_{iM}}{\sigma_M^2}$。其中，$\beta_i$ 表示证券 i 相对于市场组合的风险，称为贝塔系数；σ_{iM} 表示证券 i 的收益率与市场组合收益率的协方差；σ_M^2 表示市场组合收益率的方差，简称市场组合的方差。则 SML 模型表达式简化为

$$ER_i = R_f + (ER_M - R_f)\beta_i \qquad (6-31)$$

式（6-31）中，ER_i 为第 i 种证券的预期收益率，R_f 为无风险利率，ER_M 为市场组合预期收益率（如上证指数股票的收益率等），β_i 为第 i 项证券的贝塔系数。β 系数是度量证券相对风险（或系统风险）的指标。

式（6-31）也适用于证券组合。

设 n 种风险资产组合的投资比例分别是 $\chi_1, \chi_2, \cdots, \chi_n$，投资组合的预期收益率记为

ER_p，市场组合的预期收益率记为 ER_M，考虑组合资产的贝塔系数 β 与各证券的贝塔系数之间的关系。

由式（6-31）两边同乘 χ_i，得

$$\chi_i \cdot ER_i = \chi_i \cdot R_f + \chi_i \cdot (ER_M - R_f)\beta_i \quad i = 1,2,3,\cdots,n \qquad (6-32)$$

组合资产收益率 ER_p 为

$$\begin{aligned}
ER_p &= \sum_{i=1}^{n} \chi_i \cdot ER_i \\
&= \sum_{i=1}^{n} \left[\chi_i \cdot R_f + \chi_i\beta_i(ER_M - R_f) \right] \\
&= R_f \sum_{i=1}^{n} \chi_i + (ER_M - R_f) \sum_{i=1}^{n} \chi_i\beta_i \\
&= R_f + (ER_M - R_f) \sum_{i=1}^{n} \chi_i\beta_i \qquad (6-33)
\end{aligned}$$

记 $\beta_p = \sum_{i=1}^{n} \chi_i\beta_i$ \qquad\qquad\qquad (6-34)

故 $ER_i = R_f + (ER_M - R_f)\beta_p$ \qquad\qquad\qquad (6-35)

即组合资产的贝塔系数是构成组合证券贝塔的加权平均数。式（6-31）及式（6-35）揭示了在市场均衡状态下，证券或证券组合的期望收益率是 β 的线性函数，解决了证券的定价问题。这就是资本资产定价模型（CAPM）。

资本资产定价模型将风险证券在均衡状态下的投资收益分解为两个主要部分。首先，R_f 代表无风险资产的收益率，这部分收益是对资金占用和消费推迟的补偿，其数值等同于证券市场线的截距。其次，收益的第二部分 $(ER_M - R_f)\beta_p$ 代表证券的风险溢价，它反映了投资者为承担证券的系统风险而获得的额外报酬。证券的系统性风险越高，这部分风险溢价也就越大。因此，这部分收益可以被视为是对系统性风险的补偿。

从式（6-31）中，我们可以观察到两个关键点：当 β 值为 0 时，证券的预期收益率 ER_p 等于无风险收益率 R_f；而当 β 值为 1 时，证券的预期收益率 ER_p 等于市场组合的预期收益率 ER_M。这两点共同确定了图6-10中所示的证券市场线（SML）。在均衡状态下，无论证券或投资组合是否有效，它们都将位于这条直线上。

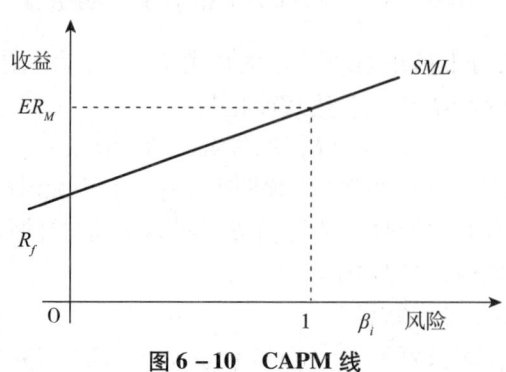

图6-10　CAPM 线

从式（6-31）至式（6-35）中，我们可以明确：每一个特定的贝塔（β）水平实际上代表了一个风险类别。所有属于同一风险类别的证券，即具有相同 β 值的证券，都被预期将获得与该风险组相对应的收益。因此，一旦我们知道了某证券的贝塔值，就可以直接利用资本资产定价模型来计算出该证券的期望收益。这一方法为我们提供了一种简便且直接的方式来预测不同风险水平下证券的预期回报。

（五）套利定价模型

资本资产定价模型在理论上描述了资本市场均衡状态下资产收益的决定机制，但其构建基于一系列假设，这些假设在实际金融市场中往往难以完全成立。在验证 CAPM 的有效性时，我们面临一个挑战，即难以确定一个真正代表市场组合的基准。此外，更值得关注的是，一些实证研究结果与 CAPM 的预测相矛盾，例如，所谓的"小公司现象"。这一现象表明，在按公司规模构建的资产组合中，小公司的年平均收益率往往比大公司高出约 20%。这种显著的差异很难用传统的 CAPM 理论来解释，因此，它激发了金融学者和投资者们去寻求和建立新的资本市场均衡理论，以更准确地描述和预测实际市场中资产的表现。

1976 年，金融学的里程碑上又增添了一个重要的理论——由史蒂芬·罗斯（Stephen A. Ross）提出的套利定价模型（Arbitrage Pricing Theory，APT）。这一模型为资本市场均衡提供了新的视角，特别是在解释资产收益的决定机制上，相较于传统的资本资产定价模型，APT 展现出了更为广泛的适用性和现实性。

APT 的核心思想是，资产的风险并非仅由单一的市场因素所决定，而是可以由多个因素共同影响。这些因素可能包括宏观经济变量、行业特性、公司特征等。这一观点更加符合实际金融市场的复杂性，因为在实际中，资产的风险往往来源于多个方面，而不仅仅是市场整体的表现。

此外，APT 对风险态度的假设也更为宽松。CAPM 假定所有投资者都是风险厌恶的，并且他们都会按照市场组合来配置自己的资产。然而，在现实中，投资者的风险偏好和资产配置策略是多种多样的。APT 则允许投资者有不同的风险态度和投资策略，这使得该模型更具包容性和实用性。

套利定价模型为资本市场均衡提供了更为全面和现实的解释。通过考虑多个风险因素的影响，以及对风险态度的更宽松假设，APT 为投资者和学者提供了一个更加灵活和实用的分析工具，以帮助他们更好地理解和预测金融市场的行为。

1. 基本假定

（1）投资组合的多元性：套利定价模型允许投资组合包含大量的资产，但并非限定为市场组合。这意味着投资者可以根据自身的投资策略和风险偏好，选择多种资产进行组合，以实现特定的投资目标。

（2）允许卖空及取得收益：在套利定价模型的框架下，投资者被允许进行卖空操作，并可以从中取得相应的卖空收益。这进一步增强了投资策略的灵活性，允许投资者利用市场的价格差异来创造盈利机会。

（3）投资者风险偏好多样性：套利定价模型并不假设投资者一定是风险厌恶者。相反，它允许投资者具有不同的风险偏好，包括风险中性或风险寻求者。这一假设更符合现实情况，因为不同投资者对风险的承受能力和偏好各不相同。

（4）多因素影响证券或组合收益：套利定价模型认为证券或组合的收益是由多种因素共同影响的结果。这些因素可能包括宏观经济指标、市场利率、行业发展趋势、公司基本面等。这种多因素模型为投资者提供了更全面的视角，有助于更准确地预测和评估证券或组合的收益和风险。

2. 套利定价模型（APT）

假定证券 i 的收益受 n 个因素 $F_1, F_2, \cdots, F_n$ 的影响，则证券 i 的期望收益率的通用公式为

$$ER_i = R_f + b_{i1}\lambda_1 + b_{i2}\lambda_2 + \cdots + b_{in}\lambda_n \qquad (6-36)$$

式（6-36）就是套利定价模型。其中，R_f 表示无风险资产的收益率，b_{ij} 表示证券 i 对因素 F_j 的敏感度（$j = 1,2,\cdots,n$），λ_j 表示第 j 个风险因素 F_j 的边际贡献。

式（6-36）表明：在均衡市场下，证券或投资组合的预期收益率与其对因素的敏感度呈线性关系，且以无风险资产的收益率为截距。

3. 建立套利定价模型的步骤

套利定价模型在资产定价领域提供了一种灵活的框架，其独特之处在于它并未规定证券或组合的收益模型中必须包含特定数量的因素，也没有明确这些因素具体是什么。相反，APT 模型依赖于投资者的经验和判断力，以识别和评估影响资产价格的风险因素，并据此估算出相应的参数 λ。以下是建立 APT 模型的基本步骤：

首先，识别风险因素。这是 APT 模型的核心步骤之一，需要投资者运用因素分析的统计技术，从证券价格变动的时间序列中确定影响证券价格的关键因素。在构建 APT 模型时，通常考虑的风险因素包括违约破产风险、利率风险、国际贸易不平衡的风险、购买力（通货膨胀）风险、管理风险、经济周期风险、行业风险、政治（政策）风险、失业率风险等。这些因素的选择和识别需要基于投资者的专业知识和市场洞察力。

其次，估计风险因素的期望值以及方差。这一步骤是量化分析的关键，需要投资者根据历史数据和市场预期，对各个风险因素的未来表现进行预测和估算。通过计算风险因素的期望值和方差，投资者可以了解这些风险因素对资产价格的影响程度和不确定性。

再次，列出每种证券对各种因素的敏感度（β_i）。敏感度反映了证券价格对特定风险因素的敏感程度，可以通过证券价格与风险因素的回归曲线的斜率来计算。投资组合对风险因素的敏感度则是其成分证券对该风险因素敏感度的加权平均数。这一步骤有助于投资者了解不同证券对各类风险因素的暴露程度，为后续的资产配置提供重要依据。

最后，列出套利定价模型，根据模型估计出证券或组合的收益率及方差。通过代入之前计算得到的风险因素期望值、方差和证券对风险因素的敏感度，投资者可以估算出证券或组合的期望收益率和方差。这些估算值可以帮助投资者评估资产的现行价格是否合理，并据此构造套利组合以实现收益最大化。

套利定价模型为投资者提供了一种衡量资产现行价格与均衡价格关系的工具，并提

供了构造套利组合的策略。与资本资产定价模型（CAPM）相比，APT 模型更加灵活和包容，因为它不依赖于特定的市场组合和市场风险因子。然而，无论是 CAPM 还是 APT 模型，它们都是基于风险/收益的资本资产定价方法，认为投资者只有在承担不可分散的风险时才能获得补偿，且承担的风险越大，获得的收益也应越高。尽管如此，这些模型仍无法完全解释所有资产或资产组合的定价"异常现象"，因此需要不断发展和完善以适应市场的变化。

第二节　机器学习方法的碳资产定价模型

机器学习方法的资产定价模型，作为金融领域的一项创新，可以为碳排放权这一特殊资产提供更为精准和高效的价值评估。在众多的定价方法中，机器学习模型以其独特的优势，逐渐崭露头角。

首先，机器学习模型依托海量的历史数据和实时信息流，运用深度学习和模式识别技术，精准预测碳排放权的未来现金流。与传统的现金流贴现法相比，机器学习模型不仅纳入了更多元化的变量和因素，更能敏锐捕捉市场动态和潜在趋势，为碳资产提供更为贴近真实情况的价值评估。

其次，机器学习模型还能借鉴无套利原则，精准捕捉并利用市场中的套利机会，进一步优化碳资产的定价策略。这一方法要求模型具备实时跟踪市场动态的能力，一旦发现价格偏离均衡状态，便迅速调整碳资产的定价，确保在风险可控的前提下，实现碳资产价格的公正与合理。

最后，机器学习模型还能基于风险与收益平衡的原则，通过量化分析和模型预测，全面评估碳资产的风险水平。该方法要求模型综合考虑政策变动、技术革新、市场需求等多重风险因素，并据此精准确定碳资产的期望收益率和价格。通过这一方式，机器学习模型能够深入揭示碳资产的风险特征和价值潜力，为投资者提供更为可靠和全面的决策依据。

综上所述，机器学习在碳资产定价领域的应用，为碳排放权等金融产品的价值评估带来了全新的视角和工具。它不仅提高了定价的准确性和效率，还能更好地适应市场变化，满足投资者的多样化需求，为金融市场的稳定与发展注入新的活力。

一、线性回归模型

机器学习中的线性回归模型是一种统计分析方法，用于确定两种或两种以上变量间相互依赖的定量关系。这种方法利用线性回归方程的最小平方函数来对一个或多个自变量和因变量之间的关系进行建模。在线性回归模型中，回归方程是一个或多个称为回归系数的模型参数的线性组合。只有一个自变量的情况称为简单回归，而多于一个自变量的情况则称为多元回归。线性回归模型具有许多实际应用，特别是在预测或映射方面。它可以用来对观测数据集的 y 值和 x 值进行拟合，从而生成一个预测模型。当完成这样一个模型后，对于一个新的 x 值，即使没有与其配对的 y 值，也可以使用这个拟合过的模型来预测出一个 y 值。线性回归模型具有一些显著的优点，包括简单易用、计算效率高和可解释性强。它易于理解和实施，可以处理大规模的数据集，并且模型结果具有较强的可解释性，可以通过系数的大小和符号来解释特征之间的关系。然而，线性回归模型也有其局限性。它只能拟合线性关系，对于非线性关系的数据拟合能力较差。

在机器学习中，线性回归模型常常与其他算法结合使用，如梯度下降法和最小二乘法，以最小化预测值与实际值之间的差异（即损失函数），从而选出最优模型。这是最简单的机器学习模型之一，可用于预测资产价格。它通过将资产价格与一系列解释变量（如市盈率、市值等）进行线性回归，来估计资产的价格。

（一）监督学习的回归问题

监督学习的回归问题在机器学习中占据核心地位，它专注于利用已知的数据集，这些数据集包含了多个特征（自变量）以及与之对应的目标值（因变量）。这些数据集为机器学习模型提供了训练的基础，模型通过学习这些数据中的规律和模式，以期望能够准确预测新的、未见过的数据点的连续目标值。

在众多回归方法中，线性回归模型是最基础且应用较为广泛的一种。它基于一个简单的假设：自变量和因变量之间存在线性关系。在模型训练过程中，线性回归利用最小二乘法来最小化模型预测值与实际目标值之间的差异（即预测误差），从而不断调整模型的参数，直至找到最佳的拟合线（或超平面）。这种方法因其简单性和有效性，在金融预测、房价估算等众多领域得到了广泛应用，为各种决策提供了准确且有力的数据支持。

在找到最佳拟合的线性回归模型后，我们期望该模型能够提供最优的预测结果。最优预测不仅意味着预测值与实际值之间的误差最小，还意味着模型具有良好的泛化能力，能够准确预测新的、未见过的数据点。

为了实现最优预测，我们可能需要进行一系列后续步骤。对模型进行验证是非常重要的，这通常通过使用独立的验证数据集来完成。验证数据集不参与模型的训练过程，但可以用来评估模型的预测性能。通过比较模型在验证数据集上的预测误差，我们可以对模型的泛化能力有一个初步的了解。如果模型在验证数据集上的表现不理想，我们可能需要采取一些措施来改进模型。这可能包括添加更多的特征、使用非线性模型、调整模型参数等。此外，我们还可以考虑使用集成学习、正则化等技术来进一步提高模型的预测性能。

（二）最小二乘法

在机器学习中，线性回归是一种预测性的建模技术，它研究的是因变量（目标值）和自变量（特征）之间的关系。而最小二乘法（Least Squares Method）则是线性回归中用于估计模型参数的一种常用方法。

以一元回归为例，此时仅有一个特征变量 x_i。

OLS 方法是根据训练数据 $\{x_i, y_i\}_{i=1}^{n}$ 来估计回归方程 $f(x_i) = \alpha + \beta x_i$。

我们希望在 (x, y) 平面上找到一个最佳拟合直线，使得所有样本点到此拟合线的距离最近，见图 6 – 11。在此平面上，任意给定一条直线 $\hat{\alpha} + \hat{\beta}x$，可以计算每个点到这条线的距离 e_1 和 e_2。这个差值叫做残差（residual），即 $e_i = y_i - \hat{\alpha} - \hat{\beta}x_i$。

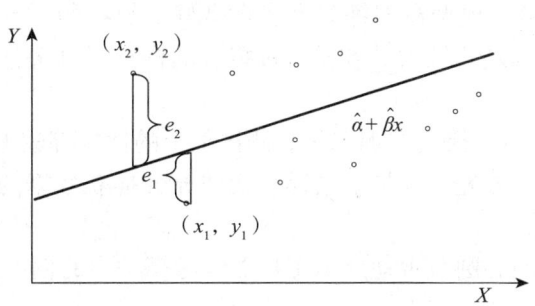

图 6 – 11　一元线性回归的示意图

需要注意的是，最小二乘法虽然简单有效，但也有其局限性。例如，当数据存在多重共线性（即特征之间高度相关）时，最小二乘法可能会导致参数估计的不稳定。此外，当离群点较多时，最小二乘法也可能产生较大的误差。因此，在实际应用中，我们需要根据数据的特性和问题的需求来选择合适的建模方法和参数估计方法。

（三）偏差与方差的权衡

在机器学习中，方差（Variance）与偏差（Bias）是两个重要的概念，它们用于描述模型预测结果与真实结果之间的差异。以下是关于两者差异的详细介绍。

1. 定义与解释

偏差

定义：衡量模型的预测值与真实值之间的偏离关系，即预测值与真实值之间的差值。

解释：偏差度量了学习算法的期望预测与真实结果的偏离程度，刻画了学习算法本身的拟合能力。如果模型在训练集上的准确度很高，但在测试集上表现不佳，这可能是由于模型存在较大的偏差。

方差

定义：描述训练数据在不同迭代阶段的训练模型中，预测值的变化波动情况，即预测值之间的离散程度。

解释：方差刻画了数据扰动所造成的影响。如果模型在训练集和测试集上的性能差异很大，那么模型可能具有较高的方差。这通常发生在模型过度拟合训练数据的情况下，导致模型对新的、未见过的数据泛化能力较差。

2. 与模型复杂度的关系

简单模型：通常具有较大的偏差和较小的方差。这意味着模型可能无法完全捕获数据的复杂关系，导致预测结果偏离真实值。但由于模型简单，它对数据的微小变化不太敏感，因此方差较小。

复杂模型：通常具有较小的偏差和较大的方差。复杂模型能够更好地拟合训练数据，因此偏差较小。然而，由于模型复杂度高，它可能对数据的微小变化非常敏感，导致预测结果在不同数据上波动较大，即方差较大。

3. 与过拟合和欠拟合的关系

过拟合（Overfitting）：模型在训练集上表现良好，但在测试集上性能较差。这通常是由于模型具有较小的偏差和较大的方差。过拟合的模型过度关注训练数据的细节，导致泛化能力下降。

欠拟合（Underfitting）：模型在训练集和测试集上的性能都较差。这通常是由于模型具有较大的偏差和较小的方差。欠拟合的模型无法充分捕获数据的复杂关系，导致预测结果偏离真实值。

图6-12通过四个同心圆直观地展示了机器学习模型中的偏差和方差的概念。

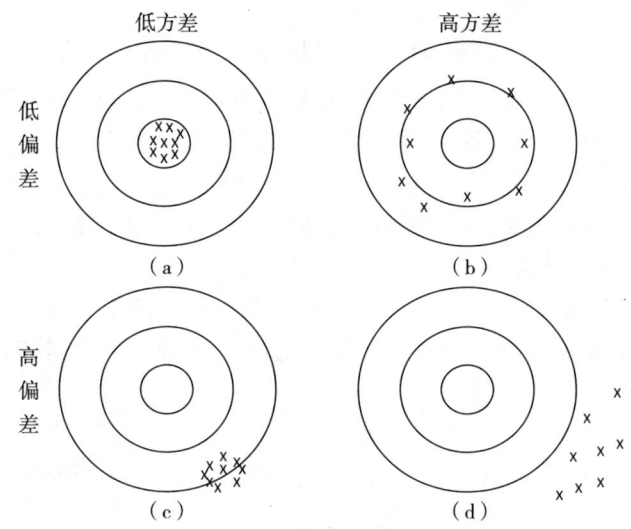

图6-12 偏差与方差的图示

图6-12（b）的模型：它代表了"过拟合"的情况。如描述中所述，尽管这个模型的平均偏差（代表预测值与真实值之间的平均差距）很小，但它具有较大的方差。高方差对应的是远离中心圆（平均值）的外层圆。这意味着模型的预测结果波动很大，经常偏离靶心（真实值），符合"过拟合"的特征。

图6-12（c）的模型：它代表了"欠拟合"的情况。与图6-12（b）的模型相反，这个模型具有很小的方差，这意味着它的预测结果相对集中，几乎总是打在相同的地方（对应图中的低方差，即靠近中心圆的区域）。然而，这个"相同的地方"并不是靶心（真实值），因此具有较大的偏差。

图6-12（d）的模型：这个模型是最糟糕的情况，因为它同时具有较大的偏差和方差。这对应于既远离中心圆（高偏差）又远离内层圆（高方差）的位置。这表明该模型的预测结果不仅整体偏离真实值，而且结果之间的波动也很大。

图6-12（a）的模型：这是最理想的模型，具有低偏差和低方差。它的预测结果既

接近真实值，又相对稳定。

偏差和方差是评估机器学习模型性能的两个重要指标。偏差衡量了模型预测值与真实值之间的偏离程度，而方差则描述了模型预测值的离散程度。简单的模型通常具有较大的偏差和较小的方差，而复杂的模型则可能具有较小的偏差和较大的方差。在实际应用中，我们需要根据具体任务和数据特点来选择合适的模型复杂度，以平衡偏差和方差之间的关系，从而获得更好的预测性能。

二、支持向量机模型

支持向量机（Support Vector Machine，SVM）是一种强大且广泛应用的机器学习算法，它不仅在分类问题上表现出色，同样在回归问题中也具有不俗的性能。在分类任务中，SVM 通过寻找一个决策超平面，将不同的数据点分隔在平面两侧，从而实现数据的分类。而在回归任务中，SVM 则致力于找到一个能够最小化预测误差的回归线或回归面。

在碳资产定价评估中，SVM 模型首先需要收集与碳市场相关的各种数据，包括历史碳价格、碳排放权交易量、政策变化、经济发展状况等。这些数据将作为模型的特征输入，用于训练和优化模型。接下来，SVM 模型会利用这些特征数据构建一个分类或回归模型。对于分类模型，可以将碳资产划分为不同的风险等级或价值类别，如"高价值""中等价值""低价值"等。通过模型的训练，SVM 将学习如何根据输入的特征数据准确地将碳资产分类到相应的价值类别中。对于回归模型，SVM 则致力于预测碳资产的具体价格或价格变动趋势。通过最小化预测误差，模型能够学习到碳价格与各种特征之间的复杂关系，并据此进行准确的预测。

一旦模型训练完成，就可以将其应用于实际的碳资产定价评估中。当有新的碳资产需要进行定价时，只需将其相关的特征数据输入 SVM 模型，模型就会输出一个预测结果，即该碳资产的价值或价格预测。基于这个预测结果，投资者、企业和政策制定者就可以更加准确地评估碳资产的价值和风险，从而作出更加合理的决策。此外，SVM 模型还具有较好的泛化能力和鲁棒性，能够应对碳市场的不确定性和波动性。通过不断学习和更新模型，SVM 能够持续提高其在碳资产定价评估中的准确性和效率，为碳市场的稳定和可持续发展提供有力支持。

因此，SVM 在资产定价中的应用不仅提高了定价的准确性和效率，也为投资者提供了更加科学的决策依据。随着机器学习和人工智能技术的不断发展，SVM 在资产定价以及其他金融领域的应用将会越来越广泛。

三、随机森林模型

随机森林（Random Forest）是一种集成学习方法，它通过构建多个决策树（Decision Trees）并将它们的预测结果进行综合，从而得出最终的预测结果。这种方法的核心思想是利用"集体智慧"，通过多个模型的组合来提高预测的稳定性和准确性。在碳资产定价评估中，随机森林模型展现出其独特的优势。

首先，随机森林模型能够处理大量的解释变量（即特征）。在碳资产定价中，可能需要考虑众多因素，如碳排放量、碳减排项目的类型、能源价格、宏观经济指标等。这些因素可能相互关联，且对碳资产价格的影响复杂多样。随机森林模型通过构建多个决策树，每个决策树都基于随机选择的特征子集进行训练，从而能够全面考虑各种因素对碳资产价格的影响。

其次，随机森林模型能够捕捉到复杂的非线性关系。在碳资产定价中，各种因素与碳资产价格之间的关系可能不是简单的线性关系，而是复杂的非线性关系。随机森林模型通过多个决策树的组合，能够自动地发现并捕捉到这些非线性关系，从而更准确地预测碳资产价格。

最后，随机森林模型还具有较好的鲁棒性和稳定性。由于它基于多个决策树的组合，即使某个决策树的预测结果存在误差，也不会对最终结果产生太大的影响。这使得随机森林模型在碳资产定价中能够更好地应对各种不确定性和波动性。

在碳资产定价评估中，使用随机森林模型的具体步骤如下。

（1）数据收集与预处理：收集与碳资产定价相关的各种数据，包括碳排放量、碳减排项目的类型、能源价格、宏观经济指标等。对数据进行必要的预处理，如缺失值填充、异常值处理等。

（2）特征选择：从收集的数据中选择出与碳资产定价密切相关的特征作为模型的输入。这可以通过相关性分析、主成分分析等方法进行。

（3）构建随机森林模型：使用选定的特征构建随机森林模型。在构建过程中，需要设置决策树的数量、每个决策树的最大深度、每个节点分裂所需的最小样本数等参数。

（4）模型训练与验证：使用历史数据对随机森林模型进行训练，并通过交叉验证等方法评估模型的性能。根据评估结果调整模型参数，以提高模型的预测准确性。

（5）预测与评估：将新的碳资产数据输入训练好的随机森林模型，得到该资产的预测价格。同时，可以通过与其他评估方法的比较来评估随机森林模型的性能。

随机森林模型在碳资产定价评估中展现出其独特的优势，能够处理大量的解释变量、捕捉复杂的非线性关系，并具有较好的准确性和稳定性。这使得随机森林模型成为碳资产定价领域的一种有力工具。

四、神经网络模型

神经网络，作为一种强大的计算模型，其设计基础是模拟生物神经系统中神经元之间的复杂交互。它们通过构建多层的非线性处理单元（即神经元），并模拟神经元之间的连接（即权重），以实现对复杂数据模式的高度抽象和识别。在资产定价领域，神经网络展现出卓越的模式识别与预测能力。

在学术研究中，神经网络通过深度学习算法，对历史资产价格数据进行训练，以发现隐藏在数据中的潜在规律和模式。这些模式可能涉及资产价格与市场指标、宏观经济变量、投资者情绪等多种因素之间的复杂关系。通过不断优化网络结构和参数，神经网络能够逐渐逼近这些复杂关系，并生成一个精确的预测模型。

与传统的统计模型相比，神经网络具有更强的适应性和灵活性。它们能够处理非线性、非平稳和高度复杂的数据，并且能够自动提取特征，减少对人工的依赖。此外，神经网络还具备强大的泛化能力，即能够利用训练数据中的知识对未见过的数据进行有效预测。

在资产定价领域，神经网络的应用已经取得显著成果。例如，研究人员已经利用神经网络模型对股票价格、债券收益率、汇率等多种资产价格进行了预测，并取得了较高的预测精度。这些研究成果不仅为投资者提供了有效的决策支持，也为金融市场分析和风险管理提供了新的思路和方法。

在碳资产定价中，神经网络的应用主要集中在以下几个关键步骤。

（1）数据收集与处理：首先，需要收集大量与碳资产相关的历史数据，包括碳排放量、碳市场价格、能源价格、政策变动等。其次，这些数据需要进行预处理，如去噪、标准化等，以便神经网络能够更好地学习和识别其中的模式。

（2）特征提取：神经网络能够自动从原始数据中提取出有意义的特征。在碳资产定价中，这些特征可能包括不同行业或地区的碳排放强度、能源消费结构、政策约束强度等。这些特征将作为神经网络的输入，用于预测碳资产的价格。

（3）模型构建与训练：基于提取的特征，研究人员可以构建适合碳资产定价的神经网络模型。这通常包括选择适当的网络结构（如卷积神经网络、循环神经网络或深度前馈网络）、设定网络参数（如学习率、迭代次数等）以及设计损失函数和优化算法。通过反复迭代训练，神经网络能够逐渐学习到数据中的内在规律和模式。

（4）模型验证与调优：在模型训练完成后，需要使用验证数据集对模型进行验证。通过比较模型预测结果与实际碳资产价格的差异，可以评估模型的预测性能。如果模型性能不理想，可以通过调整网络结构、优化算法或增加数据量等方式进行调优。

（5）碳资产价格预测：经过验证和调优的神经网络模型可以用于对碳资产价格进行预测。输入新的数据（如当前碳排放量、能源价格等），模型将输出对应的碳资产价格预测值。这些预测值可以为碳市场参与者提供决策支持，帮助他们更好地管理碳资产风险并优化碳减排策略。

（6）政策模拟与影响评估：神经网络还可以用于模拟不同政策对碳资产价格的影响。通过调整输入数据中的政策变量（如碳税税率、碳交易配额等），可以观察模型输出的变化，从而评估政策对碳市场的影响。这有助于政策制定者更好地理解政策效果并优化政策设计。

神经网络在碳资产定价中的应用过程涉及数据收集与处理、特征提取、模型构建与训练、模型验证与调优、碳资产价格预测以及政策模拟与影响评估等多个环节。通过充分利用神经网络的强大学习和预测能力，我们可以更准确地评估和管理碳资产风险，推动全球应对气候变化和低碳发展。神经网络作为人工智能的关键技术，其未来发展将极大地提升碳资产定价的准确性和效率。通过更复杂的模型、更精细的特征提取以及增强的解释性，神经网络不仅能够精确预测碳资产价格，还有助于投资者及时应对市场变化、优化碳减排策略，并促进碳市场的稳定与可持续发展。

第三节　碳资产现货、期货和期权定价技术

一、碳资产现货定价方法

（一）碳排放权的经济学基础：公共资源的负外部性

环境作为一种公共资源，其特性在于非排他性和竞争性。在没有明确界定和分配排放权的情况下，个体或企业在追求自身经济利益时，往往忽视了其行为对环境造成的负面影响。这种忽视导致了社会边际成本与私人边际成本之间的不匹配，即个体或企业所承担的成本远小于其行为对环境造成的实际损害。这种成本的不对等性产生了负外部性，即个体或企业的经济活动对他人或社会造成了不利影响，而无须为此支付相应的成本。

负外部性的存在导致了资源配置的扭曲。在缺乏有效的环境监管和排放权交易机制的情况下，资源被过度利用，环境质量下降，而个体或企业却因此获得了额外的经济利益。这种扭曲的资源配置不仅损害了公共利益，也阻碍了经济的可持续发展。

因此，为了纠正这种资源配置的扭曲，需要建立明确的环境保护政策和法规，明确界定和分配碳排放权，并建立相应的碳排放权交易机制。通过这些措施，可以将环境的负外部性内部化，使个体或企业在追求经济利益的同时，也必须承担其行为对环境造成的成本。这样，不仅可以保护环境，促进资源的合理利用，还可以推动经济的可持续发展。

图 6-13 展示了社会的碳排放最优水平，其中横轴表示碳排放水平，纵轴表示价格。随着碳排放的增加，治理的难度逐渐增大，导致碳排放的社会边际成本曲线呈现递增的斜率。相反，对于私人企业来说，由于减排技术的特性，当排放量较小时，采用减排技术减少排放所需的成本相对较高，因此碳排放的私人边际成本曲线呈现递减的斜率。在没有有效的监管和明确的产权界定的情况下，生产企业往往会在碳排放私人边际成本为 0 的 A 点进行生产，这是因为在这个点上，企业无须为减排付出额外成本。然而，此时的碳排放水平将导致极高的社会边际成本，即对环境和社会造成的负面影响极大。为了实现最优的碳排放水平 E 点，科斯第一定理指出，在产权明晰且交易成本为零或很低的情况下，通过产权的自由交易可以达到资源的有效配置。这意味着，对于不同行业和企业，其边际减排成本曲线各不相同。在界定了明确的排放权并允许排放权自由交易的情况下，减排成本较高的企业更可能选择购买碳排放权，而减排成本较低的企业则倾向于减少排放并出售其剩余的碳排放权。每个企业的排放权价值将基于其边际减排收益与边际减排成本的相对关系来确定。由于边际收益递减规律的作用，企业的边际减排收益曲线也将呈现递减的斜率。假设某企业的减排成本曲线如图 6-14 所示，该曲线将指导企业在特定碳排放水平下如何平衡减排成本与收益，以实现经济效益和环境保护的双赢。

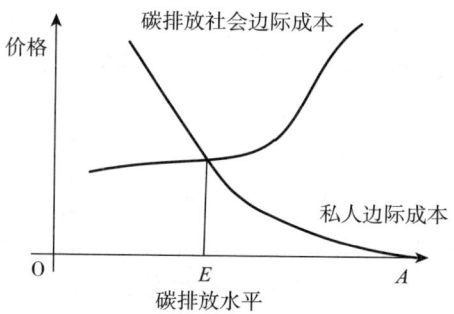

图 6 - 13　社会的碳排放最优水平

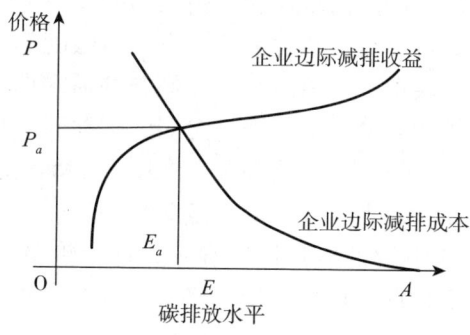

图 6 - 14　企业的最优碳排放水平

当企业的边际减排收益等于其边际减排成本时，企业将达到最优的碳排放量 E_a 和价格平衡点 P_a。由于不同企业拥有各自独特的边际减排成本曲线，它们将基于自身的成本和收益情况来评估碳排放权的价值。在市场中，这些企业通过互相竞价来确定碳排放权的市场价格 P。如果市场中的碳排放权价格 P 高于企业评估的自身价值 P_a，那么这家企业会倾向于出售其拥有的碳排放权，因为通过出售可以获得更高的经济利益。相反，如果市场价格 P 低于企业评估的自身价值 P'，那么企业会选择购买碳排放权，因为此时购买的成本相较于自行减排更为经济划算。通过这种市场机制，企业能够根据自身的减排成本和收益情况来灵活调整碳排放策略，从而实现碳排放权的交易和有效分配，进而推动整个社会的碳排放达到更加优化的水平。

碳排放权作为碳金融的核心产品，在微观层面上，对于企业而言，其生产决策需充分考虑环境约束。企业在追求生产规模扩大的收益时，必须权衡这一收益与购买碳排放权的成本，从而激励企业减少碳排放，并将减排成本投入成本—收益最优的污染源治理上。在宏观层面，对于政府而言，碳排放权交易有助于降低社会整体的减排成本，实现更高效的环境治理。碳排放权交易机制已被广泛认可为国际控制温室气体排放的首选策略。这一机制通过市场手段使环境价值得以体现，相较于单一的行政强制减排措施或税收政策，碳排放权交易能在更低成本下有效减少温室气体排放。碳排放权交易机制主要包括四个核心环节：首先，确定碳排放权总量，这是基于大气环境状况通过科学计算得出的；其次，进行碳排放权的初始分配；再次，开展碳排放权交易；最后，进行严格的碳排放监管，这依赖于立法支持和科学检测手段。在给定碳排放总量的前提下，碳排放权交易的关键在于公平合理的初始分配和灵活有效的市场交易价格形成机制。

（二）基于供需关系的碳排放权现货定价

从根本上来说，碳金融市场中的碳排放权价格，与证券等其他资产类似，主要受到其供求关系的深刻影响。交易市场的存在是碳排放权价值得以发现的重要基础。具体而言，碳排放权的初始配额以及相关企业所持有的配额量共同构成了市场的供给端；而需求端则由行业内实际的减排需求以及对相关企业所拥有配额的需求所驱动。供给与需求共同构成了碳金融市场的供求双方，进而决定了碳排放权的价值所在。

在碳排放权市场上，碳配额的需求量和价格之间的关系与普通商品相似，呈现出反比关系。这意味着，随着碳排放权价格的上升，市场对碳配额的需求量会相应减少。在图 6-15 上，这种关系通常表现为一条向右下方倾斜的需求曲线 D。碳配额的供给量与价格之间成正比。随着碳排放权价格的上涨，更多的碳配额会被供应商带到市场上，因为较高的价格提供了更大的经济激励。这种关系在图 6-15 上表现为一条向右上方倾斜的供给曲线 S。当碳配额的市场需求量与供给量达到相等时，市场即达到均衡状态。在这个均衡点上，碳排放权的现货价格就得以确定，这个价格既满足了需求方的购买意愿，也符合了供给方的出售预期。这个均衡价格就是我们在碳金融市场上所追求的碳排放权的现货价格。

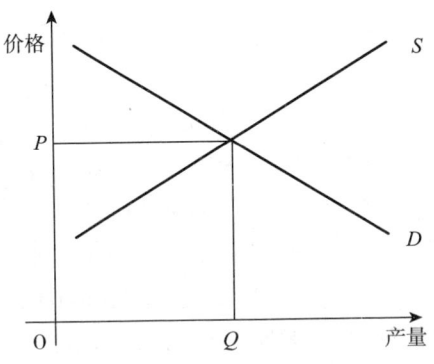

图 6-15　碳排放权均衡价格的形成

碳排放权的均衡价格是由碳交易市场上需求和供给两种相对立的力量共同作用的结果，这一价格是市场供求力量自发调节的产物。当市场价格偏离均衡价格时，市场上将出现需求量和供给量失衡的非均衡状态。然而，在健全的市场机制作用下，这种供求失衡的状态通常会逐渐得到纠正，实际的市场价格会自动向均衡价格水平靠拢。市场机制通过调节供给和需求，使得价格逐渐趋向均衡，从而确保了市场的稳定和有效运行。

具体来看，当碳交易市场的实际价格高于均衡价格时，市场会出现超额供给的情况，即供给量超过需求量。这种状态下，需求者由于价格过高而减少购买，导致市场上需求减少；同时，供给者面对需求不足的情况，可能会减少碳排放权的供给量。这样，随着供需双方的调整，碳排放权价格会逐渐下降，直到回归均衡价格水平。相反，当市场实际价格低于均衡价格时，市场则呈现超额需求的状态，即需求量超过供给量。此时，需求者为了获得所需的碳排放权，可能会提高购买价格，以吸引更多的供给者；同时，供给者看到价格上涨，可能会增加碳排放权的供给量。这样的调整过程会使得碳排放权价格逐渐上升，最终回升到均衡价格水平。由此可见，无论市场的实际价格如何偏离均衡价格，市场上总存在着一种自我调节的力量，这种力量会促使市场价格逐渐趋向均衡，最终实现市场的均衡或市场出清。

图 6-15 表示的是碳金融需求与供给的经济分析，S 表示现实环境中碳金融的供给曲线，D 表示碳金融的需求曲线。根据微观经济学原理，供给与需求曲线相交的一点决定了均衡产量（均衡碳配额），均衡价格为 P。

（三）碳排放权供给量不足的机理分析

碳排放权供给量天生存在不足，其在现实中的均衡产量低于理论上的供给与需求的交点。

图 6-16 详细展示了碳排放权需求与供给的经济分析。其中，S_1 表示在理想无干扰条件下的碳排放权供给曲线，而 S_2 则反映了现实环境中受多种因素影响的碳排放权供给曲线。D 代表了碳排放权的需求曲线。根据微观经济学的基本原理，供给曲线和需求曲线相交的那一点，即均衡点，决定了市场上的均衡产量。理论上，碳交易市场中的均衡碳排放权交易水平应为 OQ_1，即在没有外部干扰的理想状态下，市场的供需平衡点。然而，在现实环境中，由于各种实际因素的制约，如市场不完全性、信息不对称等，均衡的交易量则降至 OQ_2。从图 6-16 中可以明显看出，OQ_2 小于 OQ_1，即实际的碳排放权供给量小于理论上的供给量。这一现象揭示了尽管低碳产业的发展对于社会具有显著的正面外部效应，如减少温室气体排放、促进可持续发展等，但由于市场的不完全性，导致低碳产业的投资不足，进而影响了碳排放权的供给量。这种供需不平衡的状态，需要政策制定者通过适当的政策措施来加以调节和引导，以促进低碳产业的健康发展和碳排放权市场的有效运行。

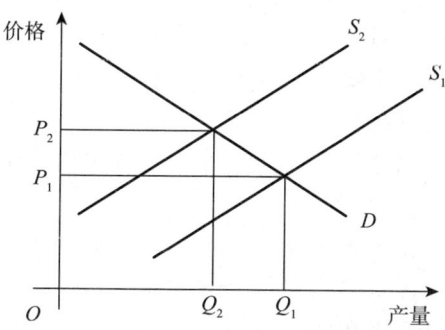

图 6-16 碳排放权需求供给的经济分析

实际碳排放权供给量未能达到理论水平的原因主要有以下几个方面：第一，低碳产业投资因其前沿性和创新性而伴随着较高的风险性，这抑制了投资者的投资热情。第二，低碳产业具有较高的进入门槛。碳排放额度作为一种特殊的虚拟商品，其开发和交易流程要求严格，特别是碳交易合同的签订往往涉及跨国交易，整个交易流程复杂烦琐，这些因素共同导致了碳交易过程的高额交易成本。第三，碳交易市场存在分割现象，并且信息不对称问题严重。这些问题不仅增加了交易成本，也降低了市场的透明度和效率。第四，政策的不确定性也是一个重要因素。低碳政策未来发展的不确定性在一定程度上影响了碳金融的供给。具体来说，许多国际公约的可延续性和可执行性都存在不确定性，这给低碳产业的投资和发展带来了风险。此外，在原始减排单位的交易中，交付风险也是一个较大的挑战，这进一步增加了投资者的顾虑。

二、碳资产期货定价方法

在欧盟的碳排放权交易体系下，欧洲气候交易所构成了核心的碳排放权期货市场。每天交易结束后，伦敦洲际交易所会免费发布来自荷兰的欧洲气候交易所（ECX）当天碳金融期货合约交易的收盘价格。欧洲气候交易所的期货交易涵盖了多种碳排放权品种，其中主要包括欧洲碳排放配额和核证减排量的每日期货合约。接下来的部分将基于两个不同模型，详细探讨碳期货的定价技术。

（一）碳排放权期货定价的持有成本模型

不论是外汇期货、利率期货还是股指期货，持有成本理论都被广泛运用于这些合约的定价过程中，同样地，碳排放权期货的定价也离不开这一理论。从实际经验出发，任何金融期货的价格都是基于当前市场上可获取的信息，而这些信息在很大程度上影响着对相关资产价格的预估。因此，投资者在决定是否购买金融期货合约时，会考虑持有相关资产直至期货到期日的成本。

对于碳排放权期货而言，这种成本同样存在。如果投资者选择不直接购买碳排放权期货合约，而是选择在当前现货市场上买入相应的碳排放权并持有至期货到期日，那么他们就需要承担持有这些碳排放权期间的成本，包括可能的存储成本、风险成本以及资金占用成本等。这些成本会直接影响到投资者对碳排放权期货价格的评估。因此，碳排放权期货的定价也是基于市场对未来碳排放权价格的预期以及持有成本等因素的综合考虑。碳排放权期货的定价模型需要遵循以下假设前提。

一是完全市场假设。碳排放权期货市场是一个完全市场，没有税收、交易成本和买卖限制。这意味着投资者可以在没有任何额外成本或阻碍的情况下，自由地买卖碳排放权期货合约。

二是资产灵活性假设。相关碳排放权资产具有卖空和储存的灵活性。投资者可以在市场上自由卖空碳排放权，并且可以将剩余的碳排放权储存起来以备后用。这种灵活性为投资者提供了更多的交易选择和风险管理手段。

三是市场有效性假设。市场是高效的，卖空行为易于进行，碳排放权资产有足够的供给。市场不受季节性调整或季节性消费的影响，保证了市场的稳定性和投资者能够根据市场需求和价格变动灵活调整交易策略。

在碳金融期货中，持有成本包括融资成本和相关资产的收益，即

$$持有成本 = 融资成本 - 资产收益$$

（1）为避免期现套利，从现货与期货的定价关系入手，建立持有成本模型。

一方面，当交易者选择购买碳排放权现货并持有至期货合约到期日进行交割时，他们期望从中获得确定的利益。为了确保市场套利行为不会发生，期货价格应当被设定为不超过碳排放权现货价格加上持有这些资产至交割日所产生的持有成本。这样，期货价格就被限制在一个合理的范围内，既反映了现货价格，也考虑了持有成本，即

$$F_{0,t} \leq S_0(1 + C) \tag{6-37}$$

这里，$F_{0,t}$ 为 t 时刻交割的碳排放权期货合约的现时价格，S_0 为碳排放权的即期价格，C 为用 S_0 表示从现时持有至期货交割的持有成本的分数形式。

另一方面，当碳排放权的现货价格相对于期货价格出现溢价时，交易者会利用这一市场价差进行套利操作，具体做法为卖空现货碳排放权，同时买进相同到期日的碳排放权期货合约，以期望在合约到期时以较低的期货价格买入现货进行交割，从而获取套利利润。为了防止这种套利行为，碳排放权期货价格不应小于碳排放权现货价格与持有成本之和，即

$$F_{0,t} \geq S_0(1 + C) \tag{6-38}$$

最终会达到均衡，即 $F_{0,t} = S_0(1 + C)$。

（2）为避免跨期套利，从远期期货价格与近期期货价格入手，建立持有成本模型。

一方面，当远期期货的价格相对于近期期货价格呈现溢价，并且这种溢价在扣除从当前时间 $t = n$ 持有到远期时间 $t = d$ 的持有成本之后仍然存在时，交易者会采取套利策略，即卖出远期期货并同时买入近期期货。为了维护市场的公平性和防止套利行为，远期期货的价格应当被设定为不大于近期期货价格与从当前持有至远期的相应持有成本之和，即

$$F_{o,d} \leq F_{0,n}(1 + C) \tag{6-39}$$

这里，$F_{o,d}$ 为 $t = d$ 到期的远期期货的现时价格，$F_{0,n}$ 为 $t = n$ 到期的近期期货的现时价格，$n < d$，C 为从 $t = n$ 至 $t = d$ 期间持有成本的分数。

另一方面，如果远期期货价格相对低于近期期货价格，则会出现买入远期期货合约，并卖出近期期货合约而进行套利的交易。为了防止套利，$F_{o,d}$ 与 $F_{0,n}$ 之间应满足如下关系式：

$$F_{o,d} \geq F_{0,n}(1 + C) \tag{6-40}$$

最终会达到均衡，即 $F_{o,d} = F_{0,n}(1 + C)$。

以上在完全市场的假设条件下，建立了两种持有成本模型。由于式（6-40）和式（6-39）具有相同的形式，故可采用式（6-40）作为完全市场下的持有成本模型的一般形式。

（二）碳排放权期货定价的持有成本模型

传统预期理论进一步可分为三种形式：一是简单性预期，这种预期是把上一期的价

格作为本期预测价格。用数学公式表示为

$$P_t^* = P_{t-1} \tag{6-41}$$

二是外推性预期，它是根据价格变动趋势来预测价格走向。用数学公式表示为

$$P_t^* = P_{t-1} + \alpha(P_{t-1} - P_{t-2}) \tag{6-42}$$

三是适应性预期，它是依据以前的预期差距进行现在的预期调整。用数学公式表示为

$$P_t^* = P_{t-1}^* + \beta(P_{t-1} - P_{t-1}^*) \tag{6-43}$$

对于适应性预期，过去的价格总是影响现在的预期。运用递推法可得

$$P_t^* = \beta P_{t-1} + \beta(1-\beta)P_{t-2} + \beta(1-\beta)^2 P_{t-3} + \cdots$$

$$= \beta \sum_{k=1}^{\infty}(1-\beta)^{k-1}P_{t-k} \tag{6-44}$$

上述三种传统预期公式可用一个更加一般的预期公式统一表示，即

$$P_t^* = \sum_{k=1}^{\infty} w_k p_{t-k}, \quad \sum_{k=1}^{\infty} w_k = 1 \tag{6-45}$$

当 $w_k = \beta(1-\beta)^{k-1}$ 时为适应性预期；当 $w_1 = 1-a$，$w_2 = a$，$w_k = 0(k>2)$ 时为外推性预期；当 $w_1 = 1$，$w_k = 0(k>1)$ 时为简单性预期。

从这个统一的定价公式中我们可以观察到，虽然传统预期通常基于过去的价格信息，但并不能单纯地认为对期货价格的预期仅与以往的价格变动有关。实际上，期货价格的预期形成是一个复杂的过程，它需要考虑众多非价格因素，如宏观经济状况、政策变动、供需关系等。更为关键的是，这样的预期形成缺乏一个坚实的经济行为理论作为支撑，这限制了我们对期货价格变动深层次原因的理解和预测。

（三）碳排放权期货定价的理性预期理论

1961 年，经济学家约翰·穆思首次提出了理性预期理论。他认为，预期并非凭空臆想，而是基于可靠信息对未来事件的预测。由于这些信息直接反映了经济体系的内在结构，理性的交易者会利用这些结构信息来构建他们的预期。该理论不仅融合了先前三个理论的精华，还深入分析了人们在形成预期时的经济行为，并提供了完整的数学描述，以更精确地理解和预测期货价格的形成机制。

理性预期与一般预期的主要区别体现在两个方面：首先，理性预期本质上是主观的，它根植于每个交易者的独特判断，无法脱离其决策者而独立存在。在期货市场上，我们所说的预期价格，实际上是所有交易者预期的总和。其次，一个特定的经济变量的预期不应被单一值所限定，而应视为该变量未来值的一个全面概率分布。

在期货市场中，结构信息并不仅限于过去的价格数据，还涵盖了诸多非价格信息。如政治动态、经济走势、投机心理、大户操作、持有成本以及突发事件等，这些因素在特定条件下都可能对期货价格产生比历史价格信息更大的影响。因此，理性预期理论强调了综合多种信息来源来构建准确预期的重要性。

为了严格地阐述期货价格形成的理性预期理论，现在运用数学语言来描述。交易者会根据自己当时所能获得的信息来进行概率估计，用 I_{t-1} 表示在时间 $t-1$ 所能得到的所有信息，用 $f(x_t \mid I_{t-1})$ 表示被预测的经济变量 x_t 的条件概率密度，对应于条件概率密度

是条件数学期望 $E[x_t \mid I_{t-1}]$，定义为

$$E[x_t \mid I_{t-1}] = \int_a^b x_t f(x_t \mid I_{t-1}) \, \mathrm{d}x_t \qquad (6-46)$$

条件数学期望是对预测变量的预测。既然是预测，总会有误差，用 ε_t 表示这种误差，则有 $\varepsilon_t = x_t - E[x_t \mid I_{t-1}]$。

误差 ε_t 有两个重要性质：一是无偏性，预测误差的条件期望值为零，这意味着预测值在平均意义上不偏离真实值。二是正交性，预测误差不仅期望值为零，而且它应当与交易者能够获取的任何信息保持正交（即不相关）。如果预测误差与某些信息相关，那么交易者就有可能利用这些信息来改进他们的预测，进而在市场中获得优势。因此，正交性确保了预测过程的公平性和有效性。

通过把这种相关性结合进行预测来改善预测的准确程度。换句话说，一个好的预测，其标志是任何随后的预测误差将是内在的、不可预知的，因而同预测形成时可得到的信息无关。用数学公式表示，即

$$E[\varepsilon_t, I_{t-1} \mid I_{t-1}] = 0 \qquad (6-47)$$

现用一个简单的供需关系模型来说明期货价格形成的理性预期理论。假设供给函数与需求函数是线性的，即

$$\begin{cases} q^D = a - bp \\ q^S = -c + dp \end{cases} \qquad (6-48)$$

因为供求平衡决定价格，所以令 $q^D = q^S$，则有实际价格：

$$p = \frac{a+c}{b+d} \qquad (6-49)$$

在分析理性预期时，由于要假定预期价格与实际价格的相互作用，需要引进时间变量。这样模型变为

$$\begin{cases} q^D = a - bp + v_t \\ q_t^S = -c + dp_t + u_t \end{cases} \qquad (6-50)$$

模型中 a、b、c、d 是大于零的常数，属于外生变量，即模型据此成立的外部条件。p_t 表示实际价格，p_t^* 表示根据信息 I_{t-1} 所作的理性预期价格。商品的实际需求量取决于实际价格，而供给量取决于生产者对未来价格走势的理性预期。整个模型所要解释的变量 p_t 和 p_t^* 是内生变量。两个方程的外加随机项 v_t 和 u_t，反映了随机的需求和供给的突然变化对模型的影响，这种突然变动分布的期望值是零。令 $q_t^D = q_t^S$，可求得

$$p_t = \frac{a+c}{b} - \frac{d}{b} p_t^* - \frac{1}{b}(u_t - v_t) \qquad (6-51)$$

该公式表明任何时期的实际价格取决于价格预期、外生变量和随机项。运用预期价格 p_t^* 的表达式 $p_t^* = E[p_t \mid I_{t-1}]$ 可得

$$p_t^* = E[p_t \mid I_{t-1}] = E\left[\frac{a+c}{b} - \frac{d}{b} p_t^* - \frac{1}{b}(u_t - v_t) \mid I_{t-1}\right]$$

$$= \frac{a+c}{b} - \frac{d}{b} E[p_t \mid I_{t-1}] - \frac{1}{b} E[(u_t - v_t) \mid I_{t-1}] \qquad (6-52)$$

因为 v_t 和 u_t 是随机项，$E[u_t \mid I_{t-1}] = 0$，$E[v_t \mid I_{t-1}] = 0$，而 $E[p_t^* \mid I_{t-1}] = p_t^*$，有

$$p_t^* = \frac{a+c}{b+d} \qquad (6-53)$$

期货价格形成的理性预期理论为我们提供了一个深入理解市场行为的新视角。它不仅仅是一个简单的数学公式或理论模型，而是在交易者的心理预期与实际市场价格之间建立了深刻的联系。交易者对商品价格的主观心理预期值的平均值，在理论上应当等同于商品的实际交易价格。

为了全面理解这一结论，我们需要对模型中的外生变量和内生变量进行细致的区分。外生变量，如政策变化、自然灾害等，这些因素虽然对交易者的预期产生重要影响，但它们的取值并不受交易者预期的影响，而是由市场外部的条件所决定。这意味着，无论交易者如何预期，外生变量的实际发生都将是独立的。然而，内生变量则不同。以价格为例，作为内生变量，它受到交易者预期的直接影响。当交易者对未来的价格持乐观预期时，他们可能会增加购买，从而推动价格上涨；相反，如果预期悲观，他们可能会减少购买或选择卖出，导致价格下跌。这种预期与价格之间的相互作用，正是期货市场实现价格发现功能的关键所在。

在期货市场上，预期价格与实际价格的平均值相等，这并非偶然。它反映了市场参与者基于理性预期进行的交易行为，使得市场价格能够准确地反映商品的真实价值。这种价格发现功能对于市场参与者来说至关重要，因为它能够帮助他们作出更明智的投资决策，同时也促进了市场的稳定和健康发展。

理性预期理论还强调了预期的不确定性和多样性。尽管我们可以通过收集和分析各种信息来形成预期，但经济体系中总存在一些不可预测的因素，如突发事件、政策调整等。这些因素可能导致实际价格偏离预期平均值。然而，理性预期并不等同于完全预测，它承认并接受了这种不确定性。

此外，理性预期理论也强调了市场中不同交易者预期的多样性。每个交易者都有自己的信息来源和分析方法，因此他们的预期可能存在差异。然而，正是这种多样性使得市场更加具有活力和效率。因为当交易者的预期存在差异时，他们会通过交易来分享自己的信息和观点，从而推动市场价格向真实价值靠拢。

从期货价格形成的理性预期理论出发，我们得以更深入地探究期货市场价格波动的背后原因。可以归结为两大主要因素，它们共同塑造了市场的动态性和不确定性。

一是信息在期货市场中的分布并不均衡，即信息的获取并非对所有交易者都是完全且即时的。在现实的金融市场中，信息的获取存在先后顺序，有些交易者能够更快地获取重要的市场信息和数据，而另一些交易者则可能相对滞后。这种信息不对称使得那些能迅速获取信息的交易者在期货市场上占据了有利地位。他们可以利用这些信息优势作出更快的交易决策，从而在市场上获得超额收益。这种信息不完全性和交易者之间的信息不对称，导致实际价格 p_t 与基于已有信息 I_t 的预期价格 E 之间产生偏差，即 $p_t^* \neq E[p_t \mid I_{t-1}]$。这种偏差是市场价格波动的一个重要来源。

二是期货价格的波动受到随机项 u_t 和 v_t 的影响。在理性预期模型中，随机项代表了

无法被模型预测的部分，也就是经济体系可能遭受的预料之外的冲击。当随机项的数学期望不为零（$E[u_t - v_t] \neq 0$）时，这通常意味着市场遭遇了未曾预料到的突然冲击。这些冲击可能是来自政治、经济、自然灾害等各个方面的事件，它们打破了原有的市场平衡，导致期货价格出现大幅波动。这种预料之外的冲击使得市场价格难以预测，增加了市场的风险和不确定性。

期货价格形成的理性预期理论为期货市场管理提供了宝贵的启示，这些启示对于促进市场的健康运行和降低价格波动具有重要意义。首先，该理论强调了信息公布的迅速性、同时性和公开性对于市场稳定的重要性。这意味着，有关期货市场的信息披露必须遵循严格的规范，确保所有交易者都能在第一时间获取到相同的信息。这样的做法有助于减少信息不对称现象，使市场更加公平和透明。其次，理性预期理论还指出，对期货市场的管理应保持稳定且一致的政策环境。政策的频繁变动或人为的突然冲击都可能对市场造成不利影响，导致价格出现大幅波动。因此，政府和市场监管机构应致力于维护一个相对稳定的政策环境，为期货市场的健康发展提供有力保障。

在正常情况下，遵循以上两点启示有助于减缓期货价格的波动。当市场信息披露规范、政策环境稳定时，交易者能够基于当前信息进行有理性的预期，并通过公开竞价的方式决定买进或卖出期货合约。这样的市场机制有助于形成更加合理的价格，减少市场泡沫和投机行为。

综上所述，期货市场上的价格是期货交易者根据当前现有的信息进行理性的预期后，通过公开竞价的方式产生的结果。当有新信息影响供需关系或实际供需状况发生变化时，交易者的观点也会随之改变，从而引发价格的变动。随着交割期的临近，有关影响期货市场价格的各种不确定因素逐渐减少，交易者基于这些信息作出的理性预期价格也就越接近现货市场价格。从长期来看，交易者通过不断学习和实践，能够逐渐提高预期的准确性，使市场价格更加符合实际供需情况。

如果有交易者总是依赖错误的预期来做决策，那他恐怕得在期货市场上交点"学费"了，长期下来，他很可能就被市场这所"大学"给劝退了。此外，期货市场价格机制的形成并非依赖于某一特定交易者的主观意愿，而是基于所有交易者根据他们掌握的所有可利用信息，共同预测未来价格走势的集体智慧和努力的结果。这一过程体现了市场的公平性和有效性，确保了价格的合理性和公正性。

三、碳资产期权定价方法

碳排放权期权即赋予购买者在未来某一日期，以协议价格买入或卖出定量碳排放权的权利。欧盟碳排放权交易体制下的碳金融期权市场主要是欧洲气候交易所。伦敦洲际交易所于每个交易日结束后都将免费发布欧洲气候交易所（位于荷兰）当天碳金融期权合约交易的收盘价格。欧洲气候交易所的碳金融期权交易品种包括 EUA 期权等。

（一）碳排放权期权定价的布莱克—斯科尔斯公式

1973 年，布莱克（Black）和斯科尔斯（Scholes）教授凭借其开创性的研究《期权价格与公司负债》，首次提出了划时代的期权定价模型，这一突破性的成果不仅在学术界引起了广泛的关注和讨论，也在实务界产生了深远的影响。他们通过巧妙地求解微分方程，结合市场套利条件，推导出了到期日前期权价格的精确公式，这一模型在理论研究和实际应用中均展现出极高的有效性和实用性，为期权市场的定价和风险管理提供了强有力的工具。

布莱克—斯科尔斯公式有以下七条假设条件：

（1）市场是完全开放的，投资者有完全的自由度，可以随时买卖资产。

（2）投资者是理性的，会尽量追求利润最大化，并会将投资风险分散。

（3）投资者可以获得随机的利息。

（4）期权是完全可行的投资策略，买家不会超过期权定价购买，卖家不会低于期权定价出售。此外，期权的收益不受其他资产影响，没有风险敞口或其他市场干扰。

（5）在期权有效期内，无风险利率保持不变，投资者可以此利率无限制地进行借贷。

（6）市场没有交易费用和税收，不考虑保证金问题，即不存在影响收益的任何外部因素。此外，资产价格的变动是连续而均匀的，不存在突然的跳跃。标的资产可以被自由地买卖，即允许卖空，且所有证券都是完全可分的。在衍生品有效期间，股票不支付股利。

（7）资产收益率可以服从某种可测度的概率分布，具体来说，证券价格遵循几何布朗过程，即

$$dS = \mu S dt + \sigma S dz \tag{6-54}$$

其中，dS 表示标的物价格无穷小的变化值；dt 表示时间无穷小的变化值；μ 表示标的资产在每一无穷小期间内的平均收益率；σ 表示标的资产价格的波动性，或收益率的标准差；dz 表示均值为 0、方差为 1；dt 表示无穷小的随机变量。

实际上，对于看涨美式期权而言，持有人通常不会在到期日前提前行使权利。这是因为，一旦提前行使选择权，他们便失去了期权的时间价值，这代表着放弃了未来标的资产价格可能继续上涨所带来的潜在利润。在正常市场条件下，美式期权的持有人更倾向于在接近到期日时，根据市场趋势和预期收益来决定是否行使权利。由于布莱克—斯科尔斯模型能够有效地捕捉到期权的时间价值和其他关键变量，经过适当调整，该模型同样适用于计算美式期权的价值。

在碳排放权市场中，由于政策变动、能源价格波动以及气候变化等多种因素的影响，碳排放权的价格可能会产生大幅波动。因此，碳排放权期权的持有人可能会利用这种美式期权机制，在观察到市场价格有利时提前行使权利，以规避潜在的价格下跌风险或锁定收益。然而，正如之前所述，提前行使权利也意味着放弃了期权的时间价值。在碳排放权市场中，由于长期的气候政策目标以及能源转型的趋势，碳排放权价格可能有着长期上涨的预期。因此，持有人往往会在权衡即时收益与未来潜在收益之后，选择在接近到期日时根据市场情况作出是否行使权利的决定。

布莱克—斯科尔斯模型在碳排放权期权定价中的应用，为市场参与者提供了有效的工具来评估和管理风险。通过输入相关的市场参数，如碳排放权价格、无风险利率、波动率以及到期时间等，模型能够计算出期权的合理价格，帮助投资者作出更明智的投资决策。

（二）布莱克—斯科尔斯期权价值模型

布莱克—斯科尔斯模型推导过程比较复杂，本节主要介绍基本原理及其应用。根据上述假设，标的资产价格遵循随机过程［式（6-55）］，再设 f 为看涨期权的价格，或是随着 S 的变化而变化的其他衍生产品的价格。变量 f 必然是 S 和时间 t 的函数，根据伊托引理可得布莱克—斯科尔斯微分方程式：

$$\mathrm{d}f = \left(\frac{\partial f}{\partial S}\mu S + \frac{\partial f}{\partial t} + \frac{1}{2}\frac{\partial^2 f}{\partial S^2}\sigma^2 S^2\right)\mathrm{d}t + \frac{\partial f}{\partial S}\sigma S\mathrm{d}z \qquad (6-55)$$

由边界条件及正态分布，可推导出布莱克—斯科尔斯模型。

1. 看涨期权价值模型

$$C = SN(d_1) - E \cdot e^{-rt} \cdot N(d_2) \qquad (6-56)$$

$$d_1 = \frac{\ln(S/E) + (r + 0.5\sigma^2) \cdot t}{\sigma\sqrt{t}} \qquad (6-57)$$

$$d_2 = d_1 - \sigma\sqrt{t} \qquad (6-58)$$

其中，C 为期权的现在价值；S 为标的物的现在价格；E 为执行价格；e 为自然对数底（$e = 2.7182$）；r 为无风险利率（连续复利计息，年利率）；t 为距期权到期日的时间，以一年的一定比例表示；$N(d_1)$、$N(d_2)$ 分别是 d_1、d_2 标准正态分布函数的值；σ 表示标的物价格的波动性，即标准差。

布莱克—斯科尔斯模型表明，期权的价格是标的物市场价格、商品市场价格的变动、期权执行价格、距到期日时间的长短以及安全利息率的函数。

上述模型需要 5 个参数，其中 4 个容易取得，S、E、t 为标的物与期权的参数，由金融媒介公布发表，利率 r 可以采用与期权到期时的政府债券的利率，只有一个参数 σ 需要估计，可以采用历史股价数据计算历史方差。

这些关键变量与期权价格之间的关联可以进行以下简要概述。

（1）期权标的物的市场价格与期权价格呈正相关，即标的物价格越高，期权价格也相应越高。

（2）期权标的物的市场价格波动率越大，期权价格也随之升高，因为较高的波动率增加了未来标的物价格有利于期权持有者的可能性。

（3）期权的执行价格（或称为行权价格）与期权价格呈负相关，即执行价格越高，期权价格越低，因为较高的执行价格降低了期权在到期时被行权的价值。

（4）期权到期日的时间长度与期权价格正相关，即距离到期日的时间越长，期权价格越高，因为更长的时间提供了更多的潜在盈利机会。

（5）无风险利率的提升也会导致期权价格的上涨，因为无风险利率的提高增加了持有期权而不立即行权的相对吸引力，从而推高了期权价格。

2. 看跌期权价值模型

上述布莱克—斯科尔斯模型只适用于看涨期权，而不适用于看跌期权。但是，通过看跌期权与看涨期权的平价关系，我们可用看涨期权的价格，推算出相同标的物、相同剩余时间和相同执行价格的看跌期权的价格。

所谓看跌期权与看涨期权的平价关系，是指看跌期权的价格与看涨期权的价格，必须维持在无套利机会均衡水平的价格关系。如果这一价格关系被打破，则在这两种价格之间，就存在着无风险的套利机会，于是，套利者必将通过套利行为把那种不正常的价格关系拉回到正常水平。

设看涨期权的价格为 C，看跌期权的价格为 P，期权商品的执行价为 E，标的物资产的市场价格为 S，则看跌期权与看涨期权的平价关系为

$$S = E + C - P \text{ 或 } P = C - S + E \tag{6-59}$$

考虑货币的时间价值，上式应变为

$$P = C - S + Ee^{-rt} \tag{6-60}$$

将看涨期权价格模型代入上式，得

$$
\begin{aligned}
P &= C - S + Ee^{-rt} \\
&= SN(d_1) - Ee^{-rt}N(d_2) - S + Ee^{-rt} \\
&= S[N(d_1) - 1] + Ee^{-rt}[1 - N(d_2)] \\
&= Ee^{-rt}N(-d_2) - S[N(-d_1)] \tag{6-61}
\end{aligned}
$$

$$N(-d) = 1 - N(d) \tag{6-62}$$

式（6-62）即是看跌期权的布莱克—斯科尔斯价值模型。

（三）碳排放权期权定价的二叉树模型

1979 年，罗斯、瑞德门恩及巴特等人共同发表了《期权定价：一种简化的方法》一文。在这篇文章中，他们提出了一种新颖且直观的方法来推导期权定价模型，该方法相对于之前的复杂模型来说更为简洁易懂。他们所构建的二叉树模型（也称为二项式模型）起始于几个关键的假设。首先，他们假设期权合约距离到期日仅剩下一个时间周期，这意味着在模型中只需要考虑一个时间节点的变化。其次，在这个时间周期结束时，标的资产价格仅存在两种可能的状态，即上涨或下跌，这种简化使得模型更加易于理解和应用。再次，他们假设期权持有人只能在到期日行使权利，这意味着在期权有效期内，持有人不能提前行使权利，这一假设符合许多实际市场的规则。最后，他们假设在期权的有效期间内，不考虑分红派息的影响，这是因为分红派息可能会对标的资产价格产生影响，从而影响期权的价值。

基于这些假设，罗斯、瑞德门恩及巴特等人构建了一个专注于研究只有两种可能结果的欧式期权价值的模型。他们利用概率论和数学工具，推导出了期权的理论价格。这一模型不仅为理解期权定价提供了清晰的框架，而且为投资者提供了一种有效的工具来评估和管理期权投资的风险和收益。二叉树模型还具有很好的可扩展性。虽然它起始于一个时间周期和两种可能状态的情况，但可以通过迭代和扩展来应用于多时间周期的期权价值模型。这使得二叉树模型在期权定价领域具有广泛的应用前景，为投资者提供了更多的选择和灵活性。

二叉树模型（二项式模型）为期权定价领域提供了一种直观易懂且实用的工具。它不仅为理解期权定价提供了清晰的框架，而且具有可扩展性，可以应用于多时间周期的

期权价值模型。这一模型的提出对于期权定价领域的发展具有重要的推动作用。

（四）看涨期权价值的二叉树模型

1. 简化情形（一期间模型）

以某标的期货看涨期权为例，假定标的物现行价格为 S，投资者购买一年期的欧式看涨期权，到期日，标的物价格可能上涨到原来的 u 倍，也可能下跌到原来的 d 倍，标的物的价格变化如图 6-17 所示，是二叉树模型。现在要考虑标的物的看涨期权的价值。

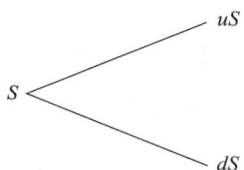

图 6-17　标的物价格变动

在此一期间模型中，如果目前的看涨期权价值为 C，执行价格为 E，股价上涨后和下跌后看涨期权价值分别为 C_μ 和 C_d，则：

$$C_\mu = \max[(u \cdot S - E), 0] \tag{6-63}$$

$$C_d = \max[(-d \cdot S + E), 0] \tag{6-64}$$

看涨期权价值的变动如图 6-18 所示。看涨期权价值 C 尚是一个未知数，二叉树模型正是要确定 C 的表达式。

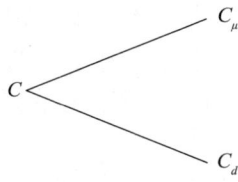

图 6-18　看涨期权价值的变动

假定投资者在卖出一个看涨期权的同时，买进 h 单位标的物组成投资组合（套期保值）。其中 h 为套期保值比率。

标的期货价格上涨时的投资组合的损益分为两部分：投资者所买进标的物的损益为 $h(uS - S)$，卖出看涨期权收取期权费并将它投资于无风险资产而获得的收益为 $(1 + r)C - C_d$，总的损益值为 $h(uS - S) + (1 + r)C - C_\mu$。

根据套期保值组合，无论股价上涨还是下跌，其损益均保持相等，即

$$h(uS - S) + (1 + r)C - C_\mu = h(dS - S) + (1 + r)C - C_d \tag{6-65}$$

由上式可解出 h，即

$$h = \frac{C_u - C_d}{uS - dS} \tag{6-66}$$

要消除套利机会，式（6-65）两边必须同时为 0。这样可由式（6-65）的任一边

解得其中的 C，具体过程如下：

由 $h(uS - S) + (1 + r)C - C_\mu = 0$，得

$$(1 + r)C = C_\mu - h(uS - S) \tag{6-67}$$

$$C = \frac{C_\mu - h(uS - S)}{1 + r} = \frac{C_\mu - h \cdot u \cdot S - h \cdot S}{1 + r} \tag{6-68}$$

将式（6-66）代入上式，整理得

$$C = \frac{\dfrac{C_\mu(1 - d)}{u - d} + \dfrac{C_\mu(u - 1)}{u - d}}{1 + r} \tag{6-69}$$

令：$P = (1 - d)/(u - d)$，$1 - P = (u - 1)/(u - d)$，则

$$C = \frac{PC_\mu + (1 - P)C_d}{1 + r} \tag{6-70}$$

式（6-70）表明，目前的看涨期权价值，是期权到期日的看涨期权价值的加权平均数的现值。其中，权数为预期标的期货价格涨跌的概率［即 P 和 $(1 - P)$］，贴现率是此期间的无风险利率 r。

2. 多期间模型

一期间模型虽然简单、朴素，但它已包含着二叉树定价模型的基本原理和基本方法。因此，为使二叉树模型所得的结果尽可能符合或接近实际，把这一期间模型推广到二期间模型或多期间模型，即把既定的剩余期间分割成越来越多的小期间。在剩余期间一定时，这种被分割成的小期间越多，则每个小期间的时间就越短。

现在，分析一种离期权到期日尚有两个期间的情况。

假设在目前，期权的标的物价格为已知，每一期间均可能上涨到原来的 u 倍，或下跌到原来的 d 倍，其上涨和下跌的概率也分别为 P 和 $(1 - P)$。这样，在整个有效期间，标的物价格的变动情况将如图 6-19 所示，而与此相应的看涨期权的价值及其变动情况如图 6-20 所示。

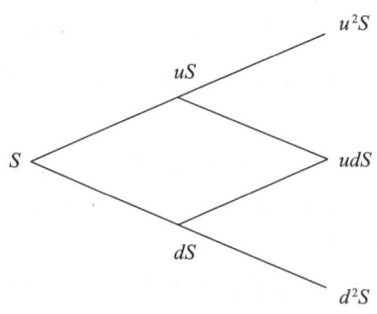

图 6-19　二期间标的物的现货价格变动

由图 6-19 和图 6-20 可知，在期权到期日，标的物的价格将有三种可能，与这三种可能的价位相对应，看涨期权将有三种可能的价值。

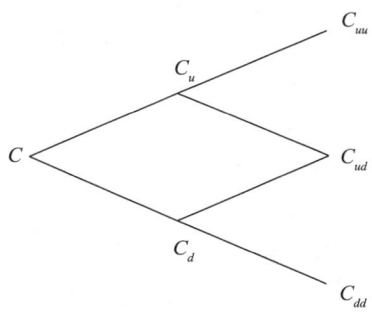

图6-20 二期间的期权价格变动

根据一期间模型的分析，要求出 C，首先要求出 C_u 和 C_d。而要求出 C_u 和 C_d 必须先算出 C_{uu}、C_{ud} 及 C_{dd}。如将现在称为"期间0"，将第一期间结束时称为"期间1"，将第二期间结束时（即期权到期日）称为"期间2"，则 C_u 是 C_{uu} 和 C_{ud} 的加权平均数在期间1的现值；C_d 是 C_{ud} 和 C_{dd} 的加权平均数在期间2的现值。因此，可得到

$$C_u = \left[PC_{uu} + (1 - P)C_{ud}\right]/(1 + r) \qquad (6-71)$$

$$C_d = \left[PC_{ud} + (1 - P)C_{dd}\right]/(1 + r) \qquad (6-72)$$

将式（6-71）、式（6-72）代入式（6-70），得

$$C = \frac{P^2C_{uu} + 2P(1 - P)C_{ud} + (1 - P)^2C_{dd}}{(1 + r)^2} \qquad (6-73)$$

式（6-73）的分子恰好是二项式的展开式。所以有人称为二项式模型，推而广之，如果把期间数扩大至 n，并设 k 为标的物价格上涨的次数，而 $(n-k)$ 是标的物价格下跌的次数，则

$$C = \frac{1}{(1 + r)^n}\sum_{k=0}^{n}\frac{n!}{k!(n - k)!}P^k(1 - P)^{n-k}\max(0, u^kd^{n-k}S - E) \qquad (6-74)$$

根据中心极限定理，当 n 趋向于无穷大时，二项式分布将逼近正态分布。于是，二叉树模型的结果也将逼近布莱克—斯科尔斯模型的结果。因此，只要 u、d、P 等参数选择得当，则二叉树模型可转化为布莱克—斯科尔斯模型。

📖本章小结

关键词：碳资产定价　现金流贴现估值方法　无套利定价方法
资本资产定价模型（CAPM）　机器学习在碳资产定价中的应用　布莱克—斯科尔斯期权定价模型　无风险利率　无套利定价原理

1. 在碳资产定价中，现金流贴现估值方法通过分析碳资产未来可能产生的现金流，并将其按一定的折现率折算至当前价值，以评估碳资产的内在价值。这一方法不仅为投资者提供了直观的资产价值评估视角，也是后续复杂定价模型的基础。

2. 无套利定价原理强调，在有效市场中，任何套利机会的出现都将迅速被市场力量所消除，从而保持市场价格的均衡。通过构建复制碳资产收益特性的投资组合，并确保其成本与碳资产价格一致，无套利定价法为碳资产定价提供了坚实的理论基础。

3. CAPM 模型通过衡量资产的系统性风险（β 系数）与市场风险溢价之间的关系，来确定资产的合理回报率。在碳资产定价中，CAPM 模型帮助投资者理解碳资产的市场风险与预期收益之间的关系，为投资决策提供了重要的参考依据。

4. 随着大数据和人工智能技术的发展，机器学习模型在碳资产定价中展现出巨大的潜力。线性回归、支持向量机（SVM）、随机森林、神经网络等机器学习模型通过学习和分析历史数据中的复杂模式，能够更准确地预测碳资产价格的未来走势，提高定价的精准度和效率。

5. 在现货市场中，碳排放权的交易价格主要由供求关系决定。本章阐述了现货市场的基本运行机制，以及如何通过市场机制实现碳排放权的有效配置。同时，还分析了影响现货价格波动的各种因素，如政策变动、市场需求变化等。

6. 碳期货市场的套期保值与价格发现：期货市场作为碳金融市场的重要组成部分，通过套期保值和价格发现机制为投资者提供了重要的风险管理工具。本章详细讲解了碳期货市场的运作原理，包括期货合约的设计、交易规则、套期保值策略等，同时还分析了期货价格的形成机制，即期货价格如何受到持有成本和预期价格等因素的影响。

7. 碳期权市场的定价策略：期权作为一种重要的金融衍生品，为投资者提供了灵活的风险管理工具。本章介绍了期权市场的基本概念，以及期权价格的定价方法，包括经典的布莱克—斯科尔斯模型和二叉树模型。这些模型通过考虑期权的内在价值、时间价值以及标的资产价格的波动率等因素，为期权定价提供了科学的依据。

复习思考题

1. 解释碳资产定价的概念，并简述其在碳市场中的作用和重要性。

2. 解释现金流贴现估值方法的基本原理和步骤，以及它在碳资产定价中的应用。

3. 概述机器学习在碳资产定价领域的应用，包括不同模型（如线性回归、支持向量机、随机森林、神经网络）如何被用于预测或评估碳资产价格。

4. 在碳资产定价的背景下，解释无风险利率的概念，以及它如何影响资产估值和定价决策。

5. 假设某公司计划实施一个碳减排项目，该项目预计在未来 5 年内将产生一系列的现金流。具体现金流预测如表 6-4 所示。

表 6-4　　　　　　　　未来 5 年现金流预测　　　　　　　　单位：万元

年份	现金流
1	100
2	120

年份	现金流
3	150
4	180
5	200

假设公司的资本成本（折现率）为10%。请使用基于现金流贴现的估值方法计算该碳减排项目的价值。

6. 假设在一个碳交易市场中，存在两种碳资产：碳资产A和碳资产B。当前市场上，碳资产A的价格为50元/吨，碳资产B的价格为60元/吨。同时，市场上还有一个由这两种碳资产组成的投资组合，该组合包含1吨碳资产A和1吨碳资产B，并且这个投资组合可以以70元的价格在市场上交易。根据无套利定价原理，如果市场上存在套利机会，那么投资者可以通过买入低价资产、卖出高价资产来获利，直到套利机会消失，市场达到均衡状态。现在，我们需要判断这个市场是否存在套利机会，并计算套利收益。

7. 试论述碳排放权期货定价中理性预期理论的应用及其重要性。

8. 试论述碳资产期货定价方法与现货市场的互动关系。

第七章

碳资产管理

　　本章首先从企业碳资产管理的视角，探讨了企业如何进行碳资产管理。然后阐述了 ESG 投资的基本概念以及在碳中和背景下被赋予的新内涵，结合理论与案例，介绍了碳资产管理下的 ESG 投资策略。

　　本章学习目的在于理解企业碳资产的内涵及其与传统资产的区别，掌握企业碳资产管理的主要内容和关键流程，进一步分析企业开展碳资产管理的必要性及其对企业发展的重要意义。此外，还需要了解 ESG 投资的基本概念及其在碳中和背景下的新内涵，探讨碳中和背景下中国 ESG 投资的发展展望及其实践策略，并结合案例分析深入认识 ESG 投资实践中存在的风险与挑战。

第一节　企业碳资产管理

一、企业碳资产管理的必要性

　　（一）企业碳资产的内涵与延伸

　　从企业角度出发，碳资产是指为了鼓励企业积极应对气候变化，在生产和运营过程中，通过减少二氧化碳等温室气体的排放或植树造林等绿色活动，从而获得的一种兼具环境权益和经济效益的直接或间接财产性权益及其衍生权益的统称。其既包括可以用于交易的碳配额、自愿减排量、碳金融衍生品等碳资产，也包括企业通过绿色供应链管理、节能减排、碳捕集或其他减少产品碳足迹的方式而获得的兼具环境效益和经济效益的碳资产。

　　1. 企业碳资产的基本内涵

　　从狭义上讲，企业碳资产是指在强制或者自愿碳排放权交易机制下，产生的可直接或间接影响企业温室气体排放的配额排放权、减排信用额及相关活动。具体包括：在碳交易体系下，由政府分配给企业的排放量配额；企业内部通过节能技改活动而减少的企业的碳排放量；企业投资开发的零排放项目或者减排项目（比如成功申请通过清洁发展机制项目、中国核证自愿减排项目等）所产生的减排信用额等。

关于企业碳资产的基本内涵，有以下几个方面理解。

（1）碳资产预期能够给企业带来经济效益。从企业自身来看，随着国家对于低碳经济的认识不断丰富以及相关政策的力度不断加强，企业将面临更为严格的碳排放配额制度。企业通过自身运营实现节能减排而减少的碳排放量，在经过国家相关机构认证后可以在碳排放权交易市场上挂牌出售，从而吸引碳排放权不足的企业购买，获得相应的利益收入。比如，本身经营绿色低碳产品的企业由于经营性质和技术进步，其碳排放量往往会低于规定的碳排放量，多余的碳排放权可以出让给高碳行业的企业，高碳企业的决策者也会为了免予处罚，购买交易市场上的碳排放量。从市场来看，企业通过碳信息披露使得市场上的消费者了解企业碳排放情况，从而增加对企业的关注，实现企业获得间接利润的目的。此外，企业通过创新技术、引进环保设备等方式来实现节能减排的目标，虽然不能直接带来经济效益，但降低了未来经营成本，也应确认为企业的碳资产。另外，国家也对这种积极的减排行为进行政策激励，如优惠或减免税收等。

（2）碳资产是企业减少的碳排放量。基于行业标准和企业自身生产情况，为企业设定一个明确的产品碳排放量基准。这一基准的设定旨在为企业提供一个量化的参照，以衡量其碳排放效率。若企业的单位产品碳排放量低于这一基准，则说明企业实现了碳排放的有效控制，这种减排的成果即被视为企业的碳资产。反之，若单位产品的碳排放量高于基准，则意味着企业碳排放效率较低，形成了碳负债。基准的设定不仅有助于企业准确计量碳排放量，而且为区分碳资产和碳负债提供了明确的标准，从而确保企业在碳资产管理上的严谨性和有效性。如果缺少这一基准，那么企业的碳排放量将会难以计量，对于"碳资产"和"碳负债"的区分也较为困难。

2. 企业碳资产的延伸

从广义上讲，碳资产是指由分配或通过交易及其他事项形成的，由企业拥有或控制的，可以通过公开的碳交易市场或为未来的生产提供低碳处理技术和环境保护能力，与碳排放相关的能够为企业带来直接或间接经济利益的资源。碳资产有别于传统资产，它不仅是一种硬资产，还是一种制度约束下产生的排放权利。总体来说，在企业内部凡是有助于企业降低碳排放的资产都可以认为是碳资产，既包括交易获得，也包括政府无偿配置的碳排放权以及其他事项获得的碳排放权或减排额度。

企业碳资产的延伸可以从以下三个方面来理解。

（1）碳资产是一种环境资源。环境资源不仅指环境的单个要素和组合方式，也指环境的纳污能力。碳资产作为地球环境对于温室气体排放的可容纳量，属于环境资源的纳污能力。根据碳资产的特点，参考环境资产的定义，有学者把碳资产初步定义为企业拥有或控制的，很可能成为企业未来经济利益的，与温室气体排放有关的各种有形或无形的碳资源。该定义突出了碳资产与温室气体排放量有关。

（2）碳资产是制度的产物。在特定制度安排下，政府会制定碳排放总量控制目标，并分配给各个企业相应的碳排放配额。企业既可以通过购买配额来满足其碳排放需求，也可以通过出售多余的配额来获得收益。因此，企业持有的配额就构成了其碳资产的一部分。相关制度的设定可以使碳资产进入会计核算体系，使其达到形式上的具体化，同

时具有可计量性。

（3）碳资产被企业拥有或控制。顾名思义，碳资产是资产的一种。资产有两个重要特征：一是被企业拥有或控制，因为它表明企业具有排他性，可从该项资产中获得经济利益；二是预期会给企业带来经济利益，这是资产的价值实现方式。在碳资产的情境下，企业持有的碳排放配额和减排信用额等资产不仅代表企业在碳排放管理方面的责任和权利，还是企业在低碳经济转型中的重要资产。通过合理管理和交易碳资产，企业不仅可以实现环境责任，还可以获得经济利益，推动可持续发展的目标。因此，碳资产不仅是企业的一种财务资产，也是企业在追求可持续经营和发展中的重要支撑。

（二）企业碳资产管理的内容

1. 国内碳资产管理概况

在国内进行碳资产管理的企业可分为重点排放企业及非重点排放企业，目前全国市场的重点排放企业仅包含发电行业的企业，钢铁、石化、水泥等行业的自备电厂也进入重点排放企业名单。重点排放企业会获得政府管理部门分配的碳排放配额，企业主要根据自身碳排放情况买卖碳资产以保证履约；非重点排放企业无履约义务，主要是开发国家核证自愿减排量项目获得收益。

电力行业是碳资产管理发展最早的行业，在21世纪初海外清洁发展机制实行起，国内大型电力集团就开始设立专门的CDM办公室或碳资产管理公司参与注册CDM，获得项目额外收益，比如五大电力集团（国家能源投资集团、中国华能集团、中国华电集团、中国大唐集团、国家电力投资集团）及中国广核就在集团层面设立了碳资产管理部门（见表7-1）。后来随着国内各省市碳排放权交易试点市场设立，企业将碳资产管理部门独立出来设立专门的碳资产管理公司，比如大唐集团、国家电力投资集团、中国广核的碳资产管理公司前身都是集团或下属公司的CDM部门。其他电力集团尤其是地方电力集团大多都是在国内碳交易试点市场启动后才陆续开始设立碳资产管理公司，比如申能集团、浙能集团、中核集团等（具体见表7-1）。截至2023年初，国内主要大型电力集团，尤其是全国性电力集团大多都已经设立专门的碳资产管理公司，统筹集团的碳资产管理工作。另外，部分地方性电力企业也在陆续设立碳资产管理公司，但目前仍有较多地方性电力相关企业尚未设立专门的碳资产管理部门或公司，这类企业大多不在重点排放企业名单之中或其持有的电力资产是以信用减排类资产为主。

表7-1　　　　　　　　　　主要电力集团的碳资产管理机构

企业名称	碳资产管理公司/平台	设立时间
国家能源投资集团	龙源（北京）碳资产管理技术有限公司	2008年8月
中国华能集团	华能碳资产经营有限公司	2010年7月
中国广核	中广核碳资产管理（北京）有限公司	2012年5月
中国节能环保集团	华璟碳资产管理（北京）有限公司	2015年4月
中国大唐	大唐碳资产有限公司	2016年4月
甘肃电投	甘肃电投碳资产管理有限责任公司	2016年10月

续表

企业名称	碳资产管理公司/平台	设立时间
浙能集团	浙江浙能碳资产管理有限公司	2017 年 10 月
申能集团	申能碳科技有限公司	2018 年 11 月
国家能源投资集团	大渡河碳资产管理中心	2021 年 3 月
华电集团	中国华电集团碳资产运营有限公司	2021 年 6 月
国家电力投资集团	国家电投集团碳资产管理有限公司	2021 年 11 月
中核集团	中核碳资产经营有限公司	2022 年 7 月

资料来源：根据天眼查整理所得。

2. 国外碳资产管理概况

欧盟碳排放交易体系由欧盟 27 个成员国及挪威、冰岛、列支敦士登共计 30 个国家参与，是世界上首个也是最大的碳交易市场。该体系基于总量控制的配额交易，覆盖了电力、钢铁和水泥等行业 11 000 个主要能源消费和排放企业，涉及欧盟排放二氧化碳总量的一半，即每年约 20 亿吨的配额总量。自 2004 年启动以来，参与企业每年 2 月获得免费配额，并在第二年的 3—4 月向政府上缴一年的配额和减排量。欧盟企业主要通过三个途径促进碳减排：第一，通过内部组织构架、运行模式调整和技术研发提升减排效果，包括完善治理结构、提高能源效率、使用可再生能源等；第二，通过控制供应链上下游企业的碳排量达到减排目标，如筛选低碳供货商、优化物流配送等；第三，企业参与更广泛的气候变化应对行动，如参与市场化碳交易和与政府或行业协会签订自愿减排协议等。

美国加利福尼亚州（以下简称加州）于 2006 年通过了控制温室气体排放的 AB32 法案，为控制温室气体排放确立了坚实的法律基础。根据法案要求，加州 2020 年的温室气体排放量要回归到 1990 年水平。2016 年 9 月 30 日，加州通过了 SB32 法案，该法案是 AB32 法案的延续，它提出，到 2030 年将加州的温室气体排放在 1990 年的基础上减少 40%，并到 2050 年实现加州温室气体排放量在 1990 年基础上减少 80% 以上。总量控制和交易手段是帮助加州实现温室气体减排的重要途径，包括电力行业在内的主要排放源被纳入加州碳市场。纳入碳市场的排放源按要求每年需要提交碳排放数据和其他额外所需的数据，此外加州碳市场设有独立的第三方进行核查。纳入加州碳交易体系的企业，每年要提交前一年排放量 30% 的配额核抵消量用于履约。每个阶段的履约期末，会对整个履约期配额进行调整，且纳入企业在履约期末需要提交剩余全部的配额核抵消量。若过期未履约，或配额短缺，每吨短缺配额要支付 4 吨的配额作为惩罚。除此之外，加州空气质量委员会设立了市场监控机构，与州联邦相关机构一起对碳市场进行监管。

3. 碳资产管理内容

企业碳资产管理是指企业通过对碳资产进行战略规划和价值管理的一系列活动，以实现企业的价值最大化。涵盖综合管理、技术管理、实物管理和价值管理四个方面，旨在帮助企业有效控制碳排放，降低碳风险，提高碳信用评级，从而实现企业的可持续发展和低碳转型。

其中，综合管理作为碳资产管理的基础，涉及规划、制度、流程、培训、咨询以及风险管理等要素，确保碳资产管理活动有序进行。技术管理则侧重于减排技术、能效技术和低碳解决方案的管理，为碳资源向碳资产的转化提供技术支撑。实物管理聚焦于碳盘查、碳综合利用以及碳排放的管理，是价值管理得以实现的基础。而价值管理则通过CCER项目开发、碳交易以及碳的金融衍生品如碳债券、碳信用等的管理，实现碳资产价值的最大化。这四个方面相互关联、相辅相成，共同构成了碳资产管理的完整体系。

企业碳资产管理的核心是在碳排放控制下，通过碳资产管理系统的建设和碳交易市场的参与，实现碳资产的经济价值和低碳发展。其中，碳交易市场是实现企业碳资产管理的重要平台，通过碳交易市场，企业可以买卖碳配额和碳信用额，实现碳资产的交易和增值。

企业的碳资产管理不仅包括对碳资产的经济管理和风险管理，还涉及对碳资产的战略规划和碳资产管理系统的建设。通过碳资产管理，企业可以在满足碳排放控制的前提下，优化自身的生产过程和能源使用，提高能源利用效率，减少碳排放，并以此为基础开展碳交易，实现企业的经济效益和低碳发展。同时，企业的碳资产管理也有助于提高企业的环保意识和社会形象。通过积极参与碳交易市场和开展碳资产管理，企业可以树立自身的环保形象，增强品牌价值和市场竞争力，同时碳资产管理也有助于推动整个社会的低碳转型。

在碳交易市场上，企业需要根据自身的碳排放量和碳排放强度，购买或出售碳配额，以实现碳资产管理。同时，企业还可以通过投资减排项目，例如采用新的节能技术、进行能源替换等，减少自身的碳排放量，并将这些减排量转化为可交易的碳信用额。这些碳信用额也可以在碳市场上进行交易，为企业带来收益。此外，企业的碳资产管理还包括对碳资产的风险管理和对碳资产价值的评估。企业需要识别和评估自身的碳资产风险，并采取相应的措施进行管理和控制。同时，通过对碳资产价值的评估，企业可以了解自身碳资产的市场价值和潜在收益，为制定碳资产管理策略提供参考。

总之，企业的碳资产管理是一项重要的管理工作，旨在帮助企业在碳排放控制的前提下，实现碳资产的保值和增值，推动企业的低碳发展和社会环保意识的提高。

（三）企业碳资产管理的必要性

碳资产管理的发展符合政策趋势和法律法规的要求，是企业实现可持续发展的重要手段。随着全球碳排放控制意识的提高，各国政府和组织都制定了严格的碳排放控制政策和目标，要求企业减少碳排放。通过精细化的碳资产管理，企业要确保自身行为与政策要求保持一致，从而避免可能面临的违规和惩罚。

碳资产管理对于降低碳风险和应对气候变化具有重大意义。企业的碳排放行为对气候和环境有着深远的影响。一个完善的碳资产管理机制能够确保企业有效地减少碳排放，从而降低因气候变化带来的潜在风险。同时，这也是企业履行社会责任、积极参与环保事业的具体表现。在经济效益层面，碳资产管理同样扮演着关键角色。通过优化能源使用和生产过程，企业可以提高能源利用效率，降低能源成本，进而增强自身的市场竞争力。一套完善的碳资产管理机制，能够助力企业在低碳转型的道路上走得更远，实现经济效益与环境保护的双赢。此外，碳资产管理还有助于企业树立环保形象和增强品牌价值。在消费者越来越关注企业环保表现的今天，一个积极参与环保事业、致力于低碳发展的企业，无疑能够赢得更多消费者的关注。通过碳资产管理，企业可以展示自己的环保决心和成果，提升品牌形象和市场地位。

相反，企业的碳资产管理不完善可能带来的负面影响也是不容忽视的。缺乏完善的碳资产管理机制，可能会导致其对碳排放的估算不准确，无法有效控制碳排放，从而面临更高的碳风险。同时，如果企业的碳资产管理不符合国家和地区的碳排放控制政策和法律法规，可能会导致企业受到惩罚和制裁，影响企业的经营和发展。不完善的碳资产管理还可能增加经营成本，降低企业品牌形象和市场份额，甚至无法参与碳交易市场，错失碳资产交易带来的商业机会和收益。

因此，企业应该高度重视碳资产管理，建立完善的碳资产管理机制，以有效控制碳排放，降低碳风险，提高能源利用效率和经济效益，树立企业品牌形象和市场地位，实现可持续发展和低碳转型。

二、碳资产管理的流程

企业碳排放管理的基本流程就是企业按照相关规定，对一定时期内碳排放活动的测量、记录和计量等，然后对监测数据进行分析处理，作为碳排放报告的基础数据。企业进一步按照相关规定对一段时期内生产经营活动产生的二氧化碳排放进行核算并形成规范性报告，然后委托第三方核证机构对碳排放报告进行审核，生成核证报告。此外，在政策制度、配额目标、碳资产财务管理及监督机制的协调配合下，碳排放信息管理平台正常运行。企业可通过自主减排与碳交易的方式实现配额的足额清缴。碳资产管理的流程主要包括碳盘查、碳足迹、碳资产开发、碳资产计量以及碳信息披露五个部分。

（一）碳盘查

碳盘查（Carbon Inventory）是指以政府、企业等为单位，计算其在社会和生产活动中各环节直接或者间接排放的温室气体，也可称作编制温室气体排放清单。这是一种对温室气体的量化过程，可以帮助人们更好地了解和监控碳排放情况。国际上较为通用的是温室气体议定书（Greenhouse Gas Protocol）或 ISO 14064 温室气体核证标准。前者包括两个相关但相互独立的标准，即企业核算与报告准则和项目量化准则；后者旨在为温室气体排放的监测、量化和削减提供一套工具。

碳盘查是碳资产管理的前提，是碳资产管理的第一步，企业碳盘查可以帮助企业了解企业自身的碳排放状况，进而制定碳减排策略以及为实施低碳项目提供数据依据。碳盘查可以分为组织、项目、产品和区域四种类型，组织是指整个企业的碳排放总量；项目则关注于 CDM 项目的排放量。产品是将产品的整个生命过程的碳排放进行量化，最终实现产品的碳标签目标。区域是指对特定地区或区域的碳排放情况进行评估和监测，包括该地区的工业、交通、能源等部门的碳排放量评估，以及碳排放减排政策的实施效果评估。碳盘查的一般流程如表 7-2 所示。

表 7 – 2   碳盘查一般流程

次序	内容	服务流程
一	项目全面性和可行性评估	对拟实施碳盘查的企业进行评估，判断项目实施的可行性与发展状况
二	盘查边界的设定	根据评估结果，视情况采用控制权法或股权比例法界定组织边界；实现对运营边界三个范畴的界定（包括直接排放与移除、能源间接排放、其他间接排放）；根据温室气体管理方案和企业自身的管理目标确定拟盘查的范畴
三	基准年的设定	选择并设定基准年，完成基准年的盘查清册；并且在特殊情况下，设定基准年的再计算程序
四	温室气体排放源的认定与鉴别	由熟悉设备设施、工艺反应和使用原材料的专家对企业运营边界内产生以下六种温室气体排放源进行调查和识别：二氧化碳（CO_2）、甲烷（CH_4）、氧化亚氮（N_2O）、氢氟碳化物（CFCs）、全氟碳化物（PFCs）和六氟化硫（SF_6）
五	温室气体量化计算	在完成排放源的定性调查后，针对已识别的排放源逐一进行量化计算，量化方法有直接检测法、质量平衡法和排放系数法等；不同计算法的精度、所需成本和运作难度不同，根据自身情况和实际需求进行选择
六	温室气体清单的编制	对排放源类别和排放总量等数据进行汇总，利用相关工具建立企业温室气体盘查清册，作为企业公开内部温室气体排放信息的依据。通过设定相应的排放因子，计算出每种温室气体的直接排放量，温室气体移除量，能源间接温室气体排放量，其他温室气体间接排放量，源自生物质燃烧的直接二氧化碳排放量并形成温室气体盘查清单
七	数据与信息品质管理	协助企业建立并维持温室气体资讯管理程序，进行不确定性评估，确保其与相关温室气体盘查原则与标准的吻合性；保留并维持温室气体盘查清册的设计、发展与维持的佐证文件，以方便查证
八	盘查报告书的制作	完成盘查清册后，将企业整体盘查过程与步骤予以文件化进行管理，制作符合 ISO 14064 – 1 标准的盘查报告
九	内部查证与高层评审	确认温室气体排放源；确认排放量计算结果；协助高层评审，达到持续改善目标；由管理层根据整体盘查结果与内外形势变化，评估是否达成持续改进的承诺
十	外部查证（必要时）	在企业达成持续改进承诺时，协助企业应对外部独立经营实体（DOE）查证，协助企业进行不符合项的整改，以期获得温室气体排放查证的证明

资料来源：根据 ISO 14067 整理所得。

最为常见的是组织层面的碳盘查，主要可以概括为五点：边、源、量、报、查，即碳资产组织与经营边界的界定、基准年的设定、碳排放源的鉴别、碳排放的量化以及碳排放清单管理中的报告编制与核查。

1. 碳资产组织与经营边界的界定

确定组织边界是指确定碳盘查所涉及的设施，包括温室气体的源和汇，一般采用控制权法和股权持分法来计算碳排放。控制权法是指将该企业所拥有财务或运营控制权的所有设施所量化的温室气体排放量全部计入该企业的碳排量中，股权持分法则是依照股权比例不同的企业分别承担某项设施所量化的温室气体排放量。经营边界的界定主要分为三个范畴，范畴一指直接的温室气体排放量，范畴二指间接的温室气体排放量，范畴三指其他间接温室气体排放量，但是范畴三的排放一般不强制计入碳盘查内，除非范畴三所涉及的碳排放量很大或者其排放类型很重要。

2. 基准年的设定

基准年是指用来将不同时期的温室气体（Greenhouse Gas，GHG）排放或清除，以及其他相关 GHG 信息进行参照比较的特定历史时段，可以是可获得量化数据的历史上任意年份，也可以是数年的均值。如果企业内部结构发生了变化，基准年的数据必须重新计算。

3. 碳排放源的鉴别

碳排放源主要可以分为四大类，固定燃烧排放（比如锅炉、加热炉、热水罐、柴油发电机等）、移动燃烧排放（如运输车辆、锅炉车、吊车、叉车等）、制程排放（如化学品和原料的生产加工）以及逸散排放（不是人为造成的，无意识的碳排放，如天然气运输过程中 CH_4 的排放）。

4. 碳排放的量化

常见的方法主要有直接测量法、质量平衡法以及排放系数法。直接测量法顾名思义就是通过直接检测排气浓度和流率来测量温室气体排放量，但是该方法工作量大，费用高；质量平衡法则是对生产过程中所使用的物料进行定量分析的一种方法，但是对于投入物料的成分和碳含量定量较为困难；应用较为广泛的是排放系数法，以较为科学的加权法来确定相关经验排放系数，用温室气体排放量 = 活动数据 × 排放系数来确定温室气体排放量。

$$碳排放量 = \sum_{i}^{n} (AD_i \times EF_i \times GWP_i)$$

其中，AD_i 表示活动数据，即 GHG 排放或清除过程中的测量值。EF_i 表示排放因子，即前面提到的排放系数，常用的排放系数有国家发展改革委每年公布的电力系统排放因子、联合国政府间气候变化专门委员会公布的燃煤排放系数。GWP_i 表示全球增温潜值，是指其他温室气体的温室效应相对于二氧化碳的温室效应的质量，相当于一个换算指数。碳盘查量化步骤如图 7 - 1 所示。

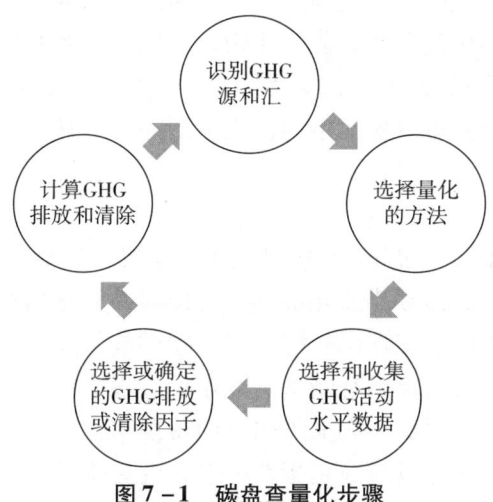

图 7 - 1　碳盘查量化步骤

5. 碳排放清单管理

目前清单管理的内容包括创建碳排放清单报告，根据 ISO 14064 或 GHG 协议标准的要求，生成企业碳排放清单报告，并组织内部核查和外部核查。碳排放清单的编制遵循相关性、完整性、一致性、透明性以及准确性五个原则，主要面对二氧化碳（CO_2）、甲烷（CH_4）、氧化亚氮（N_2O）、氢氟碳化物（CFCs）、全氟碳化物（PFCs）和六氟化硫（SF_6）六种温室气体，最后编制好企业碳排放清单报告后，组织好核查工作，对数据收集、计算方法、计算过程以及报告文档等进行核查。图 7 - 2 为温室气体核证过程。

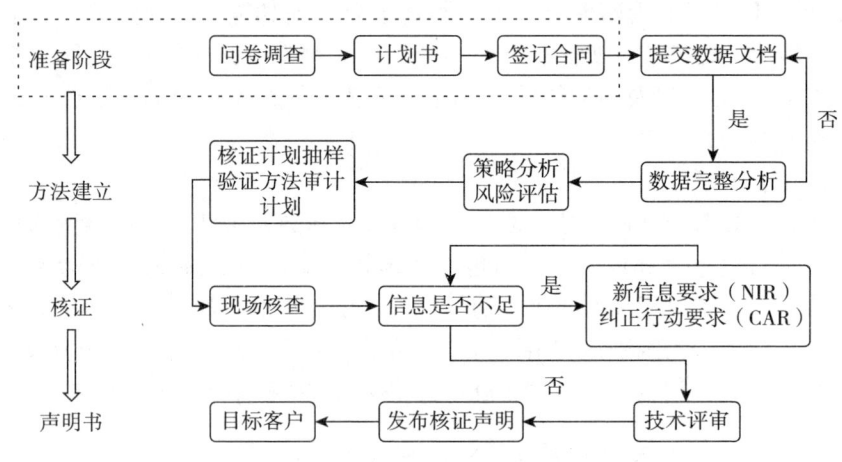

图 7 - 2　温室气体核证过程

（二）碳足迹

1. 碳足迹的含义

碳足迹（Carbon Footprint）是指一个人、企业或产品等在其生命周期中所产生的温室气体排放量，通常以二氧化碳当量来表示。这个概念最早由哥伦比亚大学的研究人员提出，可以用来衡量个人或团体的能源意识和行为对自然界产生的影响。碳足迹通常包括直接和间接的温室气体排放，如制造、运输、消费、废弃物处理等过程中所产生的排放。对于个人来说，碳足迹可以包括交通出行、食品消费、家居能源使用等方面的排放；对于企业来说，碳足迹可以包括生产过程中的能源消耗、交通运输、废弃物处理等所产生的排放。

2. 碳足迹的计量

碳足迹的计算通常需要考虑多种因素，按照排放方式包括直接碳排放、间接碳排放、生态系统碳排放以及虚拟碳排放几部分。直接碳排放是指在一个人的控制范围内所产生的碳排放，如家居用电、交通出行等。间接碳排放是指在一个人的控制范围之外所产生的碳排放，例如所购买的产品在制造、运输等过程中所产生的排放。生态系统的碳排放是指一个人所处的生态系统对气候变化产生的影响，如所居住的城市的绿地建设、自然生态系统的保护等。虚拟碳排放是指在一个人的控制范围之外，但与其消费行为相关的碳排放，如远程办公、在线教育等。需要注意的是，碳足迹的计算是一项复杂的工作,需要考虑多种因素和数据。同时,由于不同计算方法和数据来源的差异,计算出的碳足迹结果也会有所不同。因此,在进行碳足迹计算时,需要选择可信赖的数据来源和计算方法,并进行充分的验证和校准。

另外,碳足迹还可以从不同层面来看,即个人、组织、国家和产品。碳足迹的一般计算步骤主要包括设定计算对象的参数和边界、测量温室气体活动、选择计算方法。另外,面对碳足迹不同的计量对象,其计量方法也不同。

(1)个人碳足迹的计量。个人碳足迹指个人日常生活中衣、食、住、行所导致的GHG排放量。主要基于互联网现有的碳足迹计算器,将个人的日常活动输入碳足迹计算器中即可得到对应的结果。需要注意的是,不同的碳排放因子可能会有所不同,因此需要选择合适的碳排放因子进行计算。此外,由于不同人的生活方式和能源价格也存在差异,个人碳足迹的结果也会有所不同。表7-3列举了部分相关组织的官方网站发布的碳足迹计算器。

表7-3 碳足迹相关网站(部分)

网站	网址
英国标准协会 (BSI)	https://www.bsigroup.com/en-GB/ISO-14064-Carbon-Footprint/
气候集团 (The Climate Group)	https://www.theclimategroup.org/tools/carbon-footprint-calculator
世界资源研究所 (WRI)	https://www.wri.org/resources/carbon-calculator
联合国环境规划署 (UNEP)	https://www.unep.org
碳云碳计算	https://www.cloudcarbon.com/zh
碳足迹计算器	https://xn--60q29spurowlws4a.cn/calc.html

(2)企业碳足迹的计量。企业碳足迹指在产品碳足迹的基础上,还包括非生产性的活动造成的碳足迹。全面衡量生命周期内企业每个环节的能源、材料的利用以及碳排放情况,进而控制和约束企业自身的排放行为,进一步达到减少碳排放的目的。

首先,根据企业的生命周期理论将整个企业的周期分为采购期、生产期、销售期、报废期四个环节,在采购期主要是计算移动源的碳排放以及运输途中的损耗。生产期主要是原料的投入、加工、包装等过程中消耗的燃料、电力和能源。销售阶段主要是核算员工商务旅行、货物装载以及运输活动中产生的碳排放。报废期阶段主要是指产品停止使用一直到清理完毕这段时间,碳排放主要是由产品的使用以及处置方式所决定的。其次,根据产品使用的时间长短、能源的种类及方式将其分为不同的碳排放源——直接的碳排放来源、间接的碳排放来源以及其他碳排放来源。根据不同的排放源设定不同的排放系数。再次,根据碳排放计算公式计算各时期各排放源的碳排放量。最后,根据会计核算要求，结合碳足迹交易市场信息将实物量进行价值转换。

（3）国家碳足迹的计量。国家碳足迹指整个国家或城市的总体物质与能源的耗用所产生的 GHG 排放量。国家的碳足迹计算比较复杂，只能从宏观角度进行考察。另外虽然最原始的碳排放在商品制造国，但是这些碳排放的根源是消费国，因此国家碳足迹的计量没有边界线这一说法。

（4）产品碳足迹的计量。产品碳排放指在产品制造、使用及废弃阶段，全生命周期过程中产生的 GHG 排放量。首先，建立产品流程图，对于产品生产过程中的物质流、能源流和废料流进行详细记录。其次，确定边界和优先事项，根据 ISO 14025 所制定的某个相关产品类别规则，与其规定的边界系统一致。进而对相关数据进行收集，主要是收集生命周期各个阶段中活动数据和排放因子。再次，依据碳足迹计算方程计算产品生产过程中的碳足迹，注意质量守恒。最后，检验不确定度，主要是为了提高计算结果的准确度，了解收集数据的质量。

（三）碳资产开发

碳资产开发主要是指对清洁发展机制和自愿减排项目的开发。其中 CDM 项目开发业务是目前较为成熟的业务。CDM 项目的核心是允许发达国家和发展中国家进行项目级的减排量抵消额的转让与获得，一般需要经过以下几个阶段，具体见图 7-3。

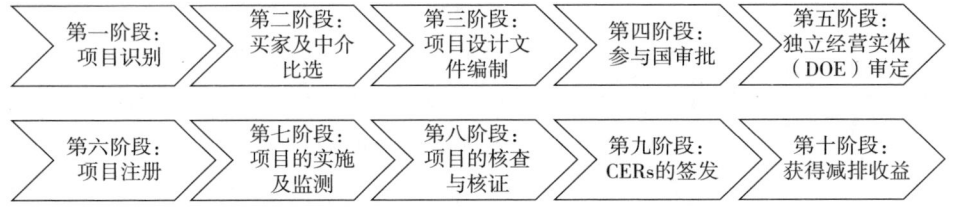

图 7-3　CDM 项目减排额的转让或获得流程

在碳资产开发的过程中，第三方机构要对企业开发的 CDM 项目进行碳审计和碳评估，最终实现碳中和。碳审计也称为碳足迹审核，需要注意：（1）合理确定碳审计项目；（2）科学制订碳审计方案；（3）细致实施碳审计流程；（4）综合编写碳审计报告。碳资产评估就是通过货币化和定量化的方法对碳资产进行估值。碳中和则是资产管理的目标。

1. 碳审计

碳审计指在定义的空间和时间边界内进行碳足迹计算的过程，是审计机构接受政府授权或其他有关机构委托，依据国家政策、法律和有关规章、制度、标准，遵循审计准则，对被审计单位或部门的低碳生产经营、资源利用、财务信息、职责履行等活动进行的特殊管理。

企业碳审计的目的是帮助企业了解自身的碳排放情况，发现碳排放管理存在的问题，提出相应的建议和措施，实现低碳发展。推进碳审计全覆盖，有利于推动我国产业升级和企业技术创新，形成促进可持续发展的政策机制和制度保障体系。同时，碳审计也可以帮助企业识别和管理与碳排放相关的风险，提高企业的环境和社会责任意识。企业碳审计的基本步骤如图 7-4 所示。

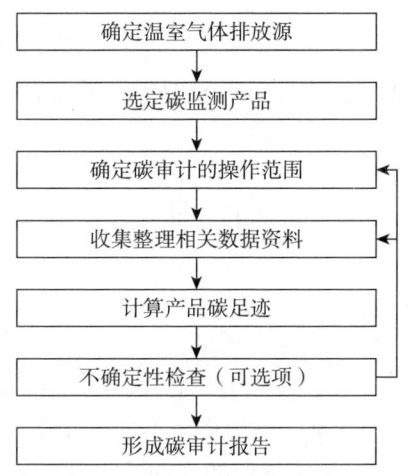

图7-4 碳审计基本步骤流程

2. 碳资产评估

碳资产评估是指根据与碳资产相关的标准和方法，预估碳排放权、碳减排量和碳金融衍生产品等碳资产的公允价值，有利于碳市场更好发挥配置资源的决定性作用，碳市场反过来也能为碳资产评估提供必要的基础信息。当前碳资产评估的主要业务包括：提供以交易为目的的排放权单项资产评估和以融资为目的的碳资产评估等。

现有的碳资产评估的方法主要有市场法、收益法、成本法。市场法是利用市场上同类或类似资产的近期交易价格，经过直接比较或类比分析估测资产价值。应用该方法过程中的评估资料来源于市场，且评估结果也可以接受市场的检验，符合市场经济的一般原理，容易被交易双方所接受。成本法指在评估资产时根据被评估资产的重置成本扣除各种损耗以确定其评估价值的一种方法，要求被评估资产的预期收益能够支持其重置及投入价值。收益法是指通过估算被评估资产未来预期收益的现值进而确定被评估资产价值的一种资产评估方法。采用收益法需要合理地预测碳资产所带来的预期收益，不仅包括碳资产进行交易所带来的收益，还应包括碳资产所产生的协同效应为企业带来的经济利益。

（四）碳资产计量

碳资产计量的过程中应该遵循以下假设：（1）碳资产会计主体的假设：与现行的会计主体的假设相同，即企业。（2）持续经营假设：是指企业在可预见的未来，将会按照当前的规模和状态持续经营下去，不会停产或者破产。（3）会计分期假设：是持续经营假设的延续，在持续假设的前提下，将企业的生产经营活动划分为若干个连续的、长短时间相同的会计期间。（4）多重计量假设：是指在采用现行的财务会计中的货币计量为主以外，还可以辅助以非货币计量。（5）可持续发展假设：要想实现低碳经济，企业就必须进行节能减排、技术创新，走可持续发展道路。（6）环境价值假设：企业必须承认环境的价值，然后对其进行确认、计量、报告和披露。碳资产的计量分为初始计量和后续计量两大部分。

1. 碳资产的初始计量

碳资产的初始计量按照碳资产来源的不同，采取不同的方法进行。对于政府配额的碳资产来说，这部分碳资产是企业从政府无偿取得的非货币性资产，符合政府补助的定义和特征，作为政府补助来计量。企业自身的减排碳资产的前期投入与碳资产相关的成本、费用计入待摊费用中，按照项目的寿命进行分摊作为每一年得到核证碳资产的初始成本。对于外购部分的碳资产来说，直接按历史成本计算，即购买价款、相关税费以及直接归属于该碳资产的其他支出。

2. 碳资产的后续计量

在碳资产的后续计量中，存在两种主要的计算方式：成本模式和公允价值模式。

采用成本模式进行计算时，可以细分为三种不同种类的具体计量方式。

（1）成本计算。此方法基于碳资产的历史成本进行计算。主要的计量方法是移动加权平均法，考虑不同时间点购买或获取碳资产的成本，并根据其数量和价格进行加权平均。

（2）未透支的碳资产的期末计算。当成本小于可变现净值时，碳资产按照成本计量；当成本大于可变现净值时，按照可变现净值进行计量，同时两者之间的差额计提跌价准备，计入当期损益。

（3）透支的碳资产期末计算。按照公式，即月末碳资产的期末成本等于月末碳资产的数量和碳资产单位成本乘积，并将相应的金额在资产负债表的负债项目中进行披露。

采用公允价值模式进行计算时，碳资产不计提折旧或摊销，而是直接以资产负债表中的公允价值进行计量。公允价值与其账户余额中的差额计入当期损益。

（五）碳会计信息披露

碳信息披露，即企业向公众公开企业的碳排放量、碳排放强度、管理碳排放战略、关系到气候变化的潜在风险与机遇等信息。2021 年 11 月 26 日，生态环境部 2021 年第四次部务会议审议通过的《企业环境信息依法披露管理办法》指出，企业是环境信息依法披露的责任主体，要求重点排污单位披露企业环境管理信息、污染物产生、治理与排放信息、碳排放信息等八类信息。

企业是市场交易的主体，是减排的主力军。在生产的各个环节、阶段、各种耗能设备管理等方面有可靠的、准确的数据，才能支持企业的管理、技术的改造和新技术的研发。数据的准确性和可靠性是企业制定绿色发展战略、提升能源效率的基础，及时准确地披露碳信息对企业至关重要。在国内外的研究成果中，普遍认同的碳会计信息披露方式主要有两种：一是非独立报告披露方式，二是独立报告披露方式。

1. 非独立报告披露方式

我国现有的财务报告主要提供的是经济效益指标，对于低碳效益披露很少，其主要原因是：碳会计尚不成熟，在计量上存在问题；国家在立法以及碳会计准则制定方面缺少约束性政策；碳会计信息披露本身的成本高。但是随着企业的利益相关者对碳会计信息的需求不断增加，人们期望从报告中得到企业履行社会责任的情况。因此，我们可借鉴现有财务报告的思路，利用财务报表、报表附注以及财务情况说明书，在传统会计信息基础上加入碳会计信息，从而编写出揭示碳会计信息的非独立报告。

2. 独立报告披露方式

从目前碳会计发展的情况来看，编制独立的碳会计信息披露报告是一种大势所趋。单独的碳会计信息披露报告不拘泥于传统的会计报告形式，它既包括财务信息，又包括非财务信息，采用多种形式，包括文字叙述、表格等。它能够具体结合碳会计信息的特点来重点披露，按照碳要素来重新划分会计科目，并将企业的碳绩效情况详细展现给信息使用者。

三、重点行业实践案例

（一）案例一：中国石油化工集团

中国石油化工集团公司（以下简称中国石化）是我国规模最大的石油企业，在2023年世界500强排行榜中名列第6位。作为特大型能源化工企业，中国石化不仅是能源生产的巨头，同时也扮演着能源消耗的重要角色。根据最新数据，2023年中国石化的原油加工量达到2.58亿吨，天然气产量达到1.34万亿立方米，位居国内行业前列。同时，中国石化的能源消耗量也十分巨大，2023年的能源消耗总当量为39.30百万吨标准煤。

为了迎接气候变化的挑战，中国石化不断推动能源结构向清洁化和低碳化转型。一方面，中国石化积极支持旗下企业根据自身业务特点，大力推广太阳能、风能等可再生能源的应用，并逐步减少煤炭使用量。另一方面，中国石化加快实现"净零排放"的目标，已制订了2030年碳达峰、2050年碳中和的行动计划。

1. 中国石化碳资产管理的必要性

（1）行业纳入碳市场：根据生态环境部的规划，石化行业有望在"十四五"末期进入全国碳市场，纳入全国碳排放权交易系统。一旦纳入，部分企业可能会在碳配额不足的情况下被迫购买，导致生产成本进一步增加。在行业竞争日益激烈的情况下，碳排放强度高、能效水平低的落后企业可能会被迫退出市场。而石化行业很可能采用基准值法作为交易基础。具体来说，如果某企业的单位产品碳排放低于行业基准值，该企业可以通过碳市场出售多余的配额，获得经济收益。相反，如果某企业的单位产品碳排放高于基准值，则需要购买额外的配额来履行合规义务，这将给单位产品能耗高、排放高的企业带来巨大挑战。

（2）碳价上涨预期：多数国内外机构预测，我国碳价未来将呈现持续上涨态势。因此，中国石化必须加快碳资产管理能力建设，提高能源效率，加大低碳技术创新投入，以应对未来碳市场的严峻挑战，保持在行业中的竞争优势。

（3）市场导向作用：碳排放权价格的市场化形成，可以直接引导企业向低碳能源转型，促进低碳技术创新。中国石化等企业可将外部压力转化为内部动力，主动推动自身绿色转型升级，实现提质增效。

2. 中国石化碳资产管理的必要流程

作为碳排放大户，中国石化专门成立了能源管理与环境保护部来进行整个集团企业的碳资产管理工作。从履约形式来看，中国石化采取了内部减排和外部措施相结合的方式。

（1）内部减排措施：一是通过对现有生产工艺和技术进行创新改造，提高能源利用效率；二是调整能源结构，增加清洁能源如天然气、可再生能源的使用比重，减少煤炭消耗；三是根据市场变化和减排计划，合理调整产品产量。

（2）外部措施：一方面，通过碳配额交易，对未达标的企业进行成本约束；另一方面，积极开发 CCER 项目，优化碳履约成本，提高碳资产管理的经济性，获取更多的减排量，以应对未来可能的配额缺口。

从碳资产管理的具体内容来看，可将中国石化的碳资产管理划分为四大板块（见图 7-5）。

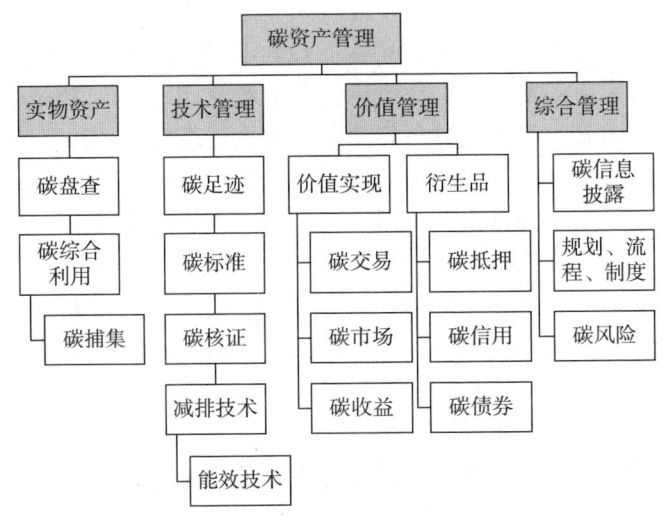

图 7-5 中国石化碳资产管理四大板块

（1）实物资产：对企业一个正常周期内生产经营活动所造成的二氧化碳排放量进行一定的数据统计，即碳盘查、碳捕集等。为了全面了解碳排放情况，中国石化对旗下油田和炼化企业进行了初步的碳盘查和碳核查，并在企业内部建立了碳资产管理信息系统。中国石化已将直接温室气体排放（范畴一）和能源间接温室气体排放（范畴二）纳入盘查范围。尽管对于其他间接（价值链）温室气体排放（范畴三），中国石化目前尚未将其纳入排放源的识别、盘查和核查范围，但已建立了产品碳足迹核算评价方法。该方法已应用于航空煤油、润滑油基础油、聚丙烯和对二甲苯四种产品，统一进行产品碳足迹核算。

2023 年，中国石化公司着眼于提升碳数据质量，开展了专项行动，提高了企业层面碳排放数据的准确性和可靠性。这为后续开展碳资产管理奠定了坚实基础。具体来说，中国石化开展了全面的碳盘查与碳核查工作，覆盖了公司及所属企业的全部生产单元。通过这一系列举措，中国石化在 2023 年实现了温室气体排放总量为 168.64 百万吨二氧化碳当量。

（2）技术管理：按照国家和国际标准，确保企业进行碳排查时运用的模型等符合相关要求，即碳足迹、碳核证等。碳资产管理部门所涉及的技术包括碳捕集、碳矿化、产品碳足迹、生物航煤、生物柴油、地热利用技术等。中国石化公司高度重视 CCUS 技术在减排中的作用，加大科研投入，推进重点项目建设，实现了 CCUS 全产业链的工业应用。2023 年，公司捕集二氧化碳 174.9 万吨，封存二氧化碳 84.7 万吨。

（3）价值管理：价值管理是企业节能减排的重要方式，能够产生经济效益。而参与碳排放权交易市场是目前碳资产实现价值的主要途径，通过碳配额或核证减排量的经济价值实现，才能使企业的碳资产得到保值增值。中国石化公司积极参与全国碳排放权交易市场，制定了相关管理制度，组建专职碳交易团队，有效管控企业碳排放配额盈缺，确保碳配额履约任务的按期完成。2023 年，公司碳交易量达到 818.5 万吨，显示了中国石化在碳资产管理方面的持续努力和取得的阶段性成果。同时，公司还制定了《中国石化绿化管理规定》，持续推进企业绿化管理，实施多项绿化行动。2023 年，公司企业建成区绿化覆盖率达 32.93%，义务植树 201.9 万株。此外，公司积极参与长江、黄河流域生态保护，以及"中国石化塞罕坝生态示范林"等项目，增强生态系统碳汇能力。

（4）综合管理：2023 年，中国石化公司采取了多项减排行动。首先，公司遵循相关法律法规，制定了完善的能源管理制度，如《中国石化节约能源管理办法》等，为节能降耗工作提供制度保障。公司大力实施"能效提升"计划，通过制定能源"双控"目标、开展能效对标等措施，持续提升节能降耗水平，2023 年实施了 497 项"能效提升"项目，取得了显著的节能成效。此外，公司充分利用生产过程中产生的低温余热，提高能源利用效率；积极开发利用地热能，减少化石能源消耗；加大对非常规油气资源的开发利用，拓宽能源供给渠道；大力发展太阳能等可再生能源，降低碳排放；建设了 CO_2 捕集示范装置，探索碳捕集利用和封存技术。在碳排放管理方面，公司明确要求加强甲烷排放管控，通过密闭混输、气体回收利用等措施，大幅降低了甲烷排放，2023 年回收利用甲烷约 8.74 亿立方米，相当于减少 1 300 万吨二氧化碳当量排放。

此外，中国石化还在制度建设方面下功夫，先后出台了《碳资产管理办法》《碳排放权交易管理办法》等，规范企业参与碳市场的各个环节。同时建立了燃动能耗一体化考核体系，通过评价能耗成本、污染物和碳排放等指标，分析企业的经济效益和环境承载力。

总的来说，中国石化正在全方位推进碳资产管理，努力应对碳市场带来的挑战，并将其转化为推动自身绿色转型的内生动力，从实物资产机制建立、技术管理提升、减排项目开发到价值管理优化等多个层面，取得了显著成效，为实现碳达峰碳中和目标作出积极贡献。以上举措体现了中国石化在碳资产管理方面的系统性思考和实践探索，也为其他石油石化企业提供了可借鉴的经验。

（二）案例二：华电国际股份有限公司

华电国际股份有限公司（以下简称华电国际）的主营业务包括电力生产、热力生产和供应，以及与电力相关的煤炭等一次能源开发和专业技术服务。该公司的项目遍布中国 32 个省（自治区、直辖市）以及包括俄罗斯、印度尼西亚、柬埔寨在内的 11 个国家，在世界 500 强排行榜中列第 345 位。

华电国际是中国最大的综合性能源公司之一，该企业整体碳排放量处于全国上市公司前十的水平，是国内同类型发电企业第一个成立碳排放管理处以及第一个开展碳元素实测的企业。

1. 华电国际碳资产管理的必要性

企业碳资产管理的开展和实施可以从外部压力和内部需求两个方面来考虑。

首先，企业的经营必须建立在合法合理的基础上，受到外部制度法规、利益相关者压力和舆论关注等多种因素的影响。因此，企业进行碳资产管理可以被视为维护自身合法性地位的一种自利行为。换言之，受国家政策法规和初始配额的约束，控排企业需要通过采用更清洁的能源技术来降低排放量，以避免超过碳排放基准线。此外，如今企业拥有"低碳"标签越来越受到利益相关者的重视，企业及其管理者在碳资产管理行为、意识和态度方面的表现对于履行社会责任、打造低碳企业形象、优化经营环境和提升企业价值至关重要。

其次，从企业内部管理的角度来看，传统的"高投入、高消耗、高污染"的生产模式正在向低碳循环转型，这是一个不可逆的趋势。在这个转型过程中，高效管理碳资产成为企业成功转型的关键所在。根据可持续发展理论，自然环境、经济社会和企业发展这三个层面的可持续性是融为一体的，并且在最终目标上存在一致性。作为这种关系的基础，企业具备实施碳资产管理的内在动力。通过合理配置环境资源、提高经济效益来实现自身的可持续发展，从而推动企业与自然环境、经济社会之间的协调统一。这种转型不仅是大势所趋，也是企业自身发展的内在需求。企业只有高效管理好碳资产，才能在应对气候变化、实现绿色低碳发展的过程中，获得持续竞争优势，实现与自然环境、经济社会的和谐共生。

最后，低碳化发展趋势导致企业内外部环境发生重大变化，迫使企业重新审视传统价值链管理在低碳背景下的适用性。因此，实施碳资产管理有助于企业创造低碳价值活动，优化企业价值链，从而扩大其竞争优势。

2. 企业碳资产管理的流程

华电国际的碳资产管理主要可以分为碳资产预算管理、碳资产绩效管理以及碳资产信息管理三大部分，具体如图7-6所示。

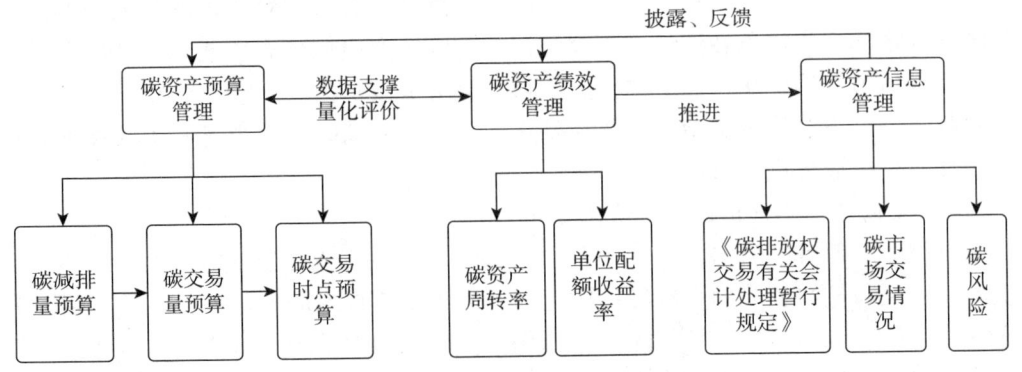

图7-6 华电国际碳资产管理流程

（1）碳资产预算管理。碳预算指在考虑其他人为因素影响的情况下，能够将全球变暖限制在给定概率水平下全球人为二氧化碳累积净排放量的最大数额。碳资产的预算管理可以使企业对于自身的碳资产进行一定的把控，进而制定相应的运行策略，保障企业的正常运行。碳资产预算管理主要包括碳减排量、碳交易量以及碳交易时点的预算。

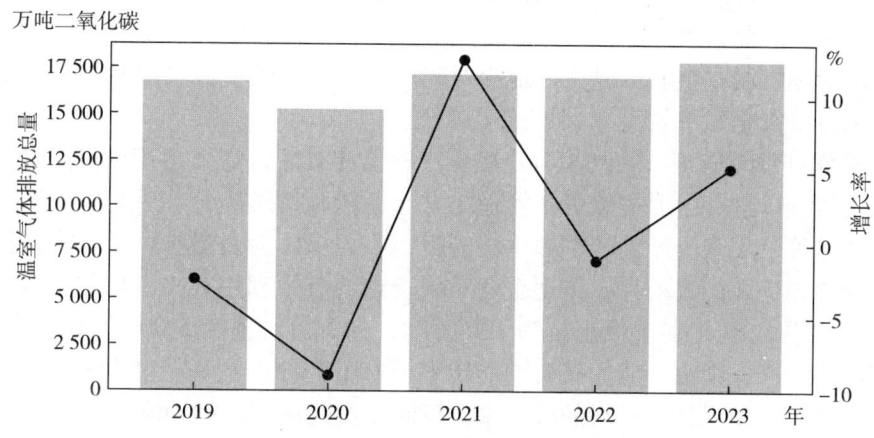

图 7-7　2019—2023 年华电国际温室气体排放总量
（资料来源：华电国际《2024 年社会责任报告》）

从图 7-7 中可以看出，2019—2023 年，华电国际这家公司的温室气体排放总量呈现先下降后波动的趋势。这种波动性会给公司的碳资产预算管理带来一定的挑战。2019—2020 年，公司的排放总量下降了 9.04%，表明采取的减排措施取得了一定成效。但之后的反弹表明，这些措施的持续性和有效性可能存在问题，公司需要进一步优化和完善减排措施，确保持续有效。

对于碳资产投资策略，公司应根据排放量变化趋势进行动态调整。在排放量下降时期，可以考虑增加碳资产的投资和储备；在排放量上升时期，则需要加大碳资产的处置力度，控制成本。同时，公司应当加强对温室气体排放数据的信息披露，提高透明度，并加强与政府、投资者等利益相关方的沟通，获得支持和理解，为后续的碳资产管理工作创造有利条件。总的来说，华电国际公司需要进一步完善碳资产预算管理体系，包括排放量预测、减排目标制定、投资策略制定等关键环节，加强对排放量变化的分析和应对，确保碳资产管理与公司整体战略目标相匹配，为实现碳中和目标做好充分准备。

对于碳交易量的预算方法，主要有两种基本思路：基准法和历史强度法。基准法以同行业现行水平作为参考基准，例如将整个行业的前 10% 或 15% 的水平加权平均作为基准值，然后在此基础上进行碳配额分配。这种方法可以为整个行业设定一个相对合理的碳排放基准，并据此对企业进行碳配额分配。而历史强度法则主要考虑企业产品类别繁多的情况。在这种情况下，企业会对自身进行纵向比较，例如与过去 2~4 年的平均水平进行对比。这种方法更加贴近企业自身的历史排放水平，有利于企业根据自身的实际情况进行碳交易量的预算和管理。

作为全国碳排放权交易市场的首批企业之一，华电国际一直面临着碳排放预算的挑战。而 2024 年已经是全国碳市场交易的第四个履约期，随着"双碳"进程的推进，石化等行业即将纳入碳交易市场。碳配额将逐步收紧，导致碳价上升，进而增加企业的碳减排成本。提前制订碳资产配置计划并制定相应的碳交易策略，有助于企业明确本期预计碳配额节余。因此，碳资产预算管理将成为企业在碳市场中的关键一环。通过建立有效的碳资产管理机制，企业可以更好地应对碳配额收紧、碳价波动等挑战，在实现碳减排目标的同时最大化经济效益。

（2）碳资产绩效管理。在初步判定碳资产交易环节后，需要运用碳资产绩效管理体系评估其成效，以进一步促进碳资产管理的常态运转和持续提升。对于华电国际的碳资产绩效评估，可采用碳资产周转率和单位碳配额收益率作为衡量指标。碳资产周转率反映单位时间内碳资产的流动性，体现企业对碳资产的有效利用效率。例如，假设某企业 2019 年温室气体二氧化碳排放当量为 100 万吨，拥有总价值为 5 000 万元的碳减排权、碳减排配额等资产，则该企业的碳资产周转率为 $100/5\,000 = 0.02$。单位碳配额收益率则表示企业通过单位碳减排量获得的收益率，反映企业运用碳配额的能力。

表 7 - 4 　　　　　　　　　　碳资产绩效指标（部分）

指标	公式	含义
碳资产周转率 CAT	$CAT = CTR/TCA$	碳交易收入（CTR）与碳资产总额（TCA）的占比，反映企业碳资产的运营效率
单位碳配额收益率 YCQ	$YCQ = CTR/CTV$	碳交易收入（CTR）和碳配额交易量（CTV）的比率，反映企业运用碳配额的能力

基于表 7 - 4 指标，计算的华电国际的碳资产绩效指标如表 7 - 5 所示。

表 7 - 5 　　　　　　　　　　华电国际碳资产绩效指标

年份	碳交易收入（万元）A	碳配额总量（万吨）B	碳配额交易量（万吨）C	碳资产收益率 D = A/B	单位碳配额收益率 E = A/C
2020	170.40	2 282.52	84.81	0.07	2.01
2021	14 000.1	19 880.38	324.30	0.70	43.17
2022	1 671.5	—	—	—	—
2023	7 588.2	—	—	—	—

（3）碳资产信息披露管理。华电国际的碳资产信息主要披露于企业的 ESG 报告和年度报告中。根据财政部 2019 年出台的《碳排放权交易有关会计处理暂行规定》，华电国际在 2020 年和 2021 年的年度报告中对碳资产信息进行了较为详细的披露，但自 2022 年

开始，公司仅公布了碳交易收入和碳交易费用。

碳市场的主要交易标的为碳配额和CCER，考虑到碳市场价格波动大、不同时点交易金额差异大等因素，企业有必要对外公布交易类型、碳排放权价格等相关信息。但就目前华电国际的碳资产信息披露情况来看，其暂未提供交易标的类型和价格信息，所披露信息以定性内容为主，缺乏针对碳风险、碳交易价格等方面的定量数据。

华电国际碳资产管理结果表明，碳资产管理体系的应用使企业能够针对碳资产进行预算规划，实现更优的资产配置，从而增强了资产的增值能力，改变了企业被动承担履约成本、难以实现资产收益的状态。华电的碳资产管理和价值创造能力得到了提升，体现在碳资产周转率和单位碳配额收益率这两个核心指标的显著优化。但现阶段华电国际对碳资产信息的披露还存在改进的空间。一方面，企业在碳资产信息披露中往往更注重定性描述，而对于定量数据的披露比重相对较低，这可能导致投资者、监管机构和利益相关方难以全面了解企业的碳资产管理情况。另一方面，企业的信息披露方式相对单一，缺乏创新性和透明度，难以满足各方对碳资产管理信息的多样化需求。

第二节　碳中和背景下的 ESG 投资

一、ESG 投资与碳中和

（一）ESG 投资概述

ESG 投资是指在投资决策过程中将环境（Environmental）、社会（Social）和公司治理（Governance）因素考虑在内的一种投资理念。投资者可以基于上述三个因素，综合考量评估企业经营的可持续性，并据此作出投资决策。具体来说，ESG 投资就是将可能影响到企业可持续性经营的环境、社会和治理问题等非财务因素纳入财务分析，并包含在投资与研究的范畴之内。

1. 什么是 ESG

ESG 概念首次在 2004 年的联合国全球契约计划中被明确提出，是一系列衡量企业环境、社会、治理绩效而非财务绩效的投资理念和企业评价标准。企业在环境和社会方面的表现会通过直接方式（如原材料、劳工成本等）或间接方式（如员工、投资方、监管机构或社会团体等公司利益相关方）影响公司利润，对企业在短期甚至长期内的整体利益产生巨大影响。因此，不同于传统的财务、业务绩效评价，ESG 关注点在于企业的环境、社会、治理绩效，对企业在促进经济可持续发展、履行社会责任等方面所作出的贡献进行评估。在 ESG 评估框架下，投资者可以细致地审视企业的 ESG 绩效，并据此评估其投资行为以及企业在推动经济可持续发展和承担社会责任方面的成效。通过这种方式，投资者可以更为准确地识别和选择出具有持久和长远投资潜力的公司。所以，也称 ESG 是衡量上市公司是否具备足够社会责任感的重要标准，其涵盖范围见表 7-6。

表 7 – 6   **ESG 各因素主要涵盖范围**

ESG 因素	环境 Environment（E）	社会 Social（S）	治理 Governance（G）
涵盖范围	环境管理制度	责任管理	机构设置
	碳排放	员工关系	机构运作
	水资源	供应链	激励与约束机制
	污染与废物排放	客户与消费者	信息披露质量
	环境机遇	慈善活动	股东权利
	土地使用与生物多样性	健康与安全	财务质量
	绿色金融等	人力资本管理等	公司治理质量等

资料来源：中证指数。

2. ESG 投资的发展历程

ESG 投资的理念，其历史脉络深远而独特，可追溯至 20 世纪 20 年代的道德投资实践。当时，道德投资主要围绕宗教伦理动机和对工业化负面影响的关注，旨在引导资本远离与伦理道德相悖的领域。社会责任投资（Socially Responsible Investment，SRI）作为 ESG 的前身，其早期定义已蕴含了环境、道德、伦理等要素，为 ESG 理念的诞生奠定了基石。

随着全球对资源短缺、气候变化和公司治理等议题的关注日益增加，这些问题逐渐被纳入 SRI 的范畴，并与 ESG 理念相融合。经过近十年的发展，尽管联合国责任投资原则组织（UNPRI）仍将 ESG 投资作为一种独立的投资方式，但在实践中，ESG 与 SRI 已经融为一体，共同推动资本市场的可持续发展。鉴于此，在我们追根溯源 ESG 时，其"前身"SRI 也被我们纳入视野之内。

（1）起源：社会责任投资（SRI）。在 ESG 理念和 ESG 投资出现之前，同领域更为人熟知的概念是"社会责任投资"。早在 16 世纪，以价值观为驱动因素的伦理投资形式就出现了，后来这一理念被后世所推行，例如，反对核武器制造和投资军队的和平女神世界基金于 20 世纪中后期诞生。之后由于经济高速增长所带来的负面影响，全球面临日益严峻的资源、环境和气候挑战。20 世纪六七十年代，随着西方国家人权运动、公众环保运动和反种族隔离运动的兴起，在资产管理行业催生了相应的投资理念，即应投资者和社会公众的需求，与这些运动所代表的价值观相一致，在投资选择中开始强调劳工权益、种族及性别平等、商业道德、环境保护等问题。伦理投资在获取收益的同时，结合社会责任、伦理行为、环境保护等观念，演变为早期的社会责任投资。自 1971 年全球首只责任投资基金——美国的柏斯全球基金诞生以来，全球资本市场对责任投资的关注度持续升温，各国监管机构纷纷出台相关制度和法规。在当时的美国，道德投资者强调促进工人平等、商业道德、种族与性别平等，回避那些支持越南战争或从中获利的公司和组织——这是现代 SRI 的起源。在较长时间的观察中，尽管投资者开始将更多焦点放在企业在环境保护和社会责任实践方面的表现上，但尚未形成清晰明确的 ESG 理念作为统一的评价标准。

20 世纪 90 年代，SRI 进入了结合价值驱动、风险和收益为导向的现代社会责任投资阶段，1987 年联合国明确了"可持续发展"定义，社会责任投资以追求投资收益为目的，将环境、社会、公司治理纳入决策过程，采用负面剔除、可持续性发展主题、尽责管理等投资策略。社会责任投资的理念也在发达资本市场趋于成熟，ESG 投资框架逐渐成形。

（2）形成：ESG 概念诞生。面对争议与质疑，责任投资者们开始系统性地归纳对投资回报产生重要影响的非财务指标，进入 21 世纪后，ESG 投资的理念在各类国际组织、投资机构的推动下逐渐形成。

一方面，当世界进入 21 世纪，经济全球化带来世界经济繁荣的同时，建立于股东价值最大化基础上的商业运行规则带来越来越多的世界性问题，环境问题只是其表象之一。2001 年 12 月 2 日，安然公司因财务造假丑闻向纽约破产法院申请破产保护，该案成为美国历史上企业第二大破产案，不但投资者损失惨重，学术界、经济界与监管者之间也引起"地震"，由此，公司价值与"公司治理"也成为新的投资维度之一。另一方面，与传统的股东至上主义相比较，利益相关理论认为任何一个公司的发展都离不开各利益相关者的投入或参与，企业追求的是利益相关者的整体利益，而不仅仅是某些主体的利益。该理论在经历了多年的发展后，在 21 世纪具备了更多的社会基础，ESG 的诞生是该理论的自然产物。ESG 一词最早出现在 2004 年，由时任联合国秘书长安南提出。他邀请全球 50 家主要金融机构的 CEO 联合讨论，首次明确提出 ESG 理念，并认为其是影响股东长期利益的重要因素，ESG 成为系统化考察投资标的非财务因素的标志。[①] 2006 年，在联合国环境署（UNEP）与联合国全球契约组织（UN Global Compact）的联合支持下，联合国责任投资原则组织（UNPRI）诞生并发布了责任投资原则（Principles for Responsible Investing，PRI），该原则于同年 4 月在纽约证券交易所发布（见表 7-7），同时致力于推动各大投资机构在投资决策中纳入 ESG 指标，帮助 PRI 的签署方提升可持续投资的能力并在实践中规避风险，优化投资表现。ESG 投资理念随之被正式提出，也由此开始被广泛研究和运用。

表 7-7 UNPRI 六项原则具体内容

六项原则	具体内容
原则一	将 ESG 问题纳入投资、分析和决策过程
原则二	成为积极的资产所有者，将 ESG 问题纳入所有权政策和实践中
原则三	对所投资的实体寻求 ESG 问题的适当披露
原则四	在投资行业内促进对这些原则的接受和实施
原则五	共同努力，提高实施原则的效力
原则六	报告实施原则的进展情况

资料来源：UNPRI。

---

① "The Materiality of Social, Environmental and Corporate Governance Issues to Equity Pricing", UNEP Finance Initiative, 2004.

（3）成熟：ESG 影响持续扩大。在 PRI 发布的两年后，高盛（Goldman Sachs）基于 ESG 研究框架推出了高盛可持续权益资产组合。[①] 伴随 ESG 理念的影响力持续扩大，越来越多的机构，如瑞银（UBS）、贝莱德（Blackrock）、汇丰（HSBC）和安联（Allianz）等全球知名金融机构纷纷开展 ESG 投资的实践，在投资体系中加入 ESG 因素。同时，ESG 的评估标准和框架也在日趋完善，较为流行的评级有明晟（MSCI）、汤森路透（Thomson Reuters）等。2010 年，MSCI 针对全球各大市场开始推出一系列 ESG 指数，ESG 指数的出现极大地推动了 ESG 投资的发展。截至 2022 年 6 月，MSCI 从 ESG 的角度出发，对超过 14 800 家发行人及 68 万只股票或固定收益证券进行了详尽的数据追踪。其中，其 ESG 评级系统已广泛覆盖 8 500 家公司，而公开可供查询的 ESG 评级公司数量也已超过 2 900 家。

各国的监管机构及证券交易所也陆续制定相关政策，加强上市公司的 ESG 信息披露管理。2018 年 6 月，MSCI 把 233 只中国 A 股的成分股纳入其新兴市场指数（MSCI Emerging Markets Index）和全球市场指数（MSCI ACWI Index），带来大批境外资金流入 A 股。由于 MSCI 对纳入其指数的上市公司基本都有 ESG 信息披露的要求，A 股上市公司无论是为满足 MSCI 要求，抑或是为了寻求机构投资者的合作机会，都亟须提升自身 ESG 信息披露水平。2018 年 9 月，中国证监会修订《上市公司治理准则》，规定了上市公司应当依照法律法规和有关部门要求披露 ESG 相关信息。2021 年 11 月，国际财务报告准则基金会发起组建国际可持续发展准则理事会（ISSB），其目标就是要建立一套可持续发展的非财务准则，与国际财务会计准则形成相协同的可持续发展报告准则。随着 ISSB 的成立，ESG 国际披露标准统一的趋势正在加强。市场也在呼吁对 ESG 评估标准化进行监管，即随着企业和金融部门对 ESG 产品投资兴趣的日益增长，市场对 ESG 投资的标签化定义和监管深表关切。ESG 的定义、披露及营销的标准在很大程度上不受监管，导致业内对市场上的"洗绿"（greenwashing）行为存在担忧。基于此，2021 年底，英国 FCA 发布《可持续性披露要求（SDR）与投资标签》［讨论稿，Sustainability Disclosure Requirements（SDR）and Investment Labels］，鼓励 ESG 评级提供者，在尊重使用 ESG 数据和评级的通用指引并考虑最佳实践准则（Best Practice Code）的情况下，遵守由行业主导形成的最低标准的行为准则，以确保整个行业的一致性。该文件的正式稿预计 2022 年第二季度发布。2022 年 4 月 15 日，证监会发布《上市公司投资者关系管理工作指引》，自 2022 年 5 月 15 日起施行。该文件在投资者关系管理的沟通内容中首次纳入"公司的环境、社会、治理信息"，有利于加快国内 ESG 信息披露与 ESG 投资的发展进程。

3. ESG 投资的现状与挑战

（1）ESG 投资的现状。在资产规模方面，可持续投资资产规模在近年来始终呈现出稳定增长的态势。根据全球可持续投资联盟（Global Sustainable Investment Alliance,

---

① Goldman Sachs：GS SUSTAIN Targets Sustainable Corporate Performance：www. goldmansachs. com/our－firm/history/moments/2007－gs－sustain. html.

GSIA）针对全球主要地区（欧洲、美国、加拿大、日本、大洋洲）的统计（见图7-8），相比于2020年，可持续投资资产规模在2022年下降了14.11%，ESG投资的资产管理规模从2012年初的13.26万亿美元上涨至2022年初的30.32万亿美元，年复合增速为8.62%，远超过全球资产管理行业的整体增速（7.27%）。与此同时，可持续投资资产占比也整体呈现出增长的趋势，在2022年，其占比已达到24.4%。

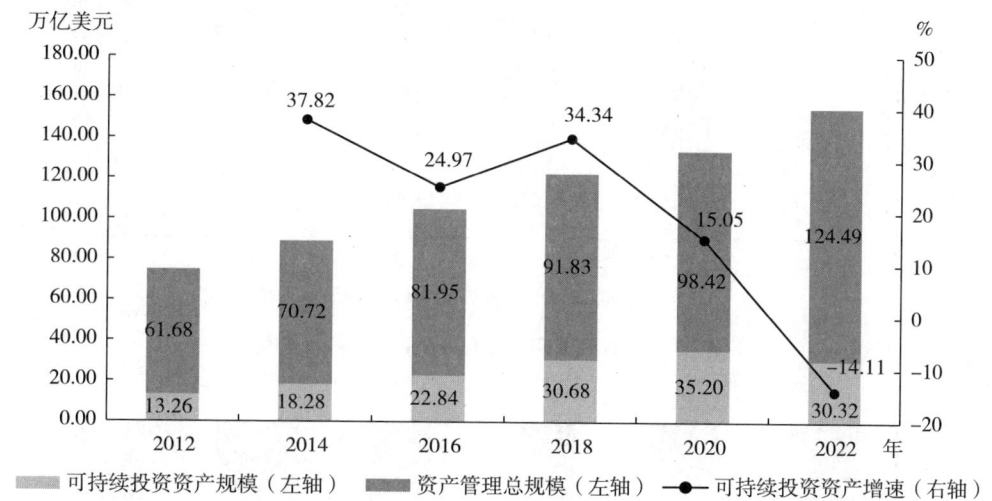

注：根据GSIA统计口径，每年数据为当年年初的管理规模，主要市场包括欧洲、美国、加拿大、日本、大洋洲。

图7-8　2012—2022年全球主要市场ESG投资规模及占比

（资料来源：GSIA）

近十年，ESG投资规模增速远超全球资产管理行业的整体增速（见图7-9和图7-10）。作为ESG投资的发源地，欧洲一直是ESG投资的引领者和推动者，2012年初欧洲市场ESG投资管理规模占比高达66%。但随着其他地区，特别是美国市场ESG投资的蓬勃发展，欧洲ESG投资规模占比逐步下降至2020年初的34%，位列五个主要区域的第二名，随后在2022年再次上升至46%。美国ESG投资管理规模占比在2012—2020年持续增长，2020年初占比达到48%，超过一直排名第一的欧洲市场，但在2022年下降至27.7%。另外，值得关注的是日本市场，其ESG投资规模在2014年后提升加快，2022年初已超越加拿大和大洋洲达到14.2%，位列第三名。

至于市场结构方面，ESG资产在投资人整体资产中的占比，各地区的差异很大，反映了当地推进ESG投资的情况。以全球而言，比例大约是36%，表示投资人每投资3元里，有1.08元投资于ESG资产。欧美的ESG投资发展已久，不仅被许多国家纳入法规，更广为民众所接受，故ESG资产占比在欧洲、美国、加拿大和澳大利亚分别高达41.6%、33.2%、61.8%和37.9%。日本原以传统投资为主，但在其政府社保投资基金积极推动后，ESG投资蓬勃发展，截至2018年占比已达24.3%（GSIA，2018）。至于中国，ESG投资起步晚，且市场结构、投资生态等都形成了发展这类投资的阻碍，故目前占比还未及1%（见表7-8），ESG投资市场规模仍处于相对较低的水平，未来还有较大发展空间。

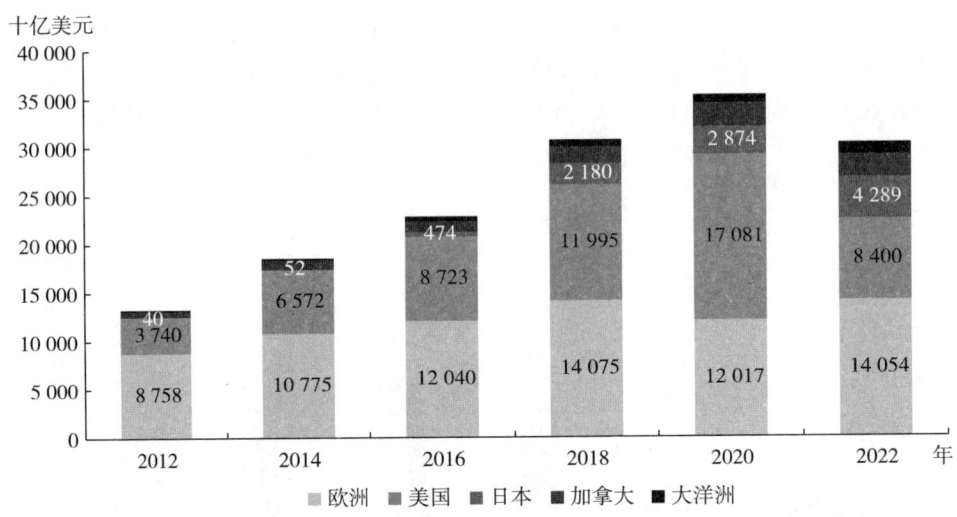

图 7-9 不同国家和地区 ESG 资产规模变化

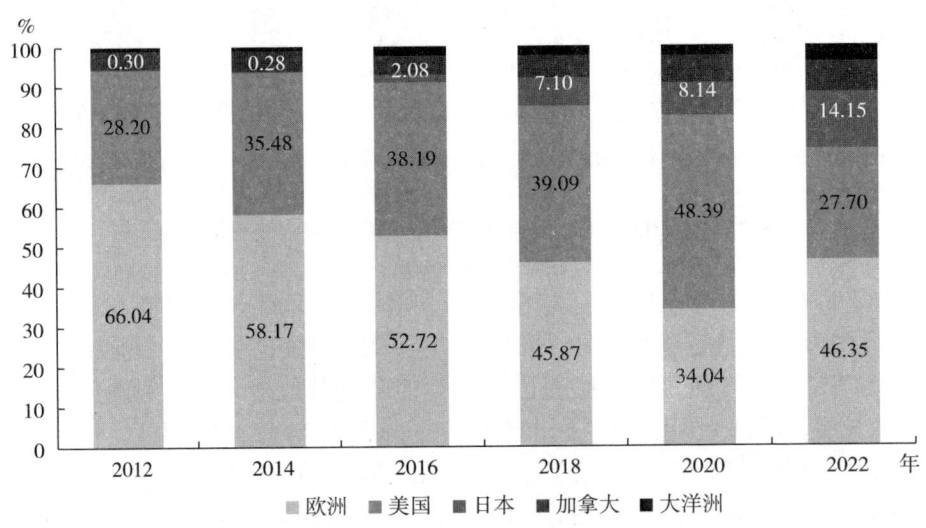

图 7-10 不同国家和地区 ESG 资产规模占比变化

（资料来源：GSIA）

表 7-8 各地区 ESG 资产占比对比

项目	欧洲	美国	加拿大	澳大利亚	日本	中国
ESG 资产占比（%）	41.6	33.2	61.8	37.9	24.3	0.6
非 ESG 资产占比（%）	58.4	66.8	38.2	62.1	75.7	99.4

资料来源：邱慈观. 新世纪的 ESG 金融［M］. 上海：上海交通大学出版社，2021.

自 2006 年建立以来，签署 PRI 的机构数量及其管理资产规模呈现出持续扩大的趋势。根据联合国负责任投资原则组织（UNPRI）的统计，截至 2022 年 12 月 31 日，全球范围内共有 80 余个国家和地区的 5 309 家机构已签署 PRI（投资管理者 4 055 家，占比 76.4%；资产所有者 724 家，占比 14.5%；服务提供商/中介机构 530 家，占比 10.5%[①]），中国有 188 家机构签署了 PRI（见图 7 - 11、图 7 - 12）。

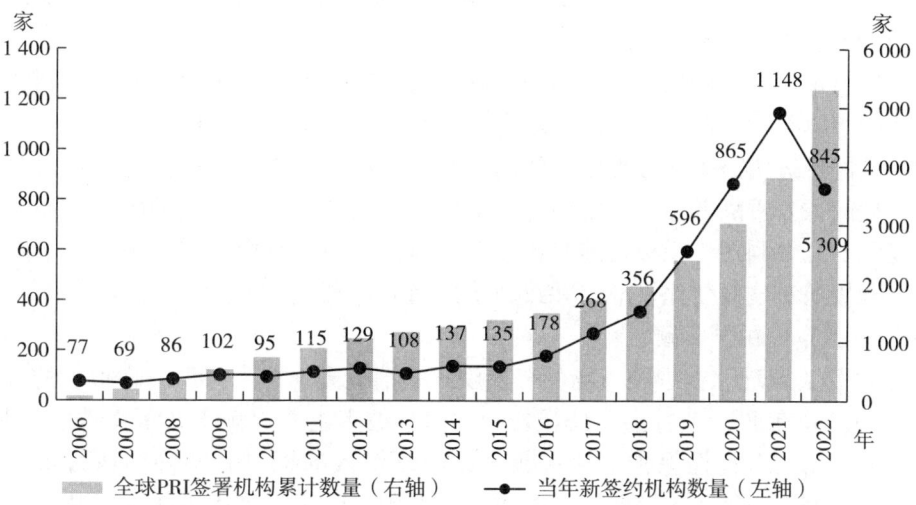

图 7 - 11 全球 PRI 签署机构累计数量及当年新签约机构数量

（资料来源：UNPRI，2023 - 01）

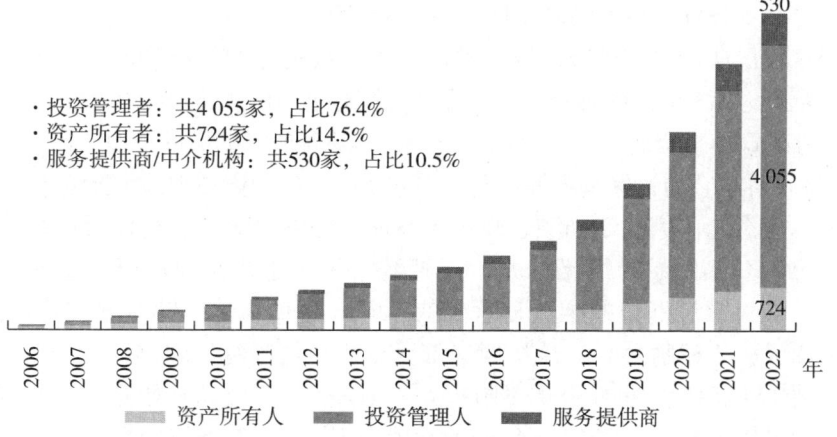

・投资管理者：共 4 055 家，占比 76.4%
・资产所有者：共 724 家，占比 14.5%
・服务提供商/中介机构：共 530 家，占比 10.5%

图 7 - 12 全球 PRI 签署机构结构情况（家）

（资料来源：UNPRI，2023 - 01）

---

① 机构存在重复分类，故总和超过 100%。

（2）ESG 投资的挑战。随着全球气候变化和环境问题日益严重，各国政府和社会对 ESG 投资的期望和要求也越来越高。要想实现全球范围内的减排和环境保护目标，就需要各国政府、企业和投资者共同努力，形成合力。然而，在当前全球经济下行压力和各国利益冲突的背景下，实现这一目标面临诸多困难。

全球在 ESG 议题上的认知和重视程度存在显著差异，这导致在 ESG 政策制定和执行上存在多样性。不同国家的 ESG 标准和法规不尽相同，使得跨国公司在全球范围内实施统一的 ESG 投资策略变得困难。

在全球协定谈判的舞台上，各国在气候变化和环境保护议题上的分歧与利益冲突构成了主要的绊脚石。在这一关键的全球合作进程中，美国的参与度相对较低，无疑给全球气候行动的推进增添了几分难度。然而，在全球经济面临下行压力的严峻时刻，作为全球碳排放的主要贡献者之一，中国已经采取了一系列具有前瞻性的措施，如大力推动可再生能源的开发利用、积极发展绿色金融、提出碳中和目标等，展现出了坚定的决心和行动，积极应对气候变化挑战，并致力于推动 ESG 投资的实践。

4. ESG 投资的中国实践

尽管 ESG 投资理念在中国市场的普及度正逐渐提升，但当前仍面临不小的挑战。多数 A 股上市公司在 ESG 或社会责任报告中的信息披露主要依赖于政策文件的强制要求，而在碳排放、生物多样性保护等关键领域则缺乏深入的探讨和明确的执行策略。中国 ESG 信息披露制度尚处于初期阶段，披露范围有限，政策标准尚未统一，特别是在碳排放等关键信息的披露上尚未形成强制要求。此外，不同机构对 ESG 评价体系的定义和评估方法存在差异，导致评价结果参差不齐，这也给投资者在评估企业 ESG 表现时带来了困难。因此，要真正将 ESG 信息披露落到实处，实现 ESG 评级的标准化和规范化，中国市场仍需进一步努力，并加快研发适合本土的 ESG 评分体系。

虽然 ESG 发展遇到重重挑战，但是并没有影响投资界的探索脚步。对于发达国家来讲，ESG 投资已发展多年，目前处于完善阶段。但对于国内来讲，ESG 投资正处于起步阶段。中国市场对 ESG 投资的关注度也在快速上升，随着外资机构进入中国内地资本市场的门槛降低和我国养老金与社保基金等长期资本入市，ESG 投资在中国可能迎来快速成长期。

（1）ESG 理念与国家战略同频，政策体系加速完善。随着政策发展脉络的演进，中国资本市场的 ESG 实践始于 A 股市场，早期政策聚焦于社会和环境信息的披露。进入 2022 年以来，相关政策框架的推进显著加快，并日趋精细化，针对 ESG 信息披露的监管要求也实现了从"鼓励自愿公开"到"部分企业必须遵循"的重要转变。

（2）接受 ESG 理念的机构群体不断扩大。国内 PRI 签署机构数量逐年增加，我国签署 PRI 原则的机构数量已由 2018 年年初的 6 家上升至 2022 年的 188 家，在全球的占比由 2018 年的 1% 提升至 2.3%。其中，2022 年新签约的机构数量是 42 家，是 2018 年新签约机构数量的 3.5 倍。从机构类型看，截至 2022 年底，在中国境内开展业务的股权投资机构签署 PRI 原则的有 52 家，占全国签约机构数量的比例约为 40%。最早签约的公司是亚洲债务管理香港有限公司（ADM Capital），于 2008 年 4 月 9 日签署 PRI；2012 年 12 月 20 日，九鼎投资（JD Capital）签署 PRI，是中国内地第一家签约的公司。

（3）ESG公募基金、绿色债券规模快速增长。截至2019年底，中国内地资本市场新增了四只明确以"ESG投资"为主题的公募基金，新增市场规模约40亿元，总规模已突破170亿元。随后2020—2021年与ESG主题相关的公募基金规模显著增加。2022年国内新成立的纯ESG基金已达36只，同比增长80%。自2015年国家发展改革委发布《绿色债券发行指引》和《绿色债券支持项目目录》以来，绿色债券发行也逐步驶上快车道。其中2022年新增发行1.67万亿元，同比增长47.9%，发行规模创新高。

（二）碳中和的概述

1. 碳中和的背景

当前人类活动产生的碳排放对环境的影响越发明显。工业革命以后，人类活动形成的碳排放快速增长，对环境的负面影响也越发明显。联合国政府间气候变化专门委员会（IPCC）的报告显示，目前全球平均气温已经比工业革命前上升1度左右。如果按现有速度发展，今后每10年全球平均气温将上升0.2度。当前全球平均气温上升2度时，全球气候将会发生明显变化，东亚和北美地区遭受暴雨和热带低压的风险将大幅上升，威胁人类生存。

碳中和一般是指国家、企业、产品、活动或个人在一定时间内直接或间接产生的二氧化碳或温室气体排放总量，通过植树造林、节能减排等形式，以抵消自身产生的二氧化碳或温室气体排放量，实现正负抵消，达到相对"零排放"。而碳达峰指的是碳排放进入平台期后，进入平稳下降阶段。碳达峰与碳中和一起，简称"双碳"。

为了应对气候变化，世界各国纷纷提出碳中和的目标。世界各国纷纷意识到，为了获得可持续的发展，保护人类共同的家园，必须尽快降低碳排放，遏制环境变化的速度，因此先后提出了以碳中和为目标的减排计划。截至2023年9月，全球已有包括中国、美国等在内的150多个国家提出了碳中和的目标，并分别处于已经实现、已写入政策文件、提出或完成立法程序等不同阶段。

2. 碳中和的国际责任分配

碳中和将会对全球发展格局产生影响。2015年的《巴黎协定》中明确了全球不同国家在碳排放中应承担"共同但有区别的责任"。这一原则应在全球的碳中和进程中得到坚持。碳排放权本质上是发展权，当前发达国家如欧洲、美国的碳排放已经达峰，并逐步下降。而发展中国家的碳排放普遍尚未达峰，在未来的发展过程中，碳排放也将持续上升，平衡经济发展与节能减排的难度较大。同时，环境问题的责任不仅仅取决于当前的全球碳排放结构，也和全球碳排放的历史有关。梯若尔在《共同利益经济学》中指出，应对气候问题存在国家之间的不平等现象。从数据看，欧美发达国家一直是碳排放的主力。20世纪60年代，欧洲和美国累计排放的二氧化碳占全球比重都超过80%。20世纪60年代以后，随着发达国家的产业链逐渐向东亚转移，以日本和中国为代表的东亚国家的碳排放占比开始上升。但这一过程的本质是碳排放的转移，人类活动对全球气候的影响并未削弱。21世纪以来，中国碳排放快速上升，当前碳排放占比在全球为28%，但从历史数据看，中国的累计碳排放占比仅为全球总量的12.6%。此外，发达国家的技术、资金实力均高于发展中国家，因此，面对当前气候变化的共同问题，尽管发达国家应当和发展中国家一道携手应对，但发达国家应当从历史的角度出发，承担更多的责任，这也正是《巴黎协定》中提出的"共同但有区别的责任"核心含义。我们需要在应对气候变化和维护发展中国家的发展权之间寻求一个均衡。

3. 中国 ESG 投资与碳中和相关政策

自 2005 年起，中国政府对环境政策和管理制度进行了显著的改革与创新，国家环保总局和国务院相继发布《关于加快推进企业环境行为评价工作的意见》和《关于落实科学发展观加强环境保护的决定》，这标志着中国在逐步强调企业在环境、社会和公司治理（ESG）方面的表现。2006 年，深交所发布了《上市公司社会责任指引》，鼓励企业发布社会责任报告（CSR），这是中国 ESG 可持续投资信息披露的早期实践。紧接着，2008 年上交所发布的《上市公司环境信息披露指引》进一步推动了企业在 ESG 领域的信息披露。

2012 年，中国推出了《绿色信贷指引》，这是国家级绿色金融政策的首次亮相。随后，在 2015 年的《生态文明体制改革总方案》中，中国绿色金融体系的构想被明确提出。为了进一步推动绿色投资，2016 年国务院发布了《关于促进创业投资持续健康发展的若干意见》，人民银行发布了《关于构建绿色金融体系的指导意见》，明确了绿色金融的发展路径，并强化了企业的环境信息披露制度。自此以后，国家和地方层面的绿色金融政策迅速增长，超过 700 项政策覆盖了多个试点地区、行业和企业。

2020 年 9 月 22 日，国家主席习近平在第七十五届联合国大会一般性辩论上的讲话中首次提出 2030 年实现碳达峰，2060 年实现碳中和的目标与承诺。[①] 在"双碳"目标的大背景下，ESG 可持续投资、绿色金融等关键词越发受到国内机构投资者的重视。2020 年 10 月，生态环境部、国家发展改革委、人民银行、银保监会、证监会五部门联合发布《关于促进应对气候变化投融资的指导意见》，这是在中国宣布 2060 年碳中和目标后，第一个关于减缓气候变化的部级文件。文件中强调了监管机构必须支持和激励金融机构开发气候和绿色金融相关产品和项目。实现经济高质量、可持续发展将成为中国未来经济建设与发展的重要内容，中国市场上低碳及相关减缓气候变化的金融产品将持续增加，ESG 投资将迎来新的机遇。

进入"十四五"规划期间，生态文明建设成为了国家发展的重要方向。2021 年，政策成为推动 ESG 发展的关键力量。2021 年 7 月，国家发展改革委发布《"十四五"循环经济发展规划》，大力发展循环经济，推进资源节约集约循环利用。8 月，中国人民银行印发金融行业标准《金融机构环境信息披露指南》，这些政策不仅强调了循环经济和绿色金融的重要性，还细化了金融机构在环境信息披露方面的要求。9 月，双碳目标的"1 + N"政策体系中的"1"正式发布，《关于完整准确全面贯彻新发展理念做好碳达峰碳中和工作的意见》中专门强调了积极发展绿色金融，为未来 ESG 投资和绿色金融发展奠定了"双碳"基调。中国 ESG 政策的不断完善和绿色金融政策体系"五大支柱"的

---

① 习近平在第七十五届联合国大会一般性辩论上的讲话 [EB/OL]. [2020 - 09 - 22]. https://www.gov.cn/xinwen/2020 - 09/22/content_5546169. htm.

进一步强化，为未来 ESG 投资和绿色金融的发展奠定了坚实基础。

2022 年，中国在可持续金融领域的政策框架与市场实践取得了显著进步。中国人民银行进一步明确了绿色金融的核心功能和支撑体系，即"三大功能"和"五大支柱"，这不仅代表了中国绿色金融战略的深化，也涵盖了资源配置、风险防控及市场价格机制等关键要素，同时构建了一个包括环境信息披露与国际协作在内的综合性框架。在信息披露层面，金融机构需按照新发布的指导原则，详尽披露其环境信息，而上市公司的 ESG 报告也趋向于更加全面和详尽。为了进一步增加上市公司在 ESG 领域的透明度与责任感，中国证监会已将 ESG 相关信息纳入《上市公司投资者关系管理工作指引》。此外，中国保险资产管理业也积极响应，提出了 ESG 尽责管理倡议书及相应的尽责管理准则（草案），这些行动凸显了金融行业对于 ESG 责任日益重视，并致力于加强相关方面的承诺与实践。

2023 年，中国证监会发布《上市公司独立董事管理办法》，旨在推动形成更加科学的独立董事制度体系，并强调独立董事在公司治理中，尤其是在环境、社会和治理（ESG）方面发挥的作用，以促进公司治理水平的提升。国资委办公厅向中央企业和地方国资委下发了《央企控股上市公司 ESG 专项报告编制研究》课题成果，包括《央企控股上市公司 ESG 专项报告参考指标体系》和《央企控股上市公司 ESG 专项报告参考模板》，以推动加快建立统一的 ESG 信息披露标准，助力构建中国特色 ESG 体系。证监会正在指导沪深证券交易所研究起草《上市公司可持续发展披露指引》，以促进本土化 ESG 体系发展。《质量强国建设纲要》提出了树立质量发展绿色导向，包括开展重点行业和重点产品资源效率对标提升行动、加快低碳零碳负碳关键核心技术攻关、推动高耗能行业低碳转型等，以全面提高我国质量总体水平。

二、ESG 投资策略

（一）ESG 投资策略概述

1. ESG 投资原则和实践流程

ESG 投资的原则包括三方面，分别是环境（E）、社会责任（S）和公司治理（G）。环境维度主要包含气候变化、自然资源、污染以及环境治理等角度。社会责任维度主要包含人力资本、产品责任、产品质量等角度。公司治理维度主要包含公司内部治理、公司行为和股东利益保护等角度。

ESG 投资的实践流程有以下三个方面。

首先，ESG 信息披露作为 ESG 投资的基础，上市公司将按照由政府监管部门、国际组织、交易所或评级机构制定的 ESG 披露标准发布自身 ESG 信息。

其次，相关 ESG 评级机构会根据 ESG 投资原则和 ESG 信息，依托 ESG 评价体系对其进行 ESG 评级。在 ESG 的评价体系中，我国的《企业 ESG 披露指南》比较权威：根据 ESG 投资原则包括的三个方面，分级次分维度设定了披露指标，包括定性指标和定量指标。其中，环境、社会责任和公司治理各自包含不同角度的二级维度。在二级维度又进行了细分，如自然资源包括水资源、物料、能源、其他自然资源等三级维度，并对三级维度进行拆分，形成四级维度后，设定定性和定量评价指标，用于反映企业在这一维度的得分。通过将所有的维度计算得分，汇总后就能知道企业 ESG 总体得分情况。此外，在投资领域，也有类似 ESG 评价体系，如国证指数。

最后，投资者和各类投资机构会依据 ESG 评级结果或 ESG 指数来制定其针对上市公司的投资策略。这些 ESG 评级结果对于指数公司而言，是编制 ESG 指数的重要参考依据。而且国际知名的指数公司通常不仅开发 ESG 评级体系，还担任指数编制的角色，因此它们既是 ESG 评级的权威机构，也是指数编制的领军者。当上市公司获得资本市场对其 ESG 实践的反馈和评价后，往往会根据这些结果采取相应的调整措施，以进一步优化其 ESG 表现。

2. ESG 投资策略分类

在全球可持续投资联盟（Global Sustainable Investment Alliance，GSIA）发表的《全球可持续投资回顾 2012》中，首次对 ESG 可持续投资策略进行了分类与定义，目前已成为全球的分类标准，也是欧洲社会投资论坛等倡议组织达成的行业共识。为反映全球可持续投资行业的最新理念和实践，2020 年 10 月，GSIA 还对定义进行了修订，目前主流的七类投资策略如下。

（1）负面剔除：指基金或投资组合按照特定的 ESG 准则剔除若干特定行业、公司或业务。这种方法也被称为基于道德或价值观的排除法，因为排除标准通常依赖于基金经理或资产所有者的选择。常见的排除标准包括特定的产品类别（如武器、烟草）、公司行为（如腐败、侵犯人权、动物试验）以及其他争议行为。

（2）规范筛选：指按照基于国际规范所制定的最低商业或发行人标准筛选投资。关于 ESG 因素的国际标准和规范一般是指由联合国（UN）、国际劳工组织（ILO）、经合组织（OECD）和非政府组织（如国际透明组织）等国际机构定义的标准和规范。

（3）同类最佳：指投资的 ESG 表现优于同类的行业、公司或项目，且其评级达到规定阈值以上。根据 ESG 准则，在一个类别或等级中选择或加权最佳 ESG 表现的项目、公司或行业。或者说是在确定的投资范围内，选择或加权由 ESG 分析确定的表现最好或改进最大的项目、公司或行业。

（4）可持续发展主题投资：指投资有助于可持续解决方案的主题或资产，本质上致力于解决环境和社会类问题，如缓解气候变化、绿色能源、绿色建筑、可持续农业、性别平等、生物多样性等。主题基金需要进行 ESG 分析或筛选，然后才能被列入这一方法的范畴。

（5）ESG 整合：指投资经理将环境、社会和公司治理因素系统而明确地纳入财务分析中。这种类型涵盖了在投资的主流分析中对 ESG 因素与财务因素的明确考虑。整合过程的重点是分析 ESG 方面的问题对公司财务的潜在影响，包括积极影响和消极影响，从而将这些影响纳入投资决策。

（6）影响力投资：指的是对解决社会或环境问题的特定项目进行投资，目的是在获得财务回报的同时产生积极的社会和环境影响。影响力投资包括小额信贷、社区投资、社会商业/创业基金等。其中，社区投资指的是资本专门投向传统上服务不足的个人或社区，以及向具有明确社会或环境目标的企业提供融资。其基本原则是采取措施改善现有的物理条件、教育资源或就业机会等，为相关方带来价值和收益。

（7）尽责管理：指利用股东权利影响企业行为，提交或共同提交股东提案，在 ESG 准则指导下进行委托投票。这种策略强调了公司积极开展，股东积极参与 ESG 方面的业务，仅参与公司治理并不足以被记入这一战略。股东要利用自身在企业中的影响力，积极投票并支持公司遵循 ESG 准则的行为与活动。尽责管理是一个长期过程，能够增加企业 ESG 相关信息的披露行为并增强 ESG 对企业的影响力。

3. ESG 投资策略实践

GSIA 最具有影响力的工作是发布针对全球可持续投资的回顾报告（报告的全称为 *Global Sustainable Investment Review*，GSIR）。自 2013 年起，以每 2 年的频率①，通过全球主要市场的可持续投资者给可持续投资机构发送针对前 2 年的 ESG 投资问卷。GSIA 会基于问卷的结果，分地区、分 ESG 投资策略汇总全球主要市场的 ESG 投资分布情况。本次 GSIA 最新发布的报告 *Global Sustainable Investment Review* 2022 就是针对 2021—2022 年全球 ESG 投资策略分布的数据统计结果以及各主要市场近 2 年以来的 ESG 投资驱动因素分析。

总体来看（见图 7–13 和表 7–9），全球可持续投资在最近 4 年逐渐成熟、监管完善、实现实质性提升。从 ESG 投资策略的角度而言，ESG 整合策略在 2016—2020 年快

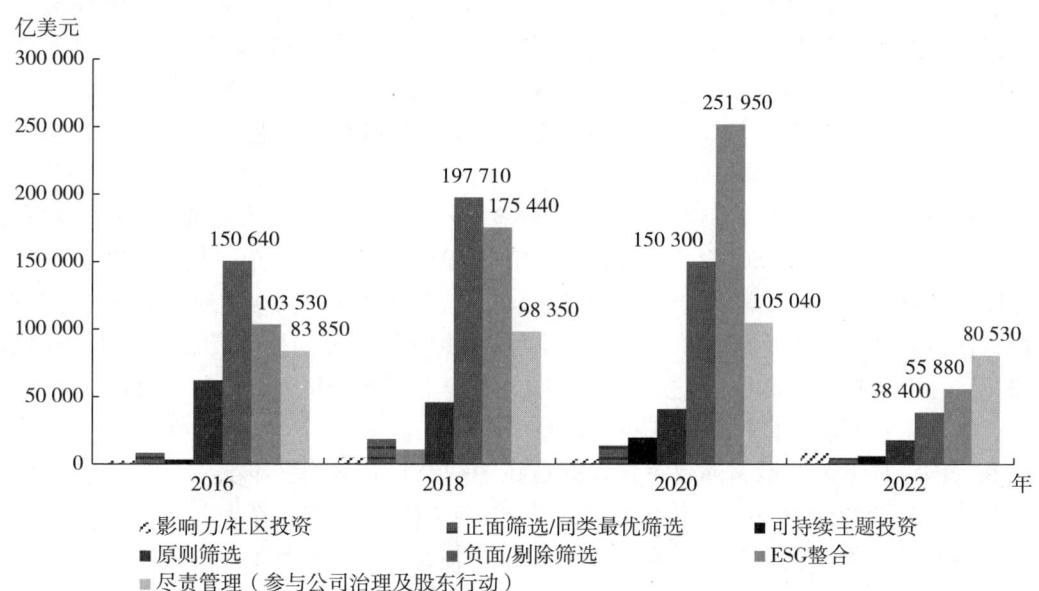

注：由于各地区市场对于 ESG 资管产品监管力度的提升，各类可持续投资策略的规模统计可能在不同报告期间因为统计口径的变化而变得不可比。

图 7–13　全球可持续投资规模（按 ESG 投资策略分布）

（资料来源：GSIA，中金公司研究部）

---

① GSIA 会在统计年份的后一年发布前 2 年的可持续投资报告，目前分别在 2013 年、2015 年、2017 年、2019 年、2021 年、2023 年，发布了覆盖 2011—2012 年、2013—2014 年、2015—2016 年、2017—2018 年、2019—2020 年、2011—2022 年全球可持续投资市场的概况。

速增长，但在 2022 年时显著下降。尽责管理策略则表现出较为稳健的增长，尽管尽责管理策略的管理规模在 2022 年相比 2020 年末有所减少，但整体上相比其他整合策略的管理规模更大。近年来，全球 ESG 投资的主导策略由负面剔除（2018 年）转变为 ESG 整合（2020 年）到尽责管理（2022 年）。

表 7 - 9 　　　　　　　　近 2 期全球可持续投资回顾报告核心结论对比

阶段	2019—2020 年	2020—2021 年
总规模	35.3 万亿美元	30.3 万亿美元
规模增速	欧盟以外的主要市场，ESG 投资管理规模均是上涨的	美国以外的主要市场，ESG 投资规模增速相对于 2020 年上涨了 20%
口径调整	欧盟立法提高了 ESG 资管产品的设立标准，致使欧盟 ESG 投资管理规模下降	美国提高了命名 ESG 资管产品的实质性监管，致使美国 ESG 投资管理规模下降
可持续投资占比	加拿大的可持续投资规模占比最高	加拿大的可持续投资规模占比最高
ESG 投资策略	ESG 整合 > 负面剔除 > 尽责管理	尽责管理 > ESG 整合 > 负面剔除

资料来源：GSIA，中金公司研究部。

鉴于每年可持续投资统计标准的不一致性，历年采用不同 ESG 策略的投资规模数据在绝对值上难以直接比较。然而，一个显著的趋势是，尽责管理策略的重要性日益凸显，这与 ESG 投资者的实践经验形成了高度契合。如今，ESG 投资者越来越倾向于积极参与公司的可持续发展治理，通过这种方式促进公司 ESG 绩效的提升，进而推动实体经济的深刻变革。

但单纯使用尽责管理等策略难以满足投资者对投资决策过程的严苛要求。越来越多的投资机构正在使用多种 ESG 投资策略的组合进行投资决策，而非单一依靠某种策略。例如，欧洲的可持续金融披露条例对投资经理提出了在其投资中纳入可持续发展风险的要求，从而致使负面筛选、规范筛选和 ESG 整合成为该地区金融产品的投资策略。多种 ESG 投资策略相结合也正成为全球可持续投资行业整合可持续性风险和机遇的一种手段。

（二）碳中和背景下中国 ESG 投资展望

在中国谈论 ESG，最大的政策背景就是碳中和与共同富裕。事实上，重视减少碳排放本身也是社会责任的一种，为了实现"E""S""G"，更需要企业管理理念、治理结构等根本性的改革，因此 ESG 中的三个维度是相辅相成的。"十四五"规划已经为未来几年绿色化转型与发展定调，这对市场投融资主体是一个较为明确的指引。随着针对绿色发展的法律与政策的健全，绿色主题的可投资性也会增强，我国"E"相关的基金将进一步发展。

1. 碳中和加速中国 ESG 投资发展

碳中和会加速中国 ESG 投资的发展。一方面，遵循碳中和与可持续发展的原则，不一定会降低投资者的潜在回报；另一方面，碳中和将对行业、产业机构和区域经济产生较大的中长期影响。在碳中和的时代背景下，叠加因居民资产配置转移带来的资本市场快速发展，将从多方面快速推动 ESG 投资在中国的发展。

　　遵循碳中和与可持续发展的原则，不一定会降低投资者的潜在回报。虽然实现碳中和是在将传统能源利用的外部性"内部化"的过程，短期可能带来成本上升，中期高度依赖技术上的突破、规则的升级等，但考虑实现碳中和平衡了短期成本和长期潜在回报，且技术革命带来的中长期回报存在高度不确定性，因此不一定会降低投资者的潜在回报。

　　碳中和将对行业、产业机构和区域经济产生较大的中长期影响。应对气候变化、遵循碳中和的原则，将深刻影响生产和生活、能源、金融、科技、消费及地缘相对优势与格局等。

　　2. 资本市场助力 ESG 投资站上风口

　　在碳中和的时代背景下，资本市场将从多方面快速推动 ESG 投资在中国的发展。

　　首先，碳中和对 ESG 投资发展的影响主要集中在三个方面：（1）碳中和加速推动 ESG 监管政策的体系化建设；（2）碳中和加速将长期资金（社保、养老金、职业年金等）在投资决策过程中纳入 ESG 考量；（3）碳中和是目前国家的战略方针，社会各界的深入研究和密集探讨将对我国投资者理解环保、新能源，乃至进一步理解 ESG 投资理念有深远的影响。

　　其次，我国资本市场正处于高速发展阶段，其深度和广度均在不断拓展。从海外，尤其是美国市场的经验来看，资本市场的高速发展对 ESG 投资的发展同样十分重要。

　　最后，碳中和背景下的 ESG 投资契合当前阶段我国资本市场投资者的需求。从近年公募基金的发展来看，管理规模出现爆发式增长的策略和产品具有两个特征：一是具有持续的超额收益，二是标签清晰。从上述分析中，我们认为 ESG 投资，尤其是受益于碳中和的环保类投资，正好具备这两个特征。

　　3. ESG 投资推动碳中和落地

　　ESG 现在非常关注 E 维度气候变化的议题，它的核心是通过一些系统性的指标或者方法论把这个议题所涉及的投资相关风险和机遇作出比较客观、科学的识别。ESG 投资能够帮助投资机构把碳中和更好地落地，但是在投资决策的过程中还需要有一个评估的体系，而不是完全依靠定性或者主题性筛选的逻辑。

　　作为机构端，现在 ESG 主要是机构投资人在推动，机构投资有专业投资者的优势。现在尽责管理是一个关注的重点，在投资过程中应更加重视与实体经济或者被投企业进行一对一的沟通，帮他们做一些能力建设，在这个过程中逐步实现转型。

　　公正转型，即使是一些高碳排放或者石油石化行业，也依然有存在的价值，它需要在未来实现转型。而专业的投资机构在其中扮演着重要角色，在这个过程中帮助企业从更加科学的视角制定碳中和路线图和目标。因此，ESG 投资在"双碳"的政策体系下具有长足的发展潜力。

三、案例分析

　　（一）沙特阿美的"洗绿"：揭示 ESG 投资领域的风险与挑战

　　1. 有利可图——ESG 指数的吸引力

　　ESG 指数是衡量企业在环境、社会和公司治理三个方面表现的指数。获得进入 ESG

指数的机会：一是可以提升企业形象和声誉。ESG 指数代表着企业在可持续发展和社会责任方面的良好表现。进入 ESG 指数可以提升企业的环境友好和社会责任形象，增强利益相关方的信任。二是能够吸引 ESG 投资者。越来越多的投资者关注 ESG 因素，倾向于投资 ESG 表现良好的企业。进入 ESG 指数可以让企业更容易获得 ESG 投资者的青睐，拓宽融资渠道。三是获得融资优势。一些金融机构和投资基金会优先投资 ESG 表现较好的企业。进入 ESG 指数可以让企业获得更优惠的融资条件，如贷款利率降低等。四是可以应对监管压力。许多国家和地区都在制定 ESG 相关的法规和政策，要求企业提高 ESG 表现。进入 ESG 指数可以证明企业正在积极应对 ESG 监管要求。

因此，对于许多企业来说，获得进入 ESG 指数的机会是提升自身形象、吸引投资、获得融资优势以及应对监管压力的重要手段。然而为了获得进入 ESG 指数的机会也不乏公司对自身进行"绿色洗涤"，即通过夸大自身环保表现或隐瞒负面信息，来误导公众和投资者关于其环境友好性或可持续性的行为。"绿色洗涤"的目的是获得更好的市场形象和竞争优势，而不是真正改善企业的环境表现。因此，如果企业采取"绿色洗涤"的手段来进入 ESG 指数，这种做法将不被市场认可并会被市场参与者所排斥抵制，也会得到相应监管方的处罚。

2. "洗绿"事件——利用 ESG 指数谋利

沙特阿美作为全球最大的石油公司，一直面临着巨大的碳排放压力和 ESG 问题。尽管其在可持续发展方面的努力饱受批评，但为了改善自身形象，沙特阿美利用旗下子公司炼油部门基础油公司（Aramco Luberef）进行了"绿色洗涤"（greenwashing）的行为。根据 2021—2023 年主流 ESG 评级系统的数据，沙特阿美的 ESG 表现并不理想。晨星 Sustainalytics 是全球领先的独立研究公司，该机构评估体系对沙特阿美给出的 ESG 风险评级为"严重"，落后于 95% 以上的跟踪实体。明晟（MSCI）对沙特阿美的 ESG 评级也仅为 BB，处于中下游水平。彭博有限合伙企业（Bloomberg LP）的 ESG 排名也显示沙特阿美的表现低于同行。然而，尽管在 ESG 评级上表现糟糕，但 2023 年 7 月沙特阿美却被爆出通过旗下子公司 Aramco Luberef 成功进入了 ESG 指数，并从中获取了 10 亿美元的融资。这种做法被认为是典型的"绿色洗涤"行为，这种做法不仅损害了 ESG 投资的可信度，也违背了企业应尽的社会责任。

3. 操作细节——ESG "漏洞"初现

沙特阿美利用子公司获取 ESG 投资在资本市场上的"洗绿"，始于阿美石油管道公司和阿美天然气管道公司两家子公司的成立。2021 年，沙特阿美分别向世界领先的能源基础设施投资商之一 EIG 全球能源合作伙伴（EIG Global Energy Partners）和贝莱德公司牵头的财团出售了两家公司 49% 的股份。为了筹资并偿还银行贷款，EIG 全球能源合作伙伴和贝莱德财团创建了两家特殊目的公司（SPV）：EIG 明珠控股公司（EIG Pearl Holdings）和绿色赛夫管道竞标公司（Green Saif Pipelines Bidco），这两家 SPV 机构随后出售债券。由于两家 SPV 机构发行的债券与化石燃料行业没有直接联系，在主流 ESG 评分中，其均获得了高于平均水平的分数。随后，这些债券进入了摩根大通的 ESG 指数，该指数累计被约 400 亿美元的管理资产追踪。

　　给沙特阿美打了低分的 ESG 评级服务商晨星 Sustainalytics，将 EIG 明珠控股公司的 ESG 风险评估为"较低"。晨星 Sustainalytics 认为，由于 EIG 明珠控股公司是 SPV 机构，因此没有独立纳入其研究范围，对此类实体进行全面研究的能力有限。

　　据了解，两家 SPV 机构债券的投资者，包括瑞银集团（UBS Group AG）、法律与通用投资管理公司（Legal & General Investment Management）和汇丰控股公司（HSBC Holdings Plc）投资部门管理的基金。贝莱德可持续亚洲债券基金（BlackRock Sustainable Asian Bond Fund）和贝莱德全球企业 ESG 洞察债券基金（BlackRock Global Corporate ESG Insights Bond Fund）也参与了投资。

　　除沙特阿美外，还有其他中东企业也从类似的复杂结构中"洗绿"。有专家认为，沙特阿美的动机很可能是试图在不透明的私人市场上获得更便宜的资金。如果不进行干预，很快就会有更多的此类债券被纳入 ESG 指数。交易所需要对这类公司实际投资的东西进行彻底的尽职调查。

　　4."洗绿"主角——沙特阿美的 ESG 态度

　　沙特阿美 CEO 曾公开批评 ESG 投资，尽管沙特阿美利用了 ESG 投资并从中获益，但对 ESG 投资的态度一直颇为消极。2023 年 2 月，沙特阿美 CEO 阿明纳赛尔（Amin Nasser）公开表示，ESG 驱动的投资战略对传统能源有偏见，这将导致投资不足，对全球经济、能源可负担性和能源安全会造成严重影响。他还认为，流行的能源转型叙事描绘了一个乌托邦世界的图景，替代能源几乎在一夜之间就可以取代石油和天然气，但是，欧洲能源危机表明，替代能源供应尚未准备好承担全球需求的沉重负担。

　　从沙特阿美的可持续发展报告中可以看到，该公司在 2021—2035 年的排放量减少计划幅度十分小，荷兰皇家壳牌、埃克森美孚、雪佛龙、英国石油公司和道达尔等主要石油企业的减排目标都大于沙特阿美。

　　同时，沙特阿美还计划将石油产量从 2022 年的每天 1 200 万桶增加到 2027 年的 1 300 万桶，到 2030 年将天然气产量增长 50%。不过，沙特阿美也并非没有在 ESG 领域作出任何努力。2022 年 10 月，沙特阿美宣布设立 15 亿美元的可持续发展基金，该基金由阿美公司风险投资部门阿美风险投资公司管理，计划投资支持公司的净零目标和新型低碳燃料开发的技术。

　　5.舞台谢幕——ESG 何去何从

　　沙特阿美"洗绿"事件凸显了 ESG 投资领域存在的重大风险，此事件暴露出 ESG 指数评判体系存在漏洞。阿拉姆科贸易公司（Aramco Trading Company）虽然名义上属于可再生能源板块，但其实质业务仍然集中在传统化石燃料领域。这种"绿色洗钱"行为，使得沙特阿美得以逃避 ESG 标准的严格审查，获得绿色融资支持。这种做法不仅违背了 ESG 投资的初衷，也可能误导投资者的决策。如果 ESG 指数无法准确反映企业的可持续发展表现，将会降低投资者的信任度，并影响 ESG 投资的健康发展。为防止此类事件再次发生，ESG 评判体系亟须进一步完善。一方面，应加强对企业 ESG 信息的核查和审核力度，防止"绿色洗钱"行为发生；另一方面，ESG 指数编制机构应当更加关注企业的实际经营活动，而非仅关注表面数据，以确保 ESG 评级的准确性和公信力。同时，监管部门也应出台相关政策，规范 ESG 投资市场，维护投资者合法权益。只有这样，ESG 投资才能真正发挥其应有的作用，推动企业可持续发展。

作为此次事件主要推动者的沙特阿美，是全球最大的石油生产商，理应是减排重点行业的践行者。然而，事实上沙特阿美并没有真正认识到 ESG 投资的本质在于维护环境的可持续发展。相反，它仅仅将 ESG 指标视为一个可以被操纵的投资工具，试图通过"绿色洗钱"的手段来谋取利益，而非真正致力于绿色转型。

这种行为不仅违背了 ESG 投资的初衷，也严重损害了沙特阿美作为负责任的企业公民应尽的义务。作为全球最大的化石燃料生产商，沙特阿美理应在应对气候变化、推动能源转型等方面发挥示范作用。然而，它却选择通过欺骗性的手段来逃避 ESG 标准的审查，这不仅损害了自身的声誉，也辜负了 ESG 投资者的信任。

沙特阿美应该深刻反思自己在这一事件中的责任。作为全球最大的石油企业，沙特阿美应该以更加透明、负责任的方式，真正改善其在环境、社会和治理方面的表现，而不是简单地进行"绿色洗涤"来获取 ESG 认证和融资优势。它应该主动披露信息、纠正 ESG 评分、停止"绿色洗钱"行为，并制订切实可行的碳减排计划，推动公司在可再生能源、能源效率等领域的实质性转型，真正践行 ESG 投资的初衷，为应对气候变化作出应有贡献。只有这样，沙特阿美才能重建公众和投资者的信任，成为负责任的企业公民。

（二）卡塔尔世界杯碳中和疑云：ESG 实践挑战与反思

2023 年，卡塔尔成功举办了备受瞩目的世界杯赛事。作为主办方，卡塔尔在基础设施建设上投资超过 2 200 亿美元，充分展现了其作为"石油大亨"的雄厚财力。这次世界杯对于卡塔尔来说，具有重要的战略意义。一方面，它是卡塔尔推动经济多元化发展的重要切入口，有助于其摆脱对石油天然气的过度依赖；另一方面，它也是卡塔尔向世界展示自身经济实力和发展水平的重要名片。然而，在成功举办世界杯的同时，卡塔尔在碳中和、劳工权益、禁酒等多个方面的表现却遭到了前所未有的审视与挑战。

1. 规划理想宏大，卡塔尔如何实现 ESG 承诺

2020 年 1 月，国际足联和卡塔尔最高委员会宣布将主办首届碳中和世界杯。为实现这一目标，卡塔尔组委会公布了十项减少碳足迹措施，包括建设可持续建筑、规划可再生能源解决方案、体育场馆回收、全球可持续发展评估系统认证、打造绿色空间以及推动绿色交通等措施。

2021 年，国际足联发布了《卡塔尔世界杯温室气体核算报告》。报告显示，在 2011 年 4 月至 2023 年 6 月的筹备、赛事和赛后三个阶段中，本届世界杯报告期内，温室气体排放总量估计为 363 万吨二氧化碳当量。其中，阶段二的间接排放占比达到 98%，共计 356 万吨二氧化碳当量，主要来自卡塔尔的比赛参与者，包括普通公众、官员和工作人员的旅行。为履行承诺，卡塔尔决定向全球碳理事会（GCC）购买 180 万个碳抵消额度，每个抵消额度相当于 1 公吨二氧化碳。

在体育场馆方面，本届世界杯所有场馆均按照可持续建筑标准设计和建造。其中，974 体育场由 974 个集装箱构成，是世界杯历史上首座可完全拆卸的球场。一旦世界杯

结束，该体育场将被拆除并再利用于其他场馆。在清洁能源方面，卡塔尔在阿尔卡萨修建了占地 10 平方公里的光伏电站，这是该国首座非化石燃料发电站，也是全球单体容量最大的光伏项目之一，同时也是首个全容量并网的大型地面光伏电站。

在水和固体废弃物管理方面，卡塔尔在沙漠中建造了 15 个全球最大的饮用水水池。所有世界杯足球赛场地均配备了节水装置和灌溉系统，并实施了运营计划，旨在通过提高效率和循环利用来最大限度地减少饮用水的使用。在设计和建造过程中，球场预计超过 90% 的建筑垃圾将通过再利用或回收而避免填埋。此外，卡塔尔还致力于确保球场和球迷餐饮区产生的所有垃圾都得到回收，并将其转化为堆肥或可再生能源。

在社会影响方面，本届世界杯的新场馆采用了模块式设计，一些设施在比赛结束后将被拆除，并捐赠给其他需要体育基础设施的国家。新的体育场馆在比赛结束后将重新配置，以满足当地社区的需求，促进卡塔尔的体育发展和健康生活方式，同时为体育和零售等领域提供新的经济机会，发展现代化的体育、休闲和商业设施。作为申办世界杯的承诺之一，卡塔尔自 2010 年起推出了"神奇一代"计划，利用足球的影响力向卡塔尔和全球儿童传授重要的生活技能，解决弱势社区的社会需求和挑战。

2. 项目现实骨感，"黄牌"频现

尽管卡塔尔已公布了详细的碳中和计划，但其碳中和数据尚未得到广泛认可。2023年 5 月，碳市场观察（Carbon Market Watch）发布了一份名为《2022 年 FIFA 世界杯碳中和声明的黄牌》的报告，对温室气体核算、体育场碳足迹、临时基础设施建设的影响以及球场运营等方面提出了质疑。

报告指出，问题主要集中在体育场建设的排放量上。本次主办方一共建造了 7 个新体育场，在核算碳足迹时，卡塔尔的组织者预计这些体育场馆将在未来几十年内找到更多有意义的用途，因此只对其计算了一小部分碳排放量。然而，根据以往经验，俄罗斯、巴西和南非世界杯遗留下来的许多体育场馆都遭到了空置。如果没有世界杯，卡塔尔不可能建造这些体育场馆，它们在未来 60 年内也不太可能得到有效利用。碳市场观察估计，经过重新核算后，卡塔尔世界杯的体育场馆碳排放量将增加约 140 万吨，涨幅近 40%，总量大致相当于燃煤电厂在 16 个月内产生的排放量。

除此之外，在社会方面更备受批评的是卡塔尔在劳工问题上的争议。据 2021 年 2 月《卫报》报道，自卡塔尔赢得世界杯主办权以来，已有 6 500 名来自印度、巴基斯坦、尼泊尔、孟加拉国和斯里兰卡的移民劳工在卡塔尔丧生。卡塔尔政府对此作出回应称，这一统计总数具有误导性。然而，联合国国际劳工组织的数据显示，仅在 2021 年，就有 50 名外国劳工死亡，500 多人严重受伤，另有 37 600 人轻伤。由于缺乏准确数据，无法确定确切的死亡人数可归因于不安全的工作条件、热应激或其他可预防原因，劳工问题成为一个备受争议的"罗生门"给本届世界杯的 ESG 实践蒙上了阴影。

3. 规则未明，ESG 实践何以服众

实际上，批评卡塔尔世界杯 ESG 实践的机构也承认，在 ESG 行业中普遍存在评估标准不清晰的问题，对碳中和、社会治理等领域的审查也难以量化。

专注于企业可持续发展的咨询公司贝恩公司建议，卡塔尔不应该声称本届世界杯已经实现了碳中和，因为"这确实很难证明"。碳管理公司 Greenly 的首席执行官也表示，在整个世界实现碳中和之前，没有人能实现碳中和，否则，我们就已经解决了气候变化问题。

在社会方面的举措与争议，越来越被引向文化、宗教，甚至东西方意识形态之争。在本届世界杯 ESG 情况遭到抨击之后，卡塔尔学者阿卜杜·哈桑认为，西方国家对卡塔尔世界杯的指责反映出对阿拉伯和伊斯兰事物的傲慢态度和种族主义；而足球评论员、埃及球星阿布·特里卡则公开宣称，阿拉伯世界不需要按照西方的价值观改变自身，反而是西方"应该适应我们并尊重当地的法律"。

然而，根据英国咨询公司 Maplecroft 的评估数据，卡塔尔的整体 ESG 表现与前三届世界杯主办方相差不大，并优于上一届世界杯东道主俄罗斯，且在社会影响方面仅次于德国。这也表明，对卡塔尔的 ESG 实践评判存在一定争议性和复杂性。

（三）ESG 道路仍远重，需破解评估与实践难题

本节两个案例揭示了 ESG 评估和实践中存在的严重问题，这需要我们深入思考和反思。一方面，ESG 评估指标缺乏统一标准和透明度，这为企业提供了利用漏洞进行"绿色洗涤"的机会。企业可能会通过操纵数据或选择性披露信息来掩盖其真实的 ESG 表现，从而误导利益相关方和投资者。另一方面，ESG 实践容易受到东西方价值观的影响，缺乏跨文化的共识。不同文化背景下对可持续发展的理解和重视程度存在差异，这可能导致 ESG 实践在不同地区或企业之间的差异性，甚至引发价值观冲突。

这些问题反映出 ESG 作为企业社会责任的概念，在全球化背景下面临着诸多挑战。因此，我们需要认真思考 ESG 究竟是一种客观的可持续发展评估体系，还是一种主观的价值观投射。在尊重文化差异的同时，建立起公正、透明的 ESG 标准至关重要。为了防范企业利用 ESG 评估漏洞进行"绿色洗涤"的行为，我们需要建立更加严格的监管机制和审计体系，确保 ESG 数据的真实性和可靠性。此外，加强对 ESG 实践的监督和评估，促进企业真正履行社会责任和可持续发展承诺。

只有通过不断完善 ESG 的评估机制和实践方式，ESG 才能真正成为企业实现可持续发展的有效工具，而不是一种形式主义的"绿色粉饰"。建立起公正、透明、可信的 ESG 体系，将有助于推动企业向着更加可持续和社会责任的方向发展，为全球可持续发展目标的实现作出积极贡献。

📖 本章小结

关键词： 企业碳资产　碳资产管理　碳盘查　碳足迹　ESG 投资　碳中和　碳审计　碳资产计量　洗绿

1. 企业碳资产是指由企业拥有或控制的，可以通过公开的碳交易市场或为未来的生产提供低碳处理技术和环境保护能力，与碳排放相关的能够为企业带来直接或间接经济利益的资源。

2. 企业碳资产管理是指企业通过对碳资产进行战略规划和价值管理的一系列活动，以实现企业的价值最大化。涵盖综合管理、技术管理、实物管理和价值管理四个方面，旨在帮助企业有效控制碳排放，降低碳风险，提高碳信用评级，从而实现企业的可持续发展和低碳转型。

3. 碳足迹是指一个人、企业或产品等在其生命周期中所产生的温室气体排放量，通常以二氧化碳当量来表示，可以用来衡量个人或团体的能源意识和行为对自然界产生的影响。

4. ESG 概念首次在 2004 年的联合国全球契约计划中被明确提出，是一系列衡量企业环境、社会、治理绩效而非财务绩效的投资理念和企业评价标准。企业在环境和社会方面的表现会通过直接方式（如原材料、劳工成本等）或间接方式（如员工、投资方、监管机构或社会团体等公司利益相关方）影响公司利润，对企业在短期甚至长期内的整体利益产生巨大影响。

5. ESG 投资是指在投资决策过程中将环境（Environmental）、社会（Social）和公司治理（Governance）因素考虑在内的一种投资理念。投资者可以基于上述三个因素，综合考量评估企业经营的可持续性，并据此作出投资决策。具体来说，ESG 投资就是将可能影响企业可持续性经营的环境、社会和治理问题等非财务因素纳入财务分析，并包含在投资与研究的范畴之内。

6. ESG 投资面临的主要风险和挑战包括数据透明度不足和缺乏统一标准，导致投资者难以准确评估企业表现；信息不对称使得企业可能夸大其 ESG 成果；测量和评估标准尚不成熟，影响一致性；政策和法规的不确定性增加了投资复杂性。此外，短期与长期目标的冲突、ESG 评级的主观性、执行成本较高以及市场接受度不足也是需要关注的问题。这些挑战需要各方共同努力以推动 ESG 投资的有效发展。

复习思考题

1. 企业碳资产的内涵是什么？碳资产与传统资产有何不同？
2. 企业碳资产管理的主要内容有哪些？不同行业企业碳资产管理有何差异？
3. 企业为何需要开展碳资产管理？碳资产管理对企业发展有何重要意义？
4. 企业如何建立完善的碳资产管理机制？有哪些关键环节需要重点关注？
5. ESG 投资的核心理念是什么？ESG 投资与传统投资有何不同？
6. 碳中和目标如何推动 ESG 投资在中国的发展？两者之间有何内在联系？
7. 当前中国 ESG 投资面临哪些主要挑战？如何破解 ESG 评估和实践中的难题？
8. 企业如何将碳资产管理与 ESG 投资相结合，实现可持续发展战略？

第八章

碳金融风险管理

当前，气候变化已经对社会经济带来了不可逆的不良影响，成为最具挑战性的全球问题之一。虽然碳减排形势严峻，但是我国于 2020 年仍然作出了"二氧化碳排放力争于 2030 年前达到峰值，努力争取 2060 年前实现碳中和"的庄严承诺。作为绿色金融的重要组成部分之一，碳市场为我国实现"双碳"目标起到重要作用。然而，碳市场在积极发挥碳减排的同时，面临着诸多风险诱因，不利于碳市场的长期健康发展和功能发挥。因此，通过厘清中国碳金融交易市场存在的风险，提出有效的防控建议，对维护国家经济稳定、早日实现"双碳"目标具有重要的实践意义。本章首先阐述碳金融的发展背景、概念特征，依据性质对碳金融风险进行分类，其次介绍了如何进行碳金融风险识别，再次详细阐述了信用风险、市场风险等主要碳金融风险的测度方法，最后介绍了碳金融风险管理策略和监管模式。

第一节　碳金融风险概述

为了尽快实现绿色转型发展，我国商业银行等金融机构开展多种形式的绿色金融业务，为低碳经济快速稳定发展提供有力的金融支持。在绿色金融业务快速发展的同时，我国碳排放权交易市场却处于起步阶段，市场制度不完善、业务体量不大、流动性较差、相关经验不成熟，碳金融风险累积速度较快等问题尤为突出。此外，碳债券、碳基金以及各种碳金融衍生产品都与碳产品密切相关，碳交易规则的变动、碳产品价格波动都会造成碳金融交易不确定性的上升，导致碳金融的市场风险高于传统金融市场。因此，作为碳金融活动的重要主体，商业银行、基金公司、期货公司、保险公司、证券公司等金融机构势必面临着碳技术、碳产品交易等因素变动带来的风险。

一、碳金融风险是什么

碳金融是围绕碳排放权展开的。由于碳排放权交易市场高度依赖碳排放权现货交易市场的成熟度，以其为基础的碳金融存在诸多限制和先天缺陷，运行中面临更加复杂的风险。因此，碳金融风险的内涵也与传统金融风险有较大区别。

目前，国内外学者关于碳金融风险还没有统一的定义，本章将碳金融风险定义为：各类碳金融交易主体（包括商业银行、保险公司、证券公司、基金信托公司、企业、政府机构等）在从事碳金融活动过程中，由于受到外部环境（政治、经济、社会等）、碳交易产品特性以及自身行为等因素影响，从而遭受损失的可能性。从未来发展趋势看，金融机构和企业会成为碳金融市场的主要主体，因此，本章对碳金融风险的阐述也主要从金融机构和相关参与企业的角度出发，涉及政府层面的碳金融风险更多地体现为政策性风险。

二、碳金融风险分类

碳金融活动的交易主体除了需要面对金融业的普通风险之外，还面临开展碳金融业务特有的风险。因此，按照性质，碳金融风险不仅包括信用风险、市场风险、流动性风险、操作风险等传统风险，还包括法律风险、政策风险、政治风险、项目风险以及技术风险等新型风险。

（一）传统风险

1. 信用风险

碳金融中的信用风险是指在碳金融交易过程中债务人未能按时履行合约义务或者债务信用等级变化从而造成债权人发生损失的可能性。作为授信主体，我国商业银行早期开展碳信贷的重要形式是 CDM 项目。因此，碳金融中的信用风险多集中于 CDM 项目。

扩展阅读

清洁发展机制是《联合国气候变化框架公约》第三次缔约方大会 COP3（京都会议）通过的附件 I 缔约方在境外实现部分减排承诺的一种履约机制。其目的是协助未列入附件 I 的缔约方实现可持续发展和有益于《联合国气候变化框架公约》的最终目标，并协助附件 I 所列缔约方实现遵守第三条规定的量化的限制和减少排放的承诺。CDM 的核心是允许发达国家和发展中国家进行项目级的减排量抵消额的转让与获得。

在碳金融市场中，由于信息不对称的普遍存在，商业银行在 CDM 项目选择时更容易面临"逆向选择"等问题，并且碳金融相关专业技术的封闭性也容易导致 CDM 项目的债务方产生道德风险，发生不履约的情况，从而给商业银行等债权主体带来损失。具体来说，可以将以 CDM 项目为核心的碳金融信用风险划分为 CDM 项目不良贷款率风险、CDM 项目买方履约能力风险、CDM 项目能否按期建成投产风险、CDM 项目是否能产生合同规定的 CER 风险五个层面。

2. 市场风险

传统意义上的市场风险通常是指市场价格波动造成损失的可能性，主要源于利率、汇率、股票价格指数等波动。碳金融市场同样存在市场风险。以 CDM 项目为例。首先，CDM 项目出售核证减排量 CER 通常是在不同国家之间发生的，因此 CER 交易时涉及外汇结算业务，外汇汇率的变动也就成为碳排放权交易中的风险诱因。其次，CDM项目具有跨期性，周期较长，未来利率波动也将会给碳金融交易主体的收益造成影响，因此，利率波动也是碳金融业务的重要风险之一。

碳金融的市场风险还包括碳交易商品特殊性带来的碳交易价格波动风险，以及由此造成的碳金融资产价格波动风险。目前，国际上还没有形成统一的碳金融市场，各国各地区的碳金融交易机制、交易品种和相关制度安排也存在较大差异，客观上增加了交易成本和市场的不确定性，造成碳价的波动。一般而言，过高的碳价会加大企业的负担，降低生产投资积极性，而过低的碳价会打击碳市场合法投资者的信心，难以达到减排的最佳效果。

3. 流动性风险

流动性风险主要包括资产流动性风险（市场流动性风险）和负债流动性风险（筹资流动性风险）。其中，资产流动性风险是指市场主体无法按照市场公平价格在一定的期限内出售一定规模资产从而带来损失的可能性；负债流动性风险则指市场主体无法按照市场公平价格在一定时期内借入一定规模资产所带来的损失的可能性。流动性风险与市场和信用风险一样，属于常见的传统风险。例如，商业银行无法利用合理充足的资金来满足客户的取款或贷款需求。

碳市场中，商业银行碳金融业务的流动性风险主要体现在碳排放权抵押贷款和CDM项目融资中。无论是碳排放抵押贷款还是CDM项目，融资都必须以获得碳排放权或者CDM注册认证为前提，将经历复杂的项目运转流程，不可避免地导致项目周期长和多发性风险，产生额外的交易成本，进而引发此类贷款项目再融资风险或者项目进程中的大额存款提前支取风险。因此，金融机构容易因为碳金融市场的流动性不足问题造成流动性成本增加，带来潜在损失，即产生流动性风险。

4. 操作风险

操作风险是一种特别风险，通常是指银行内部业务流程缺陷、相关业务人员操作不当、欺诈、银行系统故障以及外部突发事件引发的非正常损失的可能性。操作风险一般包括人员风险、流程风险、系统风险和外部事件风险四类，目前已经作为银行主要的风险存在形式而受到风险管理部门和监管机构的重视。我国碳金融仍处于初级发展阶段，商业银行对碳金融概念及其整体运行机制的认识不够深入，对碳金融业务产生的价值、操作流程、项目运作乃至碳排放权交易相关规定等未能全面掌握。同时，以碳排放权或者碳排放配额项目为核心的碳金融资产是一个对碳技术需求强烈、专业敏感度高的领域，商业银行通常缺乏这方面的专业人才，可能存在内部程序不够合理、系统不够完善、容易遭受外部欺诈的风险。因此，现阶段碳金融的操作风险较大。根据操作风险定义，可以将碳金融操作风险划分为人员操作失误、操作流程执行不严格、系统失灵、外部欺诈以及突发事件等风险。例如，在参与碳期货等金融衍生工具交易时，因交易员对碳交易相关规则理解有误，采取的对冲操作不当或者未能严格执行相关保证金交易规定而产生的巨额损失风险。

（二）新型风险

1. 法律风险

2004 年巴塞尔委员会公布的新资本协议提出，将商业银行的法律风险管理纳入银行资本监管框架中。我国银行监管部门也沿用了《巴塞尔协议》的基本规定。碳金融业务围绕碳排放权展开，在实践中既要符合相关国际主体签订的温室气体排放权指标标准化交易的法律规定，也要遵守国内不同行政区域内的碳排放权交易相关行政法规。因此，商业银行等金融机构在从事碳金融业务时，如果发生违约、侵权等违反相关法律或者行政法规的行为，就会依法承担行政责任和经济损失。

目前，我国银行监管部门和巴塞尔委员会都未对法律风险进行明确的概念界定，但法律风险管控的重要性从未被忽视。法律风险虽然从属于操作风险，但是法律风险具有不定向性和分散性，而且在法治社会体系下，商业银行的信用风险、市场风险、流动性风险、政策风险等都会转化成法律风险而存在，进而影响碳金融业务。本教材参照《巴塞尔协议》和我国现行相关碳金融法律法规的要求，将碳金融法律风险的概念定义为两个层面：（1）商业银行签订的碳金融合同因违反相关碳交易和碳金融业务的法律和行政法规可能被依法撤销或者确认无效，或者可能承担行政责任以及刑事责任；（2）商业银行因违约、侵权或者其他事由被提起诉讼或者申请仲裁，并依法可能承担赔偿损失责任。

2. 政策风险

政策风险主要是指碳金融业务由政策因素变化而导致的资产损失的可能性。碳金融是以具有经济价值的资源标的物（如碳排放权）为基础进行的交易活动和制度安排的总和，通常由国际及本国的政策决定该资源标的物及其衍生金融产品的市场稀缺性和价值性，因此，政策是否稳定至关重要。碳金融政策风险源于国际气候变化谈判进展及由此带来的政策变动。

碳金融项目的核心——碳排放量的核查、碳配额的确定、项目审批和投资交易等环节复杂且技术难度大，运作周期漫长，涉及的国家和企业很多，因此每一环节的政策都会因国际气候谈判进展而发生变化，并可能对后续环节造成不确定影响，进而影响投资者的市场信心及投资回报率。例如，国际气候变化谈判进展可能会带来长期和短期的政策风险。从长期来看，在美国、加拿大相继退出《京都议定书》后，要想实现《京都议定书》的全球性约束力仍然困难重重，因而各国政府应对气候变化的统一行动方案暂时无法达成，各国之间协调行动的可能性会降低；从短期来看，签署公约的国家众多，因此政策的局部变动可能会产生较大的效应，甚至直接提高部分国家项目实施的难度和成本。又如，欧盟取消碳排放配额免费政策，配额价格上涨增加了不法分子牟利的空间，甚至发达国家低价购买发展中国家配额，严重损害了发展中国家的利益。欧盟交易体系的阶段性政策如表 8-1 所示。

表 8 - 1 　　　　　　　　　　　　欧盟交易体系的阶段性政策

阶段日期	内容	影响
2005—2007 年	欧盟碳交易机制成员国必须符合指令的规定，并履行京都减量承诺，执行温室气体排放量核配规划工作。整体欧盟碳交易机制所覆盖范围包括 12 000 多座电站、工厂及其他工业设施，是全球最大的碳排放总量控制与交易体系	发达国家开始自行设定工业排放气额上限，以欧盟为中心的全球性的碳排放交易市场正式成立
2008—2012 年	欧盟 2020 年温室气体排放总量比 1990 年降低 20%，欧盟的碳排放配额免费分配给排放单位，更灵活使用 CDM 减排信用等	降低了落后成员国减排负担，但二氧化碳排放量过剩严重，碳排放许可交易价格急剧下降，碳排放量集中于亚非拉地区
2013—2020 年	排放总量每年以 1.74% 的速度下降，建立了国家履行措施，碳排放配额将通过拍卖的方式进行分配，提出"能源效率第一"的原则	推动了新型替代能源的投资

资料来源：中华人民共和国商务部资料整理（http://www.mofcom.gov.cn/）。

3. 政治风险

在国际低碳经济的发展趋势下，碳排放权成为一种有经济价值的商品并进行交易，可以说是资本与权力结合的产物，是金融和环保领域互相渗透的结果，使国家与国家、国家与企业在共同合作的基础上实现互利共赢。但是，经济活动的参与者往往是理性的和投机的，在以应对气候变化为目标的碳排放权交易过程中，部分国家为追求自身利益最大化而损害其他国家的利益。例如，作为全球温室气体排放量最大的国家，美国 2001 年以影响经济发展为借口退出《京都议定书》，2011 年加拿大成为第二个签署公约之后退出的国家，其违约行为不仅对该国国内的碳排放需求产生影响，而且对签署公约的其他成员国的碳排放权交易也造成了很大的影响。这种国家之间的政治冲突会在很大程度上引发碳金融市场的流动性风险，进而在较长一段时间内对碳金融市场的碳配额及监管造成混乱，影响资源的合理分配和利用。

4. 其他新型风险

其他新型风险包括技术风险和项目风险。技术风险是指低碳技术的不确定性间接引发的碳金融交易主体损失的可能性。现阶段，低碳经济仍属于新兴领域，低碳经济的相关产业标准和技术开发在我国乃至全球范围内都尚未成熟，大量的节能减排技术仍处于小规模试点阶段，如碳捕获、利用与封存技术等。在无法确定低碳技术成熟稳定性的现实背景下，低碳项目的商业应用背景就更加难以准确评估。这种低碳技术不确定、不成熟导致的相关项目技术风险势必会间接引发绿色信贷供给方的信用风险。另外，碳金融是以低碳技术和节能环保行业为依托，对低碳密集型项目的过多信贷支持在一定程度上也增加了商业银行盲目选择的风险，甚至可能会导致投资过热、产能过剩。

项目风险是指低碳项目从申请审批到结项过程中所有可能发生的风险给碳金融交易带来损失的不确定性。在碳金融业务中主要体现为其特有的碳排放权风险和 CDM 项目风险。以 CDM 项目为例，具体风险形式包括项目审批风险、项目合同风险、项目周期风险、项目工程建设风险（如项目是否按期建成投产、资源能否按预期产生等）、项目监测与报告风险、项目额外交易成本风险、项目产生的核证减排量的核证风险、项目替代风险以及项目质量风险等。CDM 项目从计划实施、具体运营和执行，到项目预算控制等方面的不确定性都是其风险渠道，并表现出高度的项目运作相关性和项目流程的繁杂性，导致 CDM 项目自身收入的不确定性和相关碳金融主体收益的不确定性。

碳金融风险还可以根据其影响的范围和程度划分为系统性风险和非系统性风险。系统性风险通常是指影响所有金融投资者和金融机构的、对整个金融体系乃至市场都可能造成影响的风险。政策风险、政治风险、市场风险、法律风险等都属于系统性风险。非系统性风险是指由于特定原因给特定投资者或者碳金融交易主体造成潜在损失的风险。信用风险、操作风险等都属于非系统性风险。另外，根据风险源于投资者、金融机构的内部还是外部，金融风险也可以分为外生风险和内生风险，上述系统性风险通常都是外生风险。

第二节　碳金融风险识别

一、碳金融风险的特征

与普通金融风险一样，碳金融风险也具有普遍性、客观性、复杂性和可测性四个特征。普遍性是指碳金融风险广泛存在于碳金融市场、各种金融机构和各个投资主体中。客观性是指碳金融风险是客观存在的，不以人的意志为转移，只要有碳金融活动存在，就必定存在碳金融风险，只是风险的大小和影响程度存在差异而已。碳金融风险的可测性是指碳金融风险可以被识别、分析和预测，交易者可以根据金融风险的性质、诱因，借助概率统计和相关参数来计算碳金融风险发生的概率和损失程度。碳金融业务主体的风险水平既取决于上述风险因素和风险程度的高低，也和风险暴露程度密切相关，所以碳金融风险整体上呈现复杂性特点。

二、碳金融风险识别

碳金融风险识别是碳金融风险管理的重要环节和起始步骤，具体指人们运用如经验判断、计量分析等方法，发现碳金融的潜在风险，通过分析客观资料和历史数据来探究风险形成的原因的过程。

（一）碳金融风险识别的原则

1. 全面性

碳金融业务活动涉及领域广、参与主体比较复杂，因而碳金融业务的每一个环节和每一个业务都可能产生风险，从而带来不利影响。对碳金融风险任何环节的失察或者忽视都可能导致碳金融风险防控的失败，造成严重后果。不仅如此，碳金融业务的每个环节之间、每个业务之间也都存在紧密联系，因而对碳金融风险的识别既要细致地分析每个环节，也必须从整体上识别。只有对碳金融风险进行全面系统的分析研究，才能对风险合理分类，并揭示其性质、后果，否则难以实现风险的有效识别。

2. 准确性

对碳金融风险的准确识别包括两层含义。首先，准确识别风险类型、受险部位和风险来源；其次，对碳金融风险进行准确评估。特别地，对碳金融风险的准确评估非常重要，因为如果过高估计碳金融风险，容易提高风险管控成本，造成过度管理；如果过低估计碳金融风险，则可能会使碳金融交易主体因管理不当而面临更大的潜在风险。

3. 及时性

如前所述，碳金融具有动态变化性，政治因素、政策制度、外部环境、经济主体状况都常常处于变化中，从而造成碳金融交易主体所面临的风险类型、影响部位和影响程度等具有时变性。因而，碳金融风险识别必须实时关注、连续识别、灵活调节。

（二）碳金融风险识别的方法

在现实中，碳金融风险主体可能因各自的参与角色不同而面临不同的金融风险，并且随着时间推移，以及外界经济环境的变化，同一碳金融风险识别的内容也存在一定偏差，这就要求碳金融风险主体必须按照实际情况选用合适的识别方法，并根据外界经济环境的变化进行灵活的调整。碳金融风险识别方法较多，本节选取较为常用的识别方法进行介绍。

1. 现场调查法

现场调查法是指碳金融交易主体通过对可能存在风险的各项业务及其所涉及的部门进行详尽的现场调查来识别金融风险的方法。采用该方法时，相关风险管控部门需要先做好调查前的准备工作，如明确调查目的、对象、时间、地点和内容，编制相应的调查表；在具体调查实施过程中，风险管控人员可以通过座谈、访问、查阅资料、实地考察等方式来完成相应的调查。现场调查法具有简单、实用、经济，可以获得第一手资料的优点，但是这种方法耗时耗力，需要调查人员具有敏锐的观察力、较强的沟通能力等。

2. 问卷调查法

具体来说就是碳金融风控人员通过发放问卷调查表的方法让被调查人员现场或线上填写，以此来识别金融风险，通常也被当作是现场调查法的一种替代。

问卷调查法的关键和核心在于调查问卷的合理编制，要求调查人员能够根据碳交易业务环节、交易主体特征等来进行编制，并充分考虑受访者的专业素养和知识能力，尽可能使调查表上的问卷内容简单易懂，不易产生歧义。与现场调查法相比较，问卷调查法可节省人力、物力和时间，但是它对调查问卷设计的要求较高，问卷调查表的微小偏差都可导致获得的碳金融风险信息不可靠。此外，被调查对象的填写态度也将显著影响问卷调查的可信度。

3. 专家调查法

专家调查法也是碳金融风险识别中可以采用的方法，是指利用专家的智慧、知识和经验识别金融风险的方法。专家调查法可分为头脑风暴法和德尔菲法。

头脑风暴法是指将碳金融领域内的相关专家组成一个小组，然后以会议方式展开讨论，以此来促进碳金融专家相互激励和启发，并进行风险识别。通常这种方法适用于问题单纯、目标明确的议题，操作方便简单，也能节省时间。

德尔菲法相对来说比较复杂，它需要将一组明确清楚的问题以通信方式寄给碳金融相关专家，然后对专家进行多轮反复问询，并将专家的意见进行汇总，然后根据专家的意见进行调整，将不合理或者不一致的部分进行重新阐述，再次请专家回答，直到专家的意见逐步统一，形成最终结论。德尔菲法相对来说能够处理比较复杂的碳金融风险识别问题，但是专家的选择是否适当尤其关键，并且专家的经验以及专家回答问题时的状态都可能影响最终结论。另外，应用此方法通常需要4~5轮的调查，可能存在最后不收敛的风险。

4. 情景分析法

情景分析法是一个识别引致风险关键因素及其影响程度的方法。情景就是采用图表或曲线等形式对拟考察的风险主体未来某种状态的描绘。情景分析的结果可以分为两种类型：一种是对未来某种状态的描述；另一种是对未来某个发展过程或者未来若干年某种情况变化的描述。情景分析法可以扩展决策者的视野，使决策者充分考虑不利情景的影响，重视偶然事件尤其是极端事件的严重影响。在金融风险管理中，压力测试方法就是一种常见的测度极端事件发生的情景分析法。情景分析法可以识别和测定碳资产及其组合面临的最大可能损失，但是该方法的实施在很大程度上依赖于有效情景的构造和选择。这就要求碳金融风控人员具备良好的判断能力、丰富的经验和技巧、敏锐的观察力。

5. 流程图法

流程图法是指按照业务活动的内在逻辑和相互关系将整个碳金融业务活动绘制成流程图，并借此来识别碳金融风险的方法。碳金融业务包括绿色信贷、绿色基金、绿色保险等不同领域，因此在编制流程图时也要根据业务活动的不同内容、不同特点以及复杂程度，将碳金融交易主体的业务活动绘制成不同的流程图。一般来说，碳金融机构的业务越复杂，涉及的部门越广泛，交易规模越庞大，流程图法也就越具有优势。

流程图法的最大优点是能够将复杂的问题分解成若干个简单的问题，从而便于基层风控人员掌握和运用。但是它同样也存在一定的缺陷：首先，绘制流程图需要耗费大量的人力、物力和时间；其次，绘制准确恰当的流程图对绘制人员的要求较高，绘制人员必须非常熟悉碳金融业务的整体架构、基本步骤和内在逻辑，否则一旦出现理解上的偏差就会造成碳金融风险识别的不全面和不正确。

（三）碳金融风险识别的内容

碳金融主体可能因为所从事的业务或者在交易中的地位不同而面临不同类型的碳金融风险。一般来说，在识别了碳金融风险类型之后，就要研究风险可能产生的原因，以及该原因导致的潜在损失程度，并分辨出此项碳金融风险容易产生的环节或者部门。

1. 碳金融风险来源识别

（1）碳金融信用风险来源识别。根据其诱发原因碳金融信用风险可以从主客观两个层面进行识别。客观层面主要是指外部政策变动、自然灾害等不可抗力因素导致碳项目整体价值波动从而引发的损失，这种诱因导致的信用风险较为明显且易于及时识别。主观层面通常是指交易对手方或当事人主观恶意违约造成的损失，相对于客观因素诱发而言，主观因素导致的信用风险较难识别，需要在碳金融业务全流程持续跟踪监测资金的流转和实际使用情况，并及时依据市场价格等因素定期、全方位评估对手方资产和信用情况。针对主客观诱因导致的信用风险，碳金融交易主体必须加强对数据监测、报送和核查过程的监督，利用相关技术及时识别数据漏洞。

（2）碳金融市场风险来源识别。碳金融市场风险的诱因可以按照其市场风险因子，如利率、汇率、碳资产价格、碳金融资产价格等进行细分。碳金融的利率和汇率风险的诱因与传统金融风险相同，其差异主要体现在碳交易和碳金融项目上。碳金融交易时间和空间的特性使碳金融资产价格更易受到市场环境以及其他不确定性因素的影响。目前，主要的碳排放权交易体系均具有阶段性的特征，"跨期"因素将碳排放配额现货及其衍生品与传统金融产品显著区别开来，使碳现货及衍生品价格的波动呈现分散的随机特征而不具备传统意义上的连续性。

（3）碳金融操作风险来源识别。碳金融市场操作风险的主要诱因可分为操纵市场和内幕交易两种。从系统技术层面来看，操作风险主要是人为失误、系统故障以及工作程序和内控不当等因素引起的。在碳金融交易中，操纵市场主要指部分碳金融交易经纪服务商、交易平台等人员依托自身资金、信息等优势，诱导投资者在不了解碳金融产品或减排项目真实情况的前提下作出投资决定。内幕交易一般指内幕知情人及以不正当手段获取碳金融交易内幕信息的其他人员违反相关规定泄露企业核查信息、企业碳金融资产组成情况以及碳交易相关信息，并根据上述内幕信息进行碳金融产品买卖或者向他人提出买卖建议的行为。

（4）碳金融政策风险来源识别。碳金融政策风险主要源自政策的可持续性和变动性，主要表现为两方面。一是碳金融基础交易标的稀缺性由政策和法律确定，因此相关碳交易政策和碳金融制度的可持续性（或连续性）对市场的稳定和存续具有决定性的影响。二是减排项目审批和减排量核证的相关政策变动也可能引发风险。碳减排项目通常具有投资规模大且回收周期长的特征，因而整个项目生命周期各个环节的政策不确定或不合理都将影响市场参与者的预期并造成项目回报的不确定性。

2. 碳金融风险受险部位识别

识别碳金融风险的受险部位和具体交易环节也是风险识别的重要内容，只有明确碳金融风险的受险部位，才能有针对性地进行风险评估和合理地开展风险管控。碳金融风险是伴随碳金融活动产生的，因而其受险部位一定蕴藏于碳金融交易的各个业务环节中。以商业银行开展碳金融业务的重要形式——碳信贷项目为例，碳金融的风险受险部位可以从业务开展的资金来源与使用、资金管理角度以及业务特征等方面来进行分析。

碳金融机构作为碳信贷项目的资金供给者，其资金通常来源于所吸收的存款、各种负债以及提供的金融服务等。无论哪种形式，金融机构通常要支付一定的利息成本，因而利率变动是此环节中必须关注的风险。与此同时，各种负债的期限长短不同，但碳金融项目融资周期通常较长，因而由期限不匹配造成的流动性风险，尤其是大额存款提前支取也是此环节中必须关注的风险。

商业银行等金融机构在对碳信贷项目进行选择和评估时，主要围绕碳排放权或者CDM项目许可开展。此时通常存在信息不对称，容易产生逆向选择和道德风险，并导致项目最终面临债务方不履行合约、碳金融产品或其衍生品交易方不按时履行合约、CER不交付的风险。另外，在整个项目运作的过程中，金融机构还可能因为业务流程不合理以及业务人员失误、内部系统失灵等问题产生操作风险，进而遭受损失。

第三节 碳金融风险测度

金融风险评估是对相关金融风险事故造成的影响或损失程度开展量化评估，主要包括风险发生概率和损失程度。风险评估方法主要有定性分析、定量分析和基于模型的分析方法等。碳金融风险评估就是在识别碳金融活动各项风险的基础上，结合对风险诱因和风险暴露部位的分析，根据历史数据，运用各种方法来进行风险发生概率和损失程度的估计。因此，开展碳金融风险评估首先需要筛选或设计相关风险指标，其次根据风险指标收集数据，最后选择恰当的分析方法或者模型进行评估。

一、碳金融市场风险测度

市场风险通常是指金融市场价格波动造成损失的可能性，主要源于利率、汇率、股票价格与重要商品市场价格波动。全球范围内，碳金融市场仍然处于实践探索阶段，国际上还未形成统一的碳金融市场，各国或地区的碳金融交易机制、交易品种和相关制度安排也存在较大差异，客观上增加了交易成本和市场因子波动的不确定性。因此，相较于一般市场风险，碳金融市场风险除涉及利率和汇率外，还包括碳交易商品特殊性带来的碳交易价格波动风险，以及由此带来的碳金融资产价格变动风险。一般而言，过高的碳价会加大企业的负担，影响其生产投资积极性。过低的碳价会打击碳市场合法投资者的信心，难以达到减排的最佳效果。碳价的异常波动也构成碳金融的市场风险。

（一）风险价值

VaR 模型是碳金融市场风险度量中的主要和常用方法之一。VaR（Value at Risk）即处于风险之中的价值，也称为风险价值，其具体含义指在一定的时间和置信水平下，资产或者资产组合可能遭受的最大损失。VaR 可表示为 $prob\{\Delta V(\Delta t, \Delta x) \leqslant -VaR\} = 1 - c$ 或 $prob\{\Delta V(\Delta t, \Delta x) \geqslant -VaR\} = c$。

其中，V 是某一资产在一段时间内的价值变化数额；Δt 是存续期间；Δx 是特定时间内的风险因子；VaR 是预期可能的最大损失，是特定置信条件下的损失上限；c 是置信度水平；$prob$ 是在置信度为 c 的情况下资产价值的真实亏损小于或大于预期的损失上限的概率。

举例来说，99% 置信水平下的每日 VaR 为 1 000 万美元，其含义就是该笔资产或者资产组合在一天内的损失超过 1 000 万美元的概率为 1%，或者说有 99% 的把握保证该资产一天内的损失不超过 1 000 万美元。VaR 方法因其简单明了，一经提出就被各大金融机构广泛使用，已经成为金融市场风险度量的主要方法，可以用来测度金融机构的潜在损失，并确定资本充足率。

金融市场中的金融资产价格变化具有高频特点，收益率分布往往呈"尖峰厚尾"，即非正态分布的形式，但是可以运用适当的统计学方法来拟合 VaR 的预期收益率分布函数。假定碳金融资产的收益率 Rt 服从均值为 μ、标准差为 σ 的正态分布。给定置信水平 c，可以得到日度的碳金融资产价格的 VaR 为 $VaR = Z_c\sigma P$。其中，Z_c 为置信度水平为 c 下的标准正态分布分位数，σ 为金融资产收益率的标准差，P 为资产价格（价值）。如果收益率的分布服从学生氏分布，则碳金融资产价格的日度 $VaR = T_c\sigma P$，各参数含义同上。

碳金融市场风险本质上也表示为碳交易及其衍生金融产品市场价格的波动，因此在运用 VaR 度量市场风险时与度量传统金融风险并没有不同。但是碳交易市场规则不断变动、完善，交易规模有限以及交易时间较短，因此在运用该方法时相关的数理统计假设存在不足，仍有待时间的检验。

（二）其他方法

VaR—GARCH 模型被广泛应用于金融市场的风险测度中，其原理如下：对股指期货合约或股价指数的以往涨跌数据进行分析处理，并且和 GARCH 曲线进行拟合，得到方差方程及预测标准差，在一定的置信水平下采用风险价值的方法，较为准确地得出某个交易日股指期货合约的 VaR 值，并在一定的置信区间水平下检验其合理性。

久期（持续期）是测度利率风险的常用方法之一。麦考利久期可表示为

$$D = \frac{\sum_{i=1}^{n} \frac{t \times CF_t}{(1+r)^t}}{\sum_{i=1}^{n} \frac{CF_t}{(1+r)^t}} \tag{8-1}$$

式（8-1）中，D 表示债券或者债务资产的久期；CF_t 表示 t 时期的现金流；r 为市场利率（贴现因子）。式（8-1）的分母本质上就是债券的市场价值。在对麦考利久期公式进行调整变形后，可以获得修正久期 D_m：

$$D_m = \frac{D}{1+r} \tag{8-2}$$

式（8-2）能够直接解释碳债券市场价值因利率不利波动而遭受损失的程度。另外，也有一些学者在计量中利用 COUPLA 函数采用蒙特卡罗模拟等较为复杂的模型来进行市场风险度量，但是同样需要注意该方法对数据分布的特征要求，碳金融交易未必都能满足。总之，对碳金融市场风险的度量仍要结合未来碳金融市场发展趋势不断改进。

二、碳金融信用风险

信用风险是指在交易过程中因交易对手未按条款履行交易义务或信用质量失真，从

而对债权人造成损失的可能性。从事碳金融业务时，也必然会产生信用风险。例如，CDM 项目借款人发生信用违约，或是在从事与碳排放权相关的衍生品交易时，对手不履行交割义务等。碳金融信用风险具有一般信用风险的特征，但由于碳金融业务的复杂性和特殊性，它还表现出两个不同的特征。一是碳金融信用风险收益和风险分布的不对称性特征更加突出。一般来讲，与市场风险不同，信用风险的概率分布不是正态分布，也不具有对称性，而对碳金融信用风险来讲，这种特征将更加突出。以 CDM 项目为例，由于受到政策因素、项目复杂的审批程序以及 CERs 价格变动等因素的影响，从而导致 CDM 信用风险概率分布更加向左偏。而对于碳减排权的衍生品交易来说，交易对手违约的可能性将更大，这种不对称性也将更加明显。二是在碳金融信用风险中，信息不对称现象更加显著。如在 CDM 项目信贷中，由于信息不对称。对商业银行最不利的借款者却容易获得资金，这时就出现了"逆向选择"，当 CDM 项目出现不利因素时，又可能产生"道德风险"。

（一）传统信用评价方法

1. 专家法

专家法包括5C、5W、5P 等方法。5C 是指借款人的道德品质（Character）、还款能力（Capacity）、资本实力（Capital）、担保品（Collateral）和经营环境实力（Condition）。5W 即借款人（Who）、还款期限（When）、借款用途（Why）、担保物（What）和如何还款（How）。5P 为个人因素（Personal）、借款目的（Purpose）、偿还（Payment）、保障（Protection）、前景（Perspective）。上述方法尽管考虑角度存在差别，但内容基本一致。专家法是一种定性的评价方法，对于复杂的碳金融业务来讲，专家法难以有效评估碳金融交易中的信用风险。

2. 信用评级方法

根据企业相关指标的好坏将企业贷款信用分为若干个等级，通常分为外部机构信用评级方法和企业内部信用评级方法。外部机构信用评级方法一般将信用分为 1～9 或 1～10 个级别，企业内部评级方法的风险评级体系包括 0～12 级。例如，表 8－2 和表 8－3 分别给出了穆迪公司和企业内部评级体系。信用评级方法指的是预先找出影响违约行为概率的决定要素，然后对其汇总考虑并通过加权计算得到的数量值。

表 8－2   标准普尔公司的一般评级体系

评级等级	风险程度	评级等级	风险程度
AAA	最小	CCC	特别关注
AA	温和	CC	未达标准
A	平均（中等）	C	可疑
BBB	可接受	D	损失
BB	可接受但予以关注		
B	管理性关注		

注：AAA～A、BBB～B、CCC～C、D 代表机构的信用等级，从 AA 到 CC 的每个级别都会附加"＋"或"－"来调整，以表明其在同一信用等级内的相对质量。

表8－3   基本的风险评级体系

风险	企业评级	穆迪评级
主权债务	0	无对应
低风险	1	AAA
	2	AA
	3	A
中等风险	4	BBB＋/BBB
	5	BBB －
	6	BB＋/B
	7	BB －
高风险	8	B＋/B
	9	B －
	10	CCC＋/C
投机级别	11	CC － 发生违约
	12	

注：表中0～5级为投资级别，5～12级为投机级别。"＋"或"－"表明在同一信用级别内的相对风险程度（AA 到 CCC）。

3. Z 值和 ZETA 评分模型

Z 值评分模型是1968年阿特曼（Altman）提出的，其基本原理是利用统计方法来分析银行过去的贷款案例，选择出最能反映借款人财务状况、对贷款质量影响最大而且最具预测或分析价值的比率指标，并给出相应权重；通过判别分析法设计出一个能最大限度地区分贷款风险度的数学模型；对借款者的信用风险及资信进行评估、判别，并把借款人划分为偿还者和不偿还者两类。其基本内容为

$$Z = 0.012X_1 + 0.014X_2 + 0.033X_3 + 0.006X_4 + 0.999X_5 \qquad (8-3)$$

式（8－3）中，X_1 为流动资本/总资产（WC/TA），是反映流动性的比率；X_2 为留存收益/总资产（RE/TA），反映积累盈利能力的比率；X_3 为息前、税前收益/总资产（EBIT/TA），反映企业资产盈利水平的比率；X_4 为股权市值/总负债账面值（MVE/TL），反映公司负债额超过资产额以及破产前资产价值下降程度的比率；X_5 为销售额/总资产（S/TA），反映资本周转率和企业营销能力的比率。当 Z 值小于 1.81 时表示企业可能会破产；当 Z 值大于 2.99 时表示企业违约风险很小，不会破产；当 Z 值处于灰色区域中时，即（Z_0, Z_1）＝（1.81，2.99），则不能确定该企业是否会破产。

1977年，阿特曼等人对 Z 值评分模型进行了扩展，建立了第二代 ZETA 模型，使其应用范围更加广泛，并考虑了当时财务报告标准以及会计实务方面的变化。ZETA 模型为

$$ZETA = aX_1 + bX_2 + cX_3 + dX_4 + eX_5 + fX_6 + gX_7 \qquad (8-4)$$

式（8－4）中，X_1 至 X_5 与前式一致；X_6 为普通股五年的平均市场价值/长期资本总额，反映公司的资本化程度；X_7 为公司总资产的对数，反映公司规模。a，b，c，d，e，

f, g 为前置系数。ZETA 模型在变量选择、变量稳定性、样本开发、统计方法应用上，比 Z 值评分模型有了长足进步。

针对碳金融业务，特别是碳信贷，Z 值信用评分模型和 ZETA 信用评分模型适用性不强，主要因为两个模型都是简单的线性模型，理论基础薄弱，同时，两个模型过分依赖财务报表的账面数据，削弱了度量结果的可靠性和及时性。

（二）现代信用风险度量模型

现代信用度量方法主要包括违约概率（PD）估计、基于信用损失（CL）的信用 VaR（CVaR）计算、KMV 模型、信用等级转移概率、信用计量（CrdeitMertcis）模型等。

1. 违约概率估计

违约率大小的估计有两种方法：一是根据统计学方法估算违约概率；二是基于默顿（Merton）债务定价模型的违约率的近似估计（见本节 KMV 模型内容）。用统计学方法推导违约概率，主要是利用会计数据结合债务人的违约情况进行分析。通常使用的统计方法是 Logistic 回归和判别分析。Logistic 回归主要是根据业务规则，选取会计指标作为解释变量，直接预测和测量相对于某一事件的发生概率，对现有客户的违约和不违约样本按 0~1 分类，有

$$prob(0) = \frac{e^z}{1 + e^z} = \frac{1}{1 + e^{-z}} \tag{8-5}$$

其中，$z = B_0 + B_1 X_1 + B_2 X_2 +, \cdots, + B_p X_p$；$p$ 为解释变量的数量，B_0 为常数，B_1 至 B_p 为前置系数。相应地，不发生违约的概率为 $prob(1) = 1 - prob(0)$。判别分析是另一种常用的统计分析方法。其特点是根据已有样本的历史数据，总结出分类（即违约与不违约）的规律，建立判别函数。判别函数是基于统计的显著性，从会计数据中选取的变量，这些变量的系数代表了判别分析中相应的权重。该函数使得两组数据间的方差最大化，同时每组数据中的方差最小化。在遇到新的观测对象时，只要根据总结的判别函数就可以对其进行分类。

2. 基于信用损失（CL）的信用 VaR（CVaR）

信用损失（CL）是指信用风险所引起损失的额度。设有 n 种资产，则有

$$CL = \sum_{i=1}^{n} \eta_i \times CE_i \times LGD_i \tag{8-6}$$

当第 i 种信用资产发生信用风险时，$\eta = 0$；CE_i 为第 i 种信用资产的信用暴露；LGD_i 为第 i 种信用资产的违约损失率；$CE_i \times LGD_i$ 称为违约损失或违约暴露，即发生违约时的损失。可运用信用风险价值（CVaR）度量在一定置信度 c 下某种信用资产或信用资产组合在未来一段时间内的最大信用损失，即

$$prob(CL \leqslant CVaR) = c \tag{8-7}$$

假设 η_i 是服从伯努利分布的随机变量，设违约概率 $P(\eta_i = 1) = p_i$，则 η_i 的期望 $E(\eta_i) = p_i$，定义预期信用损失为 ECL，则

$$ECL = \sum_{i=1}^{n} CE_i \times E(\eta_i) \times LGD_i = \sum_{i=1}^{n} CE_i \times p_i \times LGD_i \tag{8-8}$$

式（8-8）中，$E(\eta_i) \times LGD_i$ 为第 i 种信用资产的预期损失率，其未预期信用损失

（UCL）是相对于预期信用损失而言的，指未预料到的损失，计算方法有以下两种：一是信用损失的标准差法，即 $UCL = D(CL) = D(\sum_{i=1}^{n} \eta_i \times CE_i \times LGD_i)$；二是通过信用损失的 VaR 法，首先计算出一定置信度 c 下最大可能信用损失即 VaR 值，该值与预期信用损失的差额记作未预期信用损失。

3. KMV 模型

KMV 模型由美国 KMV 公司（现已经被世界著名的信用评级机构——穆迪投资服务公司收购）开发并商品化。KMV 模型是以默顿（Merton）模型的基本思想为基础的一套量化信用风险的概念性技术。目前应用的信用风险度量方法大多数使用财务报告提供的会计数据，使用市场价格的模型则较少。财务报告反映的是公司历史情况，而市场价格则是前瞻性的。价格是由所有的市场参与者对公司未来前景进行评估分析而形成的。因此，最准确的信用风险度量模型应该同时使用这两种数据来源。KMV 的模型假设有以下四点。

第一，公司股票价格的变化是个随机过程、交易是无摩擦的，且企业价值变化过程服从布朗运动过程，即 $dS = \mu S dt + \sigma S dw$。其中，$S$ 表示标的证券的价格，常数 μ 和 σ 分别是标的证券瞬时期望收益和标准差，dw 是标准维纳过程。

第二，借款人资产价值大于其债务价值时，借款人不会违约；反之，借款人资产价值小于其债务价值时，借款人就会违约。

第三，借款人资本结构只有所有者权益、短期债务、长期债务和可转化的优先股。

第四，违约距离是对企业进行评级的一个合适指标。

KMV 模型的构建和计算可以分为以下三个步骤。

一是资产价值和资产收益率波动的估计。将公司股权所有者持有的股权价值 S_t 看作一份执行价格为 D（负债）的公司资产的欧式看涨期权。股权价值 S_t 估值为

$$S_t = h(V_t, \sigma_V, r, D, T) \tag{8-9}$$

式（8-9）中，V_t 和 D 分别表示资产的价值和负债；r 表示无风险利率；σ_V 指的是该企业资产价值的波动性；T 表示股票卖权的到期日或贷款期限。r 和 T 都可以从市场上直接获得，但是 V_t 和 σ_V 无法直接获得观测值。假设股权市值的波动性 σ_s 与其资产价值的波动性 σ_V 之间满足：$\sigma_s = g(\sigma_y)$，则可以通过股权价值和股权价值波动率计算资产价值和资产价值波动率。

二是计算违约距离（DD）。假设公司资产价值 V_t 服从几何布朗运动，利用 $\sigma_s = g(\sigma_y)$ 可得违约距离：

$$DD = \frac{\ln\left(\dfrac{V_t}{V_{\text{def}}}\right) + T\left(\mu_V - \dfrac{\sigma_V^2}{2}\right)}{\sigma_V \sqrt{T}} \tag{8-10}$$

由于公司资产价值不一定服从几何布朗运动，KMV 公司给出一个直接计算违约距离的方法：

$$DD = \frac{V_t - V_{\text{def}}}{\sigma} \tag{8-11}$$

三是计算基于违约距离的预期违约率（EDF）和经验 EDF。将违约距离（DD）代入累积标准正态分布函数 Φ 中，可以得到预期违约率（EDF），即 EDF = Φ（DD）和经验 EDF（基于历史违约数据的 EDF）：

经验 EDF =（期初违约距离 DD × 期末发生违约的企业数目）/ 期初违约距离为 DD 的企业总数

4. 信用计量（CrdeitMertcis）模型

该模型是 1997 年美国 J. P. 摩根等七家国际著名金融机构共同开发的信用风险度量模型。该模型构建在资产组合理论、VaR 等基础上，不仅能够度量传统的诸如贷款、债券等投资工具的信用风险，还可以应用于掉期、互换等金融衍生工具的风险测度，因而该模型迅速成为行业标准模型之一。信用计量（CrdeitMertcis）模型的假设为：

第一，市场风险与信用风险无关，债务未来市场价值和风险完全由其远期利率分布曲线决定。

第二，信用等级是离散的，在同一信用等级中的债务人具有完全相同的转移矩阵和违约概率，实际违约率等于历史平均违约率。

第三，风险期限是固定的，一般为 1 年。这实际上受制于所用评级机构的转移矩阵，这些转移矩阵是 1 年。

第四，不同债务人信用等级的联合分布使用两者资产回报率联合分布来估计，资产回报率的联合分布又使用所有者权益收益率的联合分布来代替。

第五，每个信用等级对应一条零利率曲线，而且在违约事件中设有回收率，即违约发生时，资产损失的部分等于 $CE_i \times LCD_i$。

第六，违约的含义不仅指债务人到期没有完全偿还债务，还指信用等级下降所导致的债务市场价值下跌，并且违约事件发生在债务到期日。

为了简单起见，仅对单一债务的违约概率进行测度。假定债券到期期限为 n，债券等级划分为 m 等级。信用风险的测度分为以下 3 个步骤。

步骤 1：确定债务未来各种信用等级出现的概率。单笔债务的信用等级变化概率由信用等级转移矩阵给出。

步骤 2：确定各信用等级出现时债务的未来市场价值。单笔债务信用等级的市场价值等于该资产未来全部现金流的现值，即

$$V_j = \sum_{k=1}^{n} \frac{M_{j,k}}{(1 = y_{j,k})^k} \tag{8-12}$$

式（8-12）中，V_j 表示在出现 j 信用等级时债务的现值；$M_{j,k}$ 表示信用等级为 j 时第 k 年净现金流量；$y_{j,k}$ 表示信用等级为 j 的债务第 k 年零利率收益率。

步骤 3：根据历史信用等级迁移概率得出该信用等级的迁移概率 P_j。计算债务在第 1 年末的期望值和方差，即

$$E(V) = \sum_{j=1}^{m} p_j V_j \tag{8-13}$$

$$\delta_p^2 = \sum_{j=1}^{m} p_j (V_j - E(V))^2 \tag{8-14}$$

还可以进一步确定对应均值的贷款价值的方差，以确定贷款价值的波动范围。

（三）信用等级转移

信用等级转移是指金融机构或企业等的信用等级将随着时间的推移，因为宏观、内部及其他一些因素的影响而发生相应变化。信用等级的变化一般用信用等级转移概率来刻画，在确定信用等级转移概率时初始等级和期限是最重要的两个因素。按特定公式得到信用等级转移概率后，还需要在初始评级基础上考虑由权威评级机构评估的企业所经历的各种历史事件的情况，对信用等级转移概率作出进一步的修正，然后可得到相应的信用等级转移概率矩阵，简称信用等级转移矩阵，如表8-4所示。例如AA行A列的元素为7.79%，表示初始信用等级为AA的负债人，1年内信用等级转移到A的概率为7.79%。

表8-4　　　　　　　标准普尔公司公布的1年内信用等级转移矩阵　　　　　单位：%

初始等级	一年后等级							
	AAA	AA	A	BBB	BB	B	CCC	违约
AAA	90.81	8.33	0.68	0.06	0.12	0	0	0
AA	0.7	90.65	7.79	0.64	0.06	0.14	0.02	0
A	0.09	2.27	91.05	5.52	0.74	0.26	0.01	0.06
BBB	0.02	0.33	5.95	86.93	5.3	1.17	1.12	0.18
BB	0.03	0.14	0.67	7.73	80.53	8.84	1	1.06
B	0	0.11	0.24	0.43	6.48	83.46	4.07	5.2
CCC	0.22	0	0.22	1.3	2.38	11.24	64.86	19.79

三、碳金融流动性风险

流动性风险是指为满足客户的流动性需求，而引起成本增加或价值损失的可能性。它包含大量交易、及时交易以及不变价格交易的能力这三个方面。碳金融流动性风险分为资产流动性风险和负债流动性风险。如果碳金融资产到期不可以如期足额收回、不能到期偿还负债、无法满足新的合理贷款要求及其他融资需求等，进而引起损失的可能性，即为资产流动性风险。负债流动性风险指金融主体从事碳金融业务筹集的资金时，因为不能按照市场公平价格借入一定规模的资金而导致损失的可能性。

一般来说，可以通过对碳金融交易主体的财务指标与市场反馈信号来初步度量流动性风险。这些财务指标包括现金比、贷存比、贷款总额与核心存款的比、核心存款与总资产的比、流动资产与总资产的比等。然而在现实社会中，靠单纯的财务指标来判断流动性风险还是不够的，尤其对规模较大、业务复杂的大型金融机构来讲更是不完善的，因此，需要借助各种流动性分析方法使风险的度量和评估更为准确。

（一）基于VaR的流动性风险价值法

基于VaR的流动性风险价值法，就是借助于VaR方法，通过计算净现金流量的流动性风险值来评估流动性风险的方法。L_VaR表示在一定显著水平下流动性不足时或流动性过剩时的最大可能净现金量。为计算净现金流量的 L_VaR，首先需要给出计算现金流量的公式以及现金流未来变化的概率分布。

1. 净现金流量与远期支付结构

假设 d 为单笔碳金融交易的净现金流量，那么，交易 d 在 k 日产生的实际净现金流量 $CF(d,k)$ 被定义为

$$CF(d,k) = CF_+(d,k) + CF_-(d,k) \qquad (8-15)$$

式（8-15）中，$CF_+(d,k)$ 为交易 d 在 k 日产生的现金流入，取正值；$CF_-(d,k)$ 为交易 d 在 k 日产生的现金流出，取负值。则净现金流量为

$$\{cumCF(d,1), cumCF(d,2), \cdots, cumCF(d,k)\}, \forall k \in \{1,2,\cdots,k\} \quad (8-16)$$

式（8-16）被称为碳金融交易 d 的远期支付结构。其中，$cumCF(d,k) = \sum_{t=1}^{k} CF(d,t)$。根据定义，远期支付结构就是交易所产生的累计净现金流量。通过累计净现金流量可以考察一定时间内一项交易、一个资产组合以及一个机构的偿付能力。假设一个交易资产组合为 $(d_1, d_2, \cdots, d_i, \cdots, d_n)$，$d_i$ 为资产组合的一笔交易，对于 k 日，碳金融资产组合的总现金流入为

$$CF_+(D,k) = \sum_{i=1}^{n} CF_+(d_i,k) = CF_+(d_1,k) +, \cdots, + CF_+(d_n,k) \quad (8-17)$$

总现金流出为

$$CF_-(D,k) = \sum_{i=1}^{n} CF_-(d_i,k) = CF_-(d_1,k) +, \cdots, + CF_-(d_n,k) \quad (8-18)$$

则 k 日的碳金融资产组合净现金流量为

$$CF(D,k) = CF_+(D,k) + CF_-(D,k), \forall k \in \{1,2,\cdots,k\} \qquad (8-19)$$

碳金融资产组合的远期支付结构可表示为

$$cumCF(D,k) = \sum_{t=1}^{k} CF(D,t) \qquad (8-20)$$

2. 对净现金流量未来变化分布的估计

估计方法主要有两大类：一是概率模型，包括蒙特卡罗（MonteCarlo）模拟和期限结构模型；二是行为模型，包括趋势模型、周期模型和关联模型。

蒙特卡罗模拟的基本思路：首先建立可以描述净现金流行为的随机模型；其次使用蒙特卡罗方法对净现金流量的概率分布进行模拟；最后根据净现金流量的概率分布，计算满足一定置信度水平下净现金流量的最大可能值或最小可能值。

期限结构模型的基本思路：首先，计算存款余额与利率之间的相关性；其次，基于利率期限结构模型计算存款余额对收益率的敏感性；最后，运用这些敏感性数据来计算活期存款的存续概率。

行为模型的基本思路：通过分析历史时间序列来确定该序列的"行为"特征，可以用来考察一个没有到期日的资产或负债组合，也可以用来直接考察历史的净现金流量。

3. 净现金流量的流动性风险值 L_VaR 的估计

获得净现金流 $CF(d,k)$ 的概率分布之后，就可以度量一定显著水平下的 L_VaR。对于给定显著性水平 α 和 β，设 l_k 是使得 $CF(d,k)$ 小于 l_k 概率为 α 的最大值，即 $P\{CF(d,k) < l_k\} = a$；h_k 是使得 $CF(d,k)$ 大于 h_k 概率为 β 的最小值，即 $P\{CF(d,k) > h_k\} =$

β。l_k和h_k可以分别看作为给定显著水平α和β下净现金流$CF(d,k)$在k日的最大和最小净现金流量，并且分别通过现金流$CF(d,k)$的左尾和右尾分布计算得到，反映了在给定的显著水平α和β下，k日出现流动性不足和流动性过剩的最大或最小可能净现金流量。同理，从现在时刻起未来1天到k天的最大可能净现金流量和最小可能净现金流量分别为

$$L\_VaR\_l_k = cuml_k = \sum_{t=1}^{k} l_k \qquad (8-21)$$

$$L\_VaR\_h_k = cumh_k = \sum_{t=1}^{k} h_k \qquad (8-22)$$

假设$CF_{expect}(d,k)$表示交易d在k日的预期现金流量ECL，即某日最大可能发生的净现金流，因此有

$$CF_{expect}(d,k)cuml_k \leq CF_{expect}(d,k)cumh_k \qquad (8-23)$$

流动性风险价值法考虑了一定置信水平下现金流量的最好和最坏情况，现实指导意义很大。当k值增加时，最低值与最高值两条曲线与累积的ECL差别越来越大，呈现出分散趋势。由于$cuml_k$和$cumh_k$给出了所在区间的极端情况，但是极端情况一般不容易发生，因此，有可能夸大流动性风险。修正方法为：假设只考虑k日极端波动的影响，把l_k和h_k与累积净现金流量相加，所得的$cumCF(d,k)$值就不会相差太大，即

$$L\_VaR\_l_k = cuml_k = \sum_{t=1}^{k-1} CF(d,t) + l_k \qquad (8-24)$$

$$L\_VaR\_h_k = cumh_k = \sum_{t=1}^{k-1} CF(d,t) + h_k \qquad (8-25)$$

（二）市场流动性风险的度量方法

对于交易账户资产较小的金融机构，流动性风险源于整体的资金不匹配风险，因而产生的市场流动性风险较小，常被忽视。但是对于需要进行大量资产交易的金融机构来说，市场流动性风险很大，有的甚至决定整个金融机构的流动性状况。市场流动性风险的主要度量方法为La_VaR法。La_VaR法包括基于买卖价差的外生性La_VaR法和基于最优变现策略的内生性La_VaR法。

1. La_VaR法基础

传统VaR计算法有一个基本的前提假设，即市场的流动性是完全的，资产的盯市价值等于真实价值。然而，实际资产的交易价格应分为两部分：代表资产内在价值的中间价格（流动性完全时）和因市场流动性因素而导致的交易成本。仅基于内在价值来计量市场风险的传统VaR方法，实际上只考虑了中间价格的波动，La_VaR法则综合考虑以上两部分的风险，度量的是由流动性风险因子和市场风险因子构成的集成风险。集成风险因子I可以表示为：$I = M + L$。其中：M为市场风险因子；L为流动性风险因子。La_VaR可表示为

$$La\_VaR = VaR(I) = VaR(M + L) \qquad (8-26)$$

式（8-26）主要有四种解决办法：

一是传统的VaR法——假设市场流动性完全，则$La\_VaR = VaR(M)$。

二是简单加总方法——假设M和L完全正相关，则$La\_VaR = VaR(I) = VaR(M) +$

$VaR(L)$，对于外生流动性风险度量，常用此办法，对于内生流动性风险度量，一般不考虑。

三是线性相关系数方法——使用线性相关系数衡量风险因子的相关性，设 ρ 是流动性风险因子和市场风险因子的线性相关系数，则 La_VaR 表示为

$$La\_VaR = VaR(I) = \sqrt{VaR(M)^2 + VaR(L)^2 + 2\rho \times VaR(M) \times VaR(L)} \tag{8-27}$$

此法只在正态分布和 t 分布时成立，不具备一致性风险度量准则。

四是基于 Copula 函数的度量方法——借助 Copula 函数处理风险因子的相关关系，使用 Copula 函数构建两个风险因子的联合分布函数，通过联合分布函数模拟出集成风险因子的概率分布，并在此基础上估计出一定置信水平下的 La_VaR。

2. 基于买卖价差的外生性 La_VaR 法

若买卖价差比率 s 固定，则

$$La\_VaR = VaR(I) = VaR(M) + VaR(L) = Wz_\sigma + \frac{1}{2}Ws \tag{8-28}$$

式（8-28）中，W 表示初始资本或组合价值；σ 为市场价格的波动率；z 为一定置信水平下的分位数。若买卖价差比率不固定，且具有随机波动性，则定义 t 时间的资产价格的对数收益率 γ_t 为

$$\gamma_t = \ln P_t - \ln P_{t-1} = \ln \frac{P_t}{P_{t-1}} \tag{8-29}$$

其中，P_t 为 t 时刻的市场中间价。考虑了流动性风险后的 VaR 值的计算公式为

$$La\_VaR = P_t\{1 - \exp[E(\gamma_t) - z\theta\sigma_t] + \frac{1}{2}P_t(\bar{S} + \gamma_t\bar{\sigma})\} \tag{8-30}$$

其中，σ_t 是 γ_t 的方差；z 是一定置信水平下的分位数；θ 为一个调整参数，即有 $\theta = 1 + \Phi\ln(k/3)$，表示对数分布与正态分布的偏离程度；$\bar{S}$ 和 $\bar{\sigma}$ 分别表示买卖价差的均值和标准差；γ_t 是一定置信水平下买卖价差比率实际分布的分位数。假设对数收益率服从正态分布，买卖价差具有不可确定性，则由上式可得一定置信水平下由流动性调整的 VaR 为

$$La\_VaR = VaR(I) = VaR(M) + VaR(L) = Wz_\sigma + \frac{1}{2}W(\bar{S} + \alpha\bar{\sigma}) \tag{8-31}$$

3. 基于最优变现策略的内生性 La_VaR 法

由于碳金融资产变现者总是根据资产交易数量与变现时间因素寻求最优变现策略，以充分降低市场流动性风险。因此，把根据最优变现策略而计算得到的内生性 La_VaR，称为基于最优变现策略的内生性 La_VaR，是在传统 VaR 的基础上进一步考虑流动性的数量属性对价格的冲击效应而构建的。基于最优变现策略的 La_VaR 计算方法如下。

首先，基于线性市场冲击效应函数估计不同变现策略下的流动性成本，引入市场冲击效应函数 $P(q) = P_0(1 - kq)$。其中，P_0 为资产在某种变现策略下的初始价格；q 为交易量；k 为交易量的市场冲击系数。根据上式可以分别获得即时变现（IL）和分批变现

（BL）两种不同的变现策略所带来的流动性成本或变现成本。

在即时变现策略下，流动性成本为 $C_{IL}(W) = q[P_0 - P(q)] = kq^2 P_0$；在分批变现策略下，第一次变现后的流动性成本为 $C_{BL}(W) = q[P_0 - P(q/n)] = kq^2 P_0/n$。其中，$n$ 表示变现的天数；q/n 意味着在 n 天内每日以固定比例进行变现，直到变现结束。

其次，进行最优变现策略的分析与确定。确定最优变现策略的模型主要有三种（见表 8 – 5）。

最后，计算最优变现策略的碳金融的 La_VaR 值。

表 8 – 5　　　　　　　　　　最优变现策略模型

变现策略	计算公式
成本最低变现策略	$minC_x(W)/x$
成本与市场风险搭配值最小策略	$min[C_x(W) + \lambda V_x(W)]/x$
投资者期望效用最大策略	$maxE_x(u_\pi)/x$

注：λ 为投资者对市场的厌恶程度；u_π 为投资者的随机效用函数；π 为采用变现策略 x 完成变现行为的损益；$E_x(u_\pi)$ 为随机效用函数 u_π 的期望效用。

第四节　碳金融风险管理和监管

一、碳金融风险管理

（一）碳金融风险管理主要策略

碳金融风险管理是指金融机构或者投资者在风险识别和评估的基础上，综合平衡风险管理的成本（采取相应风险管理技术手段的成本）与收益（采取风险管理后能有效降低的损失），采取合适的应对政策或措施来降低风险带来的影响。碳金融风险管理方法和手段在本质上与传统金融风险管理手段没有显著的差别，主要有风险规避、风险转移、风险承担和风险对冲策略四种。

1. 碳金融风险规避策略

碳金融风险规避策略是指碳金融交易主体及时发现可能存在的风险源并进行有针对性的风险规避。具体来说，可以结合不同类型的碳金融风险采取相应的规避策略。以常见的碳金融信用风险为例，在国家层面可以建立信息披露机制，以此促进信息的公开透明，规避逆向选择行为的发生；商业银行等金融机构可以通过加强碳信贷项目的贷前审核，及时发现项目存在的各种风险点，针对技术不是很成熟或者市场前景非常不明了的项目，可以考虑拒绝发放贷款，实现风险规避。

2. 碳金融风险转移策略

碳金融风险转移策略是指通过购买金融衍生产品或者采用其他合法的经济措施将风险转移给其他经济主体的一种策略。通常来说，被转移者是否接受或者承担，主要取决于其运用大数定律合理科学预测未来损失的结果。从这个角度来说，采用碳金融风险转移策略只是将风险从一个经济主体转移到另一个经济主体，并未改变整体风险水平，所以这种风险管理策略通常无法消除系统性风险。碳金融风险转移的终极形式就是再保险，因为碳金融业务的再保险风险程度较高，一般性的保险机构无力承担，所以通常由政府主导来开展相关的再保险业务。因此，碳金融业务的再保险具有一定的政策性属性。

3. 碳金融风险承担策略

碳金融风险承担策略是指金融机构理性地主动承担风险，以内部资源，如风险准备金、自有资本等，弥补可能发生的损失。通常来说，针对发生概率极小且不可保的碳金融风险，或者虽然发生概率较高，但是损失程度较低且风险事件之间相互独立的风险可以采用此种策略。碳金融机构在进行风险管理资本计算时应充分考虑碳金融业务的占比、碳金融业务自身的风险程度及其造成的潜在损失来建立相应的风险准备金。

4. 碳金融风险对冲策略

碳金融风险对冲策略是指金融机构通过投资或购买某种与标的资产收益负相关的资产或衍生品，来冲销标的资产潜在损失的一种策略。风险对冲策略较多运用于金融市场风险的管理中，碳金融市场上的各种与碳交易相关的衍生品可以用来管理碳金融基础产品的市场价值波动风险。但是，2008年国际金融危机爆发后，金融创新与金融风险管控二者的关联已经成为人们关注的重点。合理使用金融创新，最大限度地发挥其风险分散和套期保值功能已经成为金融风险管理中的一个重点和难点。另外，金融机构也可以通过资产负债表或某些具有收益率负相关关联的业务组合的对冲特性来实现表内对冲。

（二）碳市场中各主体的碳金融风险管理

1. 企业碳金融风险管理

（1）制定碳金融风险管理策略。企业进行碳金融风险管理时，可以根据风险程度大小，采取风险承担、风险规避、风险转移等措施。对于风险程度较小，不会对企业产生较大损失的风险因子，企业可以主动承担或被动接受；对风险程度比较大的风险因子，企业为避免承担不利后果，可以退出或者停止含有这类风险的活动；由于企业不可能停止所有风险较大的活动，这时企业可以采取风险转移的方式，将全部或部分碳金融风险转移到保险公司或者其他企业。例如，对A电力企业而言，环境政策风险、组织风险、CER价格风险和CER交付风险权重占比较小，企业就可以选择风险承担策略；而企业要进行碳资产交易，就不可能规避价格风险，那么最好的方法就是将这类风险转移出去。我国保险公司正在积极探索碳保险相关的保险产品，一旦产品成型，就可以非常有效地防范企业所面临的相关风险。

（2）增强企业全员风险意识。对控排企业而言，必须加强培养企业员工对碳金融风险意识，增强企业对于风险的敏感性。在企业中，不仅是决策者需要对碳金融风险保持较高的警惕，企业的经营管理者、合作者、普通员工等，都要树立风险意识。这对企业的管理者提出较高的要求，要让员工重视气候变化对企业的影响，意识到企业碳资产的重要性，对企业面临的风险有明确的认知，这样才能保证在工作中不遗漏任何一种碳金融风险因子。

（3）提高企业自身风险管理能力。企业可在内部组建碳风险管理和防控部门，由具备风险管理专业知识的人才进行监管和调控。风控部门应建立和完善风险管理机制，合理运用碳金融风险管理工具，制订风险分散和对冲的应对方案。此外，企业还要建立信息收集渠道和平台，收集碳市场上交易价格等相关信息，通过对未来风险的预测分析，对可能产生的价格风险提前做好防控工作。

2. 政府碳金融风险管理

（1）制定合适的碳配额分配机制。碳配额是整个碳金融市场的基石，对碳金融市场交易的可持续发展至关重要。碳配额市场产生的主要目的是根据企业的温室气体产生量进行合理分配排放的额度，提高资源的分配率，以低成本实现减排的目的。目前，我国的碳配额分配主要方式有拍卖制、免费分配、混合模式。目前，我国正处于七大试点城市的配额分配制度向全国统一分配制度过渡的关键时期。为了避免衔接过程中不同层次的市场摩擦产生的市场风险以及政府与市场之间边界模糊造成的政策风险，从而传染给整个碳金融市场，政府应逐步更新碳配额分配机制，加速一级市场取代分散的试点市场，实现配额分配制度的全国统一，进而促进碳配额市场稳定和碳金融市场秩序规范。

我国碳市场正处于加速发展阶段，碳配额资产分配机制并未完全统一，各试点地区都有自己的分配标准，且初始分配方式均以免费分配为主，以拍卖和固定价格出售方式为辅。随着我国碳市场的发展逐渐成熟，碳配额资产的分配方式以拍卖的分配方式为主，采用有偿拍卖碳配额的方式进行碳配额分配。一方面，可以让企业根据自己的排放量来确定相应的配额量，避免获得过量的碳配额资产，实现供给的有效控制；另一方面，也可以调动企业积极参与碳减排行动，充分发挥市场调节机制的作用。

（2）规范碳排放权。碳排放权是碳金融市场的核心，关系着碳减排目标的实现程度，是国际上承认的具有经济价值的可进行交易的权利，因此必须明确碳排放权的财产权属性及法律地位，否则可能诱发碳金融风险。经过 20 年的探索和实践，碳排放权交易的运作程序已经趋近成熟，我国应借鉴国际先进经验，并结合我国的基本国情完善碳排放权体系上的不足，针对市场变化及时调整策略，做好顶层设计。此外，鉴于碳排放权的跨部门性，建议就监管内容和监管权限等重要的防范预警手段建设包括金融机构、合法投资者、政府等多方共同参与的碳现货市场和期货市场的综合性市场管理体系。

（3）完善法律体系。我国碳交易市场还处于建设阶段，碳交易过程中各个环节的法律法规尚不完善，尤其是碳交易价格风险管理理论和实践经验的欠缺，导致我国碳交易价格风险管理的法制基础薄弱。因此，应该通过相关的法律或规章，明确规定碳交易价格风险紧急状态制度，并在此基础上，进一步建立碳交易价格风险突发事件应对机制和紧急法律制度。只有实现碳市场风险监控的法治化和高效化，才能够持续地为碳交易价格风险预警的建设提供强有力的后盾。首先，政府应该通过制定相关的法律法规或条例来保证碳交易的合法地位；其次，政府还可以对参与碳交易的交易原则、准入条件、交易规范等方面作出严格详细的规定，保护企业、机构投资者和个人投资者的合法利益，规范碳交易市场，对于碳市场上恶意投机的行为加以约束，对于非法进行碳交易的现象加以遏制，通过强制的手段，责令长期存在高风险碳交易价格的交易所停业整顿；最后，实时监控各个碳交易所的价格风险，对于可控的碳交易价格风险，及时跟踪预测，在必要的时候，可以进行干预指导。

（4）鼓励企业积极参与碳交易。首先，针对碳配额资产交易，需要对电力企业制定具体的奖惩措施，对于碳排放指标完成较好的企业，可为其减免部分交易费用和相关税费，对于减排指标完成不达标的企业，可制定不达标标准，进行相应的资金惩罚或者对企业业务量进行限制，迫使其完成碳减排任务。其次，在碳资产交易中，企业的审批程序和交易规则较复杂，不利于碳市场的流动性，政府应当尽快制定出台一套高效率的碳资产交易审批程序和交易规则，方便注册登记和交易结算。例如，在 CDM 项目交易中，应当减少项目的申报和审批流程，缩短审批时间，提高审批效率，创新和研发碳减排量监测和核证方法，提高监测和审核效率。最后，政府可以为企业搭建融资平台，利用自身职能沟通好企业和投资方，拓展企业的融资渠道。此外，政府还应发挥帮扶作用，为减排企业建立专项基金，提供资金支持，提供无息或低息贷款等，从而鼓励企业进入碳市场交易，从而提高碳资产交易市场的流动性。

（5）优化碳交易价格风险管理体系。碳交易价格风险管理体系是在对碳交易价格风险防范和预警研究基础上的进一步完善和总结。同时，碳交易价格风险管理的专业化水平也会对其监控和预警效果提供保障，提高对碳交易价格风险的防范水平，三者相辅相成。碳交易价格风险管理体系的构建要注重在宏观层面的优化，以及微观层面信息共享平台的建立，以期通过宏微观方向的共同保障，推进专业化的碳交易价格风险管理体系的建设进程。从宏观角度出发，首先应该完善碳交易价格风险管理模式，优化管理的组织结构；其次应该扩大碳交易价格风险管理的层面和内容，将碳交易市场内和价格风险有关联的其他风险因子纳入管理体系中。

虽然政府是碳交易价格风险管理的主体，各个碳交易所和金融机构也可以凭借自身的优势，组织整合大量信息资源。伴随着信息时代的发展，信息资源的丰富性使得各个主体之间信息不对称越发严重。因此，碳交易所和金融机构之间应该及时将碳交易信息反馈给政府，方便政府了解整个碳市场的动态。政府也应该适当地提醒暴露在碳交易价格风险之下的交易所，督促其尽早制定风险解决措施。

3. 金融机构碳风险管理

首先，金融机构应优化碳金融交易环境。金融机构要发挥好金融中介服务职能，注重碳金融专业人才的培养，研习国外碳衍生品成熟的交易经验和技术，注意运用先进预测技术与可行的交易工具进行跨市场风险管控等。其次，金融机构应激发碳市场活力。金融机构要善于拓展碳金融业务范围和业务种类，通过丰富交易产品，加强碳金融创新，开发风险转移工具，能够进一步推进碳衍生品市场的建设，扩大碳市场参与者的投融资渠道，以吸引更多的碳市场参与者，增强碳市场的流动性、激发碳市场活力。

碳金融中介机构的建立，对于保障碳交易价格风险预警的监控起到了辅助作用。我国政府部门制定了多项政策作为支撑，积极鼓励各大金融机构，尤其是商业银行开发碳金融理财产品，通过多种渠道进行碳减排项目的合作和交流，促进碳交易相关业务的有效开展。借鉴传统的金融服务业，例如，为企业提供参与碳交易的咨询业务；或是为投资者给予碳减排项目的投资建议。此外，金融机构可以凭借其雄厚的资金支持，结合碳交易产品的特有属性，利用先进的风险监测方法和管理技术，对市场中的碳交易价格风险进行监控，辅助政府的价格风险监控体系有效运行。

二、碳金融风险监管

碳金融市场的不确定性可能会给碳金融交易主体带来损失，加剧碳金融市场的波动，甚至会给整个社会经济带来一系列风险。各国政府在大力发展碳金融项目的同时，也非常重视碳金融风险监管体系建设，制定相应的碳金融法律法规，规范各金融机构碳金融交易行为，并为市场交易主体创造良好的外部环境，促进良好有序的碳金融市场运行。

（一）碳金融市场监管原则

1. 公平、公正、公开原则

公平、公正、公开是碳金融市场风险监管的基础原则。公平原则是指碳交易主体在进行碳金融交易的过程中，以平等的法律地位履行各自的义务，享有相应的权利。只有遵守公平原则，才能为碳金融市场营造一种公平竞争和合作互利的环境。公正原则是指碳金融市场的管理部门必须能够从公正的角度履行其职责，并且在交易的各个环节对相关交易主体进行监管，对参与碳金融交易的各方主体给予一律平等的对待，不允许任何参与者利用某种特权凌驾于法律之上行为的发生。公开原则是指在碳金融市场中，各种与交易有关的信息必须能够及时、公开、透明地对外披露，使参与者能及时、准确、完整地了解相关市场信息。建立公平、公正、公开的风险监管原则，是形成合理碳金融交易秩序的基本要求，也成为碳金融监管机构设计相关法律制度和行业规范必须遵循的重要原则。

2. 依法监管与严格执法原则

依法监管与严格执法是各国碳金融监管当局共同遵守的一项原则。首先，要求监管主体有完善的碳金融政策及法规条例。其次，要求监管主体具有明确的责任和目标，并有充分的自主权和资源。最后，碳金融监管必须依据现行的法规，保持监管的严肃性、权威性、连续性和一贯性。例如，碳金融监管当局及其工作人员在执行监管公务如办理市场准入、确定性质、核准业务范围、审批碳金融产品以及例行检查时，自觉遵守法律法规，学法、知法、懂法，依法办事，严肃执法。

3. 内控与外控相结合原则

要保证监管的及时和有效，客观上需要外控与内控的有机配合。如果监管对象不配合、不协作、设法逃避应付，再严格缜密的外部监管也难以收到预期效果；相反，如果依赖内控，则可能诱导一些碳金融机构违规经营，产生碳金融风险。外部监管应有利于促进被监管机构内部自我约束机制的建立和高效运行。把碳金融机构内部的自我约束与外部强制管理结合起来，调动被监管者的内在主动性，通过其自我约束机制来防范碳金融风险的发生，是有效监管的重要途径。

4. 监管适度与合理竞争原则

碳金融监管的根本宗旨是通过适度监管，形成和保持碳金融的适度竞争环境。检验监管效果的根本标准是能否促进碳金融的健康、可持续发展。如果监管过严或过度，抑制了竞争和创新，就必然限制碳金融的健康发展，削弱国家碳金融市场的竞争力；相反，如果碳金融监管不到位，碳金融市场将出现恶性竞争，引起碳金融经济秩序混乱，加剧碳金融风险。各国监管当局普遍依据监管适度与合理竞争原则，允许有利于经济发展的、能扩大碳金融消费的金融业务创新，以便扩大碳金融市场和创造客户需求，使碳金融监管达到"管而不死、活而不乱"。

5. 有机统一原则

碳金融监管的有机统一原则要求监管工作实现如下统一：一是各级碳金融监管机构统一监管标准和口径，不能各自为政、重复监管，或自相矛盾、留下缺口；二是宏观碳金融监管与微观碳金融监管统一，微观碳金融政策、措施、监管方法等不能同宏观碳金融政策制度相矛盾；三是国内碳金融监管与国际碳金融监管相统一，尤其是在各国国内经济与世界经济逐步接轨的情况下，国内碳金融监管政策、法规、措施也要与国际接轨。

6. 监管能效原则

要充分考虑监管系统的效率，监管应以最低的成本达到监管目的，实现监管最优化。监管体制设计、监管资源运用、监管方式方法选择、监管覆盖面及力度等，都要体现这一原则。要综合运用经济手段、行政手段、法律手段等，采取现代化、系统化、科学化的监管工具和方法，结合日常监管和重点监管、事前督导与事后监察，确保碳金融监管的优质高效。

（二）碳金融监管目标

金融监管的出现是为了解决金融市场失灵问题，即消除或减少市场中存在的自然垄断、外部性、信息不对称和市场竞争的不完全性，从而扭转市场偏离帕累托最优，防范、控制和化解系统性金融风险，维持稳定和均衡的宏观经济环境。碳交易买卖双方、碳金融投资者、碳金融中介机构是碳金融市场最重要的主体，必须充分维护和合理保障其合法权益，这样才能促使碳金融市场持续健康发展，促使各类交易主体成为推动碳金融市场的重要动力。因此，应通过制定相关法律法规，建立完善的交易秩序，切实维护交易参与者的利益，并在此基础上实现公平、公正、公开的碳金融交易。

1. 形成完善的碳金融交易定价机制

科学合理的交易、定价机制是碳金融业务公平高效发展的基础，也是碳金融市场成熟发展的标志。碳价格直接反映了碳交易市场的供求关系，并且碳交易价格与很多行业产品也存在密不可分的关系，特别是受到石油、天然气、钢铁、造纸、电力产量的影响，碳市场价格及其传导机制直接影响排放企业、碳市场投资者及相关能源和高新技术等市场的投资决策。因此，一个权威的碳价格形成机制是碳金融市场健康发展的根本。在一个有较强流动性的市场中，众多的交易者通过买卖行为将信息带到价格决定过程中，通过公平竞争形成价格发现机制。如商品现货市场大多从期货交易所中获得实时价格，在交易所每一时刻都会产生新价格、记录并几乎在同一时刻传输出去。碳市场同样如此，因此，就需要监管机构监管交易所私下出售实时价格数据，从而赚取额外收益的违规行为。价格信息的可获得性取决于监管范围和监管规则的设置，由于越来越多的碳金融衍生品并非通过交易所交易，而是在场外进行，因此场外市场的价格形成机制也是碳金融市场监管主要目标之一。

2. 平衡信息透明度与保密性

在碳交易过程中，信息不对称现象非常突出，已成为碳金融信用风险的重要来源。因此，对于监管机构而言，如何平衡碳金融交易市场信息透明度和保密性之间的关系是一个很难把握的问题。碳金融监管的重要职责之一就是帮助碳金融交易市场参与者及时、准确地获取信息，避免信息不对称带来的风险。因此，在碳金融监管中必须要求碳交易主体各方在交易过程中的信息要透明。但是，在信息披露的同时也会存在相应的问题，并给交易方带来一定的潜在风险。如果碳金融市场过于透明，信息披露也会因破坏交易双方的保密性而增加投资者的成本，从而对市场交易产生了一定的消极影响。例如，很多大型交易者为了减少交易成本增加的可能性，往往选择匿名交易，避免其他交易者跟风或者模仿进而影响其交易决策。同时，监管机构可能会因为某些重要项目或者计划需要对一些与价格有关的敏感信息进行收集，例如需要根据企业实际排放的数据进行配额的分配等。在信息收集处理的过程中，不可避免地会对碳金融市场价格信号产生重要影响。因此，为了避免或减小信息披露带来的影响，监管部门应设计出合理有效的披露程序和相关制度条款。

3. 保证交易规则的有效执行

在碳金融交易市场上，交易商和中介服务提供商对投资者的欺诈、交易方进行的内幕交易以及市场垄断者长期的价格操纵等已经成为最常见的违规行为。这不仅损害了碳金融市场各交易主体的合法经济利益，而且严重破坏了碳金融市场资源配置职能，对传统金融监管部门的监管制度与功能提出新的挑战。

（1）谨防投资者欺诈。金融监管部门在防止和惩罚欺诈上积累了很多经验和案例，拥有大量监管工具。随着碳市场的建立，在减排体系范围内的企业为数众多，将为监管带来巨大的压力。但不同市场交易形式的监管压力不同。指定交易所或其他交易平台进行的交易在传统金融监管部门的监管下，可依靠原有的证券市场和衍生品市场的监管经验及其监管功能的延伸对投资者诈骗进行监管。但场外市场的碳交易参与者一般在该领域不具备丰富的投资经验，因此，对这一市场参与者的监管和保护需要有针对性地设计更为详尽的监管框架，完善相关的法律法规。

（2）控制内幕交易。内幕交易这个概念在证券市场和期货市场上不尽相同。在《证券法》下，对"内部人"的定义在最近几十年已经通过立法和法庭裁决有所扩展，除了公司内部人，特定环境下的投资银行、记者和委托人都会被包含在内。而期货市场则不存在"内部信息"这样一个概念，期货价格的发现过程正是取决于这些融入价格之内的各种信息。欧洲的经验表明，碳金融市场已经出现利用内部非公开信息进行交易的情况。碳现货交易市场可能由于滥用信息而引起经验丰富的机构交易者和经验匮乏的散户交易者之间产生信息不对称。如果市场参与者很容易获得实时价格数据，滥用信息的可能性将大大降低，因此明确现货监管部门以及现货交易的数据报告责任显得极为重要。

（3）防止市场操纵。某家排放量很大的企业，或者几家可联合行动的企业，有足够的影响市场的能力。因此，配额市场也同样会面临垄断和市场挤压的风险。市场操纵者可以大量囤积配额，同时持有期货或远期头寸以要求其他人在未来向他们交货。如果对市场的挤压成功了，那些负有交货义务的交易者就没有其他选择，只能从市场操纵者手中以其控制的价格买入配额，然后再将这些配额以期货和远期合同中规定的较低的价格卖回市场操纵者手中。这种市场操纵会导致配额价格在较长时期内远远超出市场正常（有效）水平。

美国商品期货委员会（U. S. Commodity Futures Trading Commission，CFTC）有一系列适用于现货和期货市场的监管手段防止这类操纵行为，例如，大型交易者汇报系统，任何持有合同超出某一特定额度的企业必须每日报告其投资额；持续监控商品可交付的供给量，尤其是当期货合同接近到期的时候。如果可交付供给量出现了意外短缺，CFTC就会采取一些补救措施。然而，CFTC没有能力也没有明确的法定职责对现货交易进行全面的监控。

（三）碳金融风险监管结构

1. 碳金融监管组织体系

碳金融监管隶属于金融监管范围，碳金融监管组织可纳入金融监管组织体系。碳金融监管组织体系如表8-6所示。

表8-6　　　　　　　　　　　碳金融监管组织体系

构成	说明
宏观监管	世界主要国家和地区的金融主管机关有三类：财政部、中央银行、独立于二者的政府部门。2017年以前，按照"分业经营，分业监管"原则，我国由中国银行业监督管理委员会、中国证券监督管理委员会、中国保险监督管理委员会分别对银行业、证券业、保险业实施监管。另外，中国人民银行、财政部金融司、审计署金融审计司等部门也承担一定的金融监管职责。2018年，中国银行业监督管理委员会与中国保险监督管理委员会合并为中国银行保险监督管理委员会，依照法律法规统一监督管理银行业和保险业，维护银行业和保险业合法、稳健运行，防范和化解金融风险，保护金融消费者合法权益，维护金融稳定。同时期的中国证券监督管理委员会职能不变。2023年5月，中国银行保险监督管理委员会更名为国家金融监督管理总局，承接中国人民银行对金融控股公司的准入和监管职能，以及中国人民银行的金融消费者权益保护、证监会的投资者保护等职责
碳金融机构内部控制	碳金融机构内部控制主要包括内控机构、内控设施、内控制度。各碳金融机构都要建立与本系统业务发展相适应的内部审计部门或稽核部门，这些部门具有相对独立性、超脱性和权威性。内控设施包括建立系统网络和相对集中的数据处理中心，结合相应的内控制度，完善非现场监测条件，观测各经营机构的财务、资产等业务指标的变化情况，减少虚假调账和改账等违规行为发生

构成	说明
碳金融行业自律系统	为避免碳金融机构之间的不正当竞争、规范金融行为，还需建立行业自律监管系统。碳金融行业自律监管主体主要是行业公会或协会。同业公会是一种民间的金融监管机构，可以制定同业公约，加强行业管理，协调各方关系
体制外碳金融机构监管系统	体制外碳金融机构监管系统主要包括社会舆论监督体系、社会监督机构和有关政府部门。体制外碳金融机构监管系统可以鼓励和动员全社会协助监管碳金融行业，通过建立严肃的社会举报制度和查处程序形成强大的社会监督威慑力，督促各碳金融机构依法经营和规范行事，同时依托相关会计师事务所、审计事务所、律师事务所等的协助

2. 碳金融监管内容体系

碳金融市场既具有传统金融市场的不完全及脆弱性特征，又具有其特有属性。碳金融跨部门监管的层级差异性较大，从碳配额发放的政府监管部门到环境交易所、控排企业以及商业银行等金融机构的监管，需要明确不同主体的监管目标以及监管原则，针对主体特色制定不同的规范、准则，既不能出现多头监管的混乱局面，又不能有监管的交叉、重叠现象发生。依据碳金融一级市场、二级市场和其他衍生品及交易场所划分，各类市场的重点监管内容如表 8 - 7 所示。

表 8 - 7　　　　　　　　　　　　碳金融监管内容

各级市场	监管内容
一级市场	发行市场又称一级市场，包括两部分：一是监管机构以履约为目的，根据历史温室气体排放数据和温室气体减排目标，确定履约主体减排目标，并向履约主体免费发放或拍卖配额所形成的市场；二是监管机构对抵偿项目市场碳信用注册、签发及上市交易前的监管。在一级市场上，监管者主要致力于追踪和监管配额初始所有权的取得，排放登记，配额拍卖的实施以及碳抵消信用的注册、签发和核证。一级市场项目交易的远期合约一般有严格的管理机构和第三方核证机构来确保减排信用的有效性。对一级市场的监管还要防止政府部门过多发放配额，导致企业为了交易而交易，而非以减排为目的
二级市场	在二级市场中，参与碳金融的主体更加复杂，包括参与碳交易活动、享受权利并承担义务的组织和个人，但最主要的主体是企业。此外，更多的中介机构如碳排放交易所、碳金融机构也会成为二级市场上的主体，这部分主体也应当纳入监管范围。二级市场可以依靠登记系统和交易日志功能，对碳配额以及减排信用单位在登记系统中的转移进行记录和技术检查，可以追踪配额从产生一直到退出的全部过程，抵消信用进入登记系统以后也能被追踪
其他衍生品及交易场所	衍生品市场与其他衍生品市场一样，需纳入金融监管的范畴，满足一系列商业行为规则和市场信息报告要求，以降低操纵市场和内幕交易等违规行为发生的风险。提供碳衍生品投资服务的金融中介机构需得到监管机构的授权，并受相应金融法规的监管。其他进行碳配额交易但尚未列入金融监管范围的交易场所，也需通过相关监管部门的批准，即任何有组织的或基于多重第三方订单的碳配额交易机构或渠道都应尽早纳入金融市场的管理范围

（四）中国碳金融风险监管实践

1. 中国碳金融监管机构

我国统一碳市场的建立刚起步，碳金融监管系统归属于气候变化监管系统。我国应对气候变化的监管系统可以划分为四个层次：第一级是框架性、原则性立法层级，由国务院提出立法建议；第二级是国家应对气候变化及节能减排领导小组，其关键部门有国家发展改革委、财政部、科技部、生态环境部、工信部等，主要责任是建议、确定和决定有关对第一层次指令和条例的实施细则，解决法律的实施程序问题，建立一套法律规章制度；第三级由国务院金融稳定发展委员会、中国人民银行、证监会、国家金融监督管理总局组成，职责是出台相应的监管条例并监督执行；第四级是区域碳交易监管层级，负责各地碳交易的运行监管。2020 年，生态环境部出台了重要的全国碳市场顶层设计政策文件《碳排放权交易管理办法（试行）》，确定了国家指导、省级组织、市级配合落实的三级监管体系，强调全国统一规划。三级监管体系更新并细化了各级主管部门的责任，要求生态环境部负责建设全国碳市场并制定配额管理政策、报告与核查政策及各类技术规范，省级生态环境主管部门组织排放配额分配与清缴、排放报告与核查等工作，市级生态环境主管部门则落实相关具体工作。由省、市级主管部门共同完成监督检查配额清缴情况和对违约主体的惩罚，由省级主管部门与生态环境部共同完成信息公开。由生态环境部完成各项规划，有偿分配剩余配额和将收益用于地方减排及能力建设，省级主管部门主要负责组织实施。三级监管体系重视市级主管部门的作用，有利于发挥市级主管部门对本市各项业务更为熟悉的优势，可以有效促进全国碳排放权交易工作的良好开展。

碳金融监管的执行机构主要是国家发展改革委和地方发改部门、证监会。具体而言，国家发展改革委是碳交易的国务院碳交易主管部门，负责全国碳市场建设，并对其运行进行管理、监督和指导；负责全国碳市场现货交易监管，包括交易所和柜台交易的监管。各省、自治区、直辖市的发改部门是省级碳交易的主管部门，负责地方碳市场一级和二级市场的监管；负责对本行政区域内的碳交易活动进行管理、监督和指导。两级部门合力对碳交易流程进行安排和部署，包含配额分配及调整、报告与核查、碳排放权交易和配额清缴等。证监会则主要负责对在期货交易所内进行碳衍生品交易的监管。

2. 中国碳金融监管制度

我国碳市场的监管内容包含宏观与微观两个方面。宏观层面主要包含政策的顶层设计、减排目标的设定、配额的分配方法、交易规则的制定等；微观层面主要包含市场的准入与退出机制、交易监管制度的细化、资金运营中的具体监管、相关机构或平台的运营监管等。在实际工作中，宏观方面的监管与微观方面的监管往往是交叉进行的，二者相辅相成、相互配合，从事前、事中、事后三个阶段入手，维护碳市场健康稳定发展。我国碳市场监管体系主要由排放报告系统、注册登记系统和交易系统三大技术平台支撑。排放报告系统可实现排放数据上报和数据核查两方面的功能；注册登记系统通过对配额进行编码和实名制，实时记录跟踪配额的转移情况，避免不正当交易的发生；交易系统与注册登记系统相互连接，在交易系统完成配额交易后，注册登记系统收到反馈会对相应配额进行扣除。注册登记机构、交易机构对全国碳排放权交易进行实时监控和风险控制，监控内容主要包括交易主体的交易及其相关活动的异常业务行为，以及可能造成市场风险的全国碳排放权登记、交易行为。生态环境部通过加强对注册登记机构、交易机构及其活动的监督管理，可以采取询问机构及其从业人员、查阅和复制与活动有关的信息资料及法律法规规定的其他措施等进行监管。

具体监管制度如下：（1）持有碳排放配额机构及人员、结算银行的禁止制度。各级生态环境主管部门及其相关直属业务支撑机构工作人员，注册登记机构、交易机构、核查技术服务机构及其工作人员，不得持有碳排放配额。同时，提供结算业务的银行不得参与碳排放权交易。（2）禁止利用内幕信息从事碳排放权交易。全国碳排放权交易活动中，涉及交易经营、财务或者对碳排放配额市场价格有影响的尚未公开的信息及其他相关信息，均属于内幕信息。禁止内幕信息的知情人和非法获取内幕信息的人员利用内幕信息从事全国碳排放权交易活动。（3）交易机构报告制度。交易机构具有定期报告义务及发现重大风险或重大变化时及时报告的义务，应当及时向生态环境部报告交易价格出现连续涨跌停或者大幅波动、发现重大业务风险和技术风险、重大违法违规行为或者涉及重大诉讼、交易机构治理和运行管理等出现重大变化等事项。（4）专岗专人制度。注册登记机构根据结算业务流程分设专职岗位，防范结算操作风险。（5）分级审核制度。碳排放权交易的结算业务采取两级审核制度，初审负责结算操作及银行间头寸划拨的准确性、真实性和完整性，复审负责结算事项的合法性和合规性。

本章小结

关键词：碳金融风险　德尔菲法　碳金融风险识别　现场调查法　市场风险　信用风险　流动性风险　政治风险　政策风险　法律风险　操作风险　风险转移策略　风险对冲策略　风险规避策略　风险承担策略　碳金融监管

1. 重点阐述了碳金融风险的概念及分类。按照性质，碳金融风险不仅包括信用风险、市场风险、流动性风险等传统风险，还包括政策风险、政治风险、项目风险以及技术风险等新型风险。

2. 碳金融风险识别是碳金融风险管理的重要环节和起始步骤，具体是指人们运用如经验判断、计量分析等方法，发现碳金融的潜在风险，通过分析客观资料和历史数据来探究风险形成的原因的过程。碳金融风险识别应遵守全面性、及时性和准确性原则。碳金融风险识别包括：专家法、现场和问卷调查法、情景分析法、流程图法等。

3. 碳金融市场风险测度方法主要有VaR方法、GARCH方法等。碳金融信用风险的测度方法包括：专家法、信用评级法、评分法、违约概率模型、KMV模型以及Credit-Metrics模型等。碳金融流动性风险测度方法主要有基于VaR的流动性风险价值法和市场流动性风险的度量方法。

4. 碳金融风险管理策略主要有风险规避策略、风险转移策略、风险承担策略、风险对冲策略。政府、企业和金融机构的碳金融风险管理实务。

5. 碳金融市场监管目标：形成完善的碳金融交易定价机制、平衡信息透明度与保密性、保证交易规则的有效执行。碳金融风险监管结构包括碳金融监管组织体系和碳金融监管内容体系。

复习思考题

1. 什么是碳金融风险？按照性质有哪些类型？
2. 金融风险识别的原则有哪些？
3. 简述德尔菲法的操作流程。
4. 什么是风险价值？
5. 简述 KMV 方法的优点。
6. 碳金融风险管理策略主要有哪些？
7. 简述政府进行碳金融风险管理的主要措施和手段。
8. 碳金融监管的主要原则和目标有哪些？

第九章

碳金融发展

本章首先探讨了碳金融发展的现状与趋势，并结合"双碳"进程对碳金融未来发展进行展望。通过梳理目前碳金融市场以及产品存在的不足，分析碳金融创新的未来方向。

本章学习目的在于掌握碳金融发展的内涵，了解当前我国碳金融发展现状和未来发展方向，掌握碳金融发展的创新路径，总结出中国特色碳金融发展道路。

本章的重点在于掌握碳金融发展的内涵以及我国当前碳金融发展现状；难点在于从宏微观层面把握碳金融发展的基本规律。

第一节 "双碳"目标下的碳金融发展

一、碳金融发展内涵

自《京都议定书》签署以来，围绕低碳经济展开的各项投融资活动有了长足发展。碳金融在降温减排过程中起到的积极推动作用得到了广泛一致的认可。碳金融发展问题也因此获得了日益密切的关注。在这样的背景下，本章以我国为例，对"双碳"目标下碳金融发展问题进行简要讨论与阐述。

（一）碳金融发展的定义

碳金融的兴起源自《联合国气候变化框架公约》和《京都议定书》两个国际公约的签订，二者分别提出了全面控制全球温室气体排放的目标和遵守强制性温室气体排放的灵活机制，使温室气体排放商品化，创造了一个碳交易市场，并使碳金融活动成为可能。将温室气体的排放商品化，从而使碳排放权交易市场逐渐建立起来，同时也为碳金融的发展提供了机会。因此，碳金融发展是以碳交易市场为基础展开的碳金融活动规模不断扩张的动态过程。这一过程主要通过碳金融市场规模变化得到体现。一般而言，狭义碳金融市场是指为碳排放交易而存在的市场，而广义碳金融市场则包括所有与温室气体排放、企业发展和其他金融活动及体制安排相关的金融市场。

碳金融发展包含以下几个层面的内容：第一是碳交易市场的持续发展；第二是碳金

融工具种类的不断增加，碳金融交易模式的日益丰富，碳金融参与主体的多样化；第三是碳金融法律与监管体系逐步完善。

首先，碳交易市场的持续发展是碳金融发展的前提与基础。碳金融活动是在服务于碳交易过程中产生的，没有碳交易行为，碳金融活动就无从谈起。碳金融活动发展规模也受制于碳交易规模。只有碳交易活动达到一定规模，碳金融需求才会随之产生，碳金融发展才能够具备讨论和分析的逻辑起点。

其次，碳金融工具种类的不断增加意味着碳金融活动载体可选择性的提升。碳金融工具是碳金融活动开展的合约载体，在交易过程中起到规范约束参与主体行为的作用。传统金融工具总体分为直接融资型、间接融资型和混合型三类，以此为基础能够设计出多种碳金融交易模式，能够最大限度地涵盖不同特征的交易主体，吸引更多参与者加入，这是碳金融参与主体多样化的前提。碳金融工具、碳金融交易模式以及碳金融参与主体与碳交易活动的有机结合程度将体现出碳金融发展的微观多样性水平。

最后，碳金融法律与监管体系逐步完善是碳金融发展的根本保障。碳金融发展从根本上仍然是金融发展，在这一过程中，机会主义、道德风险和逆向选择等行为会损害碳金融发展的公平与效率。这就需要政府部门从制度体系方面进行规范约束，从公平与效率两个维度保证碳金融发展的大方向。

（二）碳金融发展的功能与目标

碳金融发展的功能是指碳金融活动规模的不断扩张能够发挥的作用。首先是构建激励约束平衡机制。碳排放权交易和金融产品创新是碳金融的两个主要部分，本质上依然遵循金融市场交易逻辑，碳排放权交易市场中的投融资活动可以构建起激励和约束企业及投资者行为的作用。其次是风险管理功能。碳金融背景下的金融产品创新本质上是市场机制中的绩效管理工具，可以帮助企业应对相关风险，对金融资源进行优化配置。

碳金融发展的目标是指碳金融活动规模的不断扩张所能取得的结果或成效。在微观层面，碳金融发展要助力企业低碳运营，促进其可持续性发展。在宏观层面，碳金融发展要探索新时代中国特色金融发展道路，为实现金融强国建设目标添砖加瓦。

（三）碳金融发展的制度体系

首先是市场及平台的建设。碳金融市场体系的建立和完善，需要通过搭建有效的碳金融交易平台，促进碳金融中介组织的发展，加快专业人才培养，建立碳金融交易中心等方式实现。未来碳金融市场的发展应依托银行和股票市场这两大融资工具，从经济上支持低碳产业的发展。目前我国碳市场的主体仍是现货交易，主要包括 8 个碳交易试点省市各自的碳排放权配额和项目减排量两类交易产品，其中项目减排量以 CCER 为主，主要用于 8 个省市的控排机构在履约时抵消其一定比例的碳配额，还有少量用于部分机构及个人的自愿碳中和行动。这 8 家主要的碳排放交易所，分别为广州碳排放权交易所、深圳排放权交易所、北京绿色交易所、上海环境能源交易所、湖北碳排放权交易所、天津排放权交易所、重庆碳排放权交易所和福建碳排放权交易所。

其次是监管体系的完善。碳金融市场的建立和完善，需要健全的法律法规和规章制度为其提供保障，应该通过法律规章明确碳排放权的属性以及建立统一的监管和交易体系，通过绿色金融工具促进企业利用经济手段实现节能减排目标，达到二氧化碳排放总量得到有效控制、经济绿色发展等目标。西方国家的碳金融发展在很大程度上是由市场驱动的，从法规、制度、交易市场到市场参与者、中介等方面都已经逐步形成了完善的体系，其市场体制和结构建立得相对完善，有大量的企业和金融机构参与，并且市场上的碳金融种类繁多且交易活跃。我国则要跳出西方法律监管框架，坚定不移地构建中国特色碳金融监管体系。

二、我国碳金融发展现状

随着我国经济绿色转型的不断推进，碳金融发展也迈入了新时期。由于我国碳金融市场起步较晚，对碳金融各方面的探索尚不成熟，但也因此具有十分广阔的发展前景。结合我国国情，接下来本书将从碳金融市场的运行机制、碳金融交易体系、碳金融产品、碳金融交易主体、碳金融发展政策五个方面出发，阐述我国碳金融发展现状。

（一）当前我国碳金融市场的运行机制

目前我国碳金融市场的运行机制主要包括配额控制机制、监测报告与核查机制、交易机制和市场运行支撑机制。

1. 配额控制机制

与其他的市场运行机制相同，当前我国碳金融市场机制运行中采取了市场化的组织管理方式，将交易方式交由市场进行定夺处理，将碳排放量总体规模控制在一定限度之内，并据此分配不同地区、不同产业之间的温室气体排放情况，以此实现对温室气体排放的有效管控。因此应从总体上对温室气体排放层面，遵从配额控制机制，并依据适度从紧和循序渐进的经营管理原则，从产业发展的实际角度层面对具体的碳排放量进行必要的动态化管理与控制。

2. 监测报告与核查机制

为了对碳排放量进行有效管理与控制，当前碳排放市场运行过程中构建了有效系统的监测管理机制，通过监测手段的运用，获取碳排放量的相关信息。碳排放数据监测的主体为控排企业，在对大量信息进行有效整合与分析的基础上，生成最终的信息管理报告，例如数据管理水平、碳排放量管理种类以及管理边界等。通过必要的第三方核查机制，对大量的经营信息进行有效审查，据此优化对控股企业的碳排放量管理。

3. 交易机制

在以上经营管理方式构建的基础上，在企业内部构建关于碳排放的相关交易机制，包括市场交易主体、交易方式、交易品种等，当前我国碳金融交易市场的发展尚处于初步阶段，发展过程中的碳品种较为有限，主要与我国当前经济发展现状以及碳排放量相结合，具有较强的中国特色。因此，当前管理过程中对碳金融交易中的一些衍生产品管理较为谨慎，相关管理机制尚不完善，发展重点主要放在传统的业务类型层面，存在进一步改进的空间。

4. 市场运行支撑机制

在碳金融市场发展过程中，需要加强不同环节之间的有效协调与配合。碳金融市场运行支撑机制包括碳排放量数据的计算、交易权的结算、经营主体的登记、相关人才培养、碳排放相关法律法规的制定等环节，为了促进市场交易活动的有序推进，要加强不同环节之间的有效协调，以此促进经营活动达到良好的效益，避免由于某一个环节运行不佳导致碳排放市场发展不佳，因此在管理运行过程中，要求加强不同经营环节之间的协调与配合，避免出现某一个经营环节管理不佳的现象。

（二）我国碳交易体系发展现状

1. 基于项目的碳交易市场现状

自 2005 年《京都议定书》正式生效，将温室气体减排作为每个缔约方的法律义务以来，国际碳市场的发展蓬勃有力。《京都议定书》共达成了三个减排机制：国际排放贸易机制、清洁发展机制、联合履约机制。国际排放贸易机制是两个发达国家之间的"排放权交易"，用于交易排放额度，而联合履约则是附件一国家（发达国家）之间以项目为基础的一种合作机制，由减排成本高的附件一国家（发达国家）在减排成本低的附件一国家实施温室气体减排项目。清洁发展机制允许工业化国家的投资者在发展中国家实施有助于发展中国家可持续发展的减排项目，以实现发达国家在《京都议定书》下承诺的温室气体减排义务。

我国尚为发展中国家，属于《京都议定书》中的非附件一国家，因此无法使用国际排放贸易机制和联合履约机制参与国际碳交易，只能通过清洁发展机制参与国际碳交易。自《京都议定书》生效以来，中国一直在积极实施清洁发展机制项目：《京都议定书》第一承诺期（2005—2012 年）内，我国的 CDM 项目数量迅速增加。2006—2013年，我国 CDM 项目得到了高速发展，共有 3 740 个项目在此期间注册，占总数的 99%。中国在成功注册的 CDM 项目数量和平均预期年减排量方面均排名第一，远远超过其他发展中国家，成为最大的核证减排量提供者和碳减排队伍的中坚力量。2012 年底，联合国气候变化谈判多哈会议举办，在此会议上《京都议定书》第二承诺期被确立，与第一承诺期不同的是，第二承诺期内对提高减排力度、灵活机制及其适用资格、排放许可分配方式等方面进行了更加严格的规定，这些规定在很大程度上保证了减排的质量。相较于《联合国气候变化框架公约》，第二承诺期在减排目标的内涵和核算方式上也有所修改，但是尚未明确第二承诺期的法律效力，给后续谈判和制度安排带来很大不确定性。

从 2013 年开始，由于《京都议定书》第二承诺期和第一承诺期存在着较大的差异，后京都时代减排责任未能落实以及全球最大碳排放体系对抵消机制的限制等多种原因，CDM 市场发展受阻，我国新增 CDM 项目数骤减，近些年来 CDM 市场几乎处于停摆状态。

2. 基于配额的碳交易市场现状

碳金融市场可以理解为金融化的碳市场，其形成主要源于《联合国气候变化框架公约》和《京都议定书》。目前国际上有四个碳金融市场：欧盟碳排放交易体系、美国芝加哥气候交易所、英国排放权交易制以及澳大利亚国家信托，其中欧盟碳排放交易体系已成为世界上最大的碳交易市场，其发展规模最大、制度最完善。

我国的碳金融发展从 2008 年开始，发展时间晚于发达国家，于 2011 年进一步发展，建立了深圳、北京、上海、天津、广州、湖北及重庆 7 个首批试点城市，碳配额现货交易也逐渐展开。2016 年，逐步开始碳衍生品交易，在 7 个试点城市之后，全国统一的碳市场将在 2017 年启动，并计划于 2020 年完成。目前，中国的试点地区已经增加到 9 个，四川和福建也在建立碳交易试点体系。表 9 – 1 为我国试点碳交易所开展的业务范围以及覆盖的行业。截至 2022 年底，全国 8 个试点地区的碳排放配额累计成交量为 4 484.33 万吨，总成交额为 122.12 亿元。各试点地区的碳排放配额累计成交量和交易额见表 9 – 2。

表 9 – 1　　　　　　　　　国内碳交易所已开展碳金融相关业务

碳交易所	碳交易所相关业务	覆盖行业
广州碳排放权交易所	碳排放权交易、配额抵押融资、配额回购融资、配额远期交易、CCER 远期交易、配额托管	电力、水泥、钢铁、石化、造纸和民航
深圳排放权交易所	碳排放权交易、碳资产质押融资、境内外碳资产回购式融资、碳债券、碳配额托管、绿色结构性存款、碳基金	制造业、电力、水务、燃气、公共交通、机场、码头等 31 个行业
北京绿色交易所	碳排放权交易、碳配额回购融资、碳配额场外掉期交易、碳配额质押融资、碳配额场外期权交易	火电、热力生产、石化生产、水泥制造、其他服务行业、航空及交通运输业等
上海环境能源交易所	碳排放权交易、上海碳配额远期、碳信托、碳基金	工业、交通、建筑
天津排放权交易所	碳排放权交易	电力热力、钢铁、化工、石化、油气开采、建材、造纸、航空
湖北碳排放权交易中心	碳排放权交易、碳资产质押融资、碳债券、碳资产托管、碳排放配额回购融资、碳金融结构性存款	钢铁、水泥、化工等
重庆碳排放权交易中心	碳排放权交易	化工、发电、钢铁等
四川联合环境交易所	碳排放远期产品、碳排放配额回购、碳资产质押融资、碳债券、碳基金	未明确覆盖具体行业，全部为 CCER 交易
福建海峡股权交易中心	为非上市公司的股权交易和股权融资、企业债券交易、基金份额交易、项目推介及招商引资等提供服务	电力、钢铁、化工、石化、有色、民航、建材、造纸、陶瓷等 9 大行业

表 9 – 2　　　　　　　　2022 年各碳金融交易所碳排放配额成交量、成交额

市场名称	碳排放配额交易启动时间	2022 年碳排放配额成交量（万吨）	2022 年碳排放配额成交额（万元）	累计成交量（万吨）	累计成交额（亿元）	平均成交价格（元/吨）
深圳排放权交易所	2013 – 06 – 18	508.07	22 500	5 544.11	14.22	65.98
上海环境能源交易所	2013 – 11 – 26	152.31	8 593	1 944.83	6.38	63.00
北京绿色交易所	2013 – 11 – 28	175.28	19 200	1 817.02	12.28	149.00
广州碳排放权交易所	2013 – 12 – 19	1 490.91	103 000	21 400	56.93	95.26
天津排放权交易所	2013 – 12 – 26	545.24	18 700	2 411.68	5.97	40.16

市场名称	碳排放配额交易启动时间	2022年碳排放配额成交量（万吨）	2022年碳排放配额成交额（万元）	累计成交量（万吨）	累计成交额（亿元）	平均成交价格（元/吨）
湖北碳排放权交易中心	2014 – 04 – 04	573.35	26 900	8 543.66	21.35	61.89
重庆碳排放权交易中心	2014 – 06 – 19	75.91	2 977.29	1 056.72	0.99	49.00
福建海峡股权交易中心	2017 – 01 – 09	766.14	19 000	2 124.01	4.54	35.00
总计	—	4 287.41	220 870.29	44 843.03	122.66	—

试点运行机制成功后，2021年7月16日，全国统一碳排放权交易市场投入运行，我国的碳市场开始快速多元化发展，进入全国碳排放权交易市场与区域试点碳市场并存的新阶段。全国统一碳排放权交易市场的开启，为温室气体减排创造了更有效的市场机制，对积极发展碳金融起到了重要作用。全国统一碳排放权交易市场至2022年7月15日正式运行一周年，共242个交易日，碳排放配额累计成交1.494亿吨，总交易额为84.98亿元，平均价格为43.80元/吨。自交易开始以来，我国碳交易市场持续增长，市场总体表现良好。

（三）我国碳金融产品发展现状

碳金融产品的创新正在加速，融资类工具的应用越来越广泛，在市场上占有越来越大的份额。目前现货交易仍是我国碳交易的主要形式，产品的金融化程度较低。但近年来，随着绿色低碳发展的理念越来越受到重视，国内金融机构环保意识不断增强，纷纷抓住政策机遇，积极提供碳金融服务，增加碳市场工具的交易。

一般来说，国内碳金融产品和服务被分为碳市场交易产品、碳市场融资工具和碳市场支持工具三种类别。碳市场交易类工具包括碳远期、碳期货、碳掉期、碳期权、碳资产证券化、指数化的碳交易产品等，这些产品通过多样化的交易方式来增加市场的流动性，加强价格发现，目的是帮助企业控制成本，对冲未来价格波动。碳市场融资类工具包括碳债券、碳基金、碳资产质押、碳资产信托、碳资产回购、碳资产租赁等，主要用于拓宽企业融资渠道。碳市场资产管理类工具用于盘活碳资产，挖掘价值，创造收益，具体包括借碳交易、碳资产托管、碳金融结构性存款、碳保险等。

表9-3显示了在中国9个试点碳交易所中交易的金融工具。与国际市场上广泛使用的碳金融工具相比，中国的碳金融工具种类也同样丰富，但中国的碳金融发展尚未形成规模，大部分产品处于零星试点状态，开展力度偏低，可复制性不强。

表9-3　　　　　　　　　　　　我国现有的碳金融产品

碳金融交易所	碳金融产品
上海环境能源交易所	碳配额远期、碳配额质押、碳中和、卖出回购、CCER质押、借碳交易、碳信托、碳基金
湖北碳排放权交易中心	碳远期、碳基金、碳资产质押融资、碳债券、碳资产托管、碳金融结构性存款、碳排放配额回购融资

续表

碳金融交易所	碳金融产品
深圳排放权交易所	碳资产质押融资、境内外碳资产回购式融资、碳债券、碳配额托管、绿色结构性存款、碳基金
北京绿色交易所	碳配额场外掉期交易、碳配额场外期权交易、碳配额回购融资、碳配额质押融资、碳中和
广州碳排放权交易中心	碳远期、配额抵押融资、配额回购融资、配额托管
天津排放权交易所	碳中和
重庆碳排放权交易中心	碳中和
四川联合环境交易所	碳远期、碳排放配额回购、碳资产质押融资、碳债券、碳基金
福建海峡股权交易中心	林业碳汇、碳排放权约定购回、碳排放配额质押

（四）参与碳金融的市场主体情况

参与碳金融交易的市场主体类型较为单一，覆盖面有待进一步拓展。从国内碳金融市场参与主体类型来看，参与的金融机构主要是银行业机构，参与的企业主要是石油、化工、电力等能源型企业。银行业机构提供的碳金融产品和服务主要有以碳排放配额、项目减排量等为基础资产的权益类融资，以及为控排企业提供账户开立、资金清算、资产管理等金融服务。

1. 商业银行

我国商业银行的碳金融业务基本只是在绿色信贷上有所发展，对于碳金融工具以及碳咨询服务等方面的拓展和创新不足。兴业银行在我国商业银行中较早进行碳金融项目的探索，早在 2006 年，兴业银行就推出了绿色信贷项目，经过不断完善，其现在已经成为我国商业银行发展绿色信贷项目的标杆。与此同时，商业银行也在探索碳金融理财产品的道路上不断前进，2007 年中国银行推出了和二氧化碳挂钩的理财产品。国内商业银行碳金融领域的佼佼者有浦发银行和兴业银行。在碳达峰、碳中和的"双碳"目标提出后，浦发银行进一步推动碳排放权相关融资工具的发展，增强碳资产融资的灵活程度；兴业银行则充分发挥碳金融以及"商行加投行"并举的优势，完善碳金融产品服务。

从参与碳金融的银行机构分布来看，国有大型商业银行和股份制商业银行总行占比较高，部分试点地区也有少数国有大型商业银行和股份制商业银行分支行以及城商行参与碳金融交易，但数量较少，农商行、村镇银行等地方中小型法人机构更少。由于中国的金融体系以间接金融为主，商业银行仍然占据着重要地位，碳金融的发展也以银行为主。证券和保险业的一些机构也开始进行碳金融产品的创新工作，如中信证券的碳配额回购、碳配额场外掉期，海通证券的碳市场集合资产管理计划等，但是与商业银行的参与程度相比仍有很大差距。

2. 基金业

目前我国的碳基金有中国清洁发展机制基金和中国绿色碳基金，均由政府出资成立，但都还处于早期阶段，与国外成熟的碳基金相比还有很长的路要走。

3. 其他碳金融机构

由于我国的碳金融起步较慢，碳资产管理公司、碳信用评级公司和碳金融信息服务尚未有效建立，需要适当的政策支持以进一步完善中国的碳金融市场。

（五）碳金融政策发展现状

要实现"双碳"目标、发展碳金融市场，离不开政府这双"有形的手"。自《京都议定书》实施以来，我国政府充分发挥"有形的手"职能，对我国碳交易市场的平稳运行提供保障，但相对于发达国家，我国政府对其支持程度尚且不足。目前，我国的碳金融发展还未成熟，尚处于初级阶段，对碳金融认识还有待提高，缺少完善的发展政策以及监督管理制度。目前，中国还没有一个完整、明确的碳金融市场相关政策体系，导致市场发展受到限制。

1. 碳金融政策发展特征

（1）碳金融政策出台密集。我国中央和地方政府一直将碳金融的发展工作放在首要地位，并且碳金融政策的制定和实施均是以我国经济发展的实际情况作为基础。2020年，习近平总书记提出碳达峰、碳中和"双碳"目标，这标志着我国碳金融及其相关政策开启了新的发展阶段。此后，政府出台了更多与碳金融相关的政策，并且有关措施也更加符合我国碳金融发展的需要。

（2）碳金融政策落实不到位。虽然我国关于碳金融的政策越来越多，但是许多碳金融政策没有得到很好的落实，并且部分碳金融措施是理论上的暂行举措，强制性的碳金融法律政策尚未实施，导致碳金融政策没有有效落实。

（3）碳金融政策体系不全面。虽然目前我国碳金融市场的发展已经形成了一些规模，但是由于相应碳排放交易体系不完善，相关政策不全面，导致未能在金融机构参与碳交易的过程中提供相应的政策保证，对于碳金融市场风险评估和管理政策的制定仍有待完善，这些都能从侧面表现出我国的碳金融体系仍不全面。

2. 碳金融政策发展阶段划分

2002—2022年，我国碳金融政策的发展可以分为三个阶段。

碳金融政策进程的第一阶段始于2002年，结束于2010年，这一阶段的政策以跨部门协作为主，将环保产业政策和金融政策结合起来。2002年下半年，我国与荷兰签署了第一个清洁发展机制项目合同，正式开启了我国CDM市场和碳金融的大门。2010年"十二五"规划为下一阶段碳金融政策的发展奠定了基础。

2011年到2020年8月，碳金融政策进程步入了第二阶段，碳金融在这一阶段更加明确，主要是"建立碳排放交易市场"以及"建立绿色金融框架体系"，其中两个重要文件：一个是2011年国务院发布的《"十二五"控制温室气体排放工作方案》，提出"探索建立碳排放交易市场"的要求，是全国碳市场建设的基础；另一个则是2016年中国人民银行等联合发布的《关于构建绿色金融体系的指导意见》，标志着我国建立了绿色金融顶层框架体系。

2020年9月至2022年，碳金融政策进程的第三阶段是以"双碳"目标为主题。习近平总书记在 2020 年 9 月提出"双碳"目标是该阶段政策的出发点和立足点。在"双碳"目标的助推下，我国的碳金融政策体系开启了新的发展进程。

表 9 – 4   我国碳金融政策的三个发展阶段及重要时间点出台的政策事件

阶段	时间	事件及出台的政策
第一阶段 2002—2010 年	2002 年下半年	我国和荷兰政府就中国第一个 CDM 项目签订合同，中国 CDM 市场正式拉开序幕
	2006 年 3 月	全国人大通过了《"十一五"规划纲要》，第一次提出节能减排的概念
	2006 年 12 月	《关于共享企业环保信息有关问题的通知》，首次对环保背景下的金融问题作出规范
	2010 年 10 月	《"十二五"规划建议》提出绿色低碳理念和逐步建立碳排放交易市场
第二阶段 2011 年至 2020 年 8 月	2011 年 12 月	《关于开展碳排放权交易试点工作的通知》批准七省市开展碳排放权交易试点工作
	2011 年 12 月	《"十二五"控制温室气体排放工作方案》提出"探索建立碳排放交易市场"的要求
	2016 年 8 月	《关于构建绿色金融体系的指导意见》标志着我国绿色金融顶层框架体系建立
第三阶段 2020 年 9 月至今	2020 年 9 月	习近平主席提出碳达峰、碳中和"30·60"战略目标
	2021 年 3 月	《"十四五"规划纲要》指出要制定 2030 年前碳排放达峰行动方案
	2021 年 9 月	中共中央下发《关于完整准备全面贯彻新发展理念 做好碳达峰碳中和工作的意见》
	2022 年 2 月	《关于做好 2022 年企业温室气体排放报告管理相关重点工作的通知》

三、碳金融发展存在的问题

（一）碳金融市场发展尚不成熟

1. 我国碳金融市场国际地位有待进一步提升

我国作为世界上二氧化碳排放量最多的国家，碳市场蕴含着巨大的发展潜力，我国现建立了 9 个试点碳交易市场和 1 个全国碳交易市场，截至 2022 年底，我国碳交易市场的交易额为 122.12 亿元人民币，仅占全球年交易额的六分之一，市场成交份额较小。

在运行制度方面，最规范的北京碳市场是以欧盟碳排放交易体系（EU Emission Trading Scheme，EU ETS）为蓝本，但在排放配额总量、行业范围、排放控制门槛、监测报告、违规制裁机制等方面与 EU ETS 有很大差距。

在碳交易计价结算方面，全球碳交易常用结算货币为欧元，我国的结算货币为人民币，但是由于我国的碳交易市场规模仅占全球碳交易市场的一小部分，人民币在全球碳交易结算中尚未取得有效优势，目前依旧是欧美等西方国家掌握着碳配额和碳定价权，人民币在碳计价和交易中处于从属地位，我国碳市场在全球碳市场中处于产业链末端，国际地位较低。

2. 碳市场作用发挥不完全，碳市场的价格发现功能有待加强

试点碳市场的碳价存在一些差异，例如，北京碳市场的碳价格最高，而其他试点市场的碳价格较低，这并没有有效反映出控排单位实际的减排成本和效益；各试点市场中对碳减排硬约束效力也明显不足，一些地方政府限制碳排放会减缓经济增长的速度、导致失业，使相关部门和企业不愿意参与碳市场。碳市场本意是通过市场力量，使那些实现减排成效显著的公司受益，并惩罚那些未能达到排放目标或违约的公司。然而，在实践中，对参与试点碳市场的企业违约处罚程度存在差异。例如，北京市已经颁布立法，要求违规企业支付 3 至 5 倍于市场平均价格的罚款，而在天津，违约企业只是需要在限期内整改，并且 3 年内无法享受优惠政策。此外，碳排放权资产的法律属性不明确，缺乏有效的碳价格评估体系，这都将使碳市场无法发挥有效作用。

（二）碳金融市场交易活跃度不足

1. 控排企业参与碳交易的主动性不足

我国碳市场现处于区域碳市场和国际碳市场并存的新阶段，试点碳市场的碳交易已开展了近十年，但其发展受到区域限制，各试点市场的碳配额交易价格差异大，无法为碳金融市场提供良好的基础支持；而全国碳排放权交易市场建立时间不过一年多，目前仅覆盖电力行业，市场活跃度亟待提高。现阶段我国碳市场交易仍为政府主导，事实上许多高碳排放量企业的交易意愿并不强烈，特别是未参与过试点碳市场交易且初入全国碳市场的控排企业，碳交易业务的经验不足，不敢贸然入场。此外，许多高碳排放量的企业在全国碳排放权交易市场建立时间不长的情况下仍然保持观望态度，所以，这些控排企业的碳交易量往往在快到履约期时增大，在非履约期减少。控排企业自主交易较低，被动地而不是主动地参与排放权交易，导致排放权交易市场不太活跃。

2. 金融机构参与碳金融开发的积极性不够

碳金融的发展离不开财税、环保等配套政策的支持，但是我国还缺少系统性的激励引导政策，导致金融机构参与碳金融业务的积极性不足。由于政策限制，商业银行不能直接参与碳市场交易，然而商业银行是实现我国"双碳"目标的重要践行者，碳中和专项债券、低碳转型贷款、碳排放权质押融资等碳金融相关产品的推出都离不开商业银行的参与，限制商业银行直接参与碳市场交易将不利于其积极开展碳金融业务。基金公司、保险公司等非银行金融机构本身的碳金融业务模式尚未成熟，加之碳项目咨询机构、碳信用评级机构等碳金融中介机构的参与度不足，各机构间的配合度也有待加强。

（三）碳金融产品缺乏创新

1. 碳金融产品开发政策支持力度不足，产品种类不丰富

随着碳金融的发展，我国的商业银行和其他金融机构也在探索碳金融产品的创新之路。目前，绿色信贷、绿色债券和绿色理财是我国商业银行碳金融业务的几种主要形式，其中绿色信贷业务是最为核心的业务内容。然而，与早已开展碳交易的发达国家相比，我国的碳金融产品种类单一，绿色信贷和绿色债券占据主要地位，绿色基金、绿色保险和 ESG 投资所占份额较小，对于创新型碳金融产品的开发较少，并且大部分在试点阶段，并未进行规模化交易，也并未形成标准化的交易体系，真正的碳金融产品机制还

没有建立起来。

2. 我国碳市场以现货交易为主，金融化程度不高

我国碳排放交易市场成立较晚，并且现在的交易产品仅有碳排放配额一种现货工具，其他交易工具需要根据国内相关法律适时、适当增加，推出碳金融衍生品缺乏明确依据。

试点碳市场建立的时间相对较长，相对来说碳金融品种更丰富，包括碳配额质押、中国核证自愿减排量质押、卖出回购、借碳交易、碳配额远期、碳配额掉期交易、绿色结构性存款、碳基金、碳信托业务等 10 余种碳金融业务。然而，目前的试点碳市场相对分散，不同市场的碳金融产品有所差别并且其适用的规则也不尽相同，在各地区的发展不平衡，没有形成系统的碳金融市场，难以形成规模效应。碳金融衍生产品是碳市场发展的必然产物，包括碳期货、碳期权、碳排放权的证券化，碳排放权交付保证和套利交易工具等，这些碳金融衍生品的引入将大大促进碳市场的创新和发展。

但是我国碳交易主要集中在现货市场，碳期货交易也尚未推出，并未形成完善的碳金融衍生产品交易体系。

（四）碳金融专业型人才匮乏

1. 尚未建立完备的碳金融高等教育人才培育体系，缺少高等教育支持

目前各大高校并未普遍开设碳金融专业，学科体系中没有完整地对低碳经济相关专业进行建设，加之校企合作的紧密度不足，碳金融又属于新兴市场，导致高校无法及时、准确地了解碳金融市场的用人需求。如果高校的碳金融人才培育进度无法跟上碳金融市场发展的步伐，高校向碳金融领域输送专业人才的能力将难以快速匹配上我国未来一段时间内碳金融发展的用人缺口。

2. 碳金融行业从业者数量缺口大，专业技能有待提高

碳金融市场拥有巨大的发展潜力，随着"双碳"目标的提出，企业作为碳中和目标的行动主体，是碳中和队伍中的中流砥柱，特别是与"双碳"相关的高耗能企业和新兴企业等，纷纷着手建立碳管理人才队伍，未来对碳金融从业者的需求不仅从数量上将剧增，对其知识门槛的要求也将逐渐提高。

专业型综合人才是碳金融发展中急需的人才，不仅要掌握金融知识，还要对环境、能源以及法律法规等知识了如指掌，这样才能更好地投身于碳交易、碳排放管理、碳金融实务操作中，提供包括碳资产开发、碳资产管理和绿色服务等在内的一体化技术服务。但是，大多数企业是在全国碳交易市场建立后才加入碳市场的，所以对碳交易的了解较少，缺乏专业的碳交易能力。与发达国家相比，我国碳金融的整体发展相对落后，金融机构缺乏国际排放交易等其他相关政策法规的专家，国内金融机构人员对排放交易的认识不足，意味着我国在全球排放交易市场上争夺定价权处于劣势地位。

四、我国碳金融发展展望

（一）以发展碳金融衍生品为重点丰富和完善碳金融工具

碳金融衍生产品对于碳价格变化十分敏感，能够有效地降低价格波动以及减少交易

风险。目前，我国试点碳交易市场上碳金融衍生品以配额现货远期为主，碳金融衍生品种类较少且单一，这不符合我国建立具有金融属性的碳市场产品体系的发展要求。要想建立一个成熟的碳金融市场，应充分发挥碳市场套现保值和价格发现等功能。因此，根据国际上成熟的发展经验，我国碳金融市场应继续开发碳金融现货交易工具，并且稳步开展碳金融衍生品的创新工作，加强碳金融工具体系建设。

第一，增加主要碳金融产品的种类和结构，完善其金融特性，使得现货市场的发展处于良好的态势，保证衍生品市场的发展有着健康稳定的现货市场基础。

第二，对于衍生品市场的建立和发展可以分阶段进行，逐步建立起碳交易衍生品金融产品体系。由于目前市场处于早期阶段，应探索和鼓励创新发展碳远期和碳掉期等场外衍生品，逐渐促进其形成一定的市场规模。根据碳金融衍生品市场发展的国际经验，碳期货和碳期权等场内金融衍生品主要是具备对风险进行有效防控以及发现价格等方面的作用。此外，通过我国期货市场成功发展的经验，建立碳金融衍生品市场可以先从碳期货、碳期权等场内衍生品开始，逐步建立与市场发展阶段相配套的交易清算体系、监管体系与风控制度。

第三，以全国碳市场启动为契机，利用市场渐进式发展，根据不同阶段发展要求创新发展碳衍生品，最终建立一个场内和场外相结合、现货和衍生品并存、非标准化和标准化衍生品并存的碳金融市场。不同时期碳金融衍生品发展建议路线见表9−5。

表9−5　　　　　　　　不同时期碳金融衍生品发展建议路线

碳市场发展阶段	市场必备条件	碳金融衍生品
初期 （1~5年）	1. 完善碳市场、碳金融政策保障。 2. 碳现货市场交易平稳健康，达到市场有效信息公开、交易公平	以非标准化合约衍生品为主。代表性衍生品包括碳远期、碳互换、场外期权
发展完善期 （5~10年）	1. 纳入大多数减排高耗能行业。 2. 建立和配额相称的市场规模发展完善期（5~10年）。 3. 建立市场主导的价格形成机制。 4. 交易参与者多元化，结构丰富。 5. 衍生品作为风险管理工具受到企业的欢迎，发展标准化的场外衍生品。代表性衍生品包括标准化碳远期。 6. 商业银行借助碳远期产品为控排企业提供流动性支持	发展标准化的场外衍生品。代表性衍生品包括标准化碳远期
成熟期 （10年以上）	1. 完善碳衍生品市场，建成期现一体化市场。 2. 纳入全部八大高耗能行业，全球最大规模碳市场。 3. 企业积累了丰富碳衍生品交易经验，衍生品成为企业风险管理的有效工具。 4. 衍生品市场的日趋成熟吸引了大量机构投资者进入，流动性和理性得到进一步增强	建成场内衍生品市场。代表性衍生品包括碳期货、场内期权

（二）激励引导更多企业、金融机构参与碳金融

1. 以发电行业为切入口，循序渐进地扩大纳入行业和交易产品覆盖范围

目前，全国碳排放权交易市场首次涵盖了电力行业，交易市场总体运行良好。电力行业的成功经验可以借鉴给其他行业，并应作为一个切入口，逐步扩大碳市场的范围，增加参与主体的数量，并为建筑、煤炭和钢铁等其他碳密集型行业的进入做好系统准备。遵循稳步推进的原则，成熟一个行业，纳入一个行业，逐步增加全国碳排放权交易市场的行业范围。

2. 适当放松机构准入规则，鼓励商业银行等金融机构参与碳市场

目前，控排企业对碳交易的认识较为局限，非试点地区的企业更是初入全国碳排放权交易市场，面对的市场波动和风险较大，对碳金融风险管理的需求较高，金融机构提供的碳金融服务将极大地提升控排企业的碳资产管理能力。碳金融的发展需要各类金融机构的积极配合，金融机构参与碳市场可以为碳市场带来流动性，促进碳金融产品和服务的发展，并使碳金融体系的发展更加多样化。因此，建议金融机构应逐步直接参与碳市场进行交易，允许其代表客户进行碳资产交易。此外，监管机构应鼓励商业银行和其他金融机构参与碳市场，制定适当的激励措施。

（三）加强碳金融专业型人才队伍建设

1. 加强高校碳金融人才培育体系的建设

政府部门应鼓励相关机构加快发展碳金融、碳管理、碳市场等专业和学科，提高碳金融的人才储备和实施能力。鼓励高校将绿色低碳理念纳入教育教学体系，加快碳金融和碳交易教学资源建设，培养专业型碳金融人才，可以采取校企结合的培养模式，加强学生实践技能的同时，高校也能借此了解企业的真实需求，快速地向碳金融市场输送符合社会和市场需求的高质量碳金融人才队伍。

2. 相关企业要加强人才培训与储备

一方面，可以在员工招募上考虑引入更多兼具金融、环境、能源等知识的复合型专业人才进行培养；另一方面，积极组织碳金融系统化学习与培训，加强碳金融从业者对碳金融法律法规、碳金融市场与机制以及碳金融产品等相关业务知识的认识，加强碳金融专业型人才的培养，提高其碳金融服务能力和产品创新能力。

（四）健全完善相关的法律法规体系

为解决日益恶化的环境问题，世界各国都在加快建设碳金融市场体系的进程，在这个过程中离不开政府的引导以及一些必要的市场化措施。我国碳金融市场尚处于初级阶段，相关的碳金融政策尚不成熟，并没有形成完善有效的政策监管体系，金融机构在参与碳金融市场时会有风险。根据发达国家建设碳金融市场的成功经验，成熟的碳金融市场离不开系统的法律法规体系的支持。因此，我国在发展碳金融市场的过程中需要不断完善有关碳排放量以及碳金融交易的相关法规，及时推进相关法律法规的建设，逐步探索出适合我国国情的法律体系。

首先是要加强金融监管制度的建设。在鼓励金融机构和企业参与碳金融市场的同时，也应该为其提供制度的保障，加强金融监管，不仅要鼓励金融机构对金融产品和金

融服务进行创新，还应将相关碳金融产品纳入监管，逐步完善碳金融监管体系。逐步规范碳排放统计核算体系，推进区块链技术在碳金融市场的应用，保证温室气体数据测度的准确性。完善电子报告报送流程，加强碳排放数据的统一监管和审查。

其次要建立健全碳金融市场的风险防范机制。目前我国碳金融市场上信息披露机制尚未完善，在碳金融市场上信息不对称现象时有发生，导致相关金融机构和企业在参与碳金融市场时会容易面临"逆向选择"和"道德风险"等信用风险，严重阻碍我国金融机构和企业参与碳金融市场的积极性。为防范风险的发生，应当建立完善的信息披露管理制度，及时公开发布碳交易供求信息；建立健全市场风险防控体系，谨防价格操控和内幕交易等违法行为的发生，为我国碳金融交易提供安全、可靠的交易环境。

第二节 碳金融创新与碳金融发展

一、碳金融创新的突破口

自党的十八大以来，我国绿色发展理念深入人心，生态建设成效显著，党中央以前所未有的力度抓生态文明建设，谋划开展了一系列根本性、开创性、长远性工作，力争于 2030 年前实现"双碳"目标。在"双碳"政策的深入贯彻落实中，中国碳金融取得了突破性进展，"双碳"理念深入人心。2016 年，我国开始构建绿色金融体系，目前已成为全球首个建立比较完善绿色金融政策体系的经济体；"双碳"目标提出后，中国人民银行等部门进一步推动绿色金融体系建设，积极构建绿色金融标准等五大支柱。碳金融服务是绿色金融体系的核心构成，包括碳融资、碳交易、碳支持三大部分，目前市场格局基本形成，正处于蓬勃发展中。毋庸置疑，"双碳"目标的实现离不开碳金融鼎力支持。基于此，本部分结合学术前沿成果，探讨了碳金融服务各部分存在的不足，为未来碳金融的创新发展寻找突破口。

（一）碳融资创新突破口

随着绿色金融不断发展推进，碳金融市场规模日益壮大，各类绿色金融产品层出不穷。其中，碳融资主要以绿色信贷和绿色债券为主。随着国家对"双碳"目标愿景的支持，近年来绿色信贷和绿色债券发展迅速，为实现"双碳"目标愿景贡献了重要力量。但由于碳金融起步较晚，碳融资产品的发展依旧存在不完善之处。通过梳理碳融资产品存在的不完善之处，能够为未来碳金融创新奠定理论基础。

1. 绿色信贷发展现状与创新契机

我国绿色金融产品起步于银行业，早期发展以绿色信贷为主。作为绿色金融的重要组成部分，绿色信贷为促进低碳减排贡献了重要力量。随着金融机构绿色发展理念日益加强，碳金融产品不断发展。绿色信贷作为重要的碳金融产品，近年来数量规模不断提升，政策体系日益完善，不良贷款率较低。与此同时，绿色信贷资金主要受众群体为低碳转型企业。例如，节能环保产业、基础设施绿色升级产业中的绿色交通项目和清洁能源产业中的基础设施建设与运营等项目。除此之外，生态环境产业、绿色服务等领域也是绿色信贷的涉及对象。银行等相关金融机构将绿色信贷资金提供给符合要求的低碳转型企业，能够进一步提升企业绿色发展的积极性，最终促进企业低碳转型。不可否认，绿色信贷推行对实现"双碳"目标愿景起到了至关重要的作用，但也需要警惕绿色信贷发展进程中所面临的挑战。

首先，信贷总量并不足以达到所需要求，相较于其他信贷资金，绿色信贷所占比例较小。随着绿色发展理念的深入，越来越多的企业开始进行低碳转型工作，依托于银行信贷支持的绿色信贷无法满足各类绿色产业的资金需求。一般来说，绿色信贷项目面临的时间周期较长，且绿色新兴产业发展规模较小，缺少有效抵押物。对于银行而言，这些潜在风险使其并不倾向于大规模发行绿色信贷。

其次，绿色信贷结构并不合理。就绿色信贷资金的实际使用情况来看，交通、能源等基础行业是绿色信贷资金的主要受众对象，制造业作为低碳转型的重要对象，对于信贷资金的使用比例明显较低。造成这种情况的主要原因在于银行信息渠道的分散性较大，信息获取不够及时全面，无法全面详细地评估各行业存在的风险，最后导致绿色信贷发放结构并不合理。从绿色信贷资金的发行主体来看，除国有大型商业银行外，中小型银行的参与程度并不高。绿色信贷可能存在的信用风险使得风险抵御能力较弱的中小型银行并不倾向于发行绿色信贷。与此同时，中小型银行相关性人才不足。绿色信贷的发放涉及各方面风险评估，如果缺乏相关专业型人才，在进行资金发放可信性分析时会面临较为明显的困难，因此中小型银行对绿色信贷的参与程度较低。

2. 绿色债券发展现状与创新契机

随着碳金融的不断发展，近年来中国绿色债券也得到了极大发展。绿色债券是绿色直接融资的重要载体，能有效对接投融资主体，激发市场主体参与绿色经济发展与转型的主动性，在实现经济增长的同时兼顾环境影响，助力"双碳"目标的实现。相较于绿色信贷，绿色债券的起步较晚。2015 年国际市场上出现较大规模的绿色债券发行，中国紧跟国际市场步伐，自 2016 年起在国内大规模发行绿色债券。近十年来，全国绿色债券发行量持续增长，2021 年中国成为继美国之后的第二大绿色债券发行国。其中，绿色金融债、绿色公司债、绿色企业债、绿色 ABS 和绿色债务融资工具是我国主要绿色债券发行工具。与此同时，中国绿色债券的发行期限较短，主要呈现高评级状态；发行主体多集中于北京、上海、广东、江苏等发达区域，且发行主体趋向为高评级的国有企业。此外，随着低碳金融的推进与发展，中国绿色债券的发行利率逐渐降低，具有一定的成本优势。同时，绿色债券的发展衍生出各类新型绿色债券品种，其中最具有代表性的便是"碳中和债"。其发行主体评级较高，主要为央企及国企，此类企业多分布于公用事业、交通运输和非银金融等领域。通过发行"碳中和债"，能够提高债券市场对"双碳"目标愿景的支撑作用。随着绿色债券的日益发展，蓝色债券逐渐起步。总体来说，尽管绿色债券为低碳减排贡献了重要力量，但由于绿色债券问世时间较短，相关规则制度还存在着不完善之处。

首先，从市场基础设施看，国内大部分绿色债券标准明显低于国际标准，且国内绿色评估机构尚处于起步阶段，有待进一步完善。尽管国内紧跟国际步伐发行了大量绿色债券，但事实上仅有少部分国内债券被国际相关组织所认可。为此，绿色债券标准委员会正式向市场发布《中国绿色债券原则》，这是国内绿色债券标准和国际接轨的重要标志，能够有效促进碳金融市场高质量发展。同时，国内绿色评估认证机构水平参差不齐。绿色评估认证机构是评判债券是否符合标准的重要机构，对一国绿色债券发行质量起着至关重要的作用。但由于国内绿色债券起步不久，相关评估机构也处于起步阶段。此类评估机构的评估认证业务缺乏规范、尚未形成规模效应，这不利于绿色债券市场的长远、健康和规范发展。与此同时，国内绿色债券信息披露质量有待提升。国家发展改革委并未针对绿色企业债的信息披露作出特定要求，相关指标缺乏统一标准，可能因此出现"漂绿""洗绿"现象。此外，我国绿色债券市场还面临着交易成本较高等问题。原因在于绿色债券市场由多个机构监管，且各机构之间审核标准与规则存在一定差异，这会增加投资者的信息成本及交易成本。

其次，从绿色债券的发行主体来看，当前针对绿色债券发行主体的政策优惠力度并不大，且审批程序依旧效率不高。通常来说，绿色投资项目面临着周期长、收益低等一系列问题，因此发行主体对于绿色项目的投资意愿并不高。为解决该问题，多地政府出台了一系列绿色债券补贴政策以提高债券发行主体的意愿度。但大部分地区的政策优惠制度并不深入，这不利于当地"双碳"目标愿景的实现。同时，在绿色债券市场实践过程中，需要对绿色项目的类别及环境效益目标等内容进行评估和披露。但我国绿色评估认证机构发展存在欠缺，对于此类工作的处理效率有待提高。同时，绿色债券政策性及技术性较高，符合相关标准或要求的绿色项目门槛相对较高。因此审批效率可能较低，这会打击相关群体的积极性，不利于绿色债券的进一步发展。

最后，从绿色债券的投资方来看，政府部门对于绿色债券投资端的政策优惠明显不足，且国内绿色债券市场的投资氛围明显欠缺。

3. 小结

随着国家对"双碳"目标愿景的重视，中国碳金融得到了迅速发展，绿色信贷、绿色债券等碳融资产品在政策支持下风发泉涌。但相较于欧美等发达国家，中国碳融资产品依旧存在着种类少、结构单一化及供需不足等一系列问题，这一系列问题成为了我国碳金融发展的瓶颈。

综合碳融资产品来看，中国碳金融机构创新能力明显不足，多元化的融资需求无法得到满足，这在一定程度上降低了吸引投资者的能力。我国碳金融绿色信贷所占比重较高，但是碳金融绿色债券、碳基金等新产品较少。主要原因在于：首先，绿色信贷创新力度不足。对于绿色信贷而言，国内研发的相应产品主要应用于国家实施"双碳"目标愿景重点关注的企业，大多与排污权抵（质）押或环境治理相关，使得信贷资金多应用于高污染、高能耗行业以及环保行业。针对农业及工业化企业绿色信贷产品明显较少，也缺少适配于拥有绿色技术创新能力企业的绿色信贷产品。绿色信贷产品创新不足使得绿色信贷资金结构不合理，严重阻碍了绿色信贷发展。相对而言，绿色债券创新品种不断出现。"碳中和债"规模不断增加，蓝色债券逐渐起步，相较于绿色信贷，蓝色债券规模有待提升。其次，缺乏绿色零售消费产品。相对于其他类别的绿色信贷产品而言，绿色零售信贷产品当前处于起步阶段，且主要承贷主体为企业客户。现阶段，国内面向个体消费的绿色金融产品极其缺乏，绿色住房抵押贷、绿色汽车消费贷、绿色能效贷、绿色信用卡等绿色零售消费产品在国外已经非常丰富。我国自2021年起部分银行机构才开始发布面向个人的绿色零售消费产品，且并未实现多元化发展，个人客户数量明显不足。最后，绿色转型融资服务单一。当前，绿色信贷占据了中国绿色融资的绝大部分，而近年来新兴起的绿色债券占比依旧较少。此外，缺乏绿色基金、信托、租赁、保险等其他类别的绿色融资产品，碳期货、碳期权、绿色股指期权、绿债期权等对冲金融风险的绿色金融衍生产品则更是少之又少。在此背景下，如何找到碳融资产品的突破口，实现碳融资产品创新迫在眉睫。

（二）碳金融市场创新突破口

作为世界上第一大碳排放国家，中国当前正处于高能源消耗发展阶段，"双碳"目标的实现依然任重道远。碳排放经济金融化能够为经济主体开展低碳行为提供有效激励途径，如何最大限度地发挥碳金融在促进经济主体低碳减排中的激励效用、完善碳金融政策框架是碳金融推进过程中的重要方向。本部分结合国内碳市场发展现状，分析了当前中国碳市场存在的不足及其背后原因。

随着"双碳"政策的贯彻落实，国内相关碳金融政策体系日益发展完善。2014年5月，《国务院关于进一步促进资本市场健康发展的若干意见》首次从顶层设计层面提出我国要发展碳排放权交易。此后，各部门为实现"双碳"目标愿景进行了各类规划，碳金融市场逐渐完善。同时，国内碳交易市场呈现出差异化发展趋势。各试点城市依据地区实际发展情况，因地制宜建立符合区域发展现状的碳金融体系。例如，上海区域碳金融市场的主要特征为涉及领域广泛，碳金融体系运转顺畅，不同类型企业对碳金融市场参与度均较高。北京等区域在碳交易机制的设计方面取得了较为明显的成就，例如稳定碳价格、如何进行碳排放配额的分配等；天津则进一步规范碳市场运作管理措施。而深圳等区域凭借自身优势，积极引进外商进行碳市场交易。此外，各交易所为实现"双碳"目标愿景不断努力，积极开创新型碳金融交易产品。除开放传统的CCER、碳排放配额交易以外，各区域依据当地实际发展现状，结合市场实际情况，创建新型碳金融产品，为低碳减排工作贡献了重要力量。作为重要金融机构，商业银行也积极涉足绿色金融领域，碳金融产品服务日益完善。此外，信托公司紧跟政策呼应，推出碳信托，为碳市场提供了更为完善的金融服务。总体而言，中国碳交易市场发展日益完善，但同时也需警惕某些潜在问题阻碍碳交易市场的进一步发展。

1. 从法律层面来看，中国碳金融市场并没有一个标准且一致的法律法规

当前，针对中国碳金融领域的管理标准主要为行业主管部门所规定的章程，在国家层面并未确定统一的法律法规，关于碳排放权的法律属性较为模糊。例如，《民法典》中并未指明包括碳排放权在内的环境权益是否属于抵/质押的财产范围，关于碳金融产品创新的法律依据有待优化。此外，从中国正式推行碳市场交易开始，各试点区域开始建立相关政策规制。但此类区域制定相关碳交易市场制度均基于《京都议定书》和《联合国气候变化框架公约》两大合约，并结合地区实际发展情况进行创建。尽管由此建立的碳交易市场制度满足各地实际发展情况，能够有效激发各区域碳交易市场的潜力，但

同时也面临着试点区域碳交易制度相对独立等问题。未来建立全国碳交易市场需要统筹兼顾，因此区域间碳交易制度的独立并不利于全国碳交易市场的构建。为此需在国家层面构建统一的碳交易制度，在构建碳交易制度的同时也需要掌握制度开展的灵活性，让各区域在遵循统一制度标准的同时也能结合地区实际发展情况，最大限度地让碳交易市场稳健发展。除制度层面外，监管政策不统一也是碳交易市场所面临的现实问题之一。事实上，国内碳排放权交易是在有关部门监督下的一种自愿交易行为。同样，各地政府监管规则并不一致，缺乏统一标准。例如，不同省市交易过程存在明显差异，碳交易市场参与门槛、交易规则等均有所不同。且不同区域管理标准不尽相同，边界范围模糊、监管机制效果差等问题皆有待改善。这类问题的产生在很大程度上与碳金融法律属性模糊相关。相关法律并未确定碳排放权能否成为合格的质押物，同时创建新型绿色金融产品时有关法律规制并不全面，监管也不完善，使得新型碳金融产品进入市场效率低下。

2. 碳金融交易市场面对着市场结构单一、各类产品不完善等实际情况

从中国碳金融市场发展实际情况看，当前商业银行是碳交易市场中的主要机构投资者。事实上，完善的碳交易市场需要有中介机构及碳资产管理机构。国外部分发达国家碳交易市场的参与主体则较为完整，相对而言，国内主要参与主体仅为商业银行，明显降低了市场活跃度。同时，中国碳金融交易市场还面临着碳金融创新产品规模不足等问题。从全球视角看，碳期货等衍生品已达到整体碳交易规模的三分之一。尽管国内紧跟国际低碳发展步伐，开始进行碳金融产品革新，但其交易量明显不足，距离理想交易规模依旧任重道远。且碳金融产品创新不足也是国内碳交易市场面临的重要挑战。相较于国外碳金融交易，中国碳金融开始较晚，同时面临着渠道少、市场不完善等挑战。因此，国内关于碳金融产品的创新并不足，具体为绿色信贷、绿色债券、CDM 项目及碳基金等。而早在 2005 年，欧盟碳市场便推出了与碳排放配额挂钩的碳期货产品，至今已占据了其碳市场的较大规模。如何创新碳金融产品并扩大其交易规模是未来中国碳金融市场面临的重要挑战。这主要跟国内缺乏碳金融专业性人才有关。中国碳金融发展时间较短，缺少相关实践经验，相关人才也较为缺乏。由此导致碳金融相关业务的实施存在一定的困难，降低了碳金融业务服务效率。同时，相关金融机构对于碳金融交易的风险应对经验较少，碳金融交易过程中面临着信用风险、操作风险等一系列风险。因而除商业银行等专业机构外，其他机构并不倾向于参与碳金融交易，最终导致了碳金融交易市场结构单一、各类产品不完善等一系列问题。中国碳金融交易市场的激励机制不明确也阻碍了碳金融产品创新，使得碳金融产品创新缺乏有效动力，创新明显不足。

3. 中国碳金融交易市场国际化水平有待进一步提升

首先，国内碳金融开始时间较晚，采取的规则制度多是结合中国实际情况并在发达经济体的经验基础上制定而成。尽管借鉴发达国家的先进经验能够为中国开展碳交易业务提供思路，提高业务效率。但也会使得国内碳金融市场相对国外存在滞后性，某些条例规则并未达到国际碳金融交易市场标准，由此带来的差异也使得中国金融机构在境外的交易成本明显增加，提高了境外交易负担。其次，中国在国际碳交易市场上的话语权并不高，有关碳金融交易规则的制定多由发达经济体决定，中国参与程度明显较低。国

内碳交易衍生工具发展较为缓慢，有关规则制度均由发达国家主导，议价能力较弱，且难以与国际市场互通。

（三）碳支持创新突破口

绿色保险与绿色基金为提供碳支持贡献了重要力量。绿色保险广义上是指在适应绿色发展过程中为解决引起经济社会活动中的环境问题衍生的环境风险，而提供的一种保险制度安排和长期治理机制。绿色保险是目前常用的一种基本手段，在市场经济条件下对环境风险进行管理。绿色保险为低碳工程提供了有效保障。近年来，有关部门高度重视绿色保险发展。国内保险机构资产端和负债端均为实现"双碳"目标愿景不断努力，资产端积极参与或投资绿色项目建设，负债端不断开创新型绿色保险产品，完善服务体系。毋庸置疑，目前中国绿色保险的发展仍处于初期，尽管取得了一定的成就，但是也面临着转型优化等一系列挑战，这也为未来绿色保险的进一步创新发展提供了突破口。

1. 绿色保险发展现状与创新契机

（1）绿色保险政策激励不足。当前我国对于绿色保险的政策支持多针对新型产品开拓，且缺乏实际技术及金融支持，政策激励明显不足。从中国保险公司对绿色保险的实际参与情况来看，运营绿色保险业务的保险公司比例明显较低，承保范围也不满足实际发展需求。与国外绿色保险业务相比，国内相关保险机构的积极性有待进一步加强。如何鼓励国内碳金融保险发展，提高绿色保险的活跃度是中国碳金融发展面临的重要挑战。

（2）缺乏绿色保险监管测度体系。不同于其他险种，绿色保险标的物并不明确，这也使得国内保险市场对于绿色金融的参与持观望态度。面对与传统保险业务存在明显区别的绿色保险，保险公司无法直接复刻传统保险流程，这也使得国内保险机构对绿色保险业务的运营并不积极。因此，亟须由国家出面，创建一套专属于绿色保险的监管测度体系，让绿色保险业务有规可依。同时，环境责任保险承保区间宽泛，导致资源浪费等问题，增加相应成本。对于绿色保险监管来说，如何提高监管测度的准确性、缩减相应成本是需要重点解决的问题。

（3）绿色保险承保范围小。国内绿色保险正处于发展初期，相关保险产品承保范围明显不足。当前，中国绿色保险产品主要分布于财险公司，且多承保机械设备。事实上，这远远不够，绿色保险的承保范围可以包含多个方面。例如，农业领域的森林植被、新能源车险、涉及污染源的人身保险等均能够加入绿色保险范畴。未来国内绿色保险业务开展需拓展承办范围并扩大承保力度。

（4）复合型人才不足。相较于其他国家，中国保险发展起步稍晚，呈现自上而下的发展模式，且相关专业人才较少。同样，绿色保险领域的人才数量更少。作为新兴险种，国内高校基本未开设针对绿色保险的相关专业，人才输送不足，不利于绿色保险的进一步发展。

（5）国内针对绿色保险的法律体系并不完善，在绿色保险业务的开展过程中可能会出现无法可依的情况。

2. 绿色基金发展现状与创新契机

除了绿色保险外，绿色基金也为碳支持贡献了重要力量。绿色基金以资本投入支持节能减排事业，近年来规模数量明显上涨，主要以生态环保和新能源领域为主。绿色基金是针对低碳经济发展而专门创建的投资基金，设立目的为通过资本投入促进低碳发展。当前中国绿色基金市场发展较快，但依旧处于发展初期，仍然存在着明显不足。

（1）绿色基金信息披露明显不足。信息披露是减少信息不对称的主要方式。通常而言，投资者会依据公开披露的信息展开投资决策，基金产品的合理定价也离不开信息披露。由此可见，信息披露情况将直接关系绿色基金市场能否平稳运行。但中国绿色基金市场却存在着信息披露不足等现实问题。

首先，缺乏统一的披露标准。国内涉及绿色基金环境的条款较为宽泛，并没有为相关信息披露提供明确指导。而基金面向的行业宽泛，在没有统一的法律标准下，相关信息披露参差不齐，这阻碍了投资决策的开展。但制定统一的披露标准较为复杂，绿色概念较为宽泛，涉及各个行业，因此很难制定统一的披露标准。

其次，相关机构在信息披露过程中，面临着投资标的透明度不足等问题。投资标的碳排放也是企业需要披露的信息之一，但标的企业透明度不足是长期以来面临的共同问题，因此关于此方面的碳排放信息很难获取。此外，还存在"洗绿""漂绿"现象。企业进行绿色转型能够获取良好声誉，提高企业公信力。但由于开展低碳项目的高昂成本，部分企业在承诺进行低碳减排的同时，从事高污染项目，由此带来的"洗绿""漂绿"问题阻碍了绿色低碳发展。

（2）国家层面未形成对绿色基金的统筹发展与市场化运作机制。绿色基金是推进绿色金融发展体系最为广泛的资金来源。但当前中国尚未形成全国性的绿色基金发展格局，仅有少部分地区展开了绿色基金的推行，很大一部分原因在于绿色基金的推行需要大量的财政支持。这会加大当地政府的财政压力，因而国内并未展开绿色基金的统筹发展与市场化运作，这也会带来绿色资金下降等现实情况，并不利于碳金融发展。

二、碳金融创新路径

（一）碳融资创新路径

绿色信贷作为碳金融市场的重要组成部分，对于中国实现"双碳"目标愿景起到了不可或缺的作用，是碳金融创新的重要举措。但在其不断发展进程中，还存在着不完善之处，这阻碍了碳金融的进一步发展。为突破发展瓶颈，需进一步完善绿色信贷的不足之处，在现有体系的基础上不断进行改进创新。

1. 绿色信贷创新路径

（1）需加强顶层设计，完善绿色信贷政策体系。在"双碳"目标愿景的实现过程中，政府应当做好统筹协调，进一步完善和创新碳金融制度体系。遵循协同金融、企业、消费者"三位一体"的创新思路，建立统筹生产、消费、流通环节的绿色循环体系；研究如何设计绿色金融发展的制度体系，明确各类主体的责任与义务，提出市场机制和模式创新路径。

（2）构建绿色信息共享平台。自碳金融理念提出以来，相关机构为实现"双碳"愿景进行了不懈努力。但信息渠道分散，信息共享不及时等一系列问题使得相关部门在发放绿色信贷时存在着一系列问题。基于此，未来绿色信贷发展需构建信息共享平台，深化信息披露。遵循信息及时化、共享化的创新思路，建立信息共享平台，使各方能够及时获取相关信息；同时，为有效评估相关企业绿色项目可能存在的潜在风险，降低不良贷款率，银行应当搭建绿色项目数据库。通过绿色项目数据库能够及时有效地追踪贷款信息，降低信息不对称，减少银行发放绿色贷款的风险，提高放贷积极性；与此同时，银行也要在固定期限内公开绿色信贷资金的发放现状，接受市场监督。对于企业而言，应当积极主动在信息共享平台公布绿色转型的相关信息，积极接受市场监督，力争低碳转型。通过数据共享平台，能够降低企业与银行之间的信息不对称，提高信任度，提高绿色信贷资金的投放效率。环保部门要做好企业环保工作的评价工作，及时在绿色信息共享平台披露相关企业信息。通过各方在绿色信息共享平台的信息共享，能够有效降低因信息不对称带来的风险，提高绿色信贷发放效率。

（3）建立绿色信贷正向激励机制。对于银行而言，其绿色信贷发行数量规模明显较低。基于此，应当激发银行发行绿色债券的内生动力，提高银行发展绿色信贷的积极性，同时鼓励银行优化绿色资产配置、合理调整信贷结构。政府相关部门要做好银行发放绿色信贷的保障工作，对于可能存在的风险要给予补偿，使得银行发展低碳金融无后顾之忧。此外，银行应加强对绿色信贷的考核，完善考核机制，加大激励力度。

（4）银行应加强绿色信贷人才培养，提高专业能力。尽管绿色信贷取得了较大发展，但其依旧存在着不完善之处。对于银行而言，为深入贯彻落实低碳金融，需不断地对碳金融产品进行革新。因此银行可以建立绿色信贷团队，加强专业化人才培养。同时，强化绿色金融管理人才和专业技术人才的引进、培养与储备，通过构建多层次、差异化的人才体系，为绿色信贷的制度创新、产品研发和模式创新提供支持。

2. 绿色债券创新路径

绿色债券作为绿色金融的新兴产品，是实现"双碳"目标的重要因素，近年来得到了极大发展。但鉴于绿色债券起步较晚，国内绿色债券在发展及实践过程中存在着一定的欠缺。为促进绿色债券的进一步发展创新，未来可以从市场基础设施、发行端和投资端三个方面对绿色信贷债券进行优化完善，最终促进绿色债券的创新发展。

（1）市场基础设施创新：要进一步对绿色债券市场基础设施进行完善，为未来绿色债券的进一步发展奠定坚实基础。

第一，积极参与国际标准及评判规则制定，向国际组织靠拢，提高国内绿色债券发行标准，让中国绿色债券走出国门。例如，大力推进风力发电、太阳能发电等中国特色绿色行业满足国际绿色债券支持要求，提高中国在国际绿色标准上的话语权。提高国内绿色债券评判标准，减少跨境流动成本，提高中国绿色债券在国际市场上的流动性。

第二，培养绿色评估认证机构。国内绿色评估认证机构起步较晚，且水平参差不齐，这不利于国内绿色债券的发展。因此，需提高国内评估认证机构的公信力，促使其规范化、专业化。例如，通过建立绿色评估认证行业自律协会、发放绿色债券认证牌照、界定执业资格和展业范围等方式提高绿色评估认证市场的准入门槛，提升绿色评估认证机构的质量。

第三，需完善信息披露制度，促使绿色债券市场规范标准化。为有效打击"漂绿""洗绿"项目，需要完善信息披露制度，持续性跟进绿色债券所募资金的使用，及时对相关企业绿色产业的环境效应进行评判（廖原等，2021）。同时，统一各类绿色债券的信息披露规则，防止套利现象出现，促使市场规范化。

（2）发行端创新路径：政府等相关部门应提高对发行主体的政策支持，提高绿色债券的申报审批效率。

第一，可以拓展绿色债券发行优惠的广度。整体层面采取直接或者贴息的方式进行鼓励；从地方层面来看，各地政府可以结合当地实际发展情况，因地制宜采取适合当地绿色企业优惠政策，提高企业进行绿色业务的积极性。同时，可以通过提供税收优惠，降低绿色债券发行人的融资成本来提高优惠政策深度。通过为发行主体提供一定的政策优惠，能够有效提高其发行绿色债券的意愿度，有助于"双碳"目标愿景的实现。

第二，对绿色债券发行人进行分组，将优质发行人列为重点对象，为其提供绿色担保，增加其信用级别。通过此方法能够为优质绿色债券发行人获取较高的市场荣誉，同时，此类企业在参与其他各类绿色业务时也可以享受优先权。

第三，提高绿色债券审批效率，建立"绿色通道"。由于国内绿色债券评估管理体系并不完善，绿色债券的申报审核程序较为复杂，耗时较长，这会打击相关机构的积极性。因此需要对绿色债券的审核申报程序进行完善，建立"绿色通道"，开展"专项审核"。设立绿色债券发行主体黑白名单，简化白名单主体绿色债券发行程序。同样，对债券承销市场评价高、绿色债券承销经验丰富的承销机构实行差别化的绿色审批通道，更加精细地推动绿色债券发行审批程序的优化。

（3）投资端创新：对绿色债券的投资是推进其持续健康发展的基础。国内针对绿色债券投资的优惠政策还不多，这不利于提高投资者的投资意愿，最终阻碍绿色债券进一步发展。对此，我国可以借鉴国际经验切实推进绿色债券优惠政策，提高绿色投资者的投资意愿。与此同时，为提高国内绿色投资氛围，应当大力发展包括绿色产业基金、绿色债券投资基金、ESG 投资基金等在内的各类机构投资者，为绿色债券投资引入更多增量资金。此外，不断开拓绿色债券衍生产品，积极与国际市场接轨，提高国内外绿色债券交流，吸引境外投资者参与国内绿色债券市场，提高国内投资氛围。

（4）产品创新。此外，丰富碳融资产品、创新绿色金融产品业务也是未来贯彻落实"双碳"目标需重点解决的现实问题。主要可以从以下三方面展开碳金融产品创新业务。

第一，丰富绿色信贷产品。作为碳融资的重要工具，绿色信贷是当前规模最大的绿色金融产品，但其面临着产品创新不足、结构单一等问题。因此，亟须开创新型绿色信贷产品。首先，可以结合地区特色，因地制宜开发出适合区域传统产业转型升级的绿色信贷产品。其次，针对政府政策扶持倾向，研发相关产业的新型绿色产品，提高绿色信贷服务的精准性。最后，响应光伏发电号召，研发光能贷产品。例如，根据实际情况研发针对个人及村庄的绿色信贷创新产品，缓解用户资金不足的问题，同时可以与相关机构合作，实现共赢。综合来说，绿色信贷产品创新需与时俱进，积极响应国家政策，例如，结合"两山"理念推出"五水共治贷"产品，结合绿色发展理念推出生态全域贷产品等。通过不断创新绿色信贷产品，让绿色理念贯彻各领域。

第二，推进绿色零售产品业务。首先，推出绿色信用卡产品。通过给予绿色消费积分奖励的方式提高消费者的绿色责任意识，并依据绿色消费金额进行绿色捐款，让消费者能够间接参与低碳减排行动，加强用户使用黏性。其次，在不同行业投放绿色消费贷产品。例如，为新能源汽车提供绿色消费贷，与新能源企业建立长期合作关系，促进交通产业绿色升级。同时，建议开发具有绿色标识的低碳产品，并给予积分奖励，推进绿色消费。此外，向个体用户推出低碳理财产品并为其提供绿色零售服务，提高绿色服务效率。

第三，拓宽绿色融资综合服务。在提供绿色融资服务时，银行可以发挥自身优势，结合实际融资需求将绿色信贷产品与其他金融产品相结合。例如，发展绿色租赁业务、丰富绿色供应链产品、创新 ESG 金融产品，力争从各方面提升绿色融资的综合服务能力。

（二）碳交易创新路径

中国碳交易市场起步较晚，相较于发达国家还具有一定差距。缺乏相关人才、社会活跃度低、交易制度不完善及激励不明确等皆是影响国内碳金融市场发展的重要原因。为此，为促进"双碳"目标愿景的实现，创新碳交易市场迫在眉睫。主要可以从以下几个方面展开碳金融交易市场的创新路径。

1. 尽快建立全国性的统一碳交易法律法规

发达经济体碳金融交易市场运行稳健的重要原因在于此类国家对于碳金融市场交易具有一套完整的法律法规，完整的法律体系对各经济主体进行碳交易提供了重要保障。而中国碳金融起步较晚，缺少完整法律框架体系，这对未来碳金融市场的进一步发展产生了极大限制。借鉴发达经济体碳金融交易市场的发展经验，中国也需要结合各方面实际情况，构建全面完善的碳金融交易法律法规。首先，细化碳排放权分配，明确相应机制，并制定统一的交易标准。同时，颁布相应法律法规，超出碳排放量的经济主体需承担相应的法律责任，由此规制经济主体的低碳义务。通过法律手段对各经济主体进行规制，能够对碳排放主体起到一定的约束作用，为中国碳金融市场平稳运行提供有效保障。其次，完善碳金融市场的激励机制。中国当前缺乏针对碳金融市场交易的奖惩机制。相比于普通项目，开展低碳项目意味着面临较高的成本、长时间的运作以及明显降低的收益等一系列问题，使得大部分企业并不倾向于进行低碳项目运作。因而亟须构建完善的法律规则，确定碳金融交易的激励机制，为相关企业开展低碳项目提供补贴，最终提高企业积极性。最后，要加大对企业不履约的惩戒力度。在开展激励机制的同时也需要明确相应的惩戒措施，并制定全国层面统一的法律法规。通过规范奖罚机制，积极引导企业参与低碳减排，形成全面低碳的政策环境。同时制定符合中国实际情况的信用评级制度，并明确信息披露相关标准，减少信息不对称带来的风险。通过完善一系列法律法规，最终提高中国碳金融市场交易效率。

2. 提高碳金融交易市场质量

中国碳金融市场起步较晚，存在着市场交易不成熟等现实问题。如何提高碳金融交易市场质量，形成成熟的碳金融交易市场是碳金融市场发展创新的有效路径。

首先，吸引更多的经济主体参与碳金融交易市场。中国碳金融交易市场发展并不活跃，这与社会层面经济主体对碳金融缺乏了解有关。因此要大力普及碳金融理念、积极宣传碳金融市场，促使社会各层面了解并参与碳金融市场，提高碳金融市场活跃度。

其次，碳金融市场各类金融产品创新不够。未来碳金融市场发展应侧重进行碳金融产品创新，例如扩大以碳排放权为标的的衍生碳金融产品创新，构建多层次碳交易市场，最终加强碳金融市场流动性。同时，做好碳交易市场信息披露，提高碳交易透明度，降低碳交易经济主体信息不对称风险，提高各经济主体市场预期。

最后，全面培养碳金融专业人才。人才不足一直是碳金融交易市场面临的重大挑战之一，这限制了中国碳金融市场深入发展。因此，未来需大力发展碳金融专业，积极培养相关人才，从源头推进碳金融市场发展。

3. 大力推进中国碳金融市场接轨国际市场

中国碳金融市场相对于国际标准还存在较为明显的差异，积极走向国际市场、达到国际统一标准是未来碳金融市场的发展方向。对此，中国可以凭借人民币在大宗商品计价结算中"走出去"的优势，推动中国碳金融市场接轨国际市场。在国际碳金融交易市场上，中国缺乏相应的话语权，使得中国在国际碳金融交易方面处于劣势，推进中国碳金融市场走向国际刻不容缓。中国在不断改进国内碳金融市场各方面的同时，要借助人民币优势，将人民币作为碳交易的主要货币。通过人民币优势，让中国碳金融交易走出国门，力争在国际市场上获取相应的话语权，最终提升中国碳金融市场的国际地位。

4. 加强碳金融市场监管

同普通交易类似，碳金融交易市场也面临着各式各样的风险。同时，鉴于国内碳交易市场相关经验并不丰富，有关经济主体在面临碳市场交易时存在较大的忧患意识。此外，由于碳金融项目的特殊性，开展相关碳金融业务时面临的不确定性降低了相关经济主体参与此类项目的积极性。因此，要加强信息披露，降低信用风险。大力减少因获取信息难、信息不透明导致碳金融交易市场不活跃等问题。可以通过开通官方信息渠道的方式，要求交易方按时披露真实信息，降低各方信息成本。同时，对于存在披露虚假信息的经济主体进行惩罚。此外，研发周期性绿色宏观审慎政策工具，例如，规定相关机构的高碳贷款风险最低权重等。通过加强对碳金融市场的监督，最终在宏观层面上实现低碳发展。

（三）碳保障创新路径

绿色保险作为中国碳金融发展进程中不可或缺的部分，能够有效减少环境问题对经济主体带来的不利影响。绿色保险的发展，能够有效促进绿色产业发展，为中国"双碳"目标愿景的实现奠定重要基础。但相较于国外，国内绿色保险产品依旧存在着有效激励不足、监管体系不完善、承保范围小、复合型人才不足以及相应法律法规不完善等问题，这也是国内绿色保险发展面临的重大挑战。未来主要可以从以下几个方面展开绿色保险的创新发展。

1. 加强绿色保险的监管及测度

中国绿色保险的主要产品为环境责任保险，其主要针对标的区域环境因素进行承保。同时依据保险属性，对标的区域环境进行监管分析、定期监控绿色产业环境标准。通过绿色保险，能够有效监督产业的绿色程度，改善区域环境。因此，绿色保险的监管测度意义重大。为实现保险机构的有效监督，提高监督效率、降低监督成本，保险机构可以通过与地方环境监测机构进行合作，同时政府机构也要起到监管作用。通过各方合作，最终推进绿色保险发展。

2. 拓宽绿色保险承保范围

当前，国内绿色保险主要承保财险，国内绿色保险承保范围较窄是发展面对的主要问题。为促进绿色保险发展，保险机构可以拓展绿色保险的承保范围。例如，将农险、车险及人身保险等纳入其中。与此同时，不同于国外进行资产端的操作，国内保险公司主要业务形式为负债属性。以此为经验，国内绿色保险业务的开展也可以联合银行、证券机构或者基金机构共同进行绿色产品的设计，提高绿色保险承保范围，最终实现负债端向资产端的转型，促进绿色保险蓬勃发展。

3. 开展绿色保险政策激励与引导

尽管中国大力贯彻落实"双碳"政策，国内低碳产业的发展初具成效，但总体来说，中国碳金融市场起步较晚，大部分能源消耗型企业正处于转型关键阶段。此时，加强绿色保险的引领至关重要。例如，针对低碳转型不达标的企业进行政策性强制承保，并设置相关激励政策，最终督促企业低碳转型。与此同时，存在部分地区凭借当地能源基础进行发展。随着能源的消耗以及"双碳"政策的贯彻落实，当地多数产业开始面临如何升级转型等一系列挑战。在此背景下，亟须政府发挥统筹作用，推行相关政策实现资源优化配置、鼓励传统产业绿色转型并拓展绿色保险相关业务，通过引导最终促进企业转型。

4. 培养绿色保险人才

对于绿色保险来说，可以从高校、企业两方面共同努力，从输入端为中国绿色保险的发展提供保障。对于高校来说，可以促进资源环境类专业与保险专业之间的学科互通，为培养复合型人才提供发展基础。同样，针对研究生阶段，高校可以设立资源环境与保险复合型专业硕士学位，为绿色保险的发展提供人才；同时，积极鼓励开展绿色保险相关课题研究，为相关领域发展提供理论支持。保险企业可以加大对绿色保险人才的培养力度，提高行业整体的绿色水平。同时积极鼓励员工参与到绿色保险的学习与培训中，提高员工整体的绿色保险水平。此外，提高相关人才的福利待遇，吸引绿色保险的人才流入。对于资源环境类单位来说，可以通过开展定期保险培训的方式，提高员工的保险基础知识与业务能力，通过各方共同努力，最终培养出适应社会低碳发展的复合型保险人才，促进保险机构与资源环境类企业的合作共赢。绿色保险面临着标的物模糊等一系列问题，其对于风险的勘探较为复杂。保险机构可以选取与地方资源环境类企业合作的方式，缩减风险勘探成本，促进绿色保险发展。通过两者相互合作，形成互利共赢态势，促进两个行业绿色发展，最终在宏观层面上促进"双碳"目标愿景的实现。

（四）碳投资创新路径

绿色基金以资本投入助力低碳发展，但其面临着信息披露不完善、相关法律制度缺乏等问题。未来绿色基金创新发展可以以此为切入点，实现绿色基金的稳步发展。

1. 完善绿色基金信息披露标准

首先，统一绿色经济活动标准。"绿色"概念宽泛，尚无统一的明确标准，这使得国内绿色基金的资金投入出现不符合绿色产业的现象。为此，可以建立统一的绿色分类标准，降低资金错用概率。

其次，协同制定上市公司与基金公司的环境信息披露标准，提高绿色基金披露透明度。

最后，可以将公益诉讼制度纳入绿色基金范围之内。通过引入公益诉讼，不断完善相关信息披露标准及法律法规。当前国内绿色基金正处于发展初期，相关经济主体对其的认识依旧不够完善，同时"绿色"概念涉及范围较广，难以在短时间内制定一套统一的标准。为此，可以通过引入环保公益诉讼，监督不良信息披露行为，积极鼓励环保组织对于"洗绿""漂绿"现象提起公益诉讼，发挥环保机构的监督作用。

2. 促进绿色基金市场化发展

首先，发挥绿色基金的"市场驱动"作用，促使金融机构依据绿色基金产品在金融市场上的实际情况制定利率水平及调整相应规模，形成市场决定型的运行模式。在此过程中，政府需起到协助监督作用，各方共同促进绿色基金平稳运行。

其次，建立统一平台，为绿色基金的市场化奠定基础。不同于其他金融产品，绿色金融产品的公益性较强，这也使得相关经济主体的投资积极性较差。因此，宏观政策导向十分重要。政府相关部门可以构建信息共享平台，鼓励各经济主体进行信息披露，减少信息不对称，力争将信息共享平台打造成绿色基金发展的主要媒介。

📖本章小结

关键词： 碳金融发展　碳金融发展的功能　碳金融发展的目标　碳金融市场国际化信息披露与监管政策激励　创新路径　绿色金融体系

1. 碳金融发展是以碳交易市场为基础展开的，碳金融活动规模不断扩张的动态过程。这一过程主要通过碳金融市场规模变化得到体现。

2. 碳金融发展包含以下几个层面的内容：一是碳交易市场的持续发展；二是碳金融工具种类的不断增加，碳金融交易模式的日益丰富，碳金融参与主体的多样化；三是碳金融法律与监管体系逐步完善。

3. 我国碳金融发展目前存在以下不足：一是碳金融市场发展尚不成熟，表现为我国碳金融市场国际地位有待进一步提升；碳市场作用发挥不完全，碳市场的价格发现功能有待加强。二是碳金融市场交易活跃度不足，表现为控排企业参与碳交易的主动性不足；金融机构参与碳金融开发的积极性不够。三是碳金融产品缺乏创新，表现为碳金融产品开发政策支持力度不足，产品种类不丰富；我国碳市场以现货交易为主，金融化程度不高。四是碳金融专业型人才匮乏，表现为尚未建立完备的碳金融高等教育人才培育体系，缺少高等教育支持；碳金融行业从业者数量缺口大，专业技能有待提高。

4. 我国碳金融发展未来将从以下几个方面尝试进行：第一，以发展碳金融衍生品为重点丰富和完善碳金融工具；第二，激励引导更多企业、金融机构参与碳金融；第三，加强碳金融专业型人才队伍建设；第四，健全完善相关的法律法规体系。

5. 我国当前绿色信贷所占比重仍然较小，绿色信贷结构并不合理，且绿色信贷发行主体不均衡。我国国内绿色债券标准明显低于国际标准，国内绿色评估机构尚处于起步阶段；绿色债券发行主体的政策优惠力度并不大，审批程序依旧效率不高；政府部门对于绿色债券投资端的政策优惠明显不足，国内绿色债券市场的投资氛围明显欠缺。

6. 当前我国绿色保险政策激励不足，缺乏绿色保险监管测度体系，绿色保险承保范围小，复合型人才不足，同时国内针对绿色保险的法律体系并不完善，在绿色保险业务的开展过程中可能会出现无法可依的情况。

7. 当前我国绿色基金信息披露明显不足，缺乏统一的披露标准，相关机构在信息披露过程中，面临着投资标的透明度不足等问题，而且国家层面未形成对绿色基金的统筹发展与市场化运作。

复习思考题

1. 我国绿色信贷创新路径有哪些？
2. 我国绿色债券创新路径有哪些？
3. 我国当前碳交易创新路径有哪些？
4. 什么是碳金融发展？包括哪些内容？
5. 目前我国碳金融市场的运行机制包括哪些？

参考文献

［1］白雨，丁黎黎．声誉激励机制下考虑主体时间偏好的碳金融市场发展演化路径研究［J］．系统工程理论与实践，2024：1－19．

［2］毕马威中国．2023年中国碳金融创新发展白皮书［R］．2023．

［3］蔡博峰，李琦，张贤，等．中国二氧化碳捕集利用与封存（CCUS）年度报告（2021）——中国CCUS研究路径［R］．北京：生态环境部环境规划院，中国科学院武汉岩土力学研究所，中国21世纪议程管理中心，2021．

［4］柴尚蕾，杜墨．碳排放权交易市场风险测度与管理［M］．北京：中国财政经济出版社，2021．

［5］丛静，冯敏．碳金融模式下的风险分析研究［J］．经济研究导刊，2018（34）：98－100．

［6］邓旭，谢俊，滕飞．何谓"碳中和"？［J］．气候变化研究进展，2021，17（1）：107－113．

［7］杜莉．中国碳金融交易内在运行和管理机制研究［M］．北京：中国社会科学出版社，2021．

［8］段雅超．碳资产管理业务中的风险及应对措施［J］．中国人口·资源与环境，2017，27（S1）：327－330．

［9］范姝．我国碳金融发展现状、问题与对策研究［J］．能源，2023（12）：71－74．

［10］高佳楠，郭雪萌，王博涵．构建我国上市公司碳会计信息披露报告的体系探究［J］．商业会计，2013（3）：17－19．

［11］海小辉．欧盟与中国碳排放权交易市场对比研究［M］．北京：中国商务出版社，2022．

［12］韩艳．企业碳会计核算体系的构建研究——基于碳足迹视角［J］．财会通讯，2020（17）：118－121．

［13］赫尔曼，戴利．超越增长：可持续发展的经济学［M］．上海：上海译文出版社，2006．

［14］贾振虎，姚兴财，米君龙．碳金融风险管理［M］．广州：华南理工大学出版社，2016．

［15］金之钧，江亿，戴汉民，等．碳中和概论［M］．北京：北京大学出版社，2023．

［16］JR/T 0244－2022．碳金融产品［S］．中国证券监督管理委员会，2022．

［17］蓝虹，陈雅函．碳交易市场发展及其制度体系的构建［J］．改革，2022，335（1）：57－67．

［18］蓝虹．碳金融概论［M］．北京：中国金融出版社，2022．

［19］李洪博．企业碳资产管理体系构建浅析［J］．企业管理，2021（S1）：262－263．

［20］李慧明．全球气候治理与国际秩序转型［J］．世界经济与政治，2017，439（3）：62－84＋158．

［21］李楠，张璐，刘钻扩．碳排放权交易对企业违约风险的影响及作用机制［J］．系统工程理论与实践，2024，1－37．

［22］林伯强．碳中和进程中的中国经济高质量增长［J］．经济研究，2022，57（1）：56－71．

［23］刘粮，傅奕蕾，宋阳，等．国际经验推动我国碳金融市场成熟度建设的发展建议［J］．西南金融，2024（1）：43－53．

［24］刘倩，王遥，林宇威．支撑中国低碳经济发展的碳金融机制研究［M］．大连：东北财经大学出版社，2017.

［25］齐绍洲，王薇．欧盟碳排放权交易体系第三阶段改革对碳价格的影响［J］．环境经济研究，2020，5（1）：1－20＋2.

［26］泰坦伯格．排污权交易：污染控制政策的改革［M］．北京：生活·读书·新知三联书店，1992.

［27］清华三峡气候与低碳中心．中国的绿色金融与碳金融体系［R］．2023.

［28］尚似融，叶苡辰，陈俊衡．中国碳金融交易市场的风险及防控［J］．科技经济市场，2022（12）：1－3.

［29］石敏俊，袁永娜，周晟吕，等．碳减排政策：碳税、碳交易还是两者兼之？［J］．管理科学学报，2013，16（9）：9－19.

［30］世界经济论坛与普华永道中国．ESG 报告：助力中国腾飞聚势共赢［R］．2021.

［31］苏布达，王东方，姜涵，等．2022 年气候变化与治理热点回眸［J］．科技导报，2023，41（1）：241－248.

［32］孙平军，赵峰，丁四保．区域外部性的基础理论及其研究意义［J］．地域研究与开发，2013，32（3）：1－4＋26.

［33］孙秋枫，年综潜．"双碳"愿景下的绿色金融实践与体系建设［J］．福建师范大学学报（哲学社会科学版），2022（1）：71－79.

［34］唐葆君，王璐璐．碳金融学［M］．北京：中国人民大学出版社，2023.

［35］万林葳，朱学义．低碳经济背景下我国企业碳资产管理初探［J］．商业会计，2010（17）：68－69.

［36］王广宇．零碳金融——碳中和的发展转型［M］．北京：中译出版社，2021.

［37］王嘉骊．中国产权交易市场研究［D］．清华大学，2004.

［38］王韧，袁珺，许豪，等．中国碳市场风险价值度量与实证研究［J］．中国软科学，2023（7）：142－150.

［39］王遥，崔莹．气候金融［M］．北京：中国社会科学出版社，2021.

［40］王遥，任玉洁．"双碳"目标下的中国绿色金融体系构建［J］．当代经济科学，2022，44（5）：1－13.

［41］王颖，张昕，刘海燕，等．碳金融风险的识别和管理［J］．西南金融，2019（2）：41－48.

［42］王玉洁，周波涛，任玉玉，等．全球气候变化对我国气候安全影响的思考［J］．应用气象学报，2016，27（6）：750－758.

［43］魏一鸣，余碧莹，唐葆君，等．中国碳达峰碳中和时间表与路线图研究［J］．北京理工大学学报（社会科学版），2022，24（4）：13－26.

［44］吴开达．碳中和下的 ESG 投资：起源、评级体系与发展趋势［R］．2021.

［45］吴绍洪，黄季焜，刘燕华，等．气候变化对中国的影响利弊［J］．中国人口·资源与环境，2014，24（1）：7－13.

［46］吴绍洪，赵东升．中国气候变化影响、风险与适应研究新进展［J］．中国人口·资源与环境，2020，30（6）：1－9.

［47］徐丹丹．碳中和与稳增长协同推进的机制设计与实现路径［J］．北京工商大学学报（社会科学版），2023，38（1）：77－87.

［48］徐以祥，刘继琛．论碳达峰碳中和的法律制度构建［J］．中国地质大学学报（社会科学版），2022，22（3）：20－31.

［49］薛晓源．世界需要多维稳健的全球化——反思的全球化与全球化的反思［J］．马克思主义与现实，2023（1）：120－127．

［50］杨玲．我国的碳金融发展现状、问题及对策［J］．纳税，2019，13（25）：198＋200．

［51］杨青清．我国碳金融交易价格监管机制设计［J］．山西财经大学学报，2022，44（S1）：58－60．

［52］杨若英，李向荣．"双碳"战略背景下我国碳金融市场发展展望［J］．低碳世界，2024，14（2）：169－171．

［53］杨星，范纯．碳金融市场［M］．广州：华南理工大学出版社，2015．

［54］杨星．碳金融概论［M］．广州：华南理工大学出版社，2014．

［55］姚文韵，叶子瑜，陆瑶．企业碳资产识别、确认与计量研究［J］．会计之友，2020（9）：41－46．

［56］于贵瑞，郝天象，朱剑兴．中国碳达峰、碳中和行动方略之探讨［J］．中国科学院院刊，2022，37（4）：423－434．

［57］约翰·赫尔．期权、期货和其他衍生品［M］．北京：清华大学出版社，2009．

［58］张彩平．碳资产管理相关理论与实践问题研究［J］．财务与金融，2015（3）：60－64．

［59］张晨．碳金融市场价格与风险研究理论、方法、政策［M］．北京：科学出版社，2018．

［60］张晶杰，王志轩，雷雨蔚．欧盟碳市场经验对中国碳市场建设的启示［J］．价格理论与实践，2020，427（1）：32－36＋170．

［61］张鹏．碳资产的确认与计量研究［J］．财会研究，2011（5）：40－42．

［62］张伟．碳中和背景下绿色金融的研究进展与前瞻［J］．经济体制改革，2023（1）：14－23．

［63］张贤，李阳，马乔，等．我国碳捕集利用与封存技术发展研究［J］．中国工程科学，2021，23（6）：70－80．

［64］赵琪，徐维军，季昱丞，等．机器学习在金融资产价格预测和配置中的应用研究述评［J］．管理学报，2020，17（11）：1716－1728．

［65］折晓叶，陈婴婴．产权怎样界定——一份集体产权私化的社会文本［J］．社会学研究，2005（4）：1－43＋243．

［66］郑勇．对我国面临碳金融及其定价权缺失的思考——我国应尽早建立碳排放权期货交易市场［J］．科技进步与对策，2010，27（22）：146－149．

［67］郑振龙．金融工程［M］．北京：高等教育出版社，2003．

［68］中国基金报．赋能绿色金融、践行 ESG 投资［R］．2020－02－17．

［69］中国金融学会绿色金融专业委员会．中国碳金融市场研究［R］．2016．

［70］周成．"双碳"政策的知识图谱、研究热点与理论框架［J］．北京理工大学学报（社会科学版），2023，25（4）：94－112．

［71］周宏春．世界碳交易市场的发展与启示［J］．中国软科学，2009（12）：39－48．

［72］周怡，张泽栋，马克．碳排放权交易中心建设的国际经验与中国路径［J］．西南金融，2023（10）：3－17．

［73］朱隽．金融支持碳达峰碳中和——国际经验与中国实践［M］．北京：中信出版社，2022．

［74］Alchian A A. Some economics of property rights［J］．Ilpolitico，1965：816－829．

［75］Convery F J，Redmond L. The European Union Emissions Trading Scheme：issues in allowance price support and linkage［J］．Annu. Rev. Resour. Econ.，2013，5（1）：301－324．

［76］Cornes R，Sandler T. The theory of externalities，public goods，and club goods［M］．Cambridge University Press，1996．

［77］FCA. Sustainability Disclosure Requirements（SDR）and Investment Labels［R］．2021. www. fca.

org. uk.

［78］Fried S. Climate policy and innovation: A quantitative macroeconomic analysis ［J］. American Economic Journal: Macroeconomics, 2018, 10 (1): 90 – 118.

［79］Friedlingstein, Pierre, et al. Global carbon budget 2021 ［J］. Earth System Science Data, 2022, 14 (4): 1917 – 2005.

［80］Goulder, Lawrence H. , et al. Impacts of a carbon tax across US household income groups: What are the equity – efficiency trade – offs? ［J］. Journal of Public Economics, 2019, 175: 44 – 64.

［81］Hsiang Solomon, Robert E. Kopp. An economist's guide to climate change science ［J］. Journal of Economic Perspectives, 2018, 32 (4): 3 – 32.

［82］IEA. CCUS around the world – Analysis ［R］. 2021.

［83］IPCC. Climate change 2013: The Physical Science Basis ［R］. Cambridge: Cambridge University Press, 2013.

［84］IPCC. Climate Change 2014: Impact, adaptation, and vulnerability ［R］. Cambridge: Cambridge University Press, 2014.

［85］IPCC. Climate change 2021: The Physical Science Basis ［R］. Cambridge: Cambridge University Press, 2021.

［86］Matthew E. Kahn, et al. Long – term macroeconomic effects of climate change: A cross – country analysis. Energy Economics ［J］. 2021, 104: 105624.

［87］McKibbin W J, Wilcoxen P J. The role of economics in climate change policy ［J］. Journal of economic perspectives, 2002, 16 (2): 107 – 129.

［88］OECD. ESG Investing: Practices, Progress and Challenges ［R］. 2020.

［89］Schumpeter J A. History of economic analysis ［M］. PsychologyPress, 1954.

［90］William Nordhaus. Climate change: The ultimate challenge for economics ［J］. American Economic Review, 2019, 109 (6): 1991 – 2014.

21 世纪高等学校金融学系列教材

一、货币银行学子系列

★货币金融学（第六版）　　　　　　朱新蓉　冀志斌　主编　89.00 元　2024.08 出版
（"十二五"普通高等教育本科国家级规划教材/国家精品课程教材·2008）

货币金融学　　　　　　　　　　　张　强　乔海曙　主编　32.00 元　2007.05 出版
（国家精品课程教材·2006）

货币金融学（附课件）　　　　　　吴少新　　　　　主编　43.00 元　2011.08 出版

货币金融学（第二版）　　　　　　殷孟波　　　　　主编　48.00 元　2014.07 出版
（普通高等教育"十五"国家级规划教材）

现代金融学（第二版）　　　　　　张成思　　　　　编著　69.00 元　2022.08 出版
　　——货币银行、金融市场与金融定价

货币银行学（第二版）　　　　　　夏德仁　李念斋　主编　27.50 元　2005.05 出版

货币银行学（第三版）　　　　　　周　骏　王学青　主编　42.00 元　2011.02 出版
（普通高等教育"十一五"国家级规划教材）

货币银行学原理（第六版）　　　　郑道平　张贵乐　主编　39.00 元　2009.07 出版

金融理论教程　　　　　　　　　　孔祥毅　　　　　主编　39.00 元　2003.02 出版

西方货币金融理论　　　　　　　　伍海华　　　　　编著　38.80 元　2002.06 出版

现代货币金融学　　　　　　　　　汪祖杰　　　　　主编　30.00 元　2003.08 出版

行为金融学教程　　　　　　　　　苏同华　　　　　主编　25.50 元　2006.06 出版

中央银行通论（第三版）　　　　　孔祥毅　　　　　主编　40.00 元　2009.02 出版

中央银行通论学习指导（修订版）　孔祥毅　　　　　主编　38.00 元　2009.02 出版

商业银行经营管理（第二版修订版）宋清华　　　　　主编　50.00 元　2021.08 出版

商业银行管理学（第六版）　　　　彭建刚　　　　　主编　80.50 元　2023.09 出版
（国家级一流本科课程配套教材/普通高等教育"十一五"国家级规划教材/国家精品课程教材·2007/国家
　　精品资源共享课配套教材）

商业银行管理学（第四版）　　　　李志辉　　　　　主编　76.00 元　2022.03 出版
（普通高等教育"十一五"国家级规划教材/国家精品课程教材·2009）

商业银行管理学习题集　　　　　　李志辉　　　　　主编　20.00 元　2006.12 出版
（普通高等教育"十一五"国家级规划教材辅助教材）

商业银行管理　　　　　　　　　　刘惠好　　　　　主编　27.00 元　2009.10 出版

现代商业银行管理学基础　　　　　王先玉　　　　　主编　41.00 元　2006.07 出版

金融市场学（第三版）　　　　　　杜金富　　　　　主编　55.00 元　2018.07 出版

现代金融市场学（第四版）　　　　张亦春　　　　　主编　50.00 元　2019.02 出版

中国金融简史（第二版）　　　　　袁远福　　　　　主编　25.00 元　2005.09 出版
（普通高等教育"十一五"国家级规划教材）

货币与金融统计学（第四版）	杜金富		主编	48.00 元	2018.07 出版

（普通高等教育"十一五"国家级规划教材/国家统计局优秀教材）

金融信托与租赁（第六版）	王淑敏	齐佩金	主编	59.00 元	2024.07 出版

（普通高等教育"十一五"国家级规划教材）

金融信托与租赁案例与习题	王淑敏	齐佩金	主编	25.00 元	2006.09 出版

（普通高等教育"十一五"国家级规划教材辅助教材）

金融营销学	万后芬		主编	31.00 元	2003.03 出版
金融风险管理	马昕田		主编	40.00 元	2021.06 出版
金融风险管理	宋清华	李志辉	主编	33.50 元	2003.01 出版
网络银行（第二版）	孙 森		主编	36.00 元	2010.02 出版

（普通高等教育"十一五"国家级规划教材）

银行会计学	于希文	王允平	主编	30.00 元	2003.04 出版
互联网金融	万光彩	曹 强	主编	50.00 元	2022.01 出版
碳金融理论与实务	万光彩	张 超	主编	59.00 元	2025.03 出版

二、国际金融子系列

国际金融学	潘英丽	马君潞	主编	31.50 元	2002.05 出版
★国际金融概论（第六版）	孟 昊	王爱俭	主编	59.00 元	2024.08 出版

（国家级一流本科课程配套教材/"十二五"普通高等教育本科国家级规划教材/国家精品课程教材·2009）

国际金融（第四版）	刘惠好		主编	66.00 元	2022.11 出版
国际金融概论（第四版）（附课件）	徐荣贞		主编	48.00 元	2022.01 出版
★国际结算（第七版）（附课件）	苏宗祥	徐 捷	著	70.00 元	2020.08 出版

（"十二五"普通高等教育本科国家级规划教材/2012—2013 年度全行业优秀畅销书）

各国金融体制比较（第五版）	白钦先		等编著	78.00 元	2021.09 出版
国际金融（第二版）	周 文	漆腊应	主编	43.00 元	2021.04 出版
国际金融管理	鞠国华		主编	43.00 元	2020.01 出版

三、投资学子系列

投资学（第四版）	张元萍		主编	63.00 元	2022.04 出版
证券投资学	吴晓求	季冬生	主编	24.00 元	2004.03 出版
证券投资学（第二版）	金 丹		主编	69.00 元	2022.08 出版
证券投资学	王玉宝		主编	38.00 元	2018.06 出版
现代证券投资学	李国义		主编	39.00 元	2009.03 出版
证券投资分析（第二版）	赵锡军	李向科	主编	35.00 元	2015.08 出版
组合投资与投资基金管理	陈伟忠		主编	15.50 元	2004.07 出版
投资项目评估（第三版）	李桂君 王瑶琪	宋砚秋	主编	60.00 元	2021.06 出版
项目融资（第三版）	蒋先玲		编著	36.00 元	2008.10 出版

四、金融工程子系列

金融经济学教程（第三版）	陈伟忠	陆珩瑱	主编	56.00 元	2021.11 出版

衍生金融工具（第二版）	叶永刚 张 培	主编	53.00 元	2020.07 出版
衍生金融工具	王德河 杨 阳	编著	38.00 元	2016.12 出版
现代公司金融学（第三版）	马亚明	主编	59.00 元	2021.08 出版
金融计量学	张宗新	主编	42.50 元	2008.09 出版
数理金融	张元萍	编著	29.80 元	2004.08 出版
金融工程学（第二版）	沈沛龙	主编	63.00 元	2023.02 出版
金融工程（第二版）	陆珩瑅	主编	59.50 元	2024.09 出版

五、金融英语子系列

金融英语阅读教程（第五版） （北京高等教育精品教材）	沈素萍	主编	69.00 元	2022.10 出版
金融英语阅读教程导读（第四版） （北京高等学校市级精品课程辅助教材）	沈素萍	主编	23.00 元	2016.01 出版
保险专业英语	张栓林	编著	22.00 元	2004.02 出版
保险应用口语	张栓林	编著	25.00 元	2008.04 出版

注：加★的书为"十二五"普通高等教育本科国家级规划教材。

21 世纪高等学校保险学系列教材

保险学概论（第二版）　　　　　　许飞琼　　　　　主编　79.00 元　2024.06 出版

保险学概论学习手册　　　　　　　许飞琼　　　　　主编　39.00 元　2019.04 出版

经典保险案例分析 100 例　　　　　许飞琼　　　　　主编　36.00 元　2020.01 出版

保险学（第二版）　　　　　　　　胡炳志　何小伟　主编　29.00 元　2013.05 出版

风险管理与保险　　　　　　　　　孔月红　高　俊　主编　39.50 元　2019.10 出版

保险精算（第三版）　　　　　　　李秀芳　曾庆五　主编　36.00 元　2011.06 出版
　　（普通高等教育"十一五"国家级规划教材）

人身保险（第二版）　　　　　　　陈朝先　陶存文　主编　20.00 元　2002.09 出版

财产保险（第六版）　　　　　　　许飞琼　郑功成　主编　56.00 元　2020.12 出版
　（普通高等教育"十一五"国家级规划教材/普通高等教育精品教材奖）

财产保险案例分析　　　　　　　　许飞琼　　　　　编著　32.50 元　2004.08 出版

海上保险学　　　　　　　　　　　郭颂平　袁建华　编著　34.00 元　2009.10 出版

责任保险　　　　　　　　　　　　许飞琼　　　　　编著　40.00 元　2007.11 出版

再保险（第二版）　　　　　　　　胡炳志　陈之楚　主编　30.50 元　2006.02 出版
　　（普通高等教育"十一五"国家级规划教材）

保险经营管理学（第二版）　　　　江生忠　祝向军　主编　49.00 元　2017.12 出版

保险经营管理学（第二版）　　　　邓大松　向运华　主编　42.00 元　2011.08 出版
　　（普通高等教育"十一五"国家级规划教材）

保险营销学（第四版）　　　　　　郭颂平　赵春梅　主编　42.00 元　2018.08 出版
　　（教育部经济类专业主干课程推荐教材）

保险营销学（第二版）　　　　　　刘子操　郭颂平　主编　25.00 元　2003.01 出版

★风险管理（第六版）　　　　　　许谨良　　　　　主编　55.00 元　2024.09 出版
　　（"十二五"普通高等教育本科国家级规划教材）

保险产品设计原理与实务　　　　　石　兴　　　　　著　　24.50 元　2006.09 出版

社会保险（第五版）　　　　　　　林　义　　　　　主编　49.00 元　2022.08 出版
　　（普通高等教育"十一五"国家级规划教材）

保险学教程（第二版）　　　　　　张　虹　陈迪红　主编　36.00 元　2012.07 出版

利息理论与应用（第二版）　　　　刘明亮　　　　　主编　32.00 元　2014.04 出版

保险法学　　　　　　　　　　　　李玉泉　　　　　主编　53.50 元　2020.08 出版

注：加★的书为"十二五"普通高等教育本科国家级规划教材。